# 帝国主義の時代と現在

## 東アジアの対話

比較史・比較歴史教育研究会［編］

未來社

# 帝国主義の時代と現在

——東アジアの対話——

目次

# 帝国主義の時代と現在

——東アジアの対話——

# はじめに

鳥山　孟郎

この数年、日本による過去の植民地支配とアジア太平洋戦争について、「日本人」の立場から肯定的に捉えなおそうとする動きが注目を集めるようになった。それに対して、中学校歴史教科書の従軍慰安婦などの記述についての問題、および首相の靖国神社参拝については中国・韓国からは厳しい批判が出された。また、台湾・ヴェトナムからも日本人の戦争認識について懸念する声があげられていた。日本の国内の一部にはこうしたアジアの近隣諸国からの批判に対して、内政干渉だとする反撥も生じている。しかし、これらの国々は日本の侵略による被害者であって、この問題についての直接の当事者なのである。

日本の侵略による近隣諸国への加害の歴史はまぎれもない事実であって、その時代についての歴史を語ろうとするとき、被害者の声に耳をかすことなしにはひとりよがりの自己満足に陥ってしまうことだろう。今後のアジアの平和と発展のために近隣諸国との信頼と友好を深めていこうとするならば、過去の歴史についての対話が避けて通れないことはいうまでもない。近年、歴史認識をめぐる中国や韓国との対話と交流が盛んになってきていることは当然のなりゆきであろう。

「比較史・比較歴史教育研究会」は一九八四年に中国歴史教学研究会から蘇寿桐・趙恒烈・陳相武の三氏を、韓国から歴史研究者の全海宗・李光周両氏を招いて第一回東アジア歴史教育シンポジウムを開催した。その後、回を重ねて一九九九年に第四回のシンポジウムを開催することができた。本書はそのときの報告を軸にしてできあがっている。

このシンポジウムは毎回、近隣諸国からの多くの報告者の参加によって国際的な対話を深めてきた。第二回（一九八九年）には中国・韓国のほかに北朝鮮の歴史研究者を招くことができた。第三回（一九九四年）には中国・韓国のほかに台湾とヴェトナムの歴史研究者の参加がえられた。そして今回はじめて、中国の歴史研究者による報告と韓国の教育現場からの報告を聞くことができた。

前後四回のシンポジウムを通じて、「自国史」を「世界史」との関連で多元的な視野から客観化し相対化して捉えるとともに、「世界史」の動きの中でのそれぞれの「自国史」の課題を明らかにすることを目ざしてきた。アジア共通の歴史教科書を作ろうという動きもあるが、われわれはお互いの違いを尊重しつつ、対話を通してそれぞれの国や地域がかかえる課題を理解しあい、相互の歴史認識を深めあうことの方が大切だと考えている。

また、われわれは当初から二国間ではなく多国間の対話を追求してきた。二国間の対話では見えにくい問題が多国間の対話によって鮮明に浮かび上がってくる。日中関係だけで見ると中国は侵略を受けた側であるが、韓国やヴェトナムが加わることによって宗主国として軍隊を派遣した清朝の政策が問われてくる。日韓両国だけでなく台湾が加わることによって、韓国と台湾の間での日本の植民地支配の下での同化と近代化をめぐる当時の対応の違いと、現在における捉え方の違いの中から多様な問題の存在が見えてくる。

しかし、そのことは日本の侵略と植民地支配を免責するものではない。二〇〇一年八月にヴェトナムを訪問した韓国の金大中大統領は、ヴェトナム戦争での韓国の参戦について「本意ではなかったがヴェトナム国民に苦痛をあたえたことを申し訳なく思う」と謝罪の言葉を述べた。日本による植民地支配の被害者であった韓国も、ヴェトナム戦争では加害者であったことを一国の大統領が認めたのである。これは日本に対して加害者としての責任を追及する韓国の立場を弱めるものではなく、強制連行や従軍慰安婦に対する謝罪と補償を認めようとしない日本政府の対応に反省を迫るものである。

第四回東アジア歴史教育シンポジウムは「帝国主義の時代の理解をめぐって――自国史と世界史――」のテーマのもとに開催された。「帝国主義の時代」の年代的な範囲についてはさまざまな意見があるが、今回の報告では一九〇〇年前後について扱っている。東アジアにおける帝国主義支配の成立――それはとりもなおさず帝国主義世界体制の成立を意味しているのだが――と、日本の動きとの関係を広い視野から捉えなおすことにねらいをおいた。しかし、植民地支配の下での近代化をめぐる問題についての韓国・台湾・ヴェトナムそれぞれからの報告については一九三〇年代までをふくんでいる。

このシンポジウムでは多くの参加者が自由に発言し、活発な議論が展開された。なかでも、植民地支配の下での近代化の問題については三人の報告者の主張に対して、帝国主義の性格や民族の主体性についての捉え方をめぐって、多くの批判が出されて論争となった。

かつて植民地にされて苦しめられた側の人々と支配者の側にあった日本人との間で、植民地支配をめぐる問題を正面からとりあげることは一つの冒険であった。しかし、たてまえ論や感情的な告発の段階からぬけだして冷静で真剣な議論ができたことは大きな成果であった。それはこのシンポジウムが一九八五年以来、四回にわたる積み上げによって、それぞれの政府の意向を代弁するものではなく、過去の過ちを克服し、未来へ向けての自立と共生の道を探ろうとする市民としての責任の自覚の上に成り立っていることが、内外の参加者によく理解されるようになり、相互の信頼感が生まれてきたことの結果であろう。

「比較史・比較歴史教育研究会」は一九八二年に生まれて二〇年近く経つが、いまだに会則もない有志によるささやかな研究会である。今回のシンポジウムも全国の有志の方々によるさまざまな支援と助力によって開催することができた。これからも政治的な権力や社会的な権威におもねることなく、本音の語れる自由な議論の場を大切にし、世界の各地からより多くの人々が参加できるように輪を広げていきたいと考えている。

# 第I章
# 世界体制としての帝国主義

シンポジウム報告

# 1　一九〇〇年前後の帝国主義世界体制と日本

木畑洋一

## 一　根強い日露戦争称揚論

一九五六年一一月半ば、すなわちスエズ戦争によるイギリス、フランスのエジプト侵攻の試みが挫折した直後に、日本の外務省で起草されながら廃案となった一つの文書がある。エジプト駐在の日本大使によるエジプト政府への口頭説明案であったこの文書には、次のような一節がある。

「端的に言へば日本国民はエジプトに対して強い支持の意向を持っている。殊にスエズ運河国有化はかつて日ロ戦争がアジアの民族主義のはじまりとなった様に、大国に対する小国の興亡をとしたレジスタンスであり、日ロ戦争に於いて日本が勝たなければならなかった様にエジプトも亦、スエズ運河国有化の目的を貫徹しなければならないと、日本国民が考へているからである。[1]」

日露戦争における自国の立場を、大国に抵抗する小国のそれとみなし、そこにアジアの民族主義の発端を求めるという歴史観は、日本にきわめて根強く存在している。ここではそれを、廃案になったとはいえ政府の公式の文書が明確に表現していたのである。

実際、こうした日露戦争観は現在の日本でもさまざまなところで見ることができる。たとえば、一九九〇年代から盛んになってきた、日本の歴史教科書での近現代史の記述が「自虐的」であると批判する運動の中心に立つ教育学者藤岡信勝は、「私は、日露戦争の世界史的意義とは、有色人種に独立の気概を与えた点にあると思います。（中略）被抑圧民族にとって、有色人種である日本人が、当時の最大の陸軍強国であったロシアを破ったことは世界史の流れを大きく変える決定的な出来事だったのです」と論じている(2)。

またその運動に強くコミットしている歴史家坂本多加雄も、日露戦争について、「日本の存立をかけた戦いであった。そしてその結果の勝利は、初めて白人以外の国家が白人の脅威を撃退したということで、世界中が着目した。ことに西洋諸国の植民地や半植民地となっていた地域の人々は、この日本の勝利に沸き立った」と強調する(3)。

このような主張をする論者が、多くの場合に立論の根拠として引き合いに出すのは、孫文やネルーなど、反帝国主義民族運動の旗手となった人々による、日本の勝利の積極的・肯定的評価である。日露戦争当時のロシアと日本を比べた場合に、軍事的強国と考えられていたロシアに対して、日本の方が相対的に小国であるとみなされていたことは確かであり、被抑圧地域の民族運動家たちが、日露戦争でのロシアに対する日本の勝利を、自分たちの立場に引きつけて評価したことは事実である。しかし、そのような点を指摘することが、日露戦争を「世界史的視野」（坂本多加雄）から見ることにつながるとするのは、きわめて一面的な解釈である。たとえばネルーは、日露戦争での日本の勝利がアジアの諸国に大きな影響を与えたと論じるとともに、その日本が少数の侵略的帝国主義諸国のグループに加わって朝鮮がまずその犠牲になったこと、さらに帝国政策の遂行にあたって日本が全く恥を知らなかったことを強調している(4)。日露戦争の意義を称揚する人々は、こうした側面を故意に捨象し、ひいてはアジア太平洋戦争につながる日本のアジアでの侵略の過程を「アジア解放の道」として正当化する傾向をもっているのである。

日露戦争の歴史的評価は、その当時、すなわち一九世紀から二〇世紀への世紀転換期前後の世界の体制をいかなるものとして捉えるか、またその中での日本の位置をどのように捉えるかという視点から、なされなければならない。この報告は、そのための一つの試みである。その際、報告者の関心に引きつけて、イギリスへの言及が多くなっていることを予めお断りしておきたい。

## 二　帝国主義世界体制と東アジア

一九世紀末から二〇世紀初めの時代は、「帝国主義の時代」と呼ばれる。世界史を通じてさまざまな国が支配領域の拡大を試みてきたが、一九世紀後半以降いくつもの国が同時に著しい膨張傾向を示し、それによって世界が分割し尽くされたことは、世界史の新たな段階を画する事態であった。「帝国主義」についての最初の本格的な理論を提供した著作といえるJ・A・ホブソン『帝国主義　その一研究』（一九〇二年）は、「最近の帝国主義を一つの政策として見る時、その新奇な点は主としてそれが数個の国民によって採用されたことにある。多数の相競争する帝国という観念は、本質的に近代的である」と、その点を表現している(5)。

ホブソンも指摘したように、そのようなものとしての帝国主義が十分な勢いを持つようになったのは一八八〇年代の半ばであった。一八八〇年代には、アフリカでの植民地獲得競争の本格化を中心に、世界の領土的分割が急速に進行していった。八〇年までイギリスの外相をつとめ、次いで野党政治家として過ごした後八五年に首相兼外相に就任した保守党政治家ソールズベリは、自分が外務省を去った時には誰もアフリカのことを考えていなかったのに、五年後に戻ってきてみるとアフリカ以外のことについて話している人間は誰もいない、と述べたという(6)。もちろんきわめて誇張された言葉ではあるが、時代の雰囲気を伝えてはいる。

この八〇年代には、アジアでも、清仏戦争（一八八四－八五年）の結果としての仏領インドシナ連邦の成立（一八八七年）、イギリスによる上ビルマ併合（一八八六年）など、特に東南アジア地域で帝国主義的領土分割が進んだ。また、諸列強との通商条約締結という形で、朝鮮をめぐる状況も変化していた。しかし八〇年代には、こうした東・東南アジアでの動きは、帝国主義下の世界全体の変動の中で副次的な位置しか占めていなかった。この時期における列強の競合・対立の「主舞台」は、あくまでもヨーロッパそれ自体であり、さらにはアフリカだったのである。

この状況は一八九〇年代に入ると変化をみせた。日本における帝国主義史研究で指導的役割を演じた江口朴郎は、九〇年代から世紀転換期にかけての時期が世界体制としての帝国主義成立の時期であるとしつつ、九四年に最終的に完成した露仏同盟によってヨーロッパ列強間の国際関係が一種の「手づまり」状態に達したと指摘した。すなわち、ドイツ、オーストリア、イタリア間の三国同盟と露仏同盟、それに大陸ヨーロッパの同盟関係の域外に立つイギリスの間で、ヨーロッパという場では動きのとれない状態が生じ、その対立・矛盾の場として東アジアの重要性が高まったというのである。[7] ヨーロッパの外では、アフリカ分割の過程がまだ続いていたものの、八〇年代に見られたような競合の「主舞台」としての意味は薄れ、九〇年代半ば以降、列強の関心の対象として東アジアの位置が大きく浮上していった。

イギリスの『銀行協会雑誌』一九〇一年三月号の一筆者は、「[アフリカ支配をめぐる問題は] 今やほぼ決着がつき、小アジアやペルシアでも新たな息吹の予兆が感じられている。一方、「国際政治の焦点」となってきたのは中国である。」[8] と述べたが、これはその点についての同時代人の認識の一例である。先に触れたホブソンの帝国主義論は、南アフリカ戦争（一八九九–一九〇二年）を背景として書かれたものであるが、彼が帝国主義に関する理論構築をしていくに当たって、中国問題をめぐる考察がきわめて大きな意味をもっていたこと（一八九八年に『コンテンポラリ・レヴュー』誌に書いた「自由貿易と外交政策」）もここで付言しておきたい。[9]

一八八〇年代におけるアジアの変動は、朝鮮にせよ、インドシナ、ビルマにせよ、中国の周辺部で生じていたが、潜在的な経済的価値を各国がともに認める中国そのものを今や軸として、東アジアが帝国主義世界体制の焦点となってきたのである。

## 三　帝国主義国日本の台頭

こうした変化を引き起こす要因となった国が、他ならぬ日本であった。「帝国主義の時代」をまず主導したヨーロッパ諸列強の行動に倣いつつ、日本は、「欧州的一新帝国を東洋の表に造出」（井上馨外相の言明、一八八七年）すべく、[10] 朝鮮への対外拡張の動きを強め、日清戦争（一八九四〜九五年）を引き起こした。この日清戦争での中国の敗北が、ヨーロッパ列強の関心を中国へ集中させ、東アジアは、帝国主義世界体制の「主舞台」となったのである。

前回の第三回東アジア歴史教育シンポジウムで宮地正人は、日清戦争が帝国主義的世界体制を完結させる契機となり、それによって日本が帝国主義国に成り上がっていったと述べ、「日清戦争はその後の日本の質を規定し、日露戦争はそれを量的に拡大したものに過ぎない」と論じている。(11) 日清戦争に勝利することによって、他の帝国主義列強が日本を見る目も大きく変化した。たとえば、東田雅博の調査によると、イギリスの『エディンバラ・レヴュー』に日清戦争終結直後に掲載された一論説は、それまで「人形の家の文明」をもった「元気のよい子供」としかみなされていなかった日本について、ヨーロッパの人々は「この数ヶ月の間に別の考え方をすべきことを学んだ。日本は軽視されざる強国として処遇される権利を力強く証明した」と、対日認識の変化を示している。(12)

「帝国主義の時代」は、世界の諸地域が支配する側と支配される側とに大きく区分され、支配する側がこの支配－被支配の関係を当然のことと考えていた時代であった。「帝国意識」と呼びうるこのような心性は、さまざまな形で表現されたが、支配する側を「成人」とみて、支配される側が「子供」と形容される場合がしばしばあった。また「文明」は支配する側が享受するものであり、支配される側は「文明化」の対象となる（「文明化の使命」）という考え方も広がっていた。上で取り上げた『エディンバラ・レヴュー』の議論は、支配する側の一員としての日本認可の様相を示しているといえよう。

帝国主義国としての日本認知をいっそう進め、帝国主義世界体制における日本の立場を固めていく契機となったのが、一九〇〇年に起こった中国での義和団運動鎮圧に際しての日本の活動であった。よく知られているように、この時、南アフリカ戦争での予期せぬ苦戦に直面していたイギリスをはじめとして、欧米の列強は中国に大きな軍隊を送ることができず、義和団運動鎮圧戦争に参加した八カ国（英・独・仏・米・ロシア・イタリア・オーストリア・日本）の中で、日本は最大の軍隊派遣国となった。このような軍事的役割を演ずるに際して、時の陸軍大臣桂太郎は、列強が連合軍を組織するということ自体世界史上珍しく、日本がそれに加わるのは初めてであるとしつつ、ヨーロッパ諸国とは人種も違い、治外法権も撤去しえたばかりの日本にとって、この事態は「将来文明の伍伴《ごはん》に入るや否やの試験時期」であるとの認識を示していた。[13]

義和団運動鎮圧戦争における日本の動きについて、当初ヨーロッパ列強の中にはすこぶる厳しい見方が存在した。たとえば、一九〇〇年七月初め、イギリスが日本軍の増援を求めていた頃、フランス議会では、日本軍の突出は列強間の共同一致を危うくするだけでなく、東アジアの将来に対して最も危険なことになる、といった危惧が表明されていた。これは、当時のフランスの世論を反映していたが、北京「解放」後の九月になると、日本の将来の態度についてのヨーロッパ諸国の疑いを示すような論説や記事はフランスでもみられなくなった。[14]

義和団戦争での日本の役割についての評価の一例として、北京「解放」直後のイギリスの新聞『ザ・タイムズ』の論説を、駐英公使館から伝えられた形であげておこう。この論説は、日本の新聞報道でも注目されたものである。

「他の列強が一挙して自ら其の国人の生命を救ひ其の国旗の栄光を保つ能はずして空しく其の使臣の虐殺を傍観するの屈辱及痛恨を免れしめたるものは日本国にして日本国は真に欧州列国の伴侶たるには愧ぢざるものなり」[15]

帝国主義世界体制のもとで、帝国主義諸列強は領土や権益の拡張を求めて競合する関係にあるが、支配–被支配関係の拡大と深化は、同時に支配に抵抗する力の強化をもたらし、支配する側はそれに対抗するための協力関係を模索していく。義和団運動の激化と、その鎮圧に際しての列強間の協力は、帝国主義世界体制のこういった様相のきわめて明確なあらわれであった。「欧州利益のため文明の同盟に新たに入った新募兵」（『ザ・タイムズ』の表現）[16]日本は、この状況の中で帝国主義国としての地歩を固めたのである。

先にも述べたように、「帝国主義の時代」には、世界の各地域間に支配–被支配という関係が存在することがいわば当たり前と考えられていたが、その関係の中でも、またさまざまな重層性が存在した。後進の、しかも有色人種の帝国主義国家である日本が、支配する陣営の側に公然と参入したことは、こうした重層性の深化の一様相であった。眼を少し転じてみると、義和団運動鎮圧に参加したイギリス軍の中には、その主力をなしたインド兵の他にオーストラリアからの兵士もいた。オーストラリアは、この戦争に派兵する過程を経て、南太平洋の島嶼への領土的関心を高めていく。[17]イギリスに従属しつつ、自らも帝国主義的欲望を育むこの国は、ちょうどこの頃「白豪主義」を最終的に制度化しつつあった。そこでは排除の対象となる日本人の国が、イギリスと協力して支配陣営の一員となる、そのようなねじれを伴った重層的支配構造が、帝国主義支配体制の中で作り上げられていったのである。

## 四　日英同盟から日露戦争へ

一九〇二年における日英同盟の成立は、帝国主義国としての日本の地位を改めて国際的に宣揚する機能をもった。同盟の成立に際して、『大阪朝日新聞』は、「耶蘇《やそ》教国以外にしていわゆる所謂文明国と相提携し、東洋平和維持の主人公となるに至り」と、同盟の意味を説明している(18)。ここでも「文明」はキーワードであり、文明国すなわち帝国主義世界体制内の支配する側の一員として国際的認知を受けたことが、誇りとされたのである。同盟相手国のイギリスは一九世紀後半のイギリス外交を特色づけてきた「栄光ある孤立」の維持に困難を覚えてきていたとはいえ、世界最大の帝国主義国家であることには変わりがなかったから、この同盟の中で日本はあくまでもジュニア・パートナーであったが、イギリスとの結びつきは日本の位置を大いに高めた。

日露戦争は、こうして帝国主義世界の大国グループの一員となった日本が戦った帝国主義戦争であった。日英同盟から日露戦争への道は一直線ではなかったものの、同盟の成立が日本におけるロシアに対する強硬論を強化したことは否定できない。いわゆる「満韓問題」をめぐる日露の外交交渉の陰で日本が積極的に対露開戦の方向を選んでいくに当たっては、帝国主義世界体制を担う強国の一員として公認され、イギリスの後ろ盾を得ているという条件が、きわめて大きな意味をもったのである。

日露戦争を戦うに当たって、日本はこうして獲得した「文明」国としての地位をさらに確実なものにすべく努めた。それはたとえば、ロシア人捕虜処遇の仕方にあらわれている。日露戦争期、日本は約八万人のロシア将兵を捕虜とし、そのほとんどを収容所に入れたが、最大の捕虜収容所であった愛媛県の松山収容所をはじめ、その処遇には相当細心の注意が払われた(19)。この点は、後のアジア太平洋戦争期における捕虜虐待との対比で語られることが多い。日露戦争期には、帝国主義世界体制の支配国としての「文明国」であることを示す要件として、捕虜処遇問題が捉えられていたと考えられるのに対し、後にはアジアでの独自の支配秩序をめざす動きの中で、そのような配慮は捨て去られていったのである。

日露戦争における日本の勝利は、帝国主義世界体制の中での日本の地歩をさらに高めていった。他の帝国主義列強では、一九世紀末から広まっていた「黄禍」論に対比される「黄福」論とでもいうべき見方も有力になり、日本の武士道などが賞賛される雰囲気も生まれた[20]。しかし、「黄」という形容詞が日本について回りがちであったことに示されるように、ヨーロッパ（＝白人の世界）を頂点とする世界体制における、後発の、しかも有色人種の帝国主義国のいっそうの台頭は、さまざまな反発を呼ばないわけにはいかなかった。

イギリスとイギリス帝国に例を求めてみよう。一九〇五年八月、ポーツマスで日露間の講和会議がはじまった直後に、第二次日英同盟が調印された。軍事同盟としての性格が強化されるとともに、日本の韓国保護権が確認され、適用範囲がインドへ拡大されたこの第二次同盟は、帝国主義同盟としての性格をいっそう色濃くしたものである。これによって、インドへの日本からの派兵も想定されることになったが（現実には一九〇七年に締結された日英軍事協商で日本側はインドまでの派兵を拒否した）、こうした事態はインド現地におけるイギリス統治者たちの強い不満を呼ぶことになった。すなわち彼らは、イギリスが自国の権益維持のためにアジアの有色人種に依拠しなければならないことを遺憾とし、この同盟締結によってインド人の眼に映るイギリスの威信が低下したと感じていたのである[21]。

またオーストラリアでは、日露戦争中はイギリスの同盟国日本への支持が広がっていたが、日本の勝利と、日英同盟による東アジア地域でのイギリス海軍力の減退によって、新興帝国主義国日本からの脅威感が強まった。当時の首相ディーキンによる「北太平洋の黄色人種への不信」表明は、その端的な表現であった[22]。

帝国主義世界体制の維持のために日本との協力を必要としつつ、アジアの帝国主義国日本の参入が、その世界体制そのものを動揺させる芽をはらんでいることは、イギリス本国でも強く感じられていた。その一例として、一九〇七年に結ばれた英露協商を歓迎するクローマー卿の一九〇八年二月の上院演説を引いておこう。クローマーはエジプトにおけるイギリスの支配の中心的指導者として絶大な力をふるいつづけ、一九〇七年に引退したばかりであったが、次のように述べたのである。

「[英露協商によって開かれた]ヨーロッパ帝国主義の新たな局面では、極東において白人のロシアに黄色の日本が最近勝利したことによって解き放たれた民族主義的な「扇動」勢力を抑えるために、すべての主要な植民国家が力を合わせることになろう。(23)」

## 五　日本帝国の様相

この同じ年（一九〇八年）、クローマーは自らのエジプト統治の体験をもとに、『近代エジプト』（*Modern Egypt*）という書物を著した。この本の邦訳は、一九一一年、大日本文明協会から『最近埃及《えじぷと》』というタイトルで出されている。それに寄せた序文の中で、大日本文明協会会長大隈重信（一八九八年、一九一四—一六年首相）はこう記した。

「卿の埃及に於ける経営は我韓国に於ける保護政治の上に参考にすべきもの多きを思ひ、之［クローマーの演説集］を当時の統監伊藤［博文］公に送りたることあり。（中略）韓国の位置は一変したれども、我国民が此書に就て玩味せば其裨益する所大なるは余の信じて疑はざる所なり(24)」

先に引いたクローマーの演説に示唆される、日本の台頭による帝国主義世界体制の変容への曲折した見方と対照的に、先導国イギリスを模倣しつつ帝国主義世界体制の中での支配国としての道を進んでいこうとする日本の姿勢がここにはあらわされている。

この時その道の基軸は、大隈の言葉にあるように、朝鮮の植民地化にあった。日露開戦のわずか二週間後、日本は韓国政府に「日韓議定書」を強制し、朝鮮の植民地化の過程を加速化し、日露戦争終結直後の第二次日韓協約で保護国化、そして一九一〇年には最終的に韓国を併合していたのである。

日清戦争による台湾の領有につづいて、こうして韓国を植民地化することにより、同心円的構造をもつと形容される日本帝国の様相がはっきりとしはじめ、日本人は同じアジアの他民族に対する蔑視意識を育みつつ、帝国支配民族としての道に歩みを進めていった。朝鮮からの視線で日露戦争をみるように努めてみればすぐに分かるように、日露戦争は、被抑圧民族の解放につながる戦争などではなく、義和団運動鎮圧や日英同盟締結によって、帝国主義世界体制の支配国の一員として認知された日本が、他民族抑圧者としての位置を確かなものにしていく戦争に他ならなかった。こうしてできあがっていった日本帝国では、支配国日本と被支配地域が地理的に近接し、被支配住民の人種的性格も日本人と類似していた。そのため、離れた地で人種的に違いのある人々を支配する欧米の帝国主義国とは異なるとの議論がなされ、帝国支配の正当化が行われた。そして結局は「大東亜共栄圏」建設のための戦争に帰結する道が、そこからさらに始まっていくことになるのである。

（1）日本外務省記録　A.7. 1. 0. 7-1-1-2　外務省外交史料館蔵マイクロフィルム。
（2）西尾幹二・藤岡信勝『国民の油断』（PHP研究所、一九九六）、九三ページ。
（3）坂本多加雄『歴史教育を考える』（PHP研究所、一九九八）、一八〇ページ。
（4）ジャワハルラル・ネルー（大山聰訳）『父が子に語る世界歴史』第三巻（日本評論新社、一九五四）、二九二―二九四ページ。
（5）J・A・ホブソン（矢内原忠雄訳）『帝国主義論』上巻（岩波書店、一九五一）、四七ページ。
（6）M. E. Chamberlain, *'Pax Britannica'? British Foreign Policy 1789-1914* (London, 1988), p. 146.
（7）江口朴郎『帝国主義の時代』（岩波書店、一九六九）、五一ページ。
（8）Henry Tipper, "China and the West: With Special Reference to British Interests," *Journal of the Institute of Bankers*, March 1901, p. 98.
（9）P. J. Cain, "J. A. Hobson, Cobdenism, and the Radical Theory of Economic Imperialism, 1898-1914," *Economic History Review*, 31-4 (1978), p. 568.
（10）津田千賀子「一八八〇年代における日本政府の東アジア政策展開と列強」『史学雑誌』九一―一二（一九八二）、二七ページ。

(11)　宮地正人「日本的国民国家の確立と日清戦争」比較史・比較歴史教育研究会編『黒船と日清戦争』(未來社、一九九六)、三二〇ページ。
(12)　東田雅博『大英帝国のアジア・イメージ』(ミネルヴァ書房、一九九六)、三二〇ページ。
(13)　小林一美『義和団戦争と明治国家』(汲古書院、一九八六)、二〇九-二一〇ページ。
(14)　『日本外交文書』第三三巻別冊一(日本国際連合協会、一九五六)、四〇九、四七五ページ。
(15)　『日本外交文書』第三三巻別冊一、七〇一ページ。
(16)　『日本外交文書』第三三巻別冊一、四二九ページ。
(17)　Roger Thompson, *Australian Imperialism in the Pacific* (Melbourne, 1980), p. 159.
(18)　村島滋「二〇世紀史の開幕と日英同盟」木畑洋一他編『日英交流史』第一巻(東京大学出版会、二〇〇〇)に引用。
(19)　参照、才神時雄『松山収容所』(中央公論社、一九六九)。
(20)　参照、ジャン・ピエール=レーマン「ヨーロッパ人の近代アジア観」祖川武夫編『国際政治思想と対外意識』(創文社、一九七七)。
(21)　T. R. Sareen, "Reluctant Partners: India and the Anglo-Japanese Alliance," in: Harald Kleinschmidt (ed.), *Europe and Japan* (n.p. [Helfant Edition], n.d.), p. 21.
(22)　Neville Meaney, *Towards a New Vision. Australia and Japan through 100 Years* (East Roseville, NSW, 1999), p. 64.
(23)　V. G. Kiernan, *Imperialism and Its Contradictions* (New York/London, 1995), p. 152.
(24)　クローマー(安田勝吉訳)『最近埃及』(大日本文明協会、一九一一)、一二一-一三ページ。

シンポジウム報告

# 2 イギリスと辛亥革命

楊《ヤン》 天《テイエン》 石《シー》
（牧野 篤訳）

## 一 中国政治の抗争に積極的に介入したイギリス商人

武昌新軍の決起によって、一九一一年一〇月一〇日、辛亥革命の幕が切って落とされた。同年一二月二日、上海のイギリス人商人エドワード・セルビー・リトルは、清朝政府内閣総理大臣の袁世凱にあてて、次のような電報を打っている。「今時の戦いが、和することなく長引き、貴国の結末が、想像に堪えないものとなることを密かにおそれます。民党に各省の代表を上海に集めて和平を交渉するよう要請されることは、すでにお認めになったことと存じます。総理が、係官を派遣され、和平交渉をなされるおつもりか否か、ご返事をいただければ光栄に存じます。(1)」翌日、袁世凱は次のように返電している。「政治の抗争に、武力のみを用いようなどとは考えておりません。現在、イギリス政府の紹介で、係官を派遣して、大局について交渉を始めようと計画しております。早期の平和的解決を期す所存です。ご厚情に感謝しております。(2)」リトルはさらに一二月五日に、袁世凱あて打電し、「民党は既に同意した」と明言し、袁世凱が全権大臣を上海へ派遣し、民党側の全権代表と和平交渉を進めることを希望すると述べている。彼は、また、自宅を和平会談の会場として提供することを申し出、さらに袁世凱にイギリス駐清国公使のサー・ジョン・ニューウェル・ジョーダンと会見するよう進言している。(3)翌日、彼は袁世凱との打ち合わせを終え、さらに一九日には、決起軍によって将軍に推された黎元洪にあてて、電報を打ち、袁世凱に宛てた電報とほぼ同様の内容を伝えている。(4)

リトルは、一八六四年生まれ、一八八六年に中国に渡って商業を営み、一九〇〇年にはイギリスの貿易商ブルンナー・

モンド・カンパニー極東総支社の総支配人となった。同カンパニーの資本は、当時三〇〇万イギリスポンドに達していた。彼は、また上海公共租界工部局（統治部門）理事を三度にわたって歴任している。彼は、辛亥革命における南北双方の調停活動を通して、イギリス駐上海総領事E・H・フレイザーとイギリス駐清国公使ジョーダンの厚い信頼を得ることとなった。(5)

一介のイギリス商人が、中国の事件にこのような関心を抱き、中国政治の抗争に積極的に介入したのはなぜなのだろうか。

## 二　イギリス人の演出による武昌停戦交渉

武昌の決起がおこると、清朝政府の湖広（湖北・湖南・広西・広東）総督・瑞澂はイギリスに対して、長江にある艦船を出動させて、決起軍の渡河を阻止することを求めた。これに対し、イギリス駐漢口総領事代理のH・コッフェはジョーダンに指示をあおいだが、ジョーダンはイギリス駐中国海軍総司令官に対して、「提供でき得る限り一切の援助を提供すること」と指示した。(6)しかし、ジョーダンは、既にこのとき、今回の革命は武力をもって制圧できるものではないことを見抜いていた。彼は、一九一一年一〇月三〇日と一一月六日の両日、イギリスの外務大臣E・グレイにあてた書簡の中で、次のように明言している。「この度の革命運動は広く民衆の支持を受けて、各地で勝利をおさめており、このことが武力をもって国家元来の相貌を回復しようとするすべての企ての成功を困難なものとしています。(7)」そして、この認識から、彼は積極的に中国の政治に関わり、清朝政府に圧力をかけつつ、袁世凱が革命党と和平交渉を進めることを支持し、そうすることで革命を消滅させようとしたのである。

ジョーダンは一一月の初め頃、慶親王奕劻と会見し、「戦闘継続の停止」を保証させることに成功した。(8)また、ジョーダンは、一一月二五日に袁世凱と会談し、「強い印象を与える」語気で次のように主張した。「戦闘の継続は、漢口在住のイギリス人に危害を及ぼす危険があり、人々は不安におののいているのです。」袁世凱は、ジョーダンの意をくみ取り、即座に「双方が満足できる条件が提示されて停戦協定が結ばれたなら、喜んで停戦を命ずる」と応えたという。そして、袁はその場で、ジョーダンがコッフェを通して革命党側に袁の意向を伝えることに同意したのである。[9]この後、武昌革命党指導者と清軍との停戦協定は、ジョーダンとコッフェの演出の下で進められ、双方は一二月二日に停戦とすることで合意し、コッフェが署名して合意を保証するということとなった。

辛亥革命は、中国国内の各政治勢力の間に複雑な局面をもたらすこととなった。老獪な袁世凱はこの情勢を利用して、唐紹儀を代表として派遣し、南方の革命党指導者との交渉に臨むことを決定したのである。ジョーダンは、コッフェに袁世凱の意図を伝え、彼に斡旋を要請した。一二月四日、ジョーダンは、コッフェに打電し、双方が「相互の対立を調整し、和解することの重要性に気づくことを」希望すると述べている。[10]しかし、南方革命党代表者の伍廷芳が漢口に出向くことを拒否したため、再び、ジョーダンが仲介して、袁世凱をうながし、停戦交渉の地を上海に移すこととなった。

停戦交渉会談の場所は移されても、武昌地区の革命党は、依然として機会をねらっては、唐紹儀に和平交渉の条件を提示してきていた。それは次の四項目からなるものであった。一、満族による清王朝を倒すこと、二、皇室を厚遇すること、三、満族民衆に対し一律に親身になって処遇すること、四、中国を統一すること。この四項目は、革命後の政体の問題に言及してはいなかったが、たとえば「満族による清王朝を倒すこと」という項目は、明らかに双方の合意を得られるものではなく、またジョーダンの当時の意向に合致したものでもなかった。それ故、彼はイギリス政府への打電において、とくに次のように説明している。「情勢を極めて冷静に見極める必要があります。[11]」一七日、唐紹儀は漢口を離れて上海に向かったが、漢口を離れるとき、コッフェは唐に次のように言い含めていた。「革命党は極めて強硬に共和制を主張している。……そこで、次のような調停案をお聞かせしたい。それは、立憲君主制を、今上帝が二五歳になられる年まで暫定的に施行し、その後、皇帝の聖徳・聖学の如何を見極め、かつ民衆の程度をはかった上で、国会により、君主制をとるか民主制に移行するかの決議を行うというものです。」そして、コッフェは、この案は黎元洪にも既に伝えてあると続けたのである。[12]武昌蜂起の後、ジョーダンは、今回の革命運動は制圧できるものではないと見て取ってはいたが、彼は革命党を支持するものではなく、また、中国がこの運動を契機に共和国に転ずることをも快く思ってはいなかったのである。コッフェの調停案は、清朝政府を存続させながら、他方で革命党の要求をある程度満足させようとするものであった。この案は、ジョーダンの意見を典型的に反映したものであった。

　唐紹儀は上海到着後、リトル宅に宿をとっていた(13)。

## 三　英日米仏独露六カ国干渉下の上海停戦交渉会談

　上海の停戦交渉がイギリスの描いたシナリオ通りに進むのを保証するため、ジョーダンは上海停戦交渉会談の始まる前に、日本・アメリカ・フランス・ドイツ・ロシアの駐中国公使を招聘して、一二月一五日に事前協議を開き、以下の内容の覚書を、各国政府の批准を経て、各国駐上海領事を通して、清朝政府と革命党双方の全権代表に提示することを決定した。その内容は以下の通りである。

　イギリス政府他関係国政府は、中国現今の紛争がこのまま継続されれば、中国本国のみならず、諸外国人の重要な権益と安全を、極めて危険な状況に直面させるものと認識する。

　イギリス政府他関係国政府は、従来とってきた絶対中立の態度を維持しつつ、非公式に双方の代表団に対して、可及的速やかに協定を結び、現下の衝突を停止させる必要のあることに注意を喚起する義務を有するものと認める。何故ならば、本意見は双方の願望と合致するものと考えるからである(14)。

　この覚書は、上海会談が始められる前に双方の代表団に手渡される予定であったが、各国政府の批准を得る必要から手間取り、会談第一日目の夜、イギリス・日本などの六カ国公使から唐紹儀と伍廷芳の双方に打電されることとなった(15)。さらに、二〇日には、イギリス駐上海総領事のフレイザーが、その他の五カ国の総領事とともに、唐、伍双方に直接面会し、各国本国の覚書を手渡している。

　唐が漢口を離れるとき、コッフェが「立憲君主制」の計略を授けたとはいえ、唐は上海で革命党の指導者の一人・黄興と一時間あまりにわたる会談を行い、「革命党の主張は共和制にあり、一歩も譲る心構えのないこと」に気づくこととなる。彼は、二〇日、袁世凱に打電し、会談の状況を報告するとともに、各国の指導者に「立憲君主制を支持する意図」が見られず、「情勢は緊迫しており、すべてを秘密裏に準備されたし」[16]と要請している。袁世凱は唐の電報に接して後、即座に係官を派遣してイギリスと日本の公使に意見を聴取し、同日、唐に次のように返電している。「両国政府は君主制を支持しており、変更はあり得ず、……在京各国は、共和制に反対であり、とくに某国は共和制に厳しい態度を示している。」ここにいう「某国」とは、イギリスのことである。[17] しかし、このときには、ジョーダンは既に上海で活動していたイギリス人記者モリソンを通して、南方革命党は「立憲君主制」を受け入れることはなかろうとの情報を得ていた。それ故、モリソンの建議を受け入れ、戦略を変更し、袁世凱を大統領に推薦することで、政局の安定を図ろうとするのである。[18]

上海の会談では、双方が「平和的解決」で意見の一致を見た。政体の問題では、伍廷芳が「中国は民主でなければならず、民衆が大統領を公選すべきである」と主張して譲らなかった。唐紹儀も、アメリカ留学の経験があり、共和思想の影響を受けていたこともあって、立憲共和制に賛成の意を表していたが、同時に、「国民大会を召集して、君主であるべきか民主であるべきかを、多数決によって決定すべきだ」と提起した。[19] 二三日、ジョーダンは袁世凱と会見し、袁が唐紹儀の提起した案を受け入れることを求めつつ、次のように述べている。「今時の上海会談が停戦協定締結に失敗した場合、私個人の力ではいかんともしようがありません。」[20] 二四日、慶親王と袁世凱はジョーダンに接見し、唐紹儀あての電報を示しつつ、政体の問題は国民大会の決定を待つことに同意の意を表明した。そして、国民大会は、双方の協議にもとづく条件により、その後3か月以内に各省選出の代表より組織されることが決定された。[21] ジョーダンも即座に賛同の意を表明している。[22] その後、ジョーダンはイギリス本国に会談の報告を行い、外務大臣のグレイは二六日の返電の中で、「われわれは、中国民衆がいかなる政体を選択しようとも、強大で統一した中国が実現することを希望する」[23]と述べている。この後、ジョーダンは誰が中国を統一するのかということ一点に注意を集中することとなるのである。

## 四　孫文と袁世凱との間で袁世凱を支持したイギリス

ジョーダンは南北会談の進行を終始注視していた。彼は、ある時期、袁世凱の姿をほぼ毎日目にしている。[24]その後、一九一二年一月一日、袁世凱と唐紹儀との間に対立が生まれ、唐は辞任することとなる。ジョーダンはこの事情を聞きつけるや、即座に袁世凱と会見し、「今回の決裂が負うべき重大な責任を袁に認識させることとなった。」ジョーダンは、袁世凱がほとんどの問題においてとった態度に理解を示すとともに、グレイにあてて次のように打電している。「これらのあらゆる問題において、袁世凱がとった態度は道理にかなうものでした。[25]」

一月一一日、袁世凱は側近を派遣してジョーダンを訪問させ、清朝政府が袁世凱に譲位することを認めた場合、各国の承認を得ることは可能かどうかを問うている。ジョーダンはこのとき、「袁世凱は各国のひろい信任を得ています」と明言している。[26]一四日、袁世凱は私設秘書を派遣してジョーダンと会談をもち、袁世凱が「この変えることあたわざる運命」を受け入れる決心をしたことを伝えている。使者はこのとき、ジョーダンに、隆裕皇太后が間もなく諭旨を公にして、退位を表明し、袁世凱に臨時政府の運営権を授ける予定であることを漏らしている。[27]ジョーダンは、袁世凱が間もなく中国の統治にはいることに胸をなで下ろしている。一五日、張之洞の子息をふくむ北京同志連合会の五人の指導者がジョーダンを訪問し、同会の目的の一つは立憲君主制を中国に確立することだと伝えたとき、ジョーダンは次のように語っている。「各国が求めているのは、中国を平和に保てる政府です。多くの外国人は、最初、中国の必要にもっとも適しているのは立憲君主制だと考えました。しかし、これは南方の強硬な反対に直面しています。立憲君主制の実現が、戦争の勃発を防ぎ、中国の二つの国家への分裂を防ぐものであり得るのか否か、今となっては、疑いをもたざるを得ません。[28]」

一六日、京津同盟会会員の張先培らが北京東華門で袁世凱を爆殺しようとして、失敗。一八日には、ジョーダンが自ら出向いて袁世凱を慰問している。袁世凱は、ジョーダンと時局に関する意見交換の機会をもてることに喜び、彼が清朝に対して提起した、次のような建議を漏らしている。つまり、袁が各省の代表によって共和国大統領に選出される前に、共和の原則に基づいて臨時政府の運営を処理する権限を袁に与えること、である。さらに、袁世凱は、臨時政府を数ヶ月間天津に移し、旧制度の影響を断絶する予定であることも語っている[29]。しかし、この袁世凱の計画は、孫文の大反対に遭うこととなる。二〇日、孫文は次のように明言している。北方は臨時政府を樹立することは認められず、袁世凱は民国の任命を受けて大統領になるべきであり、満族から権限を受け継ぐことはできないというものであった。ジョーダンは、この状況に対して深い憂慮と不満を示し、グレイに立て続けに手紙を送って、孫文を批判している。たとえば、二月九日付の書簡では、南京の民衆は、「革命軍政府下の体験に対して、既に大いなる不満を持っています。」「多くの場合、人々は革命運動に同情と支持を与えたことに対して後悔し始めているのです。」と述べている。彼は、袁世凱が大統領となって初めて中国は「平和と秩序を回復」し得ると考えていたのである[30]。翌日、彼はグレイにあてた書簡の中で、袁世凱を持ち上げて次のように語っている。「新政府はこの多芸多才の政治家の頭脳から即座に生まれてくるでしょう。彼は、乱中に治を求める偉大な任務を完成させるために、すでに十分な準備をしております[31]。」

清末、中国の経済は衰退を続け、清朝政府の各国への賠償金と負債利子の支払いによって、国庫の蓄えはすでに底をついていた。それ故、孫文の南京臨時政府と北方の袁世凱政府はいずれも財政再建が急務となっていた。当時、南方の革命政府にとって、唯一の大口の収入源は、税関の関税であった。しかし、武昌蜂起後間もなく、イギリスはその他の国と連絡を取り合いながら、税関をおさえて関税を操作し、革命党が軍事力を増強するのを防ぎつつ、列強への賠償金を支払い続けられるよう手を打っていた[32]。孫文は、こうした財政的困難の状況下で、列強に借款を求めるという従来の方法を採らざるを得なかったが、しかし列強の協力を得ることはほとんどできなかったのである。一方、袁世凱政府が成立するや、イギリスの財団や銀行は袁に対して多額の借款を提供し始めた。一九一二年二月二八日、イギリスの滙豊銀行は袁世凱の要求に応えて、銀二〇〇万両を提供し、南京臨時政府が解散前の善後処理を進めるための便宜を図っている。その後、滙豊銀行を中心とする国際銀行団は、袁世凱政府に不断の財政援助を行っている。一例を示せば、以下の通りである。

三月九日、四カ国銀行団が袁世凱政府に銀一一〇万両を貸し付ける。
五月一七日、四カ国銀行団が第三次借款三〇〇万両を提供する。

六月一二日、六カ国財団が第四次貸付金三〇〇万両を提供する。

六月一八日、六カ国財団が第五次貸付金三〇〇万両を提供する。

六月二〇日、六カ国銀行団が会議を開き、引き続き貸付金銀八〇六〇万両を提供する意向のあることを表明する。

八月三〇日、袁世凱政府駐イギリス公使・劉玉麟がロンドンのバーチ・クリスプ・アンド・カンパニーとの間に、一〇〇〇万イギリスポンドの借款契約を結ぶ。

一九一三年四月二六日、五カ国銀行団は袁世凱政府と、二五〇〇万イギリスポンドの借款を協議し、同日、二〇〇万ポンドの貸付金を支払う。


このような借款は、いくつかの項目を除いて、ほとんどが現金に換金されている。まさに、これら一つひとつの借款が、袁世凱政府が経済危機を乗りこえ、孫文を代表とする民主革命派を圧倒する手助けとなったのである。

## 五　イギリスの対中国政策の背後にある経済的利益

資本主義的帝国主義の時代、外交政策は常に経済的利益を代表するものとなる。

アヘン戦争以降、イギリスは中国の香港を占領し、各種の政治的特権を獲得したのみならず、経済的にも巨額の利益をわがものとしている。日清戦争以前の各国の対中国貿易を例にとってみると、イギリス（香港をふくむ）の占める割合は、輸入で七一・六パーセント、輸出で五〇・六パーセントと圧倒的シェアを有していた[33]。当時、在中国の外国系企業は合計五八〇、そのうち三五四社がイギリス系であり[34]、一六社の外国船舶会社のうち、一四社がイギリス資本またはイギリスによる資本参加の会社であった[35]。日清戦争の後、イギリスの対中国資本輸出の規模はさらに拡大され、速度もさらに加速された。統計によれば、一八九四年から一九一一年にかけて、イギリスの匯豊銀行が単独で、または他の銀行と共同で中国に貸し付けた金額は銀二億六〇〇〇万両であった[36]。一九〇二年にイギリスが中国の不動産に対して行った投資は五一〇〇万五〇〇〇アメリカドルであったのに対し、アメリカ・ドイツ・フランス各国の投資総額は総計で二一〇〇万九〇〇〇アメリカドルに過ぎなかったのである。[37] 一九一一年に中国がイギリスに負っている債務（財政借款・鉄道借款・義和団賠償金借款）は二億二一八七万七〇〇〇元に達しており、諸外国の中で第一位であった。[38]

以上のことから、辛亥革命において、なぜイギリスがあれほどまでに中国の情勢にかかわりをもち、配慮をしたのか理解できよう。

武昌蜂起後間もなく、ジョーダンは「イギリス人の生命財産の安全」の確保と「われわれの漢口における利益」の保護を第一の任務となしたのである。[39] 一一月九日、イギリスの海軍中将A・L・ウィンスローは、ジョーダンに、中央政府に対して清朝軍の撤退を建議できないか打診している。何故なら、戦闘の継続はほとんど用をなさず、かつ貿易の回復の妨げになるからであった。[40] 革命運動の進展にともなって、イギリスの中国における利益はより多くの土地で脅威にさらされることとなっていった。このような状況の下、イギリスは、その中国における利益が砲火によって灰燼に帰すままにまかせることは到底できず、南北政府双方に停戦をはたらきかけるとともに、中国にイギリスの中国における利益を保護し得る強力な政府の樹立を求めざるを得なくなったのである。袁世凱は、その経歴が証明しているように、国内革命運動と民衆蜂起の制圧に功があったのみならず、中国を侵略する列強にとっては敬うべき人物であった。彼は、まさにイギリスが必要としていた中国を統治し得る人物であった。一九一一年一一月一五日、グレイはジョーダンに次のように述べている。「われわれは袁世凱に友好的な感情と敬意を抱いている。われわれは、革命の結果、中国が強力な中央政府を有することとなり、各国と正式に取引を行い、国内秩序と有利な条件を維持し、中国で発展し始めた貿易をさらに推し進めることを希望する。このような政府に対しては、われわれはあたう限りの外交上の支援を提供する所存である。[41]」一二月二一日、ジョーダンは日本駐清国公使伊集院彦吉との会談で、「イギリスは、中国の華中・華南地区に貿易上の重要な利害関係を有している。よって、イギリス政府は南方の民衆の思想や感情を無視して、攻撃を受けることを承知で軽率な施策を採り、立憲君主制の貫徹を強行することはできない[42]」と述べている。辛亥革命期に、イギリスが全力で袁世凱を支持し、立憲君主制から共和制へとその主張を変えた理由はここにあるのである。

イギリス人のこのような損得勘定は、間もなくドイツ人によって看破されることとなる。一九一二年二月三日、ドイツ駐中国公使のハクストハウゼンはドイツの首相宛の書簡の中で次のように述べている。「イギリスの勢力範囲は、揚子江及び中国南方一帯に集中しています。袁世凱が一一月にこちらへきた頃には、中国朝廷の軍隊は、漢口・漢陽では勝利をおさめていたのですが、イギリスは北京政府を援助する政策を早々に放棄してしまいました。つまり、上海のイギリス商人の圧力と商業が甚大な被害を被ることへの恐怖とが、常に優勢を占めていたのです。」ハクストハウゼンはさらに次のように続ける。「イギリスの政策は、常に上海によって決定されているといっても過言ではありません。(43)」ハクストハウゼンは、本論文のはじめの部分で触れたブルンナー・モンド・カンパニー極東総支社の総支配人・リトル本人とその行動について、必ずしも理解をしていたとはいえないが、この彼の指摘は、逆に歴史の実質を私たちの目の前に明らかにしてくれているといえよう。

まさにイギリスの中国における経済利益（条約上の利益・資本輸出・商業の需要などさまざまな面をふくむ）が、イギリスの辛亥革命期の対中国政策を最終的に左右したのであり、リトルの活動は、単純な一人の行為ではなく、イギリスの在中国資産階級の必要を反映したものであったのである。

（1）ロンドン・パブリック・レコード・オフィス所蔵イギリス駐中国大使館文書、FO682/2296/27
（2）同、FO682/2296/31
（3）同、FO682/2296/32
（4）曹亜伯『武昌革命真史』下巻。
（5）「李徳立致莫里循函」、駱恵敏編『清末民初政情内幕』上巻、知識出版社、八〇五－八〇六ページ。
（6）「関於中国事件的函電：中国第一号」、胡濱『英国藍皮書有関辛亥革命資料選訳』上冊、北京中華書局、一九八四年版、一ページ。
（7）第八〇件、同書、八五－八六ページ。
（8）第一〇〇件、同書、一一一ページ。

(9) 第七八件、同書、七三ページ。
(10) 第一〇五件、同書、一三三ページ。
(11) 第一二七件、同書、一六六ページ。
(12) 「上海唐、楊大臣来電」、パブリック・レコード・オフィス所蔵イギリス駐中国大使館文書、FO682/2296/79
(13) 「克・達・ト魯斯致莫里循」、『清末民初政情内幕』、八一三ページ。
(14) 第一二八件、『英国藍皮書有関辛亥革命資料選訳』、一六六ページ。
(15) 中国史学会主編『辛亥革命』八、上海人民出版社、一九五七年版、二一三ページ。
(16) 「上海唐大臣来電」、パブリック・レコード・オフィス所蔵イギリス駐中国大使館文書、FO682/2296/84
(17) 「致上海唐大臣電」、同前文献。
(18) 「伊集院駐清公使致内田外務大臣電」、鄒念之編訳『日本外交文書選訳』、中国社会科学出版社、一九八〇年版、二九九ページ。
(19) 「南北代表会談問答速記録」、『辛亥革命』八、七七―七九ページ。
(20) 「伊集院駐清公使致内田外務大臣電」、『日本外交文書選訳』、三一二ページ。
(21) 第一三六件、『英国藍皮書有関辛亥革命資料選訳』、一七一ページ。
(22) 「伊集院駐清公使致山座駐英臨時代理大使電」、『日本外交文書選訳』、三一八ページ。
(23) 第一三七件、『英国藍皮書有関辛亥革命資料選訳』、一七二ページ。
(24) 「莫里循致達・狄・布拉姆函」、『清末民初政情内幕』上、八〇二ページ。
(25) 第六三件、『英国藍皮書有関辛亥革命資料選訳』、三〇七―三〇八ページ。
(26) 第三八件、同書、二四一ページ。
(27) 第五一件、同書、二八〇―二八一ページ。
(28) 第八三件付属文書二件、同書、三四六―三四七ページ。
(29) 第五六件、同書、二八七ページ。
(30) 第一二六件、同書、四四四―四四五ページ。

(31) 第一二七件、同書、四六三ページ。
(32) 「安格聯致胡惟徳函」一九一一年一〇月二三日、『中国海関與辛亥革命』、中華書局、一九八三年版、三三〇ページ。この問題に関する研究は、学会においてすでに多くの成果が公表されているため、ここでは逐一指摘することは避ける。
(33) 厳中平等『中国近代経済史統計資料選輯』、一九五五年版、六五―六六ページ。
(34) *Chronicle and Directory* (Hong Kong, 1985).
(35) 聶宝璋『中国近代航運史資料』、一九八三年版、七二七ページ。
(36) 徐義生「従甲午戦争至辛亥革命時期清政府所借外債表」、『中国近代外債史統計資料』、一九六二年版。
(37) 呉承明『帝国主義在旧中国的投資』、一九五五年版、一七三ページ。
(38) 同書、一八六ページ。
(39) 第五件、第六件、『英国藍皮書有関辛亥革命資料選訳』、三ページ。
(40) 第一〇〇件、同書、一一一ページ。
(41) 第五八件、同書、五八ページ。
(42) 「伊集院駐清公使致内田外務大臣電」、『日本外交文書選訳』、三〇一ページ。
(43) 「辛亥革命與列強態度」、『辛亥革命』八、四五二ページ。

シンポジウムによせて

# 3 カシキリ島は誰のものか

## ――植民地分割と現代のアフリカ国家――

永原陽子

### 一　ある国境紛争

一九九九年一二月、私たちが東アジアの歴史家たちとともに東京に集い、帝国主義をめぐるシンポジウムを成功裡に終わらせたちょうどその翌日、ハーグの国際司法裁判所で、ひとつの国境紛争についての判決がくだされた。当事国はアフリカ南部のナミビアとボツワナ。係争点は、両国の国境線をなすチョベ川に浮かぶカシキリ島[1]がいずれの国に属すかである。提訴から三年あまりを経たこの日、裁判所は、同島のボツワナへの帰属を認める結論を出した。

地図を見てみよう。ボツワナとナミビアとは、南アフリカ共和国の北側に並んで位置している。両国の国境の大部分は南北にのびる直線からなっているが、最北部では、ナミビア側からボツワナ側に細長い土地（「カプリヴィ陸岬《ストリップ》」）が突き出し、その先端が有名なヴィクトリア瀑布にほど近いところまで達している。チョベ川（上流での名称はリニャンティ川／クワンド川）はこの細長い土地の南辺を東に向かって流れ、ナミビアとボツワナとの境界をつくっている。チョベ川がカプリヴィ陸岬の東端でザンベジ川と合流する直前、わずかの距離だけ南北に分かれて流れている部分で中洲のようになっているのが、件のカシキリ島である。

カシキリ島は、面積わずか三・五平方キロメートル、一般の地図には記されるべくもない小さな島であり、両国の争いは「国境紛争」というにはあまりにささやかなものである。しかし、双方は互いに譲らず、とうとう国際法廷の裁定をあおぐにいたった。

この裁判が私たちの関心を惹くのは、同島をボツワナ領としたその結論ではなく、それにいたる論理である。というのも、判決は、島の帰属、つまり両国の国境線の位置を判定するにあたって、一八九〇年七月一日の英独協定をその法的根拠としたからである。

現在のアフリカ諸国の国境が帝国主義時代の植民地分割の産物であることは、いまさら言うに及ばない。延々とつづく直線や、細長く突出した領域は、列強間の駆け引きの無残な痕跡以外の何ものでもない。帝国時代のドイツ宰相の名を冠したまま今日に至っている「カプリヴィ陸岬」など、その最たるものである。とすれば、そのような境界線を定めたのが帝国主義時代の諸国際条約であったことも、当然、思い起こすべきなのかもしれない。しかし、それらの条約が今日も生きた法として国際社会で機能していることを目の当たりにするとき、やはり驚かずにはいられない。

紛争の当事者のうち、ボツワナは、一八八五年にイギリスが植民地とした「ベチュアナランド保護領」が一九六六年に独立して生まれた国である。一方、ナミビアは、一八八四年から翌年にかけてドイツが領有した「西南アフリカ」を前身とし、第一次世界大戦後の南アフリカ連邦（一九六一年からは南アフリカ共和国）の支配を経て、一九九〇年に独立国となった。現在の両国の国境線は、基本的に、ベチュアナランド保護領[2]とドイツ領西南アフリカとの間の境界線を踏襲している。

両国の国境線のうち、東西を分ける直線の南側部分は、イギリスがベチュアナランドを植民地化したさい、その西側境界としたものである[3]。それに対し、北半分の直線と東に伸びる陸岬をつくる線とは、一八九〇年の英独間の協定によって定められた[4]。同協定は、「ベルリン西アフリカ会議」（一八八四／八五年[5]）で合意された列強間の「アフリカ分割」の取り決めを適用した植民地分割協定の代表的なものである[6]。ドイツに与えられた「カプリヴィ陸岬」と名づけられることになる奇妙な形状の土地の意味はただ一つ、ドイツ領西南アフリカからザンベジ川への連絡を可能にすることにあった。

当時のザンベジ川一帯（「ザンベジア」）は、セシル・ローズの「イギリス南アフリカ会社」の治下にあり、一八九五年には、川をはさんで両側が「ローデシア」と名づけられた（現在のジンバブウェとザンビア）。その南・北ローデシアを分け、もう一つのイギリス領、「ベチュアナランド保護領」ともほぼ合わさる地点となったのが、川が大きく落ちるヴィクトリア瀑布である。一九世紀半ばにリヴィングストンが「発見」し、大英帝国女王の名を与えられた滝が、「ケープからカイロへ」の北進戦略の要衝となったのは実に象徴的なことであった。そのようなイギリス帝国主義の心臓部ともいうべき地に接近する権利をドイツが主張したのは、大陸横断の水路を確保し、西南アフリカと、ほぼ同時期に獲得した東アフリカ植民地（現タンザニア）とを結合しようとの計画からだった。イギリスは、ドイツ帝国のそのような野望に「理解」を示したのである。(7)

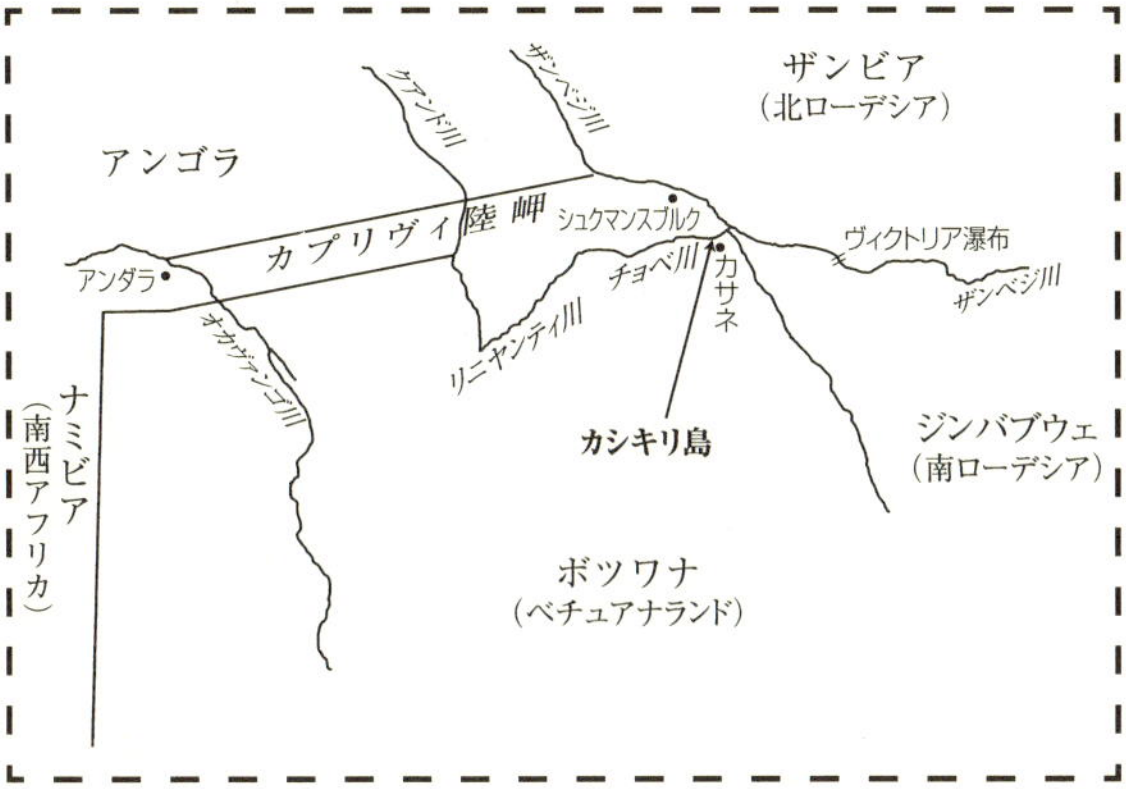

## 二　国境を決めるもの

カシキリ島の領有をめぐって対立したナミビアとボツワナとは、以上のような経緯で生まれた境界線を現在の国境とすることの妥当性を疑い、争ったのだろうか。そうではない。一八九〇年の英独協定が「陸岬」の南の境界線として定める「チョベ川の主流の中心線」の意味、つまり「主流」とはいったい何処なのかについて、解釈が分かれたのである。

前述のとおり、チョベ川は問題の地点で南北二つの流れに分かれている。いずれを主流とするかによって、国境線の位置は変わってくる。北が主流ならばカシキリ島はボツワナ領となり、南ならばナミビア領となる。両者は協定を現在の国境の根拠とする点ではいささかの違いもなく、対立したのはその解釈にすぎない。国際司法裁判所もまた、同じ考え方にたって、条文の「正しい」解釈を示そうとしたのだった。

こうして、法廷においては、もっぱら、当該地域でのチョベ川の主流とはどこかについての検討がなされることになる。幅の広い方か、深さのある方か、はたまた水量の大きさか。季節的な変化はどうか……。その中では、象の一群が川を横切る写真までもが一方の主張を裏づける証拠として引き合いに出された。それらの応酬の詳細は省略するが、結論としては、川の流れそのものについて国際法の通例的な解釈を適用するかぎり、北側を「主流」とするのが妥当ということだった。

ここで注目したいのは、ナミビア側が、カシキリ島をみずからのものと主張する重要な論拠として、カプリヴィ陸岬東部の住民マスビア人がこの島を利用している事実を指摘したことである。それによれば、「ドイツ、イギリスおよび南アフリカの植民地文書およびカシカ（島の北側対岸）地域コミュニティの証言は、思い起こすことのできないくらい前からマスビア人がカシキリ島を占領し利用してきたことを示している」「マスビア人はカシキリ島をみずからの土地と生活の一部として利用し占領してきた」という。島は雨季には水没してしまうこともあるため、継続的な居住の事実は認められないが、季節によっては一定数の人々が島に居住して穀物の栽培などを行なうこともあった。そして、そのような状態をボツワナ側もごく最近まで「重々承知しながら黙認してきた。」

しかし、この事実は、法廷では、国境を決めるさいの要件とはならないとして却下された。ある土地の帰属を判断する上で考慮に値するのは、国家権力が行使されているかどうかであり、カシキリ島で耕作を行なうマスビア人たちは、「ナミビアあるいはその前身である植民地の権力を代表してはいなかった。それどころか特定の国家への帰属意識すら定かでなかった。」つまり、彼らは勝手に島を利用していただけであり、そのことは国際法上一顧だに値しない、というわけである。

以上から読み取ることができるのは、今日の世界において、国際関係の主体として行動できるのは国家権力のみであり、人は「国家」を背負い「国民」となってのみ、その行動に意味が賦与されるという冷厳な事実である。その土地本来の住民は、現に存在しながら存在しないに等しい。それはちょうど、帝国主義時代のアフリカ社会にヨーロッパ流の「土地所有」の観念が持ち込まれ、アフリカ人の暮らす多くの土地が「無主地」とみなされたのと同じである。

マスビア人による島の利用の法的無効を主張するボツワナにとっては、そのような論理は都合がよい。ところが、ナミビア側の反論も、考え方において異なるわけではなかった。反証として挙げられたのは、ドイツ植民地時代以来、島の対岸に地方行政官が駐在してきたこと、そして周辺の住民から徴税を行なっていたこと、などの事実である。さらには、「ドイツは一九〇九年以来、その後継者（南アフリカ連邦）は一九一五年以来、マスビア地域の諸制度を植民地統治の体制の中に組み込み、その権力を行使するための方策としてきた。マスビアは当該地域で支配的だった『間接統治』体制の重要な構成要素とされた」といった、帝国時代のドイツや南アフリカ連邦のものかと錯覚しかねないような主張まで行なっている。それは、いかなる意味でも、植民地体制を批判した文脈ではない。

「国際法」は、近代ヨーロッパで生まれた主権国家の体系の制度化である。その体系は、帝国主義体制をつうじて、全世界を律する規範として拡大されていった。現在のアフリカ諸国の間での「国境紛争」とは、植民地状態から脱却した国々がそのような国際法の体系に参入し、一人前の「主権国家」たろうとする悲痛な叫びのように見える。そのためには、みずからを植民地国家の正統的継承者とみなし、帝国主義時代の権力抗争にみずからを重ね合わせることしかないのだろうか。

## 三　「カプリヴィ陸岬」の成立とアフリカ人

植民地時代に境界が創出され、それが今日の国家にいたるまで継承されてきたことは、カシキリ島とその周辺を生活の場とする人々にとって、何を意味したのだろう。

ドイツ植民地政府の関係者がカプリヴィ陸岬に関心を寄せるようになったのは、一八九〇年の協定締結から十数年もたってからだった。オカヴァンゴ流域から「陸岬」に初めて足を踏み入れた植民地官吏たちは、地域住民に対するイギリスの影響力の大きさを知って愕然とする。一帯の住民がバロツェの王レワニカに帰順していること、そのレワニカはイギリスの傀儡となっていること、レワニカ王の支配の形をとってイギリスの勢力範囲が西や南に向かって拡張していることなどを、遅ればせながら悟ったのである。以後、彼らと本国政府との間では、もっぱら、この地域に「いかにドイツの国家的利害を創り出すか」、そのために「どのようにしてレワニカに匹敵する傀儡を作り出すか」についてのやりとりが交わされることになる。[8]

南アフリカ戦争後の一九〇三年に、イギリスはトランスヴァールと南ローデシアのブラワヨとをつなぐ鉄道をワンゲまで延長し、翌年にはヴィクトリア瀑布まで開通せていた。西南アフリカにとっての「辺境」は、トランスヴァールから容易に到達することのできる、イギリスの南部アフリカ支配の結節点となっていた。[9]ドイツ人の中でも、トランスヴァールで活動する実業家たちは、みずからこの地域に出入りし、その経済的可能性に着目していた。ヨハネスブルク在住の商人リヒャルト・ローテは、一九〇五年七月に、次のように報告している。「マミリ付近（カシキリ島のやや上流地点――引用者）でチョベ川はドイツ領側に大きく湾曲している。そこに肥沃な土壌の島がある。そこでは原住民たちがダイヤモンドやルビーを拾ってもいる。彼らは白人たちをそこから締め出している。しかし、数ヶ月前には、ヨハネスブルクから来たイギリスの企業家が本物の黄色いダイヤモンドを持っていったようだ。」

この地域はほかにも様々な鉱物資源や野生動物を産出する宝庫であるのに、それらの富をイギリス人やブール人が持っていってしまっている、とローテは指摘する。彼自身は、チョベ川とザンベジ川とが合わさる部分の三角州ムパリラ島やチョベ川の上流に商店を構えることを計画していたが、そのムパリラ島（の先端部）も、すでにイギリスが一九〇二年に南ローデシア領と宣言していた。住民が「マロツェ」（＝ロジ王国の民）であるというのがその理由であった。

このように、カプリヴィ陸岬東部のチョベ川付近は、ドイツがそれを領土として意識するようになったとき、すでに「辺境」ではなかった。そこにあるカシキリ島を住民が利用し始めたのがいつの時点であったか、現存の文字史料から明らかにすることはできないが、ロジ王国への帰属、ドイツによる植民地化、イギリスによる新たな植民地化、というこの時代の緊張関係の中で、チョベ川上の島に新たな意味が賦与されたことは間違いない。したがって、現在の国境をめぐる裁判においてナミビア政府が提出した「思い起こせないほど前から」ナミビア側の住民がこの島を利用しているとの「事実」にも、実は歴史的な留保をつけなくてはならない。植民地文書に登場する「この島を利用する人々」は、この地域の「争奪戦」という、それまでにはなかった状況の中で、あるいは土地不足に追い込まれ、あるいは新たな経済機会を求めて、それまでとは異なった行動をするようになったと考えられるからである。

## 四　再分割と協調

ドイツ植民地政府は、一九〇九年になってカプリヴィ陸岬東端に駐在基地（「シュクマンスブルク」）を設けた。それはこの地域での植民地統治の開始を宣言するものではあったが、住民からの徴税や労働力の徴募など、実質的な権力の行使は、第一次世界大戦までほとんど実現されていない。わずかに、基地の要員（「警察兵」）として住民が動員された記録が残るのみである。それは、二、三人の官吏を駐留させただけでは東西四〇〇キロにも及ぶ「陸岬」を治めようもなかった、という事情によるばかりではない。

カプリヴィ陸岬を成立させたのは、一八九〇年七月一日の英独協定であったが、そのわずか四日前の六月二七日に、イギリスはレワニカ王と「保護条約」を結び、バロツェランドを特許会社「イギリス南アフリカ会社」の「保護」下におくことを約束させている。しかも、会社の権利は「従属地域を含む将来のロジの全領域」に及ぶとされた。ドイツにザンベジ川への通路を与えるというイギリスの「鷹揚な」政策は、この地域における支配の要としてのロジ王国を、その将来の可能性まで含めて掌握したとの確信の上に立つものだったのである。

「将来」を念頭においた「分割」は、必然的に「再分割」を呼び起こす。カプリヴィ陸岬の境界は、最初から変更が予定されていたと言える。実際、先に言及したように、イギリスは早くも一九〇二年にザンベジ川とチョベ川の間のムパリラ島先端部を「併合」することで、陸岬東端の境界線に新たな解釈を加えているのである。ドイツが基地を設ける以前に、境界線の変更はイギリスとの間ですでに公然の交渉事項となっていた[10]。

その一方で、一九〇九年の駐在基地の建設が、イギリスとの共同事業として行なわれた事実も見過ごせない。基地建設に先立って、イギリスとドイツの植民地当局者の間では、カプリヴィ陸岬東部が密輸・密猟地帯となっていることがしばしば問題にされている。「密輸」や「密猟」は、それを意図して行なうヨーロッパ人の行動を別とすれば、「境界」の存在を知らずに自由に往来するアフリカ人たちの日常にほかならない。両国は、そのようなアフリカ人を取り締まり、境界線の中に閉じ込めるために、カプリヴィ陸岬東部の駐在基地をベチュアナランド保護領警察との連携の下に運営し、境界警備にあたることで合意した。南アフリカ高等弁務官セルボーン卿[11]は、それまで西南アフリカ東部のリートフォンテインの地区行政官であった軍人シュトライトヴォルフが、初の駐在官としてシュクマンスブルク基地に赴任するさい、アフリカ人の随員とともにベチュアナランド保護領内を通過すること、基地開設後も必要に応じて自由にベチュアナランド保護領内に入ることを認めている。

## 五　「部族」の創出

以上のようにして開始されたドイツの統治について、詳細を述べる余裕はないが、アパルトヘイト時代のナミビアで描かれた「カプリヴィ族」についての次の一文は、そこで何が起きたかを端的に示している。「一九〇九年に大尉シュトライトヴォルフが首長マミリの居所（陸岬東部、チョベ河畔の一中心地――引用者）に到着したとき、彼はバロツェの抑圧者からの解放者として大歓迎された。[12]」

たしかに、カプリヴィ陸岬東部の住民の多くはロジ王国の影響下にあり、その王に貢納を行なっていた。しかし、一七世紀以来の長い歴史の中で、彼らはすでに直接の被征服民というよりは、むしろ王国の周辺部分を構成する存在となり、人々はロジの言葉を使って暮らしていた。しかし同時に、シュトライトヴォルフ自身による調査は、この地域の住民に、マスビア、マフェ、マイエイ、ムブクシュ、そしてマロツェとさまざまな集団があり、最も有力な首長マミリが、マフエを中心に、マスビアやそれどころかマロツェの人々の一部をも率いていたことを記録している。さらに、南（ンガミランド）のバタワナの系譜を引く住民集団もあった。ドイツの植民地統治者たちは、そのような人々を総じて「ロジ王国に虐げられた集団」とし、みずからを「圧政からの解放者」と描き出したのである。

そのさい興味深いのは、「レワニカに匹敵する傀儡」創出の議論が、シュトライトヴォルフの判断で別の結論にいたったことである。マミリとロジ王国との親近的な関係に危険をみてとった彼は、マミリを「カプリヴィ」の住民全体を統括する最高首長の位置につける構想を断念し、マミリを「マフエ」の首長とし、「マスビア」にそれまでに存在しなかった「首長」を新たにおく方法を選んだ。それは、様々な住民集団が重層的な帰属関係をもっていた「カプリヴィ陸岬」に、「マフエ族」と「マスビア族」という二つの明確に区別される「部族」を作り出すことを意味した。[13]

このようにして「部族」の帰属を指定されることが、アフリカ人にとっては、植民地の権力の下におかれることであった。それによって、権力を行使すべき対象が明確にされた。これこそ、アフリカ人が「国民」となる原点であった。カプリヴィ陸岬において、それは、北のバロツェランド、南のベチュアナランドを支配するイギリスとの対立と協調という両義的な関係の中ですすめられた。境界の彼我で、みずからの支配すべき「部族」を定義するドイツとイギリスにとって、境界線は、二つの「利害」を分かつ線であるとともに互いにもたれ合う線でもあり、「部族」は「境界」を作り出す根拠でもあり、それを乗り越える根拠でもあった。

カシキリ島をめぐる紛争で、ナミビア側が「マスビア人による島の利用」を領土権主張の根拠としたことは、以上の点からも批判的に検討されなくてはならない。

## 六　境界の呪縛

駐在基地設置の翌年、カプリヴィ陸岬の南側境界線を画定するためのドイツとイギリスとの間の交渉が始まった。そこでは、今日の紛争とまったく同じに、「リニャンティ（チョベ）川の中心線はどこか」が争点の一つとなった。[14] この件をハーグの常設仲裁裁判所に持ち込むべきだとの議論もあったが、仲裁者の選定や費用調達の問題から実現にはいたらず、英独の交渉は、第一次世界大戦の勃発により、結論を見ぬままに終わった。ドイツの敗北後、西南アフリカは南アフリカ連邦の委任統治領となり、イギリスが主導する帝国主義体制の中で、この地域での「利害」の根本的な対立は消滅した。[15] それでも、第一次世界大戦前に引かれた境界線が意味を失うことはなく、その中に作られた部族集団は、徴税などをつうじて次第に実体を賦与されていった。

帝国主義は、アフリカ大陸に境界線によって仕切られたいくつもの植民地を生み出した。そこに作り出された領域は、境界をもつというほかならぬそのことにより、主権を欠いているにもかかわらず、近代ヨーロッパ型の主権国家の前提となった。ただし、境界は、物理的な境界線によってのみ作られたのではなく、内部への帰属を保障する「部族」[16]という制度に支えられて初めて機能するものだった。カシキリ島をめぐる今日の紛争が、カプリヴィ陸岬東部での分離運動と無関係ではないことをここで付け加えておいてよいかもしれない。

帝国主義によって移植された主権国家の体制は、植民地化を経験したアフリカ諸国を今日も深く呪縛する。「グローバル化」の時代にあって、一世紀前につくられた境界線に固執し、境界に属すべき者を定義し続けることをアフリカ諸国に強いているのが、二一世紀に持ち越された帝国主義の遺産である。

(1) 「カシキリ島」はナミビアでの呼称で、現在のボツワナではこの島を「セドゥドゥ」と呼ぶため、国際司法裁判所の判決文は「カシキリ/セドゥドゥ島」としている。本稿では煩雑さを避けるため、歴史的には双方で使われてきた「カシキリ島」で統一する。

(2) 厳密には、ベチュアナランド保護領および英領ベチュアナランド。イギリスは一八八五年にベチュアナランドを植民地化するが、一帯の住民であるツワナ人との力関係から、モロポ川以南を直轄の「英領ベチュアナランド」とし、同川以北を「ベチュアナランド保護領」とした。英領ベチュアナランドは、一八九五年にケープ植民地に併合された。

(3) ベチュアナランド保護領の北西方の境界は、一八八五年の時点では明確に定められなかった。一八九〇年の協定では、既存の直線がそのまま北に延長されず、東に経度一度ずれた形で制定された。

(4) 一八九〇年の英独協定、第三条の条文は以下のとおり。

「西南アフリカにおいて排他的にドイツに勢力の行使がみとめられる範囲は以下の境界線に囲まれた部分である。

一、南は、オレンジ川河口から同河川の北岸が東経二〇度線と交差するまで

二、東は上記地点から東経二〇度線が南緯二二度線と交差するまで。同地点から東へ東経二一度線と交差するまで、同地点から北へ南緯一八度線と交差するまで。同地点から東へチョベ川と交差するまで、そして同河川の主流の中心線がザンベジ川と合流する地点まで。

本協定の下では、ドイツはその保護領から、いかなる地点においても幅二〇英マイルを下らない陸岬によって、ザンベジ川への自由な接近の権利をもつものとする。

排他的にイギリスに勢力の行使がみとめられる範囲は、その西側および西北側を上述の線によって囲まれた部分である。それはンガミ湖を含む。

上述の境界線の位置は一八八九年にイギリス政府によって公式に作成された地図に基づいて定められる。」

(5) 通常「アフリカ分割にかんするベルリン会議」として知られる会議の正式の名称。そこで議論された内容は、実際には西アフリカに限定されず、アフリカ大陸全体に及んだ。

(6) 同協定は「ヘルゴランド=ザンジバル協定」とも呼ばれ、その主眼は東アフリカにおけるドイツからイギリスへの

「譲歩」にあったとされる。しかし同時に、西アフリカのヴォルタ川流域（英領ゴールド・コーストと独領トーゴとの間）やアフリカ西南部でも領土の授受が行なわれた。

（7）実際には、ザンベジ川はヴィクトリア瀑布からインド洋まで通して航行することができず、大陸の両側の植民地を繋げるというドイツの野望も幻想にすぎなかった。

（8）レワニカは、「カプリヴィ陸岬」の北側にあたるバロツェランド（現ザンビア西部）のロジ王国の王。

（9）「ドイツ領西南アフリカ」の首都ヴィントフークから「陸岬」東部にいたるには、ドイツ領内を陸路で行くのではなく、ヴィントフークから大西洋岸の港町まで行き、そこから船でケープタウンへ行き、ケープタウンから鉄道でヴィクトリア瀑布にいたる、という経路をとらなくてはならなかった。「植民地分割」の色分け地図はそのような実情を理解させにくくするものである。一八九〇年の英独協定が、「陸岬」について「少なくとも二〇マイルの幅」というあいまいな規定をしていること、「陸岬」の北側境界線にかかわる二つの「分割」協定（一八八六年のドイツ・ポルトガル協定と一八九〇年の英独協定）の間に抵触する部分があったこと、厳密な測量が行なわれることによりその矛盾がいっそう深まったこと、イギリスがカプリヴィ陸岬東部の回収を企図し他の領域との交換を提案したこと、ドイツ側もそれを機に西南アフリカ内にあるイギリスの飛び地ヴァルヴィス湾を回収しようとしたこと、などを指摘することができる。なお、カプリヴィ陸岬の北側境界線にもかかわる問題として、北ローデシアとアンゴラとの境界の位置をめぐるイギリスとポルトガルとの対立があった。両者は争いをハーグの常設仲裁裁判所に持ち込み、仲裁者となったイタリア国王ヴィットリア・エマヌエル三世が、一九〇五年六月に、イギリス領の西の境界としてのバロツェランドの境界の位置を定める裁定をくだした。

（10）南アフリカ高等弁務官は、ベチュアナランド保護領高等弁務官を兼任していた。

（11）Afrikaans-Duitse Kultuurunie (SWA), *Die Volksgruppen Südwestafrikas*, 2. Teil (Windhoek,1980), 13.

（12）マスビアはマフウェ（それにはマイエも含まれた）とあわせて「カプリヴィ族」と呼ばれるようになる。「カプリヴィ族」は、アパルトヘイト時代のナミビアでは、公式の「住民グループ」（＝エスニック・グループ）とされた。

（13）ベチュアナランド保護領警察の長官イーソンによる一九一二年八月の報告は、カシキリ島の北側を川の主流とする立場を主張しつつも、「ドイツ領のカシカに住む原住民たちがカシキリ島で穀物を育てている」ことを指摘している。一方、一九四八年のベチュアナランド、カサネ地区担当官の報告は「少なくとも一九〇七年以来、カプリヴィ陸岬東部の部族民がこの島を利用している」としているが、その根拠は不明である。

(14) 第一次世界大戦中に南ローデシア軍およびベチュアナランド保護領軍に占領されたカプリヴィ陸岬は、一九二一年からベチュアナランド保護領の一部として統治されたが、三〇年に南アフリカ連邦による西南アフリカ統治の中に移管された。しかし、一九三九年にはトランスヴァールの管轄に移され、ボツワナの独立までその状態が続いた。これらの管轄の変更には、植民地の再獲得を狙うドイツの動きが関係していた。ボツワナ独立後は、南アフリカによる西南アフリカ（ナミビア）占領統治の下に入り、南アフリカによる周辺諸国に対する軍事干渉の出撃基地として重要な役割を与えられた。

(15) チョベ川の境界線の位置については、一九二〇年代以降、植民地相互の境界の問題として論じられていくが、本稿ではそれらについて紹介することはできない。しかし、本質的な問題は、第一次世界大戦前に生じたと考えられる。

(16) ナミビアの独立後、「マフエ」を中心に、「カプリヴィ」をナミビア本体から分離しようとする運動が盛んになり、それを鎮圧しようとする政府軍との間で衝突が繰り返されている。分離主義運動の指導者たちは、「ロジ文化の復興」を旗印としており、ザンビアへの帰属を求めているが、同時に、ボツワナにも政治的亡命を試みている。運動の主たる動機は、政権党（SWAPO）に対する政治的敵対にあり、「ロジ文化」はその口実として引き合いに出されている面が強いが、それが、現政府が依拠している植民地時代の「国境」＝「国民」の枠組みに対する原理的批判になり得るのも事実である。そうした対抗図式の中で、「マスビア」と「マフエ」との対立、さらには、「マフエ」からの「マエイ」の分離の動きも表面化している。

＊本稿が依拠した史料は、国際司法裁判所の判決にかんしては、同裁判所の公表する判決文 International Court of Justice, "Case Concerning Kasikili/Sedudu Island" (Botswana/Namibia), 13 December 1999 (General List No. 98) (http://www.icj-cij.org/で入手可)、歴史的な部分については、ドイツ連邦文書館（ベルリン）所蔵「帝国植民地省(Reichskolonialamt)」文書、R1001/1776, 1784, 1785, 1786, 1787 および、ナミビア国立文書館所蔵「帝国総督府中央局（Zentralbureau des Kaiserlichen Gouvernements)」文書、ZBU, 118, 289, 2040,「西南アフリカ統治官 South West Africa Administration, Secretariat」文書、SWAA, 2267,「寄贈文書」A589 である。ただし、ページ数等は逐一示さなかった。

シンポジウムによせて

# 4　第一次大戦前後の国際政治と中華民国北京政府外交
## ――石井ランシング協定および日英同盟への対応をめぐって――

川島　真

## はじめに

第一次世界大戦前後の中華民国は、内政面で大変弱体な中央政府により代表され、その中央政府は外交を一つの手段として内外に対する正当性を保とうとしていた。それは具体的には、対外代表としてのポジションを繰り返しアピールし、対内的には可能なかぎり利益代表となり、対外的には所謂「近代国家」的な外交を模索して、外からの「権威」付与と借款などの実益を獲得することにあらわれていた。このような背景をもつ中華民国北京政府の外交政策は、主な目標を「承認された」政府としての地位の保持と近代化する国家に象徴的に求められる内容としての不平等条約の改正においていた。(1)

中華民国にとっての第一次世界大戦、このテーマについては、通常、経済史での民族資本の成長や運動史における五四運動などがクローズアップされがちであるが、外交面でもこの大戦は試練と期待の両面が相半ばする、注目に値する機会であった。(2)その試練とは、まさに日本の山東への出兵と二十一箇条要求であり、また国際政治において「中立」という立場を保持することであり、そして戦時国際法を履行し、法治国家であることを示されねばならないといったことなどであった。他方、期待とは、これは試練と裏腹の関係にあるが、国際政治の変動期に国際的地位を一気に向上させること、特に戦勝国として一等国となり不平等条約を改正するだけでなく、同時に敗戦国から賠償金を勝ち取ることにあった。(3)

しかし、こうした試練と期待の中で、外交担当者にある種の微妙かつ臨機応変な状況分析と判断、そして具体的な行動が求められたのも、また事実であった。特に一次大戦前後の国際政治の変動をみすえつつ、日本という「敵」からの侵略からいかに逃れ、自らを一等国化していくかという課題に直面した中華民国北京政府の外交担当者が、アメリカとイギリスという二大国といかに関係を築くのかということが最大の課題であった。本稿は、まさにこの点に関する事例研究であるが、ここで取り上げるのは、一九一〇年代後半の東アジアにおける国際政治上の大問題である、石井ランシング協定と日英同盟存続問題である。これらについては、中国に関する内容を含んでいるにも関わらず、当時においても、また研究史においても、日米関係、日英関係の下で議論されてきた傾向にある。これは中国が従属変数であると考えれば当然のことなのだが、中国側にも一連の動きが見られることから、本稿では中国側の視点を提示することで、一つのアクターとしての中国の位置について考えてみたい。

## 一　石井ランシング協定

石井ランシング協定は、一九一七年一一月に石井菊次郎とランシングとのあいだに締結された協定である。この協定が交渉当事者どうしでいかに捉えられていたかという問題は別稿にゆずり、本稿では中華民国北京政府側が如何に見ていたのかということを問題とする。中華民国は、アメリカが日本の在華権益を容認したと捉えたのか、それともアメリカが日本の利権を満洲に止めたと考えたか、それとも別の認識であったのか。そしてそれにいかなるリアクションをおこしたのだろうか。

一九一七年三月一四日、それまで中立を宣言していた中華民国大総統は、ドイツ・オーストリアとの断交を宣言、八月一四日に正式に宣戦布告をおこなった。これらの一連の宣戦布告手続き、ドイツ僑民の保護などは国際法に準拠しておこなわれ、「処置敵国人民条規」「処置敵国人民条規施行辦法」「審理敵国人民民刑訴訟暫行章程」などが公布されていた(4)。宣戦布告をおこなった中華民国は既に連合国の一員となったのであり、だからこそシベリア出兵にも加わったのであった(5)。

時の駐米公使は顧維鈞であった。中華民国外交檔案をみると、その顧公使が六月末に石井の訪米を以下の三点から警戒していたことがうかがえる。それは、第一に日本の中国における優越性について、それを英米露などは既に容認していると思われるものの、アメリカだけが承認していないので、今回の石井特使派遣でそれを認めさせようとしているのではないかということ。第二に日本が企図している中国との経済同盟にアメリカの資本家も巻きこもうとしているのではないかということ。第三に二十一箇条条約について、アメリカの了解もとりつけようとしているのではないかということ。ただ、顧維鈞自身はこれらを「考えすぎかもしれない」としながらも、「日本の外交は霊敏にして、詭計百出」であるから、中国としてもアメリカと事前に打ち合わせをしておくべきだとしている。一方、顧公使の対米中関係認識は以下のとおりであった。「アメリカの対中政策が中国の自主、領土保全、各国の在華工商機会の均等を本旨としているということを中国政府は知っている。だからこそ中国の願望とアメリカの政策は相符合するのである。[6]」顧公使は、自らのプレゼンスを高めるためということもあろうが、アメリカを信頼するという立場をとっていた。

しかし、八月末、石井菊次郎大使がアメリカに到着しても、顧公使は石井の訪米目的を正確に把握できておらず、新聞報道を日々本国に伝えるに止まっていた。そして、九月末になって、顧公使は漸く日米間の交渉内容を察知したようである。本国への報告の中で顧は、「アメリカが、日本もこの機に乗じて門戸開放を唱えれば人々の疑いをはらすことができる」と日本側に対して勧めており、また会議内容が何かしらのかたちで残される模様だと述べている。[8]事実、石井大使はアメリカでおこなった講演で中国の主権維持や門戸開放を主張していた。

しかし、顧公使のアメリカへの信頼も微妙な状況に置かれるようになる。一〇月に入ると、顧公使はアメリカ側の当局者から「日本の対華政策は一変したかのようで、石井も中国の主権・領土の保全、門戸開放に賛同している」と言われる一方で、「アメリカとしても日本の中国における特別の権利を認めることになった」と伝えられた。また、これは国際政治上の権利というよりも、地理上の問題であるとも述べられた。[9]日米両国の合意内容がまだ文書化されていないことを知った顧公使は、一〇月八日、一〇日に国務省に出向き聞き取りをおこなった。国務省側はアメリカとして日本の在華特別権益を認めるが、それは「優越利益でも、特別勢力圏でもなく、日中両国が地理的に近いために日本がおのずから中国で得ることになる特別な利害関係を指す」と伝えた。アメリカ側は「実際には日本側の利益にならないので、中国側も満足できる」と判断していたようであるが、顧公使は地理上の「隣接」という概念に疑問をもち、日本にとって隣接する地域とはどこかということ、そしてそれが明文化されているのかということをたずね、それは明文化されていないが、「満洲」を意識したものであり、山東については判断が難しいという見解をアメリカ側から引き出していた[10]。

しかし、こののちもアメリカ側は一貫して門戸開放・機会均等といった原則、独立と主権の尊重、そしてアメリカとの共同歩調という点、また中国の現状を利用しないという点で日本をエンゲージすることに成功していることを強調、地域的な利権問題については心配ないと中国側に繰り返すのだった。これは、協定が結ばれた一一月三日の国務省の説明でも同じであった[11]。顧の信じていたアメリカは果たして信じるに足るのか。アメリカは決して中国に不利なことはしていないと言い、日本は変わったと言う。しかし、顧にとっては、中国に関する協定でありながら当事者である中国が加わっていないという問題、条文にある不透明な部分に関する問題もあるので、この協定をいかに位置づけるかが依然不分明であった。また、中国国内の世論は石井ランシング協定に反対であり、外交部が顧公使に、反対意見の多い、中国で刊行されている英字新聞の内容だけで中国国内の状況を判断しないようにとさえ要請しているほどであった。

その後も顧公使は、国務省にしきりに赴き、説明を求めた。日米両国が互いに牽制しあうとか、機会均等とかいったアメリカ側のきこえのよい言辞に反論を試みたが、アメリカ側の説明はかわらなかった[12]。しかし、中華民国としては、戦勝国の列に加わるという課題がある中で、日本やアメリカという主要同盟国とのあいだに問題をおこすことも憚られるところであった。

以上、簡単に石井ランシング協定締結前後の中国側の外交当局のスタンスを顧維鈞駐米公使の動きを中心にみてきた。それはアメリカ側が日本の利権を容認したのではないかという疑念をもちながらも、アメリカ側の論理、すなわちこの協約で日本を「領土保全・独立維持・門戸開放・機会均等」といった言辞でエンゲージしたということを否定しきれないプロセスであった。主権国家としての対面を保持するという中華民国外交当局の政策目標に合致する内容をアメリカ側が出してきていたということが、たとえこれがスローガンにすぎずとも、中華民国がアメリカについていく姿勢を崩すことをはばんでいたともいえよう。そして、この協定でアメリカが示した内容は、ワシントン会議におけるルート四原則につながっていく点も見逃せない。このとりきめは、中華民国をくみこんだ秩序にやがて再編されていったのである。他方、中華民国側は、戦勝国に加わるという目標の下、日本の利権容認ではないかと警告を発するにとどまり、こののちも、対日政策については基本的にアメリカ同調の外交を展開していくことになるのである。

## 二　日英「続盟」[13]問題

第一次大戦後の世界でアメリカがある種の指導的な位置におかれることになったことは確かであったかもしれないが、最大の在華権益を有していたのはイギリスであったし、イギリスを中心とした国際秩序が構想されることも中国の視野に入っていた。一九一九年のパリ講和会議において、中華民国全権代表団は、所謂「五四運動」とよばれる本国での示威運動がある前から、ヴェルサイユ条約に調印しない方向で検討をおこなっていたが（示威運動は調印を拒否させたどころか本国の北京政府の態度を硬化させ、本国がむしろ調印を指示し、全権側はそれを無視することになった）、戦勝国の証明である国際連盟の原加盟国になることについては、サンジェルマン条約に調印することで実現し、懸案である山東問題は国際連盟に提起することを模索していた。だが、その国際連盟は、たのみのアメリカが加わっておらず、英仏そして日本が主たるメンバーであった。加えて、中国問題については日英同盟があり、またフランスは広東政府や西南勢力との関係から北京政府を牽制するスタンスであったので、北京政府としては苦しい立場に立たされていた。

こうしたこともあって、山東問題は、国際連盟に提起することはできなかった。日英同盟という大きな壁に阻まれた格好になっていたのである。しかし、実は、その日英同盟も一九二一年で期限を迎え、その更新が一つの国際的な課題となっていたのである。最終的にはこの課題の一つの解決がワシントン会議における極東問題会議につながっていくのだが、こうした動向の中で中華民国北京政府の外交当局はいかなる認識をもち、どのような政策を展開したのか。これが本章に与えられた課題である。

一九二〇年になると、顔恵慶を首班とし、ウィルソン主義に傾倒する中華民国外交部は「国際平等」の観点から日英同盟が不適切であるという認識を示し、同年四月一六日に施肇基駐イギリス公使に対して、もし「続盟」という動きになればイギリス政府に抗議するよう指示した。各民族が国際平等を主張しているこの時代に、日英同盟のように中国という名称、地理的名称が含まれている条約で、当事者である中国がそこに加わっていなければ、中国の国体および民族の栄誉によって「妨」があるというのが中国側のロジックであった。[14]正面から存在に反対しているというよりも、自らを含みこむことを求めているのであった。

四月中旬、中華民国の外交当局は、日英同盟が更新される可能性が高いという判断をしていた。[15]施公使は、イギリスとしては日本の対中侵略をくい止めるために「続盟」が必要だとの判断をしているが、アメリカの次期政権の動向、あるいは英連邦会議開催を待って決定することになっているという、ある種多様な可能性がありえるとの感触を得ていた。[16]だが、本国の中華民国政府は様子見をせずに正式抗議をおこなう方向に動きはじめ、五月一八日には在華イギリス公使に正式抗議、そして国務会議で政府として正式に抗議することを決定、二〇日には外交部に「公文」が届けられた。

一九二〇年七月八日、施肇基公使はイギリス外務省を訪問、次官と会談した。日英同盟についての最終的な決定が十月の英連邦会議でおこなわれるということ、この同盟が国際連盟規約に抵触すること、中国が更新に反対していること、イギリスとしては「中国の領土保全と門戸開放」に強い関心を有していることなどを確認した上で以下のようなやりとりがなされた[17]（一部省略）。

施公使　日本は日英同盟の内容をきちんと守っているわけではない。
英次官　盟約があってこそ日本が抑えられる。
施公使　二十一か条要求の際にも日本はイギリスに伝えなかったのでは？
英次官　連絡を受けてから厳重抗議をおこなった。
施公使　もし更新するなら、「中国」という文字句には慎重な対応をしていただきたい。そうしないと誤解を招く。
英次官　中国の領土保全・門戸開放は英米両国が最も重視しているところである。
　　　　私的見解であるが、日英同盟更新に際して英日のほかにアメリカも加わればよいと考えている。
施公使　なぜ、中英米日という枠組みにならないのか。また「続盟」問題については中国にも随時知らせて欲しい。

英次官　（微笑して回答せず）

英米間で進められる新たな枠組みの構想に中国も加えるように要請していく向きは、本国の顔恵慶外交総長も共有していた。ちょうど山東問題の国際連盟への提起が模索されている最中であった九月二〇日に、顔恵慶総長は、駐華アメリカ公使に対し、日英同盟存続の場合には新たに生まれる同盟に中華民国を加えるように要請している[18]。

国際連盟への山東問題提起断念のプロセスは紙面の都合上、ここで詳細に記すことはできないが、十月中旬にアメリカが中華民国に対し、アメリカの国際連盟加盟が困難で、「公の場で中華民国を支援できない」という決定的な内容を伝え[19]、一一月八日、顧維鈞は最終的結論として、連盟に提出したいが各国の支持をとりつけられず芳しい成果が得られそうにないことから提出を断念したと外交部に述べた。だが、中華民国外交部は必ずしも顧に同調はしなかった。一一月一〇日、外交部は和約研究会の見解として、アメリカの加盟を待って山東問題を提出することとし、まずは二十一か条から連盟に提起するという案を再度顧維鈞に送る[20]。だが、この間、イタリアは中華民国の不支持を表明、フランスはもし議案を連盟に提出できるのなら賛成すると述べ、イギリスは提出に厳しい姿勢を示していた。顧としても、本国からの要請をそのまま受け入れられる状況にはなかったのである。一二月初旬、結局顧維鈞の意見が通り、連盟で提出権保留を宣言するということにとどめることになった。これに対し、駐米公使施肇基らは反駁、直ちに連盟に提出するように求めたが、容れられなかった[21]。顧維鈞と施肇基は歩調を異にしていた。

民国九年九月から駐英公使になった顧維鈞は、アメリカが中華民国に対して関税自主権・軍警問題は解決困難としながらも、治外法権の段階的撤廃や外国郵便撤廃には賛成だなどと希望ある発言をしていたという背景の下で[22]、日英同盟「続盟」問題の向こう側に見える新たなる枠組みへの参加と、そこでの山東問題・二十一か条問題解決を目指すようになる。これは前述の顔総長と共同の歩調をとることになったことを示す。その顔総長は、一九二一年三月一四日、オールストン在華英公使と会談、日英同盟について「将来の結果は三通りしかない。継続か、廃止か、または条文の変更かである」と述べ、次いで交渉の場に中国も含めること、これまでの日本の対中侵略は日英同盟を後盾におこなわれていること、中国の人々はイギリスが日本の中国に対する行為に賛成していると見なすだろうなどと述べた[23]。

この「交渉の場」に中国を含めるということが、ワシントン会議に中華民国が参加することにつながっていく。一九二一年六月二九日、顧維鈞はイギリス帝国議会で討論されていた軍縮問題と、「きたるべき国際会議」に中国を招集することに議会が賛成する風潮であることを本国に対して示した。これに対して靳雲鵬総理が批を付け、外交部に対し会議に関する討論について準備をすすめるよう指示している。総理は太平洋会議（Pacific Conference）への関心を示していたのであった[24]。

一九二一年七月四日に中華民国総統府に届いた顧からの文書によると、駐英顧公使がイギリス外相と会談した時に、太平洋会議のことが話題になったという。その時、英国外相は「我が国はアメリカに対して中国を会議に招聘することを提案した」と述べ、「中華民国政府としてこの会議に参加する意志があるかどうか」ということ、また「参加するとしたら、この会議に対してどのような希望を抱き、どのような議題をとりあげ、そして各国にどのような協力を求めるか」などを問い、そして顧維鈞に一週間以内に返答することを求めた[25]。

このように太平洋会議（この時点ではワシントンで開催されるとは決定していなかった）開催、会議への招聘示唆は、イギリスからおこなわれた。だが、この時点でも英中間には日英同盟存続問題が避けて通れない問題としてあった。七月五日の顧公使からの電報は、日英同盟問題についての顧公使と英国外相カーゾンとのやりとりを伝えている。顧公使は「イギリスのアジアでの声望、地位を観察すると、中日両国から信用を得ているので、当然両国間の調停、和衷共済を図ることができるであろう。だが、この調停の責任を果たすに際しては、先に束縛、偏りをなくすべきである。もし（その束縛・偏りの原因となると思われる）英日続盟が解除できないのなら、英国が調停に乗り出すとしても、うまくいかないだろう。このことは、英国の中国での声望を貶めることにもなるし、極東の永久平和に対しても障害となるであろう」と牽制する。

これに対してカーゾン外相は以下のように反論した。

英国外相としては貴使（顧維鈞）の述べる英国の極東政策理解に同意しがたい。私はかつて中国に派遣されたことがあるが、その時も華民に対して特に同情を示していた。例えば新銀行団設立の時には、日本が満蒙を除外することを主張したが、私はそれを認めない姿勢を貫いた[26]。英国は常に中国を助けてきた。もし英日同盟がなかったら、日本は中国に対してどのようなことをおこなったか窺い知れない。

これこそがイギリスのスタンスだろう。これに対し顧公使は以下のように反論する。

私は英日同盟の目的が日本を助けることにあると言っているのではない。結果的に中国に不利になったと考えているのである。例えばあの二十一か条は、当時同盟があったとはいえ、英国はやはり日本を止めることはできなかった。その時私は北京にいて英国公使館に問い合わせたが、いつもその答えというのは、英国が日本と同盟関係にあるから、日本の行動を阻止したり公然と反対するわけにはいかないというものだった。中国人民が、英国が同盟に束縛されており、その自由行動の権利を失っているという印象を抱かないわけにはいかない。

日英同盟が締結された目的はいざ知らず、結果的に中国に対して不利な同盟だというのである。顧公使は「統一され、強盛なる中国」を建設することこそが東アジアの安定には必要と述べ、中国が強くなればどこも攻めてこないということであり、強くなるためには、不平等条約等の中国を不利な立場に追い込み発展を阻害している要因を除去する必要があると主張した。これは、極東における勢力均衡が、中国の統一、自強によってのみ実現できるとみなす立場ということができる。

日英同盟の日英二国間による更新を防ぎ、自らが新しい国際秩序の枠組みに加わっていくという中華民国外交部の目的は、それが中華民国国民に理解されたか否かは別にして、ワシントン会議に参加し九か国条約に調印していくことで一応達成されていくことになる。

## おわりに

本稿では、紙面の都合もあり詳細には述べられない部分も多々あったのだが、石井ランシング協定と日英同盟更新問題という第一次世界大戦前後の中国にとっての重要な二つの案件に対する、中華民国北京政府外交部の政策について簡単に検討した。実質的に国際政治における従属的なアクターである中華民国が、ある種の限界の中で、自らの立場を最大限に主張していく様子がうかがえたであろう。石井ランシング協定については、その内容に疑問をもちつつも、連合国間の協調と親アメリカ的な観点から大きな方針転換をおこなわず、アメリカとの関係を崩さぬことに成功し、日英同盟存続については、それが日本の対中侵略を支えていると判断し、二国間更新に反対するとともに、イギリスへの信頼を主張しつつ、イギリスの招きで新たな国際的な枠組みに加わるところまでは達成した。

英米という国際社会のリーダーにそれぞれ結びつき日本を抑えこむこと、同時に戦勝国の一員として国際社会のフルメンバーとなって、そこから不平等条約を改正していくこと、これらについては相応の成果をおさめつつあった。ここでは詳細に述べられないが、国際連盟においても中華民国は非常任理事国となり、人口に応じた理事国なみの財政負担を担うなどして、連盟の主要加盟国となっていた。アメリカを中心とするワシントン体制と、イギリスを軸とする国際連盟の双方に自らを位置づけようとしていたのであろう。

当時の中国外交を評して「弱国に外交無し」と言い、また「軍閥混戦期」だと断じて外交に成果などなかったと見る向きもあるが、事実はそれほど単純ではない。問題は、まずそうした外交政策がそのあといかに継続、断絶、変容していったのか、また北京政府外交に対するマイナスの言説がいかに形成されたのかということにある。国際政治、日中関係史をふくめた、外交史全体へのレビューが必要であろう。

（1）北京政府外交の性格づけについては、以下の諸文献を参照されたい。Robert T. Pollard, *China's Foreign Relations 1917‐1931* (New York, 1933). Zhang, Yongjin, *China in the International System: The Middle Kingdom at the Periphery* (London, 1991). 唐啓華『北京政府与国際聯盟（一九一九―一九二八）』（東大図書公司、台北、一九九八年）、同「民国初年北京政府的『修約外交』的萌芽 一九一二―一九一八」（『興大文史学報』二八、一九九八年六月）、同「一九一九年北京政府『修約外交』的形成与展開」（『興大歴史学報』八、一九九八年六月）、坂野正高「第一次大戦から五卅まで――国権回収運動覚書」（植田捷雄編『現代中国を繞る世界の外交』野村書店、一九五一年所収）、拙稿「日本における民国外交史研究の回顧と展望（上）――北京政府期（国民革命期を除く）」（『近きに在りて』三一、一九九七年五月）、「一九二一年ワシントン会議参加をめぐる中国統一論議――民国北京政府外交部による外交主体表現と正当性の維持」（『史潮』九九－一、一九九九年五月）、同「北京政府外交部の対非列強外交」（中央大学人文科学研究所編『民国前期中国と東アジアの変動』中央大学出版部、一九九九年）、同「ワシントン会議における中華民国全権代表団形成過程」（『北大法学論集』五〇－二号、一九九九年七月）など。

（2）外交面での五四運動の位置づけについては、さまざまな解釈が成り立つが、少なくとも五四運動のためにパリの全権代表が条約に調印しなかったということはありえない。これは一連の政策決定のプロセスとして理解されるべきである。拙稿「二十世紀初期的国権回収過程――従中華民国外交檔案来探討」（「第二届近代中国与世界」国際学術討論会）提出論文、中国社会科学院近代史研究所・中国史学会主催、於北京市、二〇〇〇年九月六日－一〇日）参照。

（3）未定稿であるが、第一次大戦の賠償問題については唐啓華「欧戦後徳国対中国戦時賠償問題之初歩研究」（「〈二十世紀的中国世界〉国際学術討論会」提出論文、中央研究院近代史研究所、二〇〇〇年一月）がある。

（4）これらのドイツ財産管理の方法は日本に倣って進められた。章宗祥「東京之三年」（『近代史資料』三八号、中華書局、四一ページ）。

（5）参戦により連合国各国から送られる電報には、国際社会における「大国当有之地位」を中国に与えることを賛助するといった文言があった。決まり文句ではあるが、当時の外交官にとっては大戦への参戦は三等国からの地位向上をはかる事態打開のチャンスであった。そして、宣戦の論理は、ドイツ軍による無差別攻撃に対する国際公法面での、そして人道的な意味での反発から説き起こされていた。これはアメリカに同調しているという面もあるが、一方で中華民国がひとつの「文明国」として国際社会においてフルメンバーシップを得るため、国際的なルールを身につけていることを示すために手続を重視しているという側面があった。一九一七年八月一六日外交部収、義館（イタリア公使館）照会（中華民国外交外交檔案、台湾中央研究院近代史研究所檔案館所蔵［以下、外交部檔案と略称］、〇三－三六、一五－一）。

（6）一九一七年六月二七日収、駐米顧公使電「密件」（外交部檔案、〇三－三三、七七－二）。

（7）八月末の時点でアメリカ国務長官からは、アメリカの中国問題に対するスタンスは、「門戸開放・領土保全」の保持にあると顧維鈞公使に伝えられていた。一九一七年八月二九日収、駐米顧公使電（外交部檔案、〇三－三六、一五－一）。

（8）一九一七年九月二八日収、駐米顧公使電（外交部檔案、〇三―三三、七七―二）。
（9）一九一七年一〇月九日収、駐米顧公使電（同前檔案）。
（10）一九一七年一〇月一六日収、駐米顧公使電（同前檔案）。
（11）一九一七年一一月四日収、駐米顧公使電（同前檔案）。
（12）一九一七年一一月一五日収、駐米顧公使電（同前檔案）。
（13）「続盟」は同盟の更新を示す中国語。当時の外交部檔案ではこのように記されていた。
（14）一九二〇年四月一六日発、国務院・外交部ヨリ駐英施公使電（外交部檔案、〇三―三三、七九―一）。
（15）一九二〇年四月二五日収、駐英施公使電（同前檔案）また、駐華イギリス公使館も日英同盟更新は「当然」だという回答を中華民国外交部に送っていた。だが外交部は駐華公使館が日英同盟について「詳しくない」と判断し、ロンドンにてこの問題を処理するように施公使に命じている。一九二〇年四月一七日収、刁参事会晤英館半参賛問答一件（同上檔案）。
（16）一九二〇年六月一三日収、駐英施公使電（同前檔案）また、当時フランスにいた顧維鈞駐米公使の判断では、イギリスは日米の対立に中立的な立場をとっているが、アメリカとしては日本が日英同盟を後盾として北満やシベリアに侵出することには反対しているので、近い将来「調整」が必要と考えているという認識をしていた。一九二〇年五月一九日収、駐法京顧公使電（同上檔案）。
（17）一九二〇年七月八日収、駐英施公使（外交部檔案、〇三―三三、七九―三）。
（18）一九二〇年九月二一日収、総長会晤美舒公使問答／中国願意加入研究英日続盟事（外交部檔案、〇三―三三、七九―三）。
（19）一九二〇年一〇月二三日収、駐米顧公使電（中央研究院近代史研究所編『中日関係史料山東問題』（上、中央研究院近代史研究所、一九八七年、二六六文書、二七七ページ）。
（20）一九二〇年一一月一〇日発、顧・唐代表密電（同書、二七九文書、二八九―二九〇ページ）。
（21）一九二〇年一二月五日収、英京施肇基・林長民四日電（同上書、二九九文書、三〇二ページ）なお、こののち、和約研究会などでは調停国をアメリカではなくイギリスに絞っていこうとする動きが起こることも重要である。
（22）租借地・租界についてはイギリスに相談せよとアメリカは述べていた。民国九年一〇月二二日収、駐米顧公使二〇日電

（前掲『中日関係史料山東問題』上、二六二文書、二七五ページ）。

（23）一九二〇年三月一四日収、総長会晤英艾使問答（外交部檔案、〇三―三三、七九―二）。

（24）民国一〇年七月四日、駐英顧公使電（外交部檔案、〇三―三九、一―一）。

（25）中国社会科学院近代史研究所『近代史資料』編輯室主編・天津市歴史博物館編輯『秘籍録存』（中国社会科学出版社、一九八四年）、駐英顧公使七月四日電（三一〇ページ）。

（26）平野健一郎「西原借款から新四国借款団へ」（細谷千博ほか『ワシントン体制と日米関係』東京大学出版会、一九七八年所収）。

シンポジウムによせて

# 5　ドイツの東アジア政策とワシントン体制

伊集院　立

## はじめに

日清戦争はヨーロッパの近代技術を導入した日本が清の中華秩序に挑戦した戦争と位置づけられている。その後、一九〇五年の日露戦争を経て、東アジアには西アジアやアフリカと同じく帝国主義の体制が急速に成立した。東アジアには英・仏・露・日のゆるやかな四カ国利益共同体が成立するとともに、米・独がそれに対峙することとなった。そもそも日露戦争後の講和会談がアメリカのポーツマスで開催されることは予め決まっていたわけではない。瀋陽やパリの案もあった。いずれの地で開かれるかは東アジアの秩序形成にそのいずれの勢力が主導権を取るかという問題と関わっていた。他方、中国は歴史の新たな時代を迎えていた。一七世紀半ば以来二六〇年続いた清朝に代わり、漢民族による統一国家形成の動きが始まろうとしていた。

ドイツは第一次世界大戦で敗北し、ヨーロッパにおいてばかりでなく東アジアにおいても政治的にはほとんど無に近い存在になった。ロシアは帝国主義の舞台から消えた。日本はすでに一九一一年から一八年、急速に東アジアで力を強め、中国内部に混乱を起こし、とりわけ第一次世界大戦中のそれは日英同盟の相手国であるイギリスと危機的な緊張を生むほどになっていた。(1)さらにアメリカ合衆国の中国進出も著しかった。こうして第一次世界大戦以後の東アジア・太平洋地域の秩序を形成するために、英米のイニシアティヴのもとに一九二一年から二二年にかけてワシントン会議が開かれることとなった。ここでは海軍軍縮問題、中国・太平洋問題が協議され、日本とイギリス二国間の同盟はあらたにアメリカ・フランスを加えた四カ国同盟に「更新」された。

ところで、ドイツは第一次世界大戦で敗北したが、その後一九三〇年代には日本との同盟関係を結ぶなど東アジアでも影響力を強めるにいたった。そのドイツは第一次世界大戦直後、どのように東アジアにかかわるようになっていたのであろうか。ワシントン会議をめぐってはこれまでさまざまな角度から分析がなされてきている。[2] しかし、こうした分厚い研究史にもかかわらず、ドイツの動きを視野に入れた研究はほとんどみられない。ドイツの動向を視野にいれるならば、第一次世界大戦後も東アジアにおけるドイツと連合国との緊張関係は依然厳しかったことを窺わせる。ワシントン体制は日英米の緊張関係を「緩和」するものではあっても、ドイツのそれまでの東アジアとの関わりを無視することはできなかった。二〇世紀の帝国主義の時代をふりかえるうえでこの時期のドイツの外交史料に目をむけることは意味あることと思われる。

もちろん小論は未刊行のドイツ外交史料を利用できなかったなどきわめて不十分なものであるが、これまでほとんど扱われなかった一九二〇年代初頭のドイツの東アジア政策を一つの問題提起として考えてみたい。

## 一　ドイツと中国の講和問題

中国は山東半島の権益がドイツから中国にではなく日本に移される条項に強く反対し、ヴェルサイユ条約に調印しなかった。そのため、ドイツと中国の間には第一次世界大戦終了後も戦争状態が続いていた。ドイツと中国の講和関係樹立における最大の障害が山東問題であったことはいうまでもない。ドイツ外務省のロムベルク（Edmund Rhomberg）一等書記官は一九一九年七月一七日「中国が講和条約に署名しなかったために、中国と我々の間には相変わらず戦争状態が継続している。中国と出来るだけ早期に、少なくとも通商関係だけでも再開する一時的なおりあいがつけられるのか、また如何にしてその妥協が見いだせるのかが問題である」と記している。そして「中国での憤激はひとえに山東問題に起因しており、それに凝縮されている」[3] とも述べている。ロムベルクによれば問題の困難さは次の点にあった。ドイツはたとえ中国にドイツとの一時的妥協を働きかけても中国自体からはなにも期待できないであろうとともに、そのような企ては日本を苛立たせるばかりでなく、ドイツの敵である連合国にも中国に同じように働きかけるきっかけを与えてしまうおそれがあるということにあった。通商関係樹立にはまず第一に、中国とドイツの二国間にかかわる問題があった。ドイツの立場から見れば、ドイツはパリ講和会議で山東条項にかんしてドイツ独自の対案を示したがそれを実現させることができず、結果的に山東半島を日本に引き渡す形でしか手放しえなくなったが、それにもかかわらず中国はその条項に憤慨していること。そのためたとえドイツが中国に単独講和のような一時的妥協を働きかけても、中国からはその都度山東問題が持ち出され、話し合いはつまずいてしまうということであった。第二の問題はドイツと日本および連合国との関係であった。これについては、ドイツが講和問題で中国に働きかけるということ自体が、ドイツの敵、とりわけイギリスにドイツはヴェルサイユ講和条約の条項の修正をめざしているのではないかと疑われるということであった。しかも、その中国への働きかけは日本にたいしては折角青島問題で折り合いをつけたことを全く台無しになってしまうほど、政治的に決定的な影響を及ぼしかねないことであると懸念していた。

ロムベルクは翌日七月一八日にはつぎのようにものべている。「中国は日本の山東半島にたいする要求と戦うための武器とならないようなドイツとの単独講和——もちろん中国がアングロサクソン系の諸国からそれ（ドイツとの単独講和＝筆者）にたいする承認を手にしてからという前提のうえでのことだが——は決して締結しないであろう。しかし、そのような単独講和をめざすことによって、我々は日本との友好関係にたいする期待を永久に棒に振ることになるであろう。そしてその日本との友好関係なくしては中国での実りある事業は期待できないのである(4)」と。ドイツとしては中国との自由な通商関係の樹立という外交目的を実現するためにはまず中国との単独講和をめざしたものの、そのために山東問題にからんだ日本との緊張関係と連合国と中国の関係という二重の障害に直面することになった。さらにドイツの懸念材料には、帝国主義諸国間の山東問題をめぐる駆け引きに強く反対する中国民衆の動向に配慮する北京政府の国内的立場の問題も指摘しておかなければならないであろう。

ところが、事態は中国側から動きはじめた。それは一九年八月一日と二日北京議会両院がドイツとの戦争状態終結の決議を採択したことである。中国側がどのような意図からこうした決議をするにいたったのかは中国側の史料から検討する必要があろうが、ベルリンのドイツ外務省は直ちに同月六日トラウトマン（Oskar Trautmann）枢密顧問官を中心に中国政府とどのように協議すべきかの検討を行った。なかでも注目しておきたいことは大戦中中国から追放されたドイツ人商人の再入国の手順に検討の重点がおかれていたことである。クニッピング（Hubert Knipping）（第七課東アジア担当の責任者）は「古い諺の『国旗のあとから商売がついていく』ということは、実際はその逆であるようだ[5]」と述べた。まさに貿易最優先の外交であったといえる。こうして一九年九月一六日の北京政府大総統徐世昌は「大総統告示」を発表し、ドイツとの平和状態を樹立すると宣言した。告示の一部には「本国は山東問題に関係する三つの条項に示された条件に不満を抱くがために、〔ヴェルサイユ〕講和に署名することを拒んだ。しかし、講和文書における他の協約はほかの連合国にとってと同様我々にとっても受け入れられるものであることを心に止めておかなければならない[6]」とあった。それは北京政府が民衆のナショナリズムとは別に実利を優先する姿勢を示したともいえよう。

この告示についてドイツ側は中国がドイツとの関係改善を実現させるというかぎりにおいては歓迎すべきことと評価する一方で、告示が北京駐在の連合国代表に前もって照会されることなく、いきなり大総統声明として発表されたことに注目した。ドイツ外務省はドイツと連合国との関係においてはきわめて慎重な検討をし、次のように分析した。第一に中国がドイツと平和状態を単独に樹立するということは、外部とりわけ日本に対して中国はヴェルサイユ条約に今後一切調印しないという意思を一層強く表明するとともに、これによって中国による条約拒否が最終的に確定されることを意図としている。第二に、かりにドイツ側が中国のやりかたと平行して、予め連合国に伝達することなく中国との平和状態の樹立を声明した場合についても検討し、そうした場合は、連合国からは、ヴェルサイユ条約と日本の山東要求にたいする中国の抵抗をドイツが支持するとともに、中国問題に関わりをもつ日本・イギリス・フランスの諸国にたいしてドイツが引き受けたさまざまの義務規定を破棄する意図があるものと受け取られるであろうという見通しをたてた。ドイツ側の分析では、そのような場合には連合国は抗議の声をあげるであろうし、折角の中国の平和宣言から手にしうる利点をドイツは台無しにしてしまいかねないということであった[7]。

後にクニッピングによると、この時中国側の一方的な大総統宣言でドイツと中国で間の戦争状態に終止符が打たれたが、中国でのドイツと連合国側との商売の禁止は解かれなかったという[8]。このあたりの経緯については中国側の史料の分析をまたなければならないであろうが、ドイツ側の判断では、中国は山東問題で日本に強く反発するとともに、こともあろうにその日本の不当な要求に妥協的な連合国に抗議するという意図を持って、いまもって連合国に敵対するドイツとの関係改善を押し進めているというものであった。ドイツ側から連合国側にたいしてこのドイツ・中国の単独講和に関してどのような説明がなされたのかを確認することはできないが、なんらかの説明がなされたものと思われ、日本にたいしては一〇月中旬にその了解を求めている。「我々が中国で商業活動を活発化させようと努めることはいかなる場合も東アジアにおける日本のモンロー・ドクトリンと一致するものであり、我々は東アジアとりわけ中国における日本の特別な立場と利害に配慮するつもりである」とベルリン滞在の東郷成徳参事官に伝えられた。これにたいして東郷はドイツと中国の二国間の関係樹立をめぐる直接交渉に何ら反対するものはなく、日本に敵対しないかぎりにおいては何らの異論も差し挟まないと返答している[9]。

## 二　日本に依存したドイツの中国政策

ドイツと中国の講和交渉は当初東京を経由して始められた。担当者は一九二〇年八月一一日東京に着任した新駐日大使ゾルフ（Wilhelm Solf）だが、その後北京に着任したボルヒ（Herbert Borch）独中国交経済関係再建委員会代表（通称ボルヒ委員会）に引き継がれた[10]。ちょうどこの時期にドイツ外務省が東アジア政策について包括的な指針をまとめているのが注目される。この指針において、ドイツは中国情勢について次のように分析している。一九一一年以降、中国国内の潜在的な内戦状態は、南の勢力が分裂して第三の強力な南西グループが成立して以来解決する見込みは少なくなった。経済は政治情勢のためよりも国家の全般的な財政政策によって悪化している。英仏米日の対中国借款団の活動は、外国による財政管理に反対する中国の民族運動の影響でのびのびになっている。また、状況の改善は日本の侵略的な態度とそれにたいするその他列強の無関心な対応によって一層困難になっている。日本は世界政策に加わってこのかた、自ら描いた東アジアにおける指導的な地位への道を歩んでいるが、一九一五年以降さらにまっしぐらに突き進んでいる。そのための当面の目標として鉄・石炭などの需要を中国から確保し、満州と山東における補給路および特別な地位の確保を求めているように思われる。中国におけるドイツと連合国とくにイギリスとの関係については「イギリスは東アジアで相変わらず我々に敵対する貿易戦争を継続しており、彼らの植民地から我々を締め出し、中国における特別な戦時統制をいまだに解除していない」と指摘していた。このような分析のもとに、東アジアにおけるドイツの政治目標は一方で日本と中国双方に対して同等な友好的関係を再建することに求められ、現在対立している中国と日本を仲介することを試みることとされていた。他方で、極東における日本の優位を基本的に承認することで、これは一九一七年一一月の石井・ランシング協定の必然的帰結であり、これは避けられないとも述べていた。そして、「日本の好意なくしてはいずれ日本においても、中国においても我々の経済的活動がうまくいく展望は生まれない。日本の好意によってこそ、我々が再び極東に雄飛することにたいするその他の連合国の抵抗を打ち破る唯一の可能性が生み出されるのである」としていた。[11]

ドイツが日中の対立を仲介しようということは「極東における日本の優位を基本的に承認すること」とかならずしも相いれないものであった。日中の仲介は当時の状況においては、日本が中国の民族主義的要求におりあうことなくしては成立しえないものだった。それは山東問題をめぐって日本と中国が英米の肝いりで一九二一年末から二二年二月にワシントン会談と平行して直接交渉し曲がりなりにも実現しえた構想であり、[12]石井・ランシング協定はそれに比べるならばはるかに時代遅れのものであった。一九二〇年六月一八日、ドイツ外務省東アジア課のヴァルター（Rudolf Walter）は中国との単独講和を近々実現することをめざすならば、ドイツ側から日本に予め特別な保障を示さなくては日本とドイツの不和を避けることは困難であろう。中国はドイツとの講和を急ぎ、それを日本に対して城砦を打ち破るど突き棒として、国際連盟における山東問題の討議での切り札にしようとしている。ドイツが中国にヴェルサイユ条約調印を拒否する手助けをするようなことをすれば、それは日本側ではドイツの不誠実と受け取られるであろう、と述べていた。[13]こちらのほうがさきの外務省「指針」より日中関係の複雑さについてははるかに現実的な判断であったといえよう。

中国との国交関係樹立の本格的な交渉は、一九二〇年九月から北京で中国政府とボルヒ委員会によって始められた。ワシントン会議に先立つ一年前のことである。中国側は次の六点を強調した。①両国の完全な対等と双務の原則。それにはドイツの領事裁判権の放棄が含まれる。②無制限の領土主権。それには関税主権が含まれる。③ヴェルサイユ条約一二八―一三四条および同じくドイツに対して中国が持つ利害にかかわる規定の承認。④ドイツが戦争とヴェルサイユ条約〔一五六―一五八条＝筆者〕によって青島・山東省にかかわるすべての権利・権源・特権を放棄せざるをえなくなり、それゆえに中国に返還する可能性が存在しないことを確認すること。その他、⑤北京の緩衝区の放棄、⑥ドイツの兵隊の抑留費用の支弁、の二項目であった。こうして公式の関係の樹立、自由貿易などの事項で双方が合意した。[14]そこではかつてロムベルクが「中国での憤激はひとえに山東問題に起因しており、それに凝縮されている」と述べた山東問題は棚上げにされた。

おそらくそのためであろうが、この協定には北京政府閣内でも抵抗が強く、ドイツ側と交渉してきた北京政府外交部総長顔恵慶にたいする批判は締結直前まであったが、一九二一年五月一〇日に閣議の了承を得て、五月二〇日、漸く締結された。[15]日本への留学経験のある中国の経済学者銭赤石は一九三八年これを中国近代史上「最初の平等条約」と評したという。[16]しかし、孫文の広東政府がこのドイツとの講和協定を全く認めなかったことはいうまでもない。二一年八月三一日、この協定に従い広東に赴任したヴァグナー広東副領事（Wilhelm Wagner）と広東政府とのあいだにトラブルが生じた。広東政府の立場はこの五月二〇日北京で成立したドイツ・中国協定は認めることはできず、従って広東にドイツの領事機関を設置することは認められないというものであった。そして広東政府の孫文はヴァグナー広東副領事に一〇月一五日、「ドイツ政府は即座に広東政府を承認し、国家条約の交渉を開始するよう」強く求めたのである。[17]

## 三　ドイツの対日政策

最後にドイツの対日政策について考えておきたい。この時期のドイツの対日政策を担ったのは駐日大使ゾルフである。

彼は一九一八年一〇月から一二月の短い間とはいえ外務次官の職にあり、ドイツと連合国との停戦協定の取りまとめをおこなった大物外交官であった。彼は自由主義的な保守主義の立場からウィルソンの思想に共感を寄せていたと言われ、この交渉でドイツにおけるボリシェヴィキの影響力を強調することによって連合国からドイツに対する譲歩を引き出そうという立場を貫いていたという。また、彼はさきに述べたドイツ外務省のシューラー改革にも同調したが、ドイツ革命においては第二帝政と連続する官僚機構の代表とみなされ、人民政府と対立した。結局彼は二カ月ほどで外務次官を辞して、外交の表舞台から退くこととなった。[18]その彼が二〇年四月、突然ヴァイマル共和国大統領フリードリヒ・エーベルト（Freidrich Ebert）から駐日大使の指名を受け、その年の八月から家族とともに東京に赴任したのである。[19]彼は一九〇〇年から一一年まで西サモア総督を務めたとはいえ、東アジアについては特記すべき外交実績を持っていたわけではなかった。外交官ゾルフの伝記作者は「サモアとインドでの経験から東アジアと太平洋の問題についてまったく無知であったわけではなかった」と述べているが、ゾルフは東京での執務を通じて東アジアへの認識を深めたように思われる。[20]彼には日中の具体的関係や東アジアとドイツの独自のかかわりから対日外交を構想するという視点はあまり見られず、ヨーロッパで展開される連合国とドイツという枠組みを基礎にした構想が彼の対日政策を規定していたといえよう。後に彼が述べているところによれば、彼は駐日大使着任時に「日本が潜在的に持つ重要性をこれからの一〇年間の世界的出来事において」ドイツ側に引き寄せることがドイツの利益であるとの指示を受けてきたと述べている。[21]

しかし、この時期のドイツ外務省の対日政策には首尾一貫した構想や評価を見いだすことはできない。一九二〇年六月から外務大臣を務めるジーモンス（Walter Simons）には、ロンドンでの連合国側との賠償交渉を控えて、連合国を刺激することはさけようという考えがはたらいていた。彼は着任早々のゾルフに「ドイツが日本に純粋に経済の問題で接近しても、世間ではなにかとドイツは日本に経済的に接近することを隠れ蓑に政治的に接近し、その際ほかの連合国にたいするよからぬ宣伝を行って日本を同盟国から引き離そうとしている」と言われるので、「公の場ではできるだけ控えめに、むしろ日本人のほうからドイツに近寄らせるように」との訓電を送ってさえいたのである。[22]また、ドイツ外務省の政務事務次官ハーニエル（Edgar Haniel von Haimhausen）と経済事務次官ボワイエ（Adolf Boye）は、二一年二月、対日政策の報告書をまとめたが、彼らも対日接近については消極的であった。まず彼らは、日本は基本的にはイギリス・フランスの意向にそって行動しているが、ドイツ海軍の壊滅以降イギリス艦隊がもはや大西洋に縛られなくなったという状況において、日本は戦前にもまして太平洋におけるイギリスを顧慮しなければならない。また日本は周知のように合衆国とも対立せざるをえなくなったために、日本は孤立しており、一九一四年のドイツと似たような状況にある、と分析している。従って、日本の外交官は孤立を恐れ、ドイツに厳しい対応をとって「イギリスとフランスに取り入ろうとしている」のである。しかし、たとえ日本人外交官がドイツ側の示す日本への協力的な姿勢によって連合国の日本にたいする態度が悪化するのを恐れたとしても、「連合国の内部での日本の立場は自らの中国政策によって、また大戦中の行為によってすでに危険に晒されていると指摘できるであろう」と述べている。そして、日本の公的な場での対応がドイツに対して冷淡なことから、ドイツに留学している日本人留学生へのドイツ政府の対応はきついものとなろうが、日本の産業界との協力は「連合国の指導的諸国にたいする経済的依存から日本を解き放つもっともよい手段の一つとなろう[23]」と結んでいる。

こうしたドイツ外務省の消極的な対日政策は第一次世界大戦後のベルリンやベルンあるいはパリにおける日本人外交官の行動の観察に基づいたものとゾルフは考えた。彼は積極的な対日接近を進めた。二一年九月二〇日ハーニエル・ボワイエの報告書にふれて「日本人は実際我々にシンパシーを抱いている。しかし、我々に好意を寄せようとしてはいるものの、あえて思い切れないでいるのだ。なぜなら連合国の間で日本は弱体すぎるし、イギリスやアメリカの顔色を伺っていなければならないからだ[24]」と述べている。そして、ゾルフはベルリンのドイツ外務省にたいする不満を友人ヤーゴウ（Gottlieb von Jagow）に次のようにもらしていた。ドイツの日本にたいする「政策はロンドン、パリそしてワシントンで決められている」「ここで私は何をすればいいのだ[25]」と。

そうしたなかで、ドイツ外務省は二一年秋からのワシントン会議の経過に一層悲観的な日本評価を強めた。「日本政府は講和条約締結以来我々の敵の敵対的な政策総てにからんでいる。……〔でも〕日本政府は連合国よりの態度をとっているにもかかわらず、日本は大戦中に獲得した東アジアでの優位な地位を再び失ってしまった」という。イギリスはワシントン会議によって日本との同盟の義務から開放されたが、日本はアングロサクソン系の二つの強国の圧力で中国での特権を放棄しシベリアからの撤退に同意しなければならなかったのだからという。そして、ドイツの「賠償問題について日本からの何らかの援助や、ヴェルサイユ条約の規定についての何らかの緩和が期待できるかは、イギリスにその意思があるかどうかにかかっているにすぎない。これまで日本と通商関係を結ぼうというドイツ側の努力は失敗した[26]」と。

ドイツの東アジア政策は基本的に自国対連合国という対抗枠を設定したものであり、連合国と日本の間に楔を打ち込むことをめぐってベルリンの外務省と東京の駐日大使の評価が異なっていたということができよう。外務省は対日接近に消極的であり、ゾルフはそれを積極的に評価していたといえよう。しかし、いずれの場合にしてもその政策は対中政策とはほとんど関連したものではなかった。対日政策と対中政策とは個別の二国間関係政策であり、日中間に存在する対立を仲介することを試みるといういわば多角的な東アジア構想は完全に雲散霧消していた。

## おわりに

第一次世界大戦を契機に日本の中国にたいする活動は東アジアにおいて重大な問題となっていた。すでに述べたようにこの時期ドイツの東アジア政策は東アジアにおける日本の優位を承認するという、中国に犠牲を強いるものであった。その意味では、日中の対立を仲介するとの構想は当初から具体的な実現の道を閉ざされていたといえよう。むしろドイツの対日政策の主眼は日本を連合国の影響から切り離し、東アジアにおける連合国のドイツ包囲網を打破するために利用するということにつきるものであった。

連合国の一角をになうイギリスは日英同盟を結んでいたが、第一次世界大戦を経過して日本が大英帝国の礎石であるインドを侵略することを恐れていた。「インド・オーストラリアそしてニュージーランドにおける平和が確保されるならば、イギリスは中国における商売を日本の侵略の犠牲にすることはまったく吝かではない[27]」といわれたように、イギリスは日本の膨脹主義のまえに中国を犠牲にするという点ではドイツとかわりがなかった。しかし、イギリスはアメリカ合衆国を加えたアジア太平洋地域の新たな秩序を構想する過程で、日本に山東問題での譲歩を要求したことが史料的にも確認される。こうしたなかで、合衆国国務長官ヒューズ（Charles Evans Hughes）が日中の直接交渉を中国政府に求めたことが注目される。また、丁度この時期中国に滞在していたジョン・デューイ（John Dewey）のさまざまな中国重視の評論[28]はイギリス外交文書にも引用されるなどアメリカ合衆国の新しい中国を意識したアジア観としても重要であろう。

ワシントン体制が第一次世界大戦の「戦勝国」によって構想されたものとするならば、ドイツはこの秩序から排除されたのは当然であった。そして、ドイツは連合国のこの秩序に対抗して日本を足掛かりとして東アジアにおけるドイツ独自の活動基盤を目指したと考えることができよう。しかし、そこには日本と連合国の関係を弱めドイツとの関係を強めるというドイツの伝統的な同盟外交に基づく方針しか窺うことができない。他方、ワシントン体制は中国を含め、インドさらにはオーストラリアやニュージーランドなどのアジアの太平洋地域をも視野に入れた多角的な帝国主義的秩序の維持と安全の体制を目指した。ドイツの東アジア政策にはそうした地域秩序の構築に対抗する本格的な別の構想は見られなかった。

（1） 駐北京イギリス公使ジョーダン（Sir John Newell Jordan）の手厳しい日本批判をみよ。"Japan's Policy towards China as revealed in her acts from the beginning of the Revolution in 1911 to the close of the World War in 1918 — exactly seven years," *Documents on British Foreign Policy 1919 - 1939*, 1st Series,（以下 *DBFP*）Vol. VI (London, 1956), 584-592.

（2） 三谷太一郎氏はこの時期の東アジアの国際情勢をヨーロッパ的な外交枠からアメリカ・中国を加えた新しい枠に転換する転換期と捉えている。三谷「『転換期』（一九一八―一九二一）の外交指導　原敬及び田中義一を中心として」篠原一・三谷太一郎編『近代日本の政治指導　政治家研究』東京大学出版会、一九六五、二九三―三七四。佐藤誠三郎氏は第一次世界大戦以後の東アジアの国際体制を英米本位の平和主義体制と捉え、日本にはこの対英米協調の不可避性も存在したとする。佐藤「協調と自立の間 ― 日本」『国際緊張緩和の政治過程』年報政治学　一九六九　岩波書店　一九七〇、九九―一四四。また、入江昭・有賀貞編『戦間期の日本外交』東京大学出版会　一九八四、の諸論文にはヨーロッパでの「旧外交」と「新外交」概念の東アジアへの適用のこころみがなされているものがある。北岡伸一「ワシントン体制と『国際協調』の精神」『立教法学』二三、一九八四、六六―一一八、はアメリカ外交官のきめ細かな分析だが、この米外交官にもドイツへの関心はなかったようだ。因みに、Erik Goldstein/John Maurer (eds.), *The Washington Conference, 1921–22. Naval Rivalry, East Asian Stability and the Road to Pearl Harbor* (Essex, 1994) でもイタリアへの関心はあるものの、ドイツにたいするそれはみられない。

（3） "Aufzeichnung des wirklichen Legationsrats Rhomberg vom 17. Juli 1919," *Akten zur deutschen Auswärtigen Politik 1918–1945*, A II (Göttingen, 1984), 173 f.（以下 *AdAP*）。ドイツ外務省ではドイツ革命直後一九一八年から二〇年にかけてシューラー（Edmund Schüler）による改革の動きがみられた。それは一言でいうならば外交と経済とをリンクさせる改革であり、社会史的な視点から見るならば貴族出身の外交官から経済界出身の外交官への転換といえよう。ロムベルクはこの改革のなかで一九一九年五月シューラーによって第五課（イギリス・イギリス連邦担当）の責任者に任命された新しいタイプの外交官である。Kurt Doss, *Das deutsche Auswärtige Amt im Übergang vom Kaiserreich zur Weimarer Republik. Die Schülersche Reform* (Düsseldorf, 1977), 271.

（4） "Aufzeichnung vom 18. Juli 1919 von Rhomberg," *AdAP*, A II, 173.

（5） "Aufzeichnung des Konsuls von Borch vom 6. Aug. 1919," *AdAP*, A II, 225 ff. この諺は「植民地に国旗が翻ると本国との貿易が発展する」という意味で、帝国主義時代、国旗が商人の後を追っている例が指摘される。*Brewer's Dictionary of Phrase and Fable* (London, 1970).

（6） Robert T. Pollard, *China's Foreign Relations 1917–1931* (New York, 1933), 85.

（7） "Aufzeichnung des Konsuls von Borch" v. 25. Sept. 1919, *AdAP*, A II, 321 f.

（8） "Aufzeichnung des Ministerialdirektors Knipping vom 19. Jan. 1921," *AdAP*, A IV, Göttingen 1986, 276.

（9） "Aufzeichnung des geheimen Legationsrats Knipping vom 20. Okt. 1919," *AdAP*, A II, 362.

（10） Pollard, *China's Foreign Relations*, 100 f.

（11） "Aufzeichnung ohne Unterschrift vom 3. Juli 1920," *AdAP*, A III (Göttingen, 1985), 326 ff.

（12） 「山東ニ関スル日中直接交渉」『日本外交文書――ワシントン会議――』（下）外務省　一九七八、四二一―六三四参照。この日中直接交渉はワシントン会議の議事録には含まれていない。*Conference on the limitation of armament, Washington, November 12, 1921–February 6, 1922* (Washington, 1922). 日本は中国の「我儘不誠実ノ態度」（四六七）

に非を鳴らしつつ、「英米ノ勧告アリ」（四五四）として中国との交渉に当った。ニッシュは「他の国々の調停がなければ、中国と日本が解決に達しなかった」とする。I・ニッシュ『日本の外交　一八六九—一九四——霞が関から三宅坂へ——』ミネルヴァ書房、一九九四、一五一　以下。

(13) "Aufzeichnung ohne Unterschrift vom 3. Juli 1920," *AdAP*, A III, 329.

(14) "Aufzeichnung des Ministerialdirektors Knipping vom 19. Jan. 1921," *AdAP*, A IV, 276 ff.

(15) "Generalkonsul von Borch (Peking) an das Auswärtige Amt vom 22. Mai 1921," *AdAP*, A V (Göttingen, 1987), 46 ff.

(16) 久保亨「ヴェルサイユ体制とワシントン体制」、歴史学研究会編『講座世界史6　必死の代案』東京大学出版会、一九九五、九三。

(17) "Vizekonsul Wagner (Kanton) an das Auswärtige Amt vom 26. Sept. 1921," *AdAP*, A V, 297 ff.; "Gesandtschaftsrat von Borch (Peking) an Vizekonsul Wagner (Kanton) vom 28. Okt. 1921," *ibid.*, 336. 因みに広東政府は北京政府が出席するワシントン会議で議決される協定などは無効との態度を表明していたが（たとえば『日本外交文書　ワシントン会議　上』外務省、一九七七、一四〇）、これにたいしてドイツ側は他の列強も北京政府と交渉しており、ドイツだけが広東政府と個別協定を結ぶことはできないとの立場をとった。"Gesandtschaftsrat von Borch (Peking) an Vizekonsul Wagner (Kanton) vom 28. Okt. 1921," *AdAP*, A V, 336 ff.

(18) Arno Mayer, *Politics and Diplomacy of Peacemaking. Containment and Counterrevolution at Versailles, 1918–1919* (New York, 1967), 97–101; Eberhard von Vietsch, *Wilhelm Solf. Botschafter zwischen den Zeiten* (Tübingen, 1961), 214–222; Wolfgang Elben, *Das Problem der Kontinuität in der deutschen Revolution* (Düsseldorf, 1965), 174 f. ゾルフ自身は外務次官を退いたのは人民政府との意見の相違が理由ではなかったと述べている。むしろ、植民地はドイツの死活問題であるという点では人民政府の植民地政策と一致していたという。Solf, W. H., *Kolonialpolitik. Mein politisches Vermächtnis* (*Berlin*, 1919), III, V. 人民政府の植民地政策については西川正雄「第2インターナショナルと植民地問題」『歴史学研究』三八一（一九七二・二）、九—二七が参考になる。

(19) Eberhard Friese, "Weltkultur und Widerstand. Wilhelm Solf 50 Jahre," in: Josef Kreiner (Hg.), *Japan und*

*die Mittelmächte im Ersten Weltkrieg und in den zwanziger Jahren* (Bonn, 1986), 139-153, hier 142.

（20） Vietsch, *Wilhelm Solf*, 242; Hans Schwalbe/Heinrich Seemann (Hg.), *Deutsche Botschafter in Japan 1860-1973* (Tokyo, 1974), 83 ff. ゾルフは東京に着任して間もなく無名の文筆家竹内楠三の遺稿をドイツ語で出版している。彼が竹内とどのような交流をしたのかは不明だが、その序文に「竹内の著作はそのはっきりした民族的な特色のなかにも我々の西洋の本質に通ずると思われる精神の躍動がみられる。これは我々がインドや中国の古い文化で遭遇する東洋ではなく、ここには強烈な民族意識の復活とともに西洋文化を精神的に取り込む進歩した東洋の国、明治時代の近代的日本がある」と記している。彼の日本への姿勢の一端を窺うことができる。Xzo Takeutschi, *Die Wahrheitssucher. Gespräche und Betrachtungen eines Japaners* (Leipzig, 1923), 10.

（21） Bericht Solfs vom 18. Jan. 1921, *AdAP*, A IV, 16. 第一次世界大戦最末期のドイツの対日政策は一九一八年一〇月二七日のドイツ外務省の覚書を参照。Hayashima Akira, *Die Illusion des Sonderfriedens. Deutsche Verständigungspolitik mit Japan im ersten Weltkrieg* (München, 1982), 171 f.

（22） "Der Reichsminister des Auswärtigen Simons an den Geschäftsträger in Tokio Solf vom 13. Okt. 1920," *AdAP*, A IV, 15 f.

（23） "Erlassentwurf Februar 1921," *AdAP*, A V, 39 f.

（24） "Bericht vom 20. Sept. 1921," *AdAP*, A V, 42 (Anm. 12).

（25） Vietsch, *Wilhelm Solf*, 247.

（26） "Politisches Verhältnis Japans zu Deutschland vom 28. Nov. 1922," *AdAP*, A VI, Göttingen 1988, 515 f.

（27） "Sir B. Alston (Peking) to the Marquess Curzon of Kedleston, Aug. 13, 1919," *DBFP*, 1st series Vol. XIV (London, 1966), 374.

（28） たとえば "New Culture in China," in John Dewey. *The Middle Works, 1899-1924*, Vol. 13: 1921-1922, ed. by Jo Ann Boydston (Carbondale & Edwardsville, 1983), 108-120 など多数。

シンポジウムによせて

# 6 ハーグ平和会議

井口和起

## 一 会議の概要とその限界

ここで言う「ハーグ平和会議」とは、一八九九（明治三二）年と一九〇七（明治四〇）年とに、オランダのハーグで開かれた二回の国際会議のことである。当時の日本の外交文書や新聞などでは「萬国平和会議」と呼ばれていた。まず、参加国、採択された条約、宣言などを中心に会議の概要を紹介し、この会議がもっていた限界について要点だけを述べておく。

第一回の会議は、帝政ロシア皇帝ニコライ二世の一八九八年八月以降の提議を受けて、翌一八九九年五月一八日から七月二九日にかけて開催された。参加したのは、ドイツ、オーストリア＝ハンガリー、スペイン、イギリス、イタリア、ルクセンブルグ、モンテネグロ（ロシアによって代表されたが）、ルーマニア、セルビア、スウェーデン＝ノルウェー、ベルギー、デンマーク、フランス、ギリシア、オランダ、ポルトガル、ロシア、スイス、ブルガリアのヨーロッパの一九か国と、トルコ、清国、メキシコ、ペルシア、シャム、アメリカ合衆国および日本の計二六か国であった。

この会議では、「国際紛争平和処理条約」、「陸戦ノ法規慣例ニ関スル条約並附属書」、「一八六四年八月二二日『ジェネヴァ』条約ノ原則ヲ海戦ニ応用スル条約」という三つの条約と「軽気球上ヨリ又ハ之ニ類似シタル新ナル他ノ方法ニ依リ投射物及爆裂物ヲ投下スルヲ禁止スル宣言」（以下、「空爆禁止宣言」と略称）、「窒息セシムヘキ瓦斯又ハ有毒質ノ瓦斯ヲ散布スルヲ唯一ノ目的トスル投射物ノ使用ヲ各自ニ禁止スル宣言」、「外包硬固ナル弾丸ニシテ其外包中心ノ全部ヲ蓋包セス若ハ其ノ外包ニ截刻ヲ施シタルモノノ如キ人体内ニ入テ開展シ又ハ扁平ト為ルヘキ弾丸ノ使用ヲ各自ニ禁止スル宣言」という三つの宣言を採択した。

随分と煩雑な名前がついているが、三番目の条約は、一八六四年の「ジェネヴァ」条約（「戦場ニ於ル軍隊中ノ負傷軍人ノ状態改善ニ関スルジュネーブ条約」つまり「第一回赤十字条約」）の原則を海戦にも適用するというものである。また、三つの宣言のうち、最初の宣言は空中からの爆発物等の投下の禁止、二つ目は毒ガスの使用禁止、三つ目はいわゆる「ダムダム弾」の使用禁止を、それぞれ宣言したものである（はじめの二つの条約については後にふれる）。

第二回目の会議は、一九〇七年六月一五日から一〇月一八日にかけて開かれた。この会議には、四四か国が参加した。第一回に参加した国々以外をあげると、すべて中南米の一七か国で、アルゼンチン、ボリヴィア、ブラジル、チリ、コロンビア、キューバ、ドミニカ、エクアドル、グアテマラ、ハイチ、ニカラグア、パナマ、パラグアイ、ペルー、サルヴァドル、ウルグアイ、ヴェネズエラであった（デンマークとノルウェーがそれぞれ一国となっていたので合わせて四四か国となる）。

会議では、前回の会議で採択した三つの条約に修正や補充を行って採択したほかに[1]、①契約負債回収ノ為ニスル兵力使用ノ制限ニ関スル条約、②開戦ニ関スル条約、③陸戦ノ場合ニ於ケル中立国及中立人ノ権利義務ニ関スル条約、④開戦ノ際ニ於ケル商船取扱ニ関スル条約、⑤商船ヲ軍艦ニ変更スルコトニ関スル条約、⑥触発自動海底水雷ノ敷設ニ関スル条約、⑦戦時ニ於テ海軍力ヲ以テスル砲撃ニ関スル条約、⑧海戦ニ於ケル拿捕権行使ノ制限ニ関スル条約、⑨海戦ノ場合ニ於ケル中立国ノ権利義務ニ関スル条約、⑩国際捕獲審検所設置ニ関スル条約、など一三の条約と先の「空爆禁止宣言」が五年間の期限を経過して失効していたので改めて再確認した宣言とを採択した。

これらの条約は一九一一（明治四四）年一月六日に批准し、同年一二月一三日に批准書寄託、一九一二（明治四五）年一月一三日に公布され、いずれも批准書寄託の時から六〇日後に発効するものとされた。ただし、⑩の「国際捕獲審検所設置ニ関スル条約」は批准国数の不足で発効しなかった。これらの諸条約すべての内容を紹介する紙数の余裕はまったくない（⑦は海軍力で無防備の港湾や都市、村落の砲撃を禁止するもの）。行論上の必要に応じて言及するに止めることをご容赦願いたい。

なお、この平和会議は第三回会議の開催を一九一五（大正四）年に予定したが、第一次世界大戦がすでに始まっており開かれることはなかった。

ハーグ平和会議の最も主要な目標は、軍備と軍事費の拡大を止めて、将来的には常備軍や軍事費の縮小を図る方途について「講究」することにあった。しかし、これについては何一つ実効ありそうな成果をあげることはできなかった。

この問題については、ニコライ二世が呼びかけた当初から、ヨーロッパの大国のなかに理想論として敬意を表する言論が一部にあったとはいえ、実際の成果については疑問視する見解が大勢を占めていた。そのうえ、ロシアがこれを提議したのは、自国の財政上の困難が大きく、起債の必要に迫られてイギリスの「款心」を得ようとしたからであるという「風評」が広がっていた。これに対してイギリスの代表的新聞『タイムズ』は「高遠なる理想」を賞賛しつつも、その実行は「到底不可能」と説き、ことに提案者であるロシア自体が鋭意海軍を拡張し、自ら軍備縮小を行う意図のない姿勢を示していると批判していた。フランス、ドイツ、イタリアやアメリカ合衆国での世論も大同小異であった。(2)

事実、その後の世界は軍備拡大の一途をたどり、ついには第一次世界大戦へと突き進んでいった。国際紛争の平和的解決が現代にいたるも決して容易でないことは、現実の世界が示している。

結局、この会議では「戦争開始の手続や戦争遂行過程における交戦法規の制定に、その努力が向けられることになったのである。つまり、第一次大戦前の国際法においては、いつ戦争を行なうことができるかということよりも、どのように戦争を行なうことができるかということが問題にされたのである」とも言える。(3)

たしかに、「国際紛争平和処理条約」（以下すべて一九〇七年採択のもの）では、その第一条で「国家間ノ関係ニ於テ兵力ニ訴フルコトヲ成ヘク予防セムカ為、締約国ハ、国際紛争ノ平和的処理ヲ確保スルニ付、其ノ全力ヲ竭サムコトヲ約定ス」としているが、これは真意も疑わしい「決意」表明に過ぎない。また、国際紛争の平和的解決をめざして、新たに「常設仲裁裁判所」を設立した。しかし、現実に効果的な機能を果たすことが期待できるようなものではなかった。第二回の会議では、仲裁司法裁判所の設置が提案されたが、裁判所の構成について大国が裁判官の任期を長くして小国との明らかな格差を設けようとしたのに対して、小国側が国家平等の立場から反対して成立しなかった。さらにその義務化をめざす「義務的仲裁裁判」も拒否された。

そのうえ、よく知られているとおり、ハーグで採択された諸条約は交戦国の総てが条約加入国である戦争においてのみ適用されることを定めた条項（総加入条項）をふくんでいるために、多数の国家が参戦している戦争では、交戦国のうち一国でも条約に加入していない国がある場合には、その戦争全体に効力を生じないことになる。例えばハーグ諸条約をイタリア、トルコやバルカン諸国が批准していなかったために、第一次世界大戦には適用のないものとみなされた。また、日露戦争とも関連して論議され、採択された「開戦ニ関スル条約」についても、訳語問題もふくめて多くの問題点をもっており、後の日米開戦論にまで論議がおよんでいる。(4)

このように、国際紛争の平和的解決や戦争の違法化という視点から見て、この会議の成果には大きな限界があった。

## 二　国際的平和機構の構築をめざして

だが、この会議にはそれほどの歴史的な意義はなかったのだろうか。そうではない。

よく知られているとおり、「陸戦ノ法規慣例ニ関スル条約並附属書」は交戦中にあっても遵守されねばならぬ人道的なあり方を、「慣習」に止めず国際的法規として「成文化」し、その後のこの分野での発展に重要な役割を果たした。さらに毒ガスやダムダム弾の使用禁止なども、例え戦争とはいえ非人道的な兵器の使用を禁止したことで、これまた後の発展に大きな役割を果たすこととなった。

とりわけ注目しておきたい第一は、第二回会議に見られたとおり、中南米諸国をふくめた当時の世界の大多数の諸国家が集まり、主権平等の原則にもとづいて条約の採択に成功したことである。アフリカ、アジア、オセアニアなど多くの地域はすでに大国の植民地とされていたから、招かれるはずがなかったし、すでに日本によって外交権を奪われ「保護国」とされていた韓国が、第二回会議に参加して日本への批判を世界に訴えようとしたが果たせなかった。

それにもかかわらず、これだけ多数の国家が参加して、国際紛争の平和的な解決をめざして議論し、条約や宣言を採択したことは国際政治史上はじめてのことであった。

第二は、多くの中南米諸国が参加し、それらの提唱によって「契約負債回収ノ為ニスル兵力使用ノ制限ニ関スル条約」が成立したことである。その第一条は「締約国ハ、一国ノ政府ニ対シ他ノ一国ノ政府カ其ノ国民ニ支払ハラルヘキモノトシテ請求スル契約上ノ債務ヲ回収スル為ニ、兵力ニ訴ヘサルコトヲ約定ス」としている。これまで、ヨーロッパ諸国が自国民の債権が中南米諸国に履行されないことに対して、武力の行使や威嚇によってその履行を強制してきたが、今後はそのような目的での武力行使を禁止しようとしたのである。もっとも、これにも第二項があって、債務国が仲裁裁判を不可能にしたり、あるいはその判決に従わなかった場合には「適用ナキモノトス」という但し書きがついてはいた。とはいえ、この条約は、国際紛争を解決するために武力に訴えることを直接制限しようとした最初の条約として重要な意義をもつものであった。[5] 内容的にはごく限られたもので、戦争一般や紛争解決の手段としての武力行使一般を違法としてはいなかったが、戦争違法化へのごくわずかながらも一つの前進だった。[6]

第三に、ハーグ会議以降、局地的なものではあったが、一九〇七年一二月ワシントンで調印された中米五カ国（コスタリカ・グアテマラ・ホンジュラス・ニカラグア・エルサドバドル）の条約によって、「真の意味における常設的国際法廷」がおかれ、前年以降中米地域で生じていた重大な国際緊張の解決に役立った事実なども忘れてはなるまい。もっとも、これにはアメリカとメキシコ、とりわけアメリカ合衆国大統領セオドア＝ローズヴェルトの強い政治的圧力があったことも事実であり、条約期限も一〇年間に限られてはいたが。[7]

第四に、「陸戦ノ法規慣例ニ関スル条約並附属書」の前文の中にある、例え本条約条文中にはなくとも「人民及交戦者カ依然文明国ノ間ニ存在スル慣習、人道ノ法則及公共良心ノ要求ヨリ生スル国際法ノ原則ノ保護及支配ノ下ニ立ツコトヲ確認スル」という、いわゆる「マルテンス条項」が、第一次世界大戦における戦争犯罪の告発に「人道の法違反」として援用されたこともよく知られている。

最後に、何よりも国際的な平和機構づくりの世界的な思潮を勇気づけ、広げていったことが重要である。その一つは、日本でも現れた。

日露戦争の旅順攻略軍である第三軍の司令部に国際法顧問として加わった兵藤三郎は、戦後の第二回平和会議が開かれるのを機会に、参謀本部を辞職して会期中に『萬国平和論』を書き、その年の一一月に刊行した（東洋平和協会出版部）。

本文一八六頁のこの小冊子は、戦争の概念、戦争の起因、戦争の利害、世界的理想、武力的世界統一策、国際の現状、万国平和思想の沿革、万国平和に関する誤謬の思想、海牙万国平和会議、万国平和の大勢、万国平和の利益、万国平和策という一二の章で構成されている。第九章にあたる「海牙万国平和会議」では、冒頭で、これまでの平和思想の勃興が「私人若くは私会」に止まっていたのに対して、この会議によって問題が「列国間の実地問題となり平和思想の沿革上茲に一新紀元を劃するに至れり」と評価したうえで、すでに述べたような限界の主な点を列挙し、結論にあたる第一二章「万国平和策」では、国際社会に条約にもとづいた「国際中央機関」をおき、この組織の「中心機関」は、国際総督府、国際法院、国際議会の三機関とし、国際総督府に国際陸軍軍政・国際海軍軍政に各長官と国際陸海軍をおく。その軍事力は各国が負担し、世界を一二の「管区」に区分して管轄し、各国独自の軍備は廃止する。「国際中央機関」の経費は、各国の「財力に比例」して負担する。そして、「軍事」以外は各国の内政に干渉しないもので、「世界的大国家組織」ではないなどの内容を詳述している。この提案に、「国家主権の制限」だという反対論が生まれるだろうが、そもそも「主権」というものは、そのなかに「主権」の「実質の一部若くは全部を他に委任し又は自ら其の権力を制限するの権利を包含する」のだ。「国家が任意」にむすぶ条約も、「主権の発動の制限」を主体的に行っているのである。その意味で、自分の提案は決して「主権の侵害」に当たらないことを強調して「むすび」としている。兵藤の議論には、理論的にも実際的にも多くの未熟さがある。「空想的」といわれても仕方ない部分もあろう。

しかし、ここには重要な考え方が示されていることに注目しておく必要がある。そもそも、近代の国際関係を支配した一般に「西欧国際体系」といわれる国際秩序の原理は、国家主権と国際法と勢力均衡という三つの要素で構成されたものといわれる。その場合重要なことは、この三つはバラバラの寄せ集めではなく、たがいに分離できない一つのシステムである。つまり、どの国家の「主権」も、それだけで孤立して存在しているのではなく、この全体のシステムを構成する一部としてのみ存在できるのであり、このシステム全体をつくりあげている一定のルールに従ってはじめてどの国家も主権をもち、それを行使できるのである。だから、国家主権は「絶対的」なものではなく、もともと一定の「制約」を受けることを前提としている。その意味で、どの時代にも、国際社会全体のシステムの基礎となるルールそのものがなくなってしまうことは本来的にありえなかった[8]。

帝国主義時代と言えば、文字どおり大国の武力による「弱肉強食」の国際関係が支配した時代とされ、この国際社会のシステム全体のルールが最も危機に瀕した時代である。その時代の開幕期に、逆にこのルールをいっそう発展させ、国家間の紛争の解決を戦争に訴えることなく「永久平和のための国際組織」をきずく思想と論理とをつくりあげようとする試みが、兵藤の『萬国平和論』にも見られる。その提案内容の可否は別にしても、考え方自体は本来の国際社会のシステムのルールに則した思想の営みの一つであった。

幸徳秋水や堺利彦らの社会主義の立場からする反戦論は、資本主義的社会制度を打ち倒して社会主義を築くことに戦争廃止の可能性を見出し、各国のナショナルな対外政策路線に対して、インターナショナルな労働者階級の連帯を対置し、実際に、日露戦争中に片山潜が第二インターナショナルのアムステルダム大会に参加したり、『週刊平民新聞』に論説「与露国社会党書」を掲載したことなどはよく知られている。それは偏狭な「ナショナリズム」にとらわれない行動や思想としての意義は大きい。また、ヨーロッパでも国際社会主義者たちが、アムステルダム大会に続いて、シュトゥットガルト（一九〇七年）、コペンハーゲン（一九一〇年）そしてバーゼル（一九一二年）で大会を開き、世界戦争の危機に対して階級的観点から厳しい警告と労働者階級の怒りと反抗の必然性を宣言した（バーゼル宣言）こと、そして事実、大戦末期にロシア革命が起こったことなどもきわめて重要である。

しかし、国際社会全体が直面していたルールの変革という問題は、それ自体として独自に追求しなければならない課題であった[9]。これに応えようとする提案が、日露戦争を経験するなかで、国際社会がもっている本来的なシステムの基礎理論をふまえて、日本人によっても提起されていることは改めて注目されてよいのではないか。

この点について、私たち歴史学の研究や教育の分野の者たちは、国際法の研究成果から余りにもこれまで学ぶことをして来なかったのではないだろうか。このことは、これまで日本近代史や外交史のうえでハーグ平和会議と言えば、韓国の使節がこの会議で日本を訴えようとした行動をいわゆる「ハーグ密使事件」とし、「韓国併合」の過程の一問題としてしかほとんどあつかってこなかったところに最もよく現れている。また、社会主義者たちの動きを重視しても国際会議の動きにはほとんど注目しないか、低い評価しか与えて来なかったのではなかっただろうか。

だが、ここに略述したとおり、二〇世紀初頭、帝国主義と戦争の時代の開幕は、同時にそれを克服しようとする世界的な規模での動きがどれほど小さかろうと現実的な動きを始めた時代でもあった。シンポジウム当日の会場での私の発言の主旨はここにあった。

（1）第一回会議で採択した「一八六四年八月二二日『ジェネヴァ』条約ノ原則ヲ海戦ニ応用スル条約」は、基礎となった「赤十字条約」が一九〇六年に修正されていたので、それに基づいて修正を行ったものである。

（2）杉村陽太郎『軍備縮少問題研究資料の一　海牙平和会議』（一九二一年、国際連盟協会刊）や『日本外交文書』第三二巻所収の「列国平和会議紀事」等参照。また、日本でも当時、幸徳秋水は例えば『万朝報』（明治三一・九・二四―一〇・一）に掲載した「平和会議の賛同」で同趣旨の論説を掲げたばかりでなく、平和会議が掲げた課題自体に根本的な疑問を表明し、国際的紛争の「平和」的あるいは「協同」的な解決を阻む全ての「原動力を排除」することは「到底不可能」であるとし、「永遠に於ても、唯だ学説上の問題に止まることを免れず」とさえ述べた。さらに、秋水は「英杜戦争と仲裁判」（『万朝報』明治三四・一・二三）で「平和条約の実功果」はどこにもなく、「列国は遂に平和会議の条約を実行するに意」なく、「実行の意」なしに「誓盟」し、「以て自ら欺き人を欺ける也」と書いた。この時期の秋水の国際問題認識の特徴については拙著『日本帝国主義の形成と東アジア』（名著刊行会、二〇〇〇）の第二部第二章参照。

（3）田畑茂二郎『国際法講義』下（新版）（有信堂高文社、一九八四）一七八ページ。

（4）これらの限界や弱点については、田畑茂二郎前掲書や田岡良一『国際法』Ⅲ（新版）（『法律学全集』五七、有斐閣、一九七三）など、代表的な国際法に関する著作で知ることができるので、是非参照してほしい。

（5）田畑茂二郎前掲書、一八〇ページ。先にこのハーグ平和会議のもった限界を指摘した田畑氏の記述を紹介したが、氏がこの会議が平和に関する国際法発達史上にもった大きな意義を否定されていないことは、部分的なこの記述の紹介からも充分に読み取れるであろう。

（6）城戸正彦『戦争と国際法』（嵯峨野書院、一九九三）九―一〇ページ。

（7）田岡良一前掲書、三二―三五ページ。

（8）小林啓治「近代国際社会から現代国際社会への変容についての一試論」（歴史と方法編集委員会編『歴史と方法』1、日本における公と私（青木書店、一九九六）、所収）参照。

（9）注2の著者、杉村陽太郎は、日清戦争当時在朝鮮公使として活躍し『在韓苦心録』の著者として知られる杉村濬の長男で、外交官となり、新渡戸稲造が国際連盟事務次長を一九二六年に辞職した後、その職をついだ人物である。注（2）にあげた『軍備縮少問題研究資料の一　海牙平和会議』は著者自身の言葉で言えば「霞ケ関の属僚」たる時期の著書であるが、著者は本書の「序」のなかで軍国主義や戦争が「資本主義乃至産業主義」と無関係でないことを前提とし、「苟も正義に則って国際関係を規律せんとせば須く軍備の撤廃乃至縮小を論ずると共に資本主義の跳梁をも防遏せねばならぬ」のであるが、同時に「軍国主義乃至軍備の拡張」を防ぐことの独自の重要性を指摘している。

【追記】

本稿脱稿（二〇〇〇年八月末日）後、ハーグ平和条約についての最新の研究成果として、Arthur Eyffinger, *The 1899 Hague Peace Conference: 'The Parliament of Man, The Federation of the World'* (Kluwer Law International, 1999) という大著があることを、西川正雄先生からご教示いただいた。著者は国際司法裁判所の司書であり、序文のなかで、一〇〇年前のこの会議で取り組まれた諸問題や表明された諸見解が、現代にも気味悪いほどに相通じ、かつそれほど見当違いのものでなかったことに注意を促しているが、本稿ではこの著作の成果を組み込むことは出来ていない。

シンポジウムによせて

# 7　沿アムール軍管区総督の日露開戦反対論

宮地正人

## はじめに

帝国主義の世界史的成立という話になると、独占資本主義の確立、資本の対外投資の増大、世界分割の完了と再分割の開始、そして政治史的な画期として米西戦争やボーア戦争をあげることが通例となっている。私も大筋では異論のないものの、日本近代史の側から見ると、歴史の動きには緩慢な時期と恐ろしく急激な時期があり、しかも帝国主義の成立という世界史的画期の時期には、一国だけではなく、複数の国家と地域が複雑にからみ合いながら予測不可能なプロセスの中で新たな世界体制が急速に創出されていくという事実に、より注目しなければならないと思っている。日清戦争を遂行した日本の支配層としても、一八九五年四月の三国干渉や九八年の中国の列強による分割、一九〇〇年の義和団蜂起という反帝民族運動を当初から見通していた訳では決してない。民衆にとっても、三国干渉以降、東アジアを舞台に展開される世界史的規模での大事件の続発に、どぎもを抜かれつつ、形成されていく帝国主義体制へ、一段階ずつ順応し適応し、そして対露開戦への好戦的意識を昂揚させていったのである。

このことは、ロシア側も同様であったろう。日清戦争での日本の勝利を、それほど予想していたわけではなく、九六年の露清同盟（この時東清鉄道敷設権獲得）も状況対応的なものであり、九八年の旅順大連租借もドイツの膠州湾租借への対応として出て来ている。この時、旅順にまで延びる東清鉄道支線の敷設権も獲得するが、この満州全域の鉄道路線を義和団蜂起から守るため、一九〇〇年七月大軍を満州に投入、占拠してしまうと、それ以前には考えていない満州領有の野心を強化、それが一九〇二年の日英同盟を必然化させ、逆にぬきさしならない状況に自国を追い込んでいく。帝政ロシアの対外政策はツァーリズムの軍国主義・侵略主義といったいい方で片付けられやすいが、日清戦争後の歴史展開は、ロシア支配層内部でも予測を以て対応できたようなまやさしい性格のものではなく、支配層内部での意見の微妙な相違を、ウイッテ以外においても検討することは、帝国主義形成期の問題を具体的に考える際には必要な手続きであるだろう。

## 一　スポティッチ意見書

上記のことと関連して、ここではロシア側の一史料を紹介してみたい。サンクト・ペテルブルグの国立海軍文書館には、日露戦争時の極東総督だったアレクセーエフの文書五〇六点が収められているが、その第一〇六号史料として、陸軍大臣クロパトキン（開戦時在満ロシア陸軍総司令官）の求めに応じた沿アムール軍管区総督スボティッチ（以下筆者とよぶ）の極東問題全般にわたる率直な意見書がある。目録には一九〇〇年とあるが、内容からみて、後述のように一九〇二年の執筆と判断される。

筆者は論点をいくつかに整理する。

第一、ロシアはヴラジヴォストーク以外に太平洋への出口を求めなければならないのか？

中国や南アジア・オーストラリアからロシアへ五〇〇〇トンの船荷を輸送する際、上海から大連に航海すれば、ヴラジヴォストーク行きに比して三日短縮される。一日当たりの経費が五〇〇ルーブルだから、一五〇〇ルーブルの節約となる。しかし、ヴラジヴォストークからハルビンは、大連からハルビンより一五三露里だけ短い。関税は一プード・一露里当たり五〇分の一コペイクなので、九一八〇ルーブルだけ大連発荷の方が経費がかかり、結局七六八〇ルーブル大連回り荷が不利となる。さらにアメリカやカナダからの船荷は、大連行きだと二日延びるから、五〇〇〇トンの船荷では、一万六八〇〇ルーブルもの差が発生する。港の構造、設備もヴラジヴォストークの方が大連よりもすぐれている。シベリア鉄道にとっては、ヴラジヴォストーク以外に太平洋への出口を求める必要はない、と筆者は結論する。

第二、ロシアという陸上強国は、太平洋での海洋強国でもあらねばならないのか？

筆者によれば、英国は殖民強国であり、全世界に散在している殖民地を結合させることで成立しており、このために強力な商船隊と艦隊の存在は直接自国の生存にかかわる必要性を有している。これに反しロシアは全世界の陸地の六分の一を占める陸上国であり、とぎれのない一つの巨大な纏まった塊、自己のみで十分意義をもつ国家存在である。自己の領域内で総てを満足させることが出来、商船隊や艦隊なしにやっていけるだけでなく、対外貿易がなくとも最近エネルギッシュに発展してきた。対外貿易はロシア人の誇りと喜びにはなりえない。

ピョートル一世以降二〇〇年間、ロシアは海洋国家になろうとしてきたが、その結果は芳しいものではない。一八九六年（筆者はここで「六年前の古い数字」と注記している）に中国の全開港場に入港した英国船一万九七一一艘、船荷二一八五万トンに比し、ロシアは船数六六艘、船荷一一万トンに過ぎないのである。

これは悲しむ必要のないことであり、我々には殖民地が無く、太平洋での通商利害にも係わりのないことを認めるべきだ。したがって艦隊は必要最小限に減らすべきである。然るに、現在太平洋のみに集中された数百の艦隊があり、このため最近では一億ルーブルが支出されている。しかも創り出したのはロシアにとっての「アキレス腱」だ。日本やそのありうべき同盟国の英国・米国と戦争する時、彼等は我々を負かすことが出来、自己の勝利を全世界にいいふらすだろう。我々の課題は海洋での会戦を回避し、我々の力が打ち破られない陸上に移すことである。太平洋での過度の大規模な艦隊は、そこでの我々の力量を増強しないばかりではなく、急速に反対物に転化してしまい、「厄介なお荷物」になってしまっている。

アフガンやペルシアにおける英国との競争は、時として全く非現実的志向、即ち英国とあらゆる関係において匹敵しようとする志向を我々に与える。しかし自己の領域のあらゆる部分に対し、複雑で過重な世界政策を無理やり押しつけるべきではない。英国のカナダ、米国のアラスカは、両国の世界政策とは無縁の地域としてとどまっているではないか。

筆者は不凍港問題に関しても次のように主張する。ヴラジヴォストークは二－三か月結氷するが、砕氷船があるので問題にはならない。ペテルブルグ港もそれ以上長く結氷するが、扱う船荷はヴラジヴォストークの八倍だ。太平洋の出口が必要だというが、その必要性なるものも切迫したものではない。何も輸出すべきものがない。五―六〇〇〇露里の半径内にはほとんど産業がないからだ。また輸入しても買う相手がない。一平方露里に〇・五人しか住んでいないからだ。

第三、満州はロシアの領域内に入らねばならないのか？

ここでは、筆者はロシアでの他民族支配三原則なるものを指摘する。第一がロシア民族の力、数の優越性による支配、彼等による民族同化である。ヨーロッパ・ロシアがこの例である。第二が宗教的経済的文化的優越性による支配である。タタール・キルギス・ブリヤート・ヤクート等がこの例である。第三が軍事的政治的な国家組織性による支配である。ロシア人が確乎とした国家組織を創出し、それによって他民族の生活に対し治安・秩序・法支配性を保証する方法である。ザカフカス・カスピ海地域・トルケスタン等がこの例である。但し、この三原則にあてはまるような情況には満州や朝鮮は全くなく、ましていわんや、更に一層のこと中国や日本は第二・第三の原則があてはまるような地域とは最低限の類似性すらも有していない。

また、この三原則以外には殖民という手段が存在するが、平方露里あたりの人口密度は、中国の直隷・山東両省では一六六人、日本では一一〇人、それに比してアムール地域では三分の二人に過ぎず、ロシアからの殖民は全く不可能だ。満州と朝鮮への殖民化の流れは、中国の直隷・山東両省と日本からのものである（筆者は日本のこの時期の朝鮮進出を、ロシアの移民による殖民と相似の動きとして理解している）。

第四、満州領有はロシアに富裕化と強力化を約束するのか？

その逆が約束されている。鉄道建設の一露里当たりの経費は、ザバイカル線では七万七一七〇ルーブル、ウスリー線では六万四六二九ルーブル、それに比して満州線は一五万二〇〇〇ルーブルと最も嵩んでいる。この外に、東清鉄道会社所有の多数の船団、大連市と大連港の建設費、更に旅順要塞の諸施設等々、太平洋艦隊経費を含めると、満州経営につぎこんだ国費は一〇億ルーブルを下まわらない。また一八万余の軍隊を現在投入しているが、兵士一人あたり一日一ルーブル、太平洋艦隊維持とその乗組員経費等、陸海軍を併せると、毎日二〇万ルーブル余の支出が強いられている。

このような巨額の支出を続けても、それがいつ終わるか分からない。我々は来る日も来る日も戦争を待ちつづけている。

もしこれが冬におこらなかったら、遙か夏かも知れない。一九〇四年におこらなかったら一九〇五年、というように無限に待ちつづけねばならない。仮に勝利に終わったとしても、この陰鬱な情況に決着はつけられない。何故なら強力な日本・中国という二つの国家は壊滅させることが出来ないからだ。日本には四千万、中国には四億の住民がいる。勝利した後でさえ、この両国を考慮しつづけなければならないのである。

第五、ロシアは日本の朝鮮進出に反対しなければならないのか？

この部分は、筆者の帝政期高級官僚の立場からの朝鮮蔑視観が如実に出されているところだが、彼はこう述べている。日本は中国と朝鮮の保護国化をめぐって、永らく争ってきたが、ついに戦争と武器の力に訴えても、その保護権を日本に譲歩せしめようと決意した。それは国内にひしめきあっている住民に朝鮮内に場所を与えんがためだ。この自然で許容すべき権利の実現に反対すべき理由を我々は有していない。これは日本の生きるか死ぬかの問題だ、と。ロシア的発想だと、殖民は総てに優先する課題なのだろうか。

第六、ロシアの執るべき方針は何か？

筆者は、ここで満州をアムール・ウスリー・アルグン三河と東清鉄道が形成する四角形の北満と、それ以南の南満に区分する。筆者は、東清鉄道は現在ではシベリア鉄道にしっかりとはめ込まれており、この維持は全文明世界にとっても利益であること、また北満は南満に比し九分の一の人口密度しかなく、殖民地化と同化の可能性がロシアにとって存在している、との二つの理由から、中国との平和的で誠実な交渉により露領化すべきだ、と主張し、同様の商業的取引きをアメリカとの間でアラスカをめぐりおこなった経験がロシアにはある、とする。

南満は無条件で永久に中国の完全で分割しえない領土にすべきであり、撤退の際は、同時に、そこで建設した諸設備、分枝線、大連市と大連港、旅順と関東州の要塞等の建設物総てを中国側に引き渡すべきだ、と筆者は強調する。そして、同地域の勢力空白化を難ずる声に対しては、ドイツを麻痺・無害化した露仏協約と同様なものをアメリカとの間に締結し、日本・英国・ドイツの敵意のこもった南満への目論見を露米協約によって麻痺させるべきだ、と提案するのである。

## 二　スポティッチ意見書の意味

この意見書の中にも、最低一〇年あまりの変化が、如何に急激なものであり、予想不可能なものであったかが、次のように述べられている。

「僅か一〇年程以前、故皇帝（アレクサンドル三世、一八九四年没）の治世下においては、これらの諸問題は未だ存在していなかったか、あるいは、最近獲得したような、人を不安にさせ、人を動揺させるほどの意義をもってはいなかった。これらの諸問題は、あまりにも急速に、そして不意に出現してきたので、我々がとりあえずそれらに与えた解答なるものは、決定的なものと考えられるようなものではありえない。それらの解答は十分な落ちついた判定を保障していない条件と環境のもとで与えられたのだ」、と。

そしてさらに、自分の具体的経験に則して、こうもいっている。

「我々の極東における情況は、満州に対する我々の態度が変化した正にその時から紛糾し始めた。一〇年程以前、故帝の治世下では、いったい誰が満州併合の可能性と必然性について真剣に考えただろうか。当時満州介入など夢にも考えなかったことは、一八九三年、シベリア鉄道建設の準備調査に対し、我がアムール州では、他のあらゆる地域をはるかに凌駕する三〇〇万ルーブルが割り当てられたことからも証明される」「僅か一〇－一二年以前では、満州への侵略行動どころではなく、逆に満州からの侵略を恐れていた。建設者が計画したような満州国境に近接した路線が可能かどうかについて、地方行政機関と建設者側との間で極めて真剣で長時間の論争がおこなわれた」

「一、二年の間に満州への態度が急激に変化した。清日戦争後、我々は中国が我々の思っていたほど恐しくなく、侵略政策どころではない、ということが判った。そして、一八九五年秋、北満での測量の下準備に着手した。それが妨害なく遂行されたので、この地に鉄道を敷設しうる、と考えるようになった」「さらに一、二年経過すると、それにとどまらず、また一〇〇〇露里の鉄道を敷設することを決めた。今回は人口が稠密で清王朝の発生の地である南満州においてだ」

「この方向にさらに進んでいき、我々の頭にはすみやかに、次のような考えが浸透し始めた。即ち、我々は満州を占領することが出来るだけではなく、隣接する朝鮮も同様にすることが出来る、とか、この二つの地域は、至極当然なこととして我々の勢力範囲下にあるだけではなく、我々の所有物となり、ロシア領域に転化することは前以て運命づけられている、といった考え方がそれである」

筆者は、この一〇年、やみくもに走りつづけてきたロシアの極東政策を、露日戦必至という切迫した情況のもとで、全面的に再検討し、南満州からの全面撤退と露日会戦回避を結論づける。写しがアレクセーエフのところにあるところから、クロパトキンが送付したことは明白だが、太平洋艦隊司令長官から旅順を本拠地とする極東総督となった海軍軍人アレクセーエフが同意する訳がありえたはずがない。そして、周知の一九〇四年二月の開戦に至るのである。

ただし、明治維新から四〇年もたたず、しかも眼前の問題として国家的危機感を国民の間に浸透させえた日本支配層の纏まりに比し、ロシアの場合には歯止めのかからない際限のない領土膨張の結果である限り、支配層の間からも、筆者のような厳しい批判が発生する条件は十分に存在していた、と思われる。そして、筆者が沿アムール地域から事態をそれなりに客観的に見ていたことは、日露戦争後は、三次の露日協約により、北満経営が正に筆者の考えていた方向で進展していったことからも判断できるだろう。

それにしても、筆者が検討対象の時期としたのは、わずか一〇年前後の幅しかないのに、そこでふれられている民族同化の方法にしろ、海軍の必要性不必要性論にしろ、さらに世界政策のあり方にしろ、単なる帝国主義形成期の特殊問題だけの性格ではなく、帝政期・ソヴェト期、そして現在をつなぐロシア史上の普遍的問題が、たくまざる形でその姿をあらわしているのではないだろうか。

# 第Ⅱ章 「文明」化への抵抗と受容

シンポジウム報告

# 1　植民地主義についての記憶とその歴史における痕跡
## ——ヴェトナムの経験から——

Duong《ズオン》 Trung《チュン》 Quoc《クオック》
（古谷博子訳）

### 一　ヴェトナムにおける植民地主義の象徴的事物について

ハノイに、建造されてから一〇〇年に近い歴史を持つある建築物がある。その存在はヴェトナムにおけるフランス植民地主義による開発事業と深く結びついており、その象徴とも言える。有名な建築家であったギュスターヴ・エッフェル（Gustave Effel）によって設計され、紅河に南北方向にかけられた約二キロの鉄橋がそれである、この橋は一八九八年に起工され、一九〇二年に完成した。

ヴェトナム人はロンビエン（Long Bien）橋、ソンカイ（Song Cai）橋などのような地名をもってこの橋を呼んだが、フランス植民地政権はインドシナ総督ポール・ドゥメール（Paul Doumer）の名をとって命名した。彼は第一次植民地開発事業によって、インドシナの新世紀を策定し、切り開いた人である。

ポール・ドゥメール橋はヴェトナムのハイフォン（Hai Phong）港（一八九七年以来、フランス領インドシナ連邦北部で最大の海港になっていた）と雲南省に属する中国の内陸部を結ぶ最も重要な鉄道を完成させるための、最も重要で、規模も大きく、そして最も困難なポイントであった。明確に言えば、フランス植民地主義者のヴェトナム侵略の目的は、なによりもまず、ヨーロッパの植民地諸国にとって限りなく魅力的だった中国の土地への侵入の道を開くことにあった。

初期の武装活動やメコン河や紅河の探査活動から、ディエンビエンフー（Dien Bien Phu）の戦いやジュネーヴ協定（一九五四年）に至るフランス植民地時代が終焉を迎えるまでの年月は、やはり一〇〇年近い。ロンビエン橋は、この地域におけるフランス植民地の黄金時代を告げる分岐点とみなされている。

そしてまさにこの橋の上で、四五年前ひとつの旧植民地制度の終結を意味する出来事がおこった。ディエンビエンフーの後、ジュネーヴ協定の各条項が施行されると、フランス遠征軍は北ヴェトナムを撤退する。一九五四年一〇月九日午後四時三〇分、フランス軍隊はついにロンビェン橋を渡りハノイを撤退し、国道五号を抜けハイフォンから船に乗った。

歴史上の交代劇が起こっていたまさにこの時、一人のフランス人がフランス軍とは逆に、首都ハノイに入るためにこの橋を渡った。その人の名はジャン・サントニー（Jean Sainteny）、ヴェトナムに関して経験豊富な政治家で、フランス政府の総領事の命を受けハノイに赴いたのであった。一〇月一日、サントニーは、長年総督府として使用されてきた主席府にて、ホー・チ・ミン（Ho Chi Minh）主席と面会し、ごく最近までフランスにとって最大の敵であり抗仏戦争の策略者であったホー主席に両手を広げ親しみを持った挨拶で出迎えられた。

「我々が抱擁しあうのは当然のこと！　我々はある意味で堂々と戦ったのだから、両国と国民の国益のために今度は堂々と協力し合わなければならない。ヴェトナム人はフランスの植民地主義以外の全てを必要としているのだ……」

上記の詳細はサントニー本人の著作（*L'Histoire d'ume Paix manquée*）の中で述べられている。

また、ヴェトナムの独立直後（一九四五年九月）とフランスとの戦争（一九一二―一九四六年）が勃発する直前にホー・チ・ミン主席が発表したいくつかの草稿を読むと、彼の主張は一貫していることがわかる。「ヴェトナムは遠征軍など必要としてはいない、フランスは共通の利益のため資産家、技術者、医者などを送るべきである……」。完全なる独立を目指していたにもかかわらずこの時期のヴェトナムは、必要のない戦争を避け、同時に西洋先進国の中の一つであるフランスから知的資源を開発しヴェトナムの国家建設に役立てるため、フランスとの連合を容認していた。

上記のような考え方は、植民地制度から民族を解放するための革命が進行していた時期においてもみられる。ホー主席はフランスの持つ二つの側面を区別していた。つまり、フランスの植民地主義と、フランスの文明的な面である。このことは、植民地主義が、野蛮な面と文明的な面（またはプラス面とマイナス面）を持っているということとは違う。

## 二　植民地主義の伝統的観点から革命的観点へ

ヴェトナム人にとって、近代の植民地主義とは、西洋、より具体的には西欧、直接的にはフランスのことになる。ヴェトナム人が最初に接したヨーロッパ人は一六世紀にやってきた宣教師たち（ポルトガル、イタリア、フランスなど）であった。世界的背景として、布教は多かれ少なかれ教会と結託した諸国の新しい植民地獲得の意図と結びついていた。一七－一八世紀、西洋との接触は経済の分野を発展させた。特にオランダ、イギリス、ポルトガルなどの国々である。日本でさえも、西洋との関係を多く持ったアジアの協力者であった。ホイアン（Hoi An）やフォーヒェン（Pho Hien）のような代表的な街はこの時期に形成、発展した。

ヴェトナムは、伝統的に中国の儒教の影響を強く受けてきたアジア地域の一国として、新たな要素、つまりキリスト教信仰や西洋との商売を、疑問を持ちつつも温和に受け入れるという態度をとった。一七－一八世紀の間、ヴェトナムの各王朝は国家の利益に適合することに限ってのみ「開放」したが、一般の人民の態度は未知なるものに対しても寛容であった。一般的に、知識人達の西洋に関する情報と理解度は、ヴェトナム朝廷と同じく極めて浅く、協力の中心は依然として中国であった。儒教の正統的観念から考えれば、知識人の目に、西洋諸国は馴染みのない場所であり中国の古典的文明と比較して劣った文明のように映った。

西欧資本主義は植民地主義でもあるという観念は、阮映（Nguyen Anh）が西山党と権力闘争をしたときにフランスの助けを求めた関係によく体現されている。この事件においては宣教師ピニョー・ド・ベーヌ（Pigneau de Behaine）の役割が大きかった。彼は阮映からカイン（Canh）皇太子を託され、フランスのヴェルサイユ王朝と協議する際、全権を任された人物である。一七八七年に締結された条約の中で、フランス朝廷は阮映が西山党を打倒するのに協力する代わりに領土割譲までも含むいくつかの権利をフランスに譲ることが記されていた。実際には、その後フランス革命が勃発しヴェルサイユ王朝を倒したので、この条約は実行されなかった。ベーヌ宣教師が阮映に協力するために集めた武器や勢力は、西山党を打倒するためで、あまり深い意味はなく決まったことであったが、ひとたび阮映が王位につき、嘉隆帝として即位すると（一八〇二年）、フランスは極東における植民地領土を膨張させることを渇望し始めたのであった。そこではヴェトナムは、細ながい土地であると同時に植民地列強が分割している中国へ参入するのに有利な入り口とみなされた。フランスは一七八七年に締結された条約中のいくつかの条項を施行するよう嘉隆帝に圧力をかけた。嘉隆帝は断固とした態度でこれに抗した。入信した皇太子カインを皇位継承からはずし、別の人物を選ぶ。後に明命帝となったこの人は、民族の主権領土防衛のため大南（ヴェトナム）を強国の一つにし、国家建設に大きな成果をおさめた。

東西間の文化の差異、特に一九世紀の阮朝の始祖である嘉隆帝とフランスの関係の経験は、一般的には西洋の、具体的にはフランス植民地主義の危機と本質をはっきりさせた。従来脅威は北方から侵攻してきたが、フランス植民地主義はヴェトナム民族の独立を脅かす新たな勢力だということである。

西洋植民地主義の二つの特徴は、物質主義と領土を拡張しようとする力だということを、ヴェトナムは一九世紀初頭の経験から認識した。

その認識は、一九世紀前半のあいだ阮朝の西洋に対する態度を疑惑と拒絶へと導き、もともとの関係を更に危うい状態にしてしまった。時に極端なキリスト教への態度も、地域を不安定にさせ、各植民地主義勢力者たちに侵略計画を実行させる機会を与えてしまった。軍艦の挑発による最初の武力衝突が起きるまで（一八四七年）フランスと各植民地列強による膨張活動は日増しに強く、特に中国に対してあからさまになっていった。権力者の正統的観念の中で、人々の認識をも代表していた儒教者のような考え方でも、「植民地主義は野蛮である」という考え方が広がっていった。これは〈異質な〉文化と〈侵略〉行為の二つの角度からこう理解されたのである。

フランス－スペイン連合艦隊のダナン（Da Nang）攻撃事件（一八五八年九月一日）以後、植民地侵略戦争は加速され、ヴェトナムとカンボジアが一つのフランス領インドシナ連邦とされ（一八九七年）、二年後にはラオスもこれに加えられた。これにより、植民地主義の本質と評価は次第に確定されていく。この時代、ヴェトナムの朝廷は、西洋やフランスについて理解を深めるため多くの人を選抜し、フランスまたは中国や香港へ送った（Phan Thanh Gian, Nguyen

Truong Toなど）。西洋文明は強い印象で刺激的な面を持ちいくつかの新たな思想を生み出したが（Dang Huy Tru）、多くは動揺から相違感を深める結果となった。ヴェトナムの人々にとっては伝統的な「侵略者がやってくれば婦女子といえどもこれと戦う」という考え方に照らせば、西洋文明は侵略戦争と表裏一体のものだったので、ただひとつの行動をとるしかありえなかったのである。

旗の下に心を一つにあわせ、
白鬼に対しては共に天を抱かず

一九世紀後半、ヴェトナムではフランス植民地主義に対する武装蜂起が続いていたが、それらはみな勇気ある行動であったにもかかわらず失敗に終った。

最初の植民地開発は、一九世紀の終りから始まったが、第一次世界大戦の勃発によりしばらく中断された。この開発は、近代インフラ設備の建設によって、ヴェトナムの伝統的社会基盤をかなり大幅に変えることになった。各港湾施設、鉄道を含む交通システムの整備、地下鉱山の開発や、近代様式の都市の発展は都市居住階級を生み出し、教育は西洋の文化と知識を普及させ、中国を除けば他の国々のように宗主国と植民地の文化交流をもたらしたのであった。それらの要素は、植民地主義に対する評価の傾向にいくつかの変化をもたらした。

・文明と植民地主義は表裏一体であるので、植民地制度を新たな時代においてヴェトナム民族を発展させるひとつの方法として認める考え方。
・西洋文明の力と魅力と、目的達成のため一時的に協力することで、伝統的な中国との従属状態から抜け出る助けになると捉える考え方。従って、植民地に置かれているという身分を徐々に改善して、独立する機会を待つ。これらはファン・チャウ・チン（Phan Chau Trinh）に代表される、一九世紀の知識人の考え方であり、多くの表現がなされている。
・フランスに内在する「文明」と「植民地主義」という二つの本質を区別する。フランス文明の魅力は、経済技術の発展水準の高さではなく、まず第一に民主主義の精神であり、そのようなフランス革命にもみられる「自由―平等―独立」の理想はひるがえって何年もの間過酷な統治に耐えてきたヴェトナム人が渇望しているものである。何代にも渡りヴェトナム人がフランスへ留学してきたが、皆一様に魅力を感じたのは、この理想が植民地社会に「フランスへの道は、フランスへ抵抗する道である」ことを示したからである。

ホー・チ・ミンは若い頃、救国活動の開始にフランスを選んだ。「一三歳のとき、私は『自由―平等―博愛』の後ろには実際に何があるのか知るために、フランスへ行く決意をした。」とソ連の記者に述懐している。阮愛国（Nguyen Ai Quoc）のペンネームで書かれた彼の記事は、有名な植民地統治者が、「現在、そして今後においても、現地人に対してフランスがまず第一に取らねばならない任務は、彼らに自分達の本分をわきまえるよう教えることだ。」として、フランスの人権宣言を植民地で広めることを禁じたことを告発している。

まさにヴェトナム民族の独立解放闘争はフランス革命の精神を継承していたが、その闘争の間、ホー・チ・ミンは彼の同志や人民に、フランスという国家と、フランスの国民は区別しなければいけないこと、そしてフランスの革命と、フランスの植民地も異なること、そしてヴェトナムの革命はフランスから協力者を探さなければいけないことを説いた。一九四五年九月二日ヴェトナム民主共和国が誕生した日に読み上げられた独立宣言の中で、ホー・チ・ミン主席はアメリカの独立宣言と共にフランスの人権宣言について言及し、ヴェトナムの革命を人類解放の道に続くものとみなしている。

## 三　植民地主義に関する再考察

一九世紀末と二〇世紀初頭の植民地主義について言えるのは、侵略以外に一つの資本主義勢力という意味をもっていた、ということが、一九二五年と一九二六年に出版された阮愛国の『フランス植民地主義を告発する』という本の中によく書かれている。この作品は、ヴェトナムの事情から成り立ち、続けてホー・チ・ミンが共産主義インターナショナルで積極的に活動していた時期から選んだいくつかの事実を補充してある。すべての植民地主義と理論に関しては、ヴェトナムと他の植民地諸国に関する詳しい資料によって証明されている。そして植民地主義のイメージを、宗主国と植民地の労働者たちから容赦なく搾取するヒルのようだと厳しく例えた。これは宗主国と植民地の無産階級が一緒に闘争することを目的としているためでもある。阮愛国、つまりホー・チ・ミンは、宗主国の人民と、各植民地主義勢力を、そして各宗主国の民族の文明と、侵略の目標や植民地の開発を、取り違えることなく明白に区別していた。それゆえ、各民族の独立闘争は親密なものになった。その観点から出発して、ヴェトナム人民の民族解放闘争は自民族の力だけでなく、人民と各宗主国の進歩的勢力の同盟も含む時代の力を結集することができたので、勝利を勝ち取れたのである。

この世紀の末、フランス植民地主義に対抗しただけでなく、新植民地主義というべきアメリカに対する救国戦争も経験した。

植民地主義の本質は反進歩的であるが、それと先進国の発展した工業科学技術と文化の成果は、違う話だということは明らかである。抗仏戦争と同様、アメリカとの救国戦争は、世界中がヴェトナム人民の統一と独立闘争を支援し、帝国主義に対する広範な統一戦線を張る可能性をかつてなく向上させた。二つの対立するイデオロギーの衝突という冷戦時代の制限を越えて、多数の民族とアメリカの進歩的勢力からの支援を取りこむことができた。

それはまさに、植民地主義評価におけるホー・チ・ミンの思想の反映である。それは、過ぎさった世紀の歴史をみれば明らかであろう。

今世紀も終ろうとしている現在、世界的に大きな変化として、一世紀前の植民地主義の本質を、膨張と侵略と、西洋列強の弱い民族に対する「文明開化」という名目を掲げた植民地主義を弁護するために、プラスに評価しようとする傾向があった。しかしこのような見方には、歴史的根拠はない。

ヴェトナムにもある時期、西洋諸国の文明と発展レヴェルの問題と、植民地主義統治勢力のような存在を同一視したために、西洋のすべての価値を完全否定する極端で偏狭な民族主義の傾向が現れたことがあった。現在、ヴェトナムでは西洋とフランスの文化価値は、ヴェトナム社会の生活の中に根ざしており、特にヴェトナムの文化遺産のような分野では十分な評価を受けている。西洋の文化価値が継承されているのは、植民地主義の文明開化のおかげではなく、西洋的価値観とヴェトナムの伝統的価値観の交流と混合の過程があったからである。西洋の宣教師A・ロード（A. de Rhodes）らの貢献による国語（Quoc Ngu ヴェトナム語のラテン表記）文字の開発、フランス「植民地期」様式と呼ばれる建築物や各都市、植民地期の宗主国におけるヴェトナム人知識人の養成など、フランスの文化と成果は文学、技術、科学の各分野において痕跡を残し（フランス極東学院、インドシナ美術院、各博物館や図書館など）継承されている。まさにヴェトナムがフランスの植民地であったこの時期に、我々は民権のような、まさに植民地の権力者に対抗するヴェトナム人にとって有益なことについて知るようになったのであった。また、考古学者のコラニー（Madeleine Colani, 1866－1943）のようなフランス人科学研究者たちはヴェトナムを自らの第二の祖国とみなすようになり、今でもヴェトナムの人々に敬愛されている。

このような考え方は、過去の植民地主義について評価するときに、研究上だけでなく、若い世代にはっきりと講義で伝えて行く必要がある。それが、人類共通の遺産でもある植民地期の遺産を、偏狭な民族主義でのみとらえないことにもつながるだろう。

最近、阮愛国の「フランス植民地主義を告発する」（Alain Ruscio 序文、*Temps des Cerises* (Paris, 1999)）が再版された。また、ヴェトナムでは、フランス植民地時代にフエで出されていた雑誌（*Bulletin des Amis du Vieux Hue*）をはじめとする、植民地時代の極東学院の研究業績が、合わせて何万ページも翻訳されたり再印刷されたりして、ヴェトナム民族の知の一部である過去の遺産をヴェトナムの一般大衆に紹介し続けている。

（ハノイにて、一九九九年一一月）

## 四　シンポジウムに参加して

比較歴史教育研究会からのお招き、ありがとうございます。シンポジウムの組織委員会の皆様が私の報告を翻訳してくださったことに感謝します。また今回、他の報告者の方の報告もヴェトナム語に翻訳されているので、皆さんの今までの報告も良く理解できました。そこで、昨日の報告を聞いた上で私が何を考えたかをお話しします。

ハノイを離れる直前に、ハノイで三日間、歴史教育協会主催のシンポジウムに参加してきた。そこでは小学校から高等学校までの歴史教育について討論が行われていた。そのシンポジウムの内容も今回のものと類似していて、現代の趨勢にあわせながらどのようにして過去のことについての教育を行うか、ということで討論が行われた。ヴェトナムも遠い昔から二〇世紀の今日に至るまで、世界中の多くの国々、特に東アジアや東南アジア地域の国々とさまざまな関係を持ってきた。

今回のシンポジウムのテーマは、一九世末から二〇世紀前半にかけての植民地主義の問題であるが、それはまた私たちヴェトナムの歴史学界において出されている問題でもある。ヴェトナムの国民、ヴェトナムの歴史学者は自分たちが東アジア・東南アジア地域のコミュニティの一員であることを良く意識している。だから常に東アジア地域の国々との同一性について強調している。特に中国からの文化の影響を強調している。過去においては非常に近しい関係があった。過去二千年間にわたって、ヴェトナムは漢字を使い、儒教を自らのイデオロギーとしてきた。また食文化では箸を使うという共通性を持つ。ヴェトナムはまた自分がアジアの一員であることに誇りを持っている。ヴェトナムの国旗は赤と黄色を使っているがヴェトナムのさまざまな政治体制の変遷の中でも常にこの色が国旗の中で使われてきた。この赤と黄色は、黄色人種の共同体の親近性を意識してきた。

しかしながら、ヴェトナムと中国・韓国・朝鮮・日本との間にはさまざまな違いもある。地理的な位置についていえば、ヴェトナムは東アジアと東南アジアの間に位置している。そして、また二〇世紀の歴史においては、この地域の諸国家との関わりの中で、帝国主義についての記憶が残されてきた。植民地主義あるいは帝国主義という概念については理論的な領域に属する問題である。例えば、レーニンの理論によれば、帝国主義は資本主義の最終的な発展段階であるとされている。しかし、ヴェトナムの人々、特に今の若い人々にとって、帝国主義はより単純化した理解の仕方がされている。それはより強い国がより弱い国を侵略することという理解である。他の東アジア地域と違ってヴェトナムは西洋の植民地主義の統治、即ちフランスの植民地統治を受けた。フランスがヴェトナムを完全に支配したのは一八八三年で、その時から一九四五年に至るまで支配され、その時初めて独立を回復した。中国は西洋諸国家によってさまざまな戦争を引き起こされたし、また隷属状態におかれたが、中国はそれでも独立国家であった。したがってヴェトナムは東アジア地域で唯一西洋の植民地になった地域であると言える。したがってヴェトナムはその独立へ向けての闘争の中で、常に東アジア地域の国々を自分の同盟者と見なしてきた。

日本は明治維新以後、特に日露戦争における勝利以降、ヴェトナムにとっては東アジア地域におけるアジアの勝利を象徴するものと考えられるようになった。ヴェトナムの青年たちの中には日本へ渡る東遊運動に参加して学ぼうという動きが一九〇五年から七年にかけて起こった。この運動の主唱者はファン・ボイ・チャウという人で、彼は日本に対して非常に尊敬の念を持った。多くのヴェトナムの運動における詩や文章の中で、日本は黄色人種の長兄であると見なされ、また日本はヴェトナムの解放にとっての聖地であると言われた。

地理的にはヴェトナムに最も近いのは中国である。ヴェトナム北部がフランスに侵略されたとき、フランスに抵抗するための根拠となったのは、中国の清朝であった。ヴェトナムがフランスに完全に支配されると、中国の南の地域はフランスへの抵抗のため根拠地と見なされるようになった。韓国はヴェトナムにとって地理的には中国よりも遠いが、日本帝国主義の支配を受けるようになった韓国の闘争を見て、ヴェトナムは韓国も自らの同盟者であると見なした。韓国における革命的な運動をした人たちの中には、ヴェトナムと密接な関係を持った人たちもいた。

以上述べたことは、ヴェトナムがフランスへの抵抗運動を繰りひろげる中で東アジアを同盟者と見なしたと言うことであり、私たちはそれを東アジア地域における肯定的積極的な側面として捉えている。しかし、歴史の中では東アジアの諸国家がヴェトナムにとって時には帝国主義的な存在としても表れるということを経験した。

一九〇八年から九年にかけて、日本政府はフランスとの交渉に合意して、日本に渡っていた東遊運動の人々を日本から国外退去させるという態度をとるに至った。このような行動のためにヴェトナムの人々はそのような日本を日本帝国主義と呼ぶようになった。第二次世界大戦が勃発すると日本は仏領インドシナ（その中にヴェトナムがあるが）にやってきてそこを統治するようになった。そしてその統治下においてヴェトナム人二〇〇万人が餓死をしたというのは、歴史的事実である。そしてまた、ヴェトナムとアメリカとの戦争の時代（一九六〇―七〇年代）においても、日本はアメリカにとっては発進基地としての役割を果たした。

一方中国は依然としてフランス植民地主義、またアメリカ帝国主義に対する抵抗の根拠地と見なされてきた。しかしながらヴェトナムと中国の関係は複雑な様相を見せながら変遷して、少なくとも一度は（一九七九年）国境地帯で戦闘が行われた。ヴェトナムでは中華帝国主義という用語は用いない、しばしば中華膨張主義という用語を使う。また韓国は朴正熙政権時代にヴェトナムに師団を送り、そのことによってヴェトナムに対する罪悪を行ったという印象を残した。

すなわちこの二〇世紀の間に、ヴェトナムは植民地主義、あるいは帝国主義と呼ばれるさまざまな勢力からの抑圧を受けたのである。その中には西洋の帝国主義であるフランスやアメリカ、また東アジア地域における帝国主義としては日本、中国、韓国もそこに含めることが出来る。ヴェトナムの歴史学界は過去から残された非常に重い遺産に直面しなければならないことになる。一方この二〇世紀末の今日において、ヴェトナムは門戸を開放し、かつては敵であったさまざまな国々と友好な関係を持つようになった。西洋諸国の中で、まさにフランスやアメリカはヴェトナムが現在国土建設を行うことについての主な協力者になっている。韓国と日本は現在のヴェトナムの経済発展にとって非常に積極的な役割を果たしている。中国と北朝鮮はヴェトナムにとって、今でもイデオロギー面での同盟者である。

かつて、今からそれほど遠くない時期に敵であった国々と友好関係を維持拡大することは非常に必要なことである。したがって歴史を教える者にとっては、どのようにしたら過去を尊重しながら現在の発展の趨勢に適合するような教え方が出来るのかということが非常に重要な問題となる。人びと、特に政治家の中には、過去については口を閉ざしてもう過去のことを言わないと言う人もいる。また一方では過去のことについて十分話さなければならないと言う主張もある。一つ最近の具体的な事例を話すと、韓国の学生がヴェトナムに来て、朴世熙政権が行った罪悪を見いだして、韓国に帰って問題提起したということがあった。ヴェトナム側の立場に立つとそのような韓国の友人がしたことは積極的に評価できる。しかしながら、一方では今発展しつつある関係をこれからも続けることが保障されるように過去のことは言わないようにしようという意見もある。

では歴史を研究し歴史を教える者にとって、このような過去の遺産に直面した場合どうしたらよいのだろうか。ハノイのシンポジウムで我々の到達した結論は次のようなものである。

過去においては、我々諸民族、諸国民の間にその間を隔てる深い穴が存在した。中にはその穴をさらに深く掘り進んで偏狭な民族主義に従って、過去の敵対的な関係をまた持ち出そうとする人もいる。あるいはまたその穴を完全に埋めてしまって過去を忘れてしまおうとする態度もあり得る。しかし、我々の考えとして、歴史を研究するもの、歴史を教えるものはそれらの穴に橋を架けて乗り越えることが責任であると考える。

これからも過去は尊重しつつ、過去を乗り越える方策を見いだしてこれからの未来に向かって進もうという態度をとるということである。それはまたホー・チ・ミン思想の一環でもあり、本日提出している報告の中にもそれは述べている。ホー・チ・ミンはフランスへの抵抗、すべての植民地主義・帝国主義勢力への抵抗を組織した。しかし一方でホー・チ・ミン主席は世界の諸民族、特に東アジア諸民族とヴェトナムとの積極的な関係を発展もさせた。フランスとの戦争、アメリカとの戦争において、まさにフランスの人民、アメリカの人民がその戦争に反対を表明してヴェトナムを応援した。東アジア地域における否定的な側面を乗り越えれば、東アジア地域の諸民族、すなわち中国人、朝鮮人、韓国人はヴェトナムにとっての同盟者である。ホー・チ・ミンは常に帝国主義国家とその国家に暮らす人民、また人類の文明と植民地主義の野蛮な側面を区別して考えた。まさにそのことによって、ヴェトナムは過去において独立を達成し、現在は東アジア地域の国々を初めとする世界の国々との友好な関係を持つに至っている。

この一〇年ほどの経験としては、ヴェトナム歴史科学協会はフランスと協力して、ヴェトナム・フランス両国における教科書の中のヴェトナム・フランス関係の記述について討論を行った。私たちの希望はそのような仕事がこれからの友好的な関係の基礎になるように、ということである。

歴史を教える者というのは平和を教える使者でもある。

シンポジウムによせて

# 2 植民地支配を受けた側の研究動向
## ——ヴェトナム——

古田元夫

一九八六年にヴェトナム共産党がドイモイを提唱してから、一四年以上の歳月が経過している。ヴェトナム社会全体に大きな変化をもたらしたドイモイは、ヴェトナムにおける歴史認識にも少なからぬ変化をもたらした。

一九八八年、ヴェトナム国会は、当時の憲法（八〇年憲法）の前文にあった、「日本、フランス、アメリカの帝国主義者」への言及を、「中国覇権主義」という言葉とともに削除することを決定した。これは、ドイモイがめざしたヴェトナムの国際的孤立からの脱却のためにとられた措置だった。

この方向は、一九九〇年代に入るとより明確になる。ヴェトナム共産党は、九一年の党大会で「ヴェトナムは世界のすべての国と友人になる」という全方位外交路線を採用し、同年一一月の中国との国交正常化以降、「過去を閉ざし、未来を志向する」という外交スローガンを掲げて、九五年のアメリカ合衆国との国交樹立、ASEAN加盟によって、長年の国際的孤立からの脱出に成功した。

「過去を閉ざし、未来を志向する」というのは、過去の歴史を、現在の外交関係の構築と発展に際しての妨げにはしないという意味のスローガンで、近くは一九七九年に中越戦争を戦った中国、アメリカ合衆国をはじめとするヴェトナム戦争参戦国、第二次世界大戦中の支配者だった日本、植民地宗主国だったフランスなどとの、一九九〇年代前半の時期の国交樹立ないしは関係正常化にあって、ヴェトナム側の基本姿勢となった。(1) このスローガンが掲げられてからは、ヴェトナムの政治指導者の対外的なメッセージに、「フランス植民地主義」「日本軍国主義」「アメリカ帝国主義」といった言葉が使用されることはなくなった。

それでは、現在のヴェトナムでは、植民地主義とか帝国主義といった概念は「死語」になってしまっているのだろうか。そうではない。ヴェトナム国内では、特に歴史教育の分野では、これらの概念は依然として健在である。これは、ヴェトナムの近現代史を、したがってまた現在のヴェトナム国家の正統性を、植民地主義や帝国主義との闘争という要素をぬきにしては語り得ないことを考えれば、当然といえば当然のことであろう。そのような意味では、「過去を閉ざし、未来を志向する」という外交スローガンの特徴は、それがヴェトナム国内での歴史教育の変化とは、連動していない点にあるといってもよいだろう(2)。

では、ドイモイは、歴史研究や歴史教育という領域での植民地主義や帝国主義に関する認識には、何の影響も与えていないのであろうか。影響があるとすれば、どのような影響なのか。このような問題を、ここでは検討しておきたい。

## 一　植民地主義と文明の区別

今回のシンポジウムに提出されたズオン・チュン・クオック氏のペーパーでも強調されているように、ドイモイ時代のヴェトナムの歴史学界におけるフランス植民地時代に対する評価のもっとも基本的な特徴は、植民地主義と文明の区別を強調する点にあるといってよいだろう。

ドイモイ以前のヴェトナム歴史学では、フランス植民地時代は、植民地支配対抵抗闘争という図式で描かれることが多かった。この図式では、支配の側がなしたことは、基本的には「悪」であり、克服されるべきものだった。ホー・チ・ミンが、フランスの植民地主義と文明を区別するという視点をもっていたにもかかわらず、独立ヴェトナムの歴史学は、「極端で偏狭な民族主義」に陥っていた面があり、植民地時代にフランスがしたこと、もたらしたものは、なんでも否定的に見てしまう傾向が強かった、というのがズオン・チュン・クオック氏が言わんとしていることである。

ドイモイは、ヴェトナムが当面している課題が、もはや外からの侵略への対抗ではなく、経済の発展をいかに達成するかにあるという、発想の転換を求めるものだった。これは、フランス植民地時代を、従来のような支配と抵抗という軸からではなく、たとえばヴェトナムの経済発展といった基軸から再検討することを、歴史学界に求めることになった。このような基軸から見たときに、フランス植民地時代に、フランスが行ったこと、もたらしたものは、全面否定されるべきようなものなのか、そうではなく、ヴェトナムの発展に積極的な意義をもった面が存在する、その面を「文明」という概念でとらえるべきだというのが、ズオン・チュン・クオック氏の主張である。

「文明」という概念を使用するか否かは別として、こうした視点は、ドイモイ期のヴェトナムの植民地時代研究に広く共有されている。たとえば、国立歴史研究所のズオン・キン・クオック（Duong Kinh Quoc）氏は、来日した際の「ドイモイとヴェトナム歴史学」と題する講演のなかで、鉄道史を研究するときに、以前は、フランスの鉄道の敷設によって、ヴェトナム人の蜂起を弾圧する兵隊の輸送が迅速になされるようになり、統治体制の強化につながったという側面ばかりが強調されていたが、ドイモイ以降は、経済発展を支えるインフラストラクチャーの建設の歴史の一環として、その積極的意義を認めるべきだという考えがなされるようになっているという例をあげて、フランス植民地時代の現在に引き継がれるべきプラスの遺産にも、ヴェトナムの歴史研究の関心が向けられるようになっていることを紹介している。(3)

一九九九年に出版された『植民地時代のヴェトナムの経済社会構成体』という本で、ハノイ国家大学のグエン・ヴァン・カイン（Nguyen Van Khanh）氏は、

「今日に至るまで、植民地時代のヴェトナム社会における、フランス資本主義の存在と影響に関しては、まだ十分で客観的な検討と評価がなされていない。従来の研究は、植民地主義の消極的な面に集中し、こうした面を指摘するに終わっており、フランス人によるわが国の資本主義化の過程の積極的な影響と作用を、客観的に研究し評価することには、まだ十分な関心が向いていない」(4)とし、フランス植民地支配がもたらしたヴェトナムの経済社会構成体の発展を、もっぱら「資本主義化」という概念で総括しながら、次のような結論を導いている。

「フランス資本主義が持ち込んだ資本主義的な生産様式の作用で、ヴェトナム経済は、しだいに、おくれた自給自足的な農業経済から、資本主義的な植民地経済へと移行した。この時期のヴェトナム経済は、工業、貿易、銀行金融、交通運輸、プランテーションを含む近代的部門と、農業や手工業などの伝統的部門の二つから成り立っていたといえ

よう。資本主義的な経営方式の使用は、生産力の飛躍的な発展をもたらした。いくつかの生産分野では、商品経済が形成されはじめ発展した。バランスがとれかなり近代的な交通網がつくられ、統一的な国民経済市場形成の条件となった。つくられた産品は、国内の消費需要をまかなうだけでなく、世界市場向けに輸出されるようになった。対外的な経済活動により、ヴェトナム経済ははじめて国家の国境を越えて、世界経済と接触ししだいにこれに参入していった。明らかに、それ以前の段階と比較すれば、二〇世紀初頭から一九四五年までのヴェトナム経済は、急速な発展をみせ、基本的な変化をとげた。一九四五年までには、わが国に資本主義的な生産関係は拡大し、多くの経済分野で重要な位置を占めるようになった。この経済構造の基本的特徴は、伝統的経済の諸要素と近代的経済の諸要素が織りかさなり、混合経済を構成しているという点にあり、その中では、近代的経済が日増しに拡大し、包括的な役割を果たし、伝統的部門とヴェトナム経済全体を支配するようになっていたのである(5)。」

以上引用したのは、フランスがもたらした資本主義的発展の肯定的側面を強調した部分だけであり、原著にはその問題、制約も指摘されているので、上の引用だけでは一面的な印象を与えるおそれはあるが、ドイモイ期のヴェトナムの歴史学界で生まれている発想の転換をよく示している文章ではある。

ただし、こうしたヴェトナムでの議論は、「植民地主義の再評価」という論理をとっていないことも、注意しておかなければならない。ズオン・チュン・クオック氏も、植民地主義に「野蛮な面と文明的な面」があるという議論をしているのではないと強調しているように、ヴェトナムの多くの論者は、植民地時代にフランスがヴェトナムで行ったこと、もたらしたものの中には、積極的に評価しうるものもあると主張しているのであって、植民地主義に否定さるべき面と肯定しうる面の両面があるという議論をしているわけではない。植民地主義という概念は、ドイモイ期のヴェトナムでも、依然として否定されるべきもの、批判されるべきものである。このような論理構成をしてはじめて、植民地主義を打倒することによって成立した現在のベトナム国家の正統性を確認しつつ、その建設の前提・土台となっている植民地時代のプラスの遺産を肯定的に評価することが可能になるわけである。

このような「植民地主義と文明の区別」という歴史学界のなかでの議論に対応する、より広い社会的な出来事としては、何人かのフランス人の名前がヴェトナムの都市の街路の名称として「復活」をとげるという現象をあげることができるだろう。それは、今日のヴェトナム語のローマ字表記法の形成に大きな役割を果たした、一七世紀に活躍した宣教師のアレッサンドル・ド・ロードとか、一九世紀の免疫学者のパストゥールなどの名前であり、あまり「植民地主義」には結びつかない人物である。以前にはあったこうした人々の名を冠した通りは、ヴェトナム戦争終結後の統一ヴェトナムでは姿を消していた。それが、一九九〇年代に入って「復活」をとげたのである。

## 二　論　争

さて、以上の議論では、ヴェトナムの歴史学界があたかも一枚岩であるかのような書き方をした面があるが、実際はそうではない。むしろ、ドイモイ期のヴェトナム歴史学界の特徴としては、研究者の発言の自由度が増したこともあって、外国から見ても、個々の研究者間の見解の相違がよく見えるようになり、外から見える論争も活発になっていることを指摘すべきであろう。

上に紹介した植民地主義と文明の区別という議論は、ドイモイ期のヴェトナムの歴史学界では主流的見解ではあるが、「文明」の評価という論点は、強調が過ぎると、依然として強い反発を招く、きわめて微妙な論点である。残念ながらフランスの支配に関する適切なエピソードがないので、日本が関わる例を、ここでは紹介しておきたい。

日本とヴェトナムの国交樹立二五周年にあたる一九九八年三月、ホーチミン市で同市の社会科学院が主催する「歴史の中のヴェトナムと日本の関係――一九四〇年―一九七五年」というシンポジウムが行われた。[6]このシンポジウムは、日本とヴェトナムとの関係史をテーマとしたものとしては、「大胆」な試みだった。なぜならば、第二次世界大戦期の問題と、ヴェトナム戦争中の日本の南ヴェトナムに対する援助という、日越関係史のなかでは評価がもっとも微妙な二つの時期の問題をあえて取り上げたシンポジウムだったからである。

しかしながら、このシンポジウムには、ヴェトナム現地の研究者の一部から強い批判がなされた[7]。その一因となったのは、第二次世界大戦期を扱ったシンポジウムの第一部が、「ヴェトナム南部における日本人の存在――一九四〇年－一九四五年の段階」というテーマの掲げ方をしたことにあった。問題となったのは、「存在（英語ではpresence）」という用語である。主催者がこの用語を選んだ背景には、ヴェトナムと日本の研究者が参加するこのシンポジウムでは、政治とはある程度距離を置き、できるかぎり問題を客観的に検討したいという意図があったと思われる。先に引用したグエン・ヴァン・カイン氏の文章にも「フランス資本主義の存在と影響」という言いまわしが使われているが、この「存在」という用語は、植民地主義や帝国主義に関するヴェトナムでの議論では、従来は否定的に扱われていたことを、より客観的に、より学問的に検討してみようとするときに、よく使われる言葉である。

反発を呼んだのは、こうした「存在」という言葉のニュアンスだった。批判者からは、第二次世界大戦期の日本のベトナムに対する関わりを「存在」などと呼ぶことは、それが侵略に他ならなかったということを隠蔽することにしかならないという声があがったわけである。ある研究者は、次のような批判を展開した。

「『存在』という言葉を使うことはできないと、私は考えます。なぜなら、わが国を侵略してきた蒙古＝元軍も、蒙古＝元の『存在』というなら、その後の話でいえば、フランス人も『存在』、アメリカ人も『存在』、さらには千年の北属（一〇世紀以前の中国支配－引用者）もそういうことになってしまいます。そうすれば、この国には、『存在』だけがあって、侵略も侵略との戦いもないことになってしまいます。私は、このような用語法は正しくないと考えます。」

このように批判者たちは、「日本人の存在」などという用語を使用することは、侵略に他ならなかったという歴史的事実を「歪曲」し、「民族の神聖な感情を侵犯する」愚かな行為であると、シンポジウムの主催者を非難した。

このシンポジウムの話は、一見すると「過去を閉ざし、未来を志向する」という外交スローガンに示されるように、植民地体験ということにもはやあまりこだわりがないかのように見えるヴェトナムでも、やはり「植民地支配を受けた側」

として、植民地体験の評価がきわめて微妙な問題であることを、よくあらわしていると思う。

ヴェトナムの「こだわり」は、昨二〇〇〇年に実現したクリントン米大統領の訪越の際にも示された。この時に「過去を閉ざし、未来を志向する」という意味のことを強調したのは、米大統領のほうだった。クリントン大統領は、ハノイ国家大学での演説で、ワシントンにあるヴェトナム戦争記念碑にふれ、「壁の別の側」としてこの戦争で三〇〇万を越えるヴェトナム人が犠牲になったことを指摘したあと、「この共有された苦悩が、われわれ両国の関係を他のものとは異なるものとしている」と指摘した。その上で彼は、「われわれは過去を変えることはできないが、未来を変えることはできる」として、将来に向けた建設的な米越関係の構築を呼びかけたのである。

これに対して、ヴェトナムの指導者は、「過去は変えることはできない」というクリントンの発言には賛意を表しつつも、「過去の本質を正しく理解することが重要だ」と指摘し、「ヴェトナムがアメリカに軍隊を送って攻撃したわけでもないのに、アメリカは軍隊を派遣してヴェトナムを攻撃した」ことに示されるように、ヴェトナムにとってはこの戦争が侵略に抵抗する戦いであったことを強調した。ヴェトナムの指導者の発言としては、当然すぎるほど当然の反応この対応は、一九九〇年代のヴェトナム外交の基調からすれば、異例なほどの過去へのこだわりを示したものであった。

（1）　このスローガンに関しては、拙稿「過去をとざし未来を志向する／歴史の証言と現代史」義江彰夫・山内昌之・本村凌二編『歴史の文法』（東京大学出版会、一九九七）を参照されたい。

（2）　ドイモイ以降のヴェトナム歴史教科書の記述に関しては、拙稿「ベトナムの日本像」山内昌之・古田元夫編『日本イメージの交錯』（東京大学出版会、一九九七）を参照。

（3）　一九九五年一二月一三日の東京での研究会「ドイモイとベトナム歴史学界」での報告から。

（4）　Nguyen Van Khanh, *Co Cau Kinh Te Xa Hoi Viet Nam Thoi Thuoc Dia 1858 - 1945* (Nha xuat ban Dai hoc Quoc gia Ha Noi), 1999, p. 5.

（5）　*Ibid.*, pp. 158-159.

（6） シンポジウムの紀要が二つ出されている。*Su hien dien cua nguoi Nhat o mien Nam Viet Nam――Giai doan 1940-1945, Vien tro cua Nhat cho mien Nam Viet Nam――Giai doan 1954-1975.*

（7） 批判は、Tran Khue, "Khong duoc phep xuyen tac lich su !"（筆者から一九九八年七月に寄贈された論文）を参照した。

シンポジウム報告

3

# 日本植民統治下における台湾社会の変容とその歴史的意義

呉《ウ》文《ウェン》星《シン》
（牧野　篤訳）

## はじめに

日清戦争の結果、一八九五年の下関条約で清国は台湾と澎湖列島を日本に割譲した。ここに日本の台湾に対する植民統治がはじめられ、以後、一九四五年に日本が敗戦を迎えるまでその統治は五一年の長きにわたった。

日本が台湾を統治していた期間、台湾総督府は台湾が繁栄と進歩の社会へと変貌しつつあることを、常に対外的に宣伝していた。たとえば、一九三七年に発行された英文の台湾総覧である“A Unique Colonial Record”には、台湾が貧困で、伝染病と風土病におかされた地から、富み、衛生的な穀倉地帯へと変貌を遂げたことが述べられている。(1) しかし、このような宣伝の内容に対しては、すでに当時から疑問の声があがっていたことも事実である。たとえば、一九四二年にアメリカの学者アンドリュー・J・グラジャンゼフが「今日の台湾（Formosa Today）」で指摘しているように、進歩を述べる場合、鉄道・道路・港湾・ラジオ放送局の建設や設置、灌漑の普及や初等教育施設・病院などの開設など物的な面を指すのみならず、台湾人が如何に日常生活を過ごしているのかという点に関心が向けられなければならないのであり、この観点から見ると、当時の台湾人は、政治的・経済的・文化的に自主権を欠いていたのは明らかであった。イギリスの植民統治下にあったインド人が自らの政治団体をもち、中等学校以上では自らの言語で教育を受けることができ、自らの言語で新聞や雑誌・書籍を発行でき、議会では植民地当局を批判することもでき、しかもいくつかの重要な工業を自らの掌中におさめていたことを考えるならば、台湾人は権利であろうと機会であろうと、インド人にはまったく及ばない状況であった[2]。

戦後初期、強烈な民族主義的な感情を基礎に、中華民国当局は、日本統治期の植民地政府の施策に対して全面的な批判と否定を展開し、「脱日本化」を進めた。しかし、この時期においても、日本統治期の台湾について実証的な検討を進めようとする研究は存在していた。たとえば、一九五二年に、アメリカの学者J・W・バランタインは日本の統治を評価して、次のように述べている。日本による台湾統治は、功罪両面を有している。日本の台湾統治の目的は、台湾を開発して日本帝国の富を増やし、かつ南方への拡張の基地となすということであった。官民が全力を尽くしてこの政策を貫徹しようとした結果、新たに生みだされた富は付随的に台湾人にも分け与えられるようになり、台湾人の生活水準は中国大陸の民衆よりも著しく高いものとなった。しかし、植民地当局の同化政策の成果は明らかではなく、台湾人は文化的、政治的に自らを表現する機会を奪われたままであった。また、中国大陸の政治的、社会的混乱の影響が台湾に波及しなかったために、結果的に、台湾人はいくつかの面で中国大陸の民衆よりは先んずることとなった[3]。

アメリカの学者W・G・ゴッダードは一九六六年に、日本の台湾統治政策は、日本人と台湾人との間に差別待遇を採用し、重税を徴収するなど、厳格に支配者と被支配者とを区別したと批判したが、同時に、この日本統治期において、台湾の経済は目をみはる発展を遂げ、台湾は次第にアジアの中でもっとも発展した地域の一つとなったと指摘している[4]。社会学者の陳紹馨の研究によれば、日本の統治期において、台湾は伝統的な社会から次第に過渡的な近代的植民地社会へと変貌を遂げたと指摘されている。この過渡的な近代的植民地社会とは、同化の意味をもつ近代化への傾向を示す社会のことで、そこには統治者と被支配者との截然たる区別、高い人口増加率、俗民社会（folk society）の漸進的崩壊、族長権威主義的な家族形態の漸進的解体、都市化、台湾人社会の階級分化の漸進的平等化、近代的民間団体の勃興、職業の専門分化傾向などという特徴があるとされる[5]。

以上から見られるように、日本の植民統治の下で、台湾は経済的、社会的、文化的などあらゆる面で重大な変化を齎らしており、それが戦後半世紀の台湾の各方面の発展に直接に影響を及ぼしているのである。しかし、これまでの台湾の中等学校の歴史教育では、日本統治期の台湾の歴史に関していえば、その紹介はまったく不十分であり、おもに台湾人の日本への抵抗を強調し、日本を仇敵視し、日本を恨む民族的な感情を煽る教育という面に限られていた。このように、日本統治期の各方面にわたる重大な変化に関してはほとんど完全に無視して取りあげないという教育のあり方が、国民の歴史認識の偏り、ズレ、不足を招き、台湾近代の歴史的発展の経過を適切に把握することを困難にしているのである。このような現実を背景として、教科書『認識台湾（台湾を知ろう）歴史篇』の編集においては、歴史的事実を尊重し、かつ実証的・理性的な態度で日本統治期の台湾の歴史を叙述し、かつその歴史的意義を簡潔に述べるよう試み、今後、国民が日本統治期の歴史に対して客観的かつ史実に合致した理解を得、かつこの時期の歴史的な経験から教訓を得られるように期待を寄せることとした。以下、この時期における日本語普及運動、および纏足・弁髪廃止の普及、時間厳守観念の涵養、遵法観念の確立、近代的な衛生観念の樹立など風俗習慣の変化を例に、この新たな教科書編集の試みを紹介したい。

## 一　言語同化政策と日本語普及運動

これまでの研究で明らかなように、日本はその植民地統治のはじめ、「言語同化政策」を採用し、台湾総督府は日本語普及政策を展開していた。最初の一〇年あまりの期間、初等教育施設である公学校を日本語普及の主な機関としたのであるが、その後、一九一〇年代半ばになると、各地の台湾人の指導者たちが社会教化団体を組織し、民間団体を中心として日本語普及運動を進めることが奨励された。一九三〇年代になると、総督府はさらに条令を公布して、各地に「国語講習所」を設け、常設の簡易日本語教育施設として普及することを命じている。その結果、日本語を解する台湾人の数は急激に増加し、「皇紀二六〇〇年」（一九四〇年）までに日本語普及率を五〇パーセント以上にするという目標は順調に達成されることとなったのである。さらに、日本統治期の末年には、日本語普及率は七五パーセントを超過することとなった。表面的には、見られるように、台湾の日本語普及運動は大きな成功をおさめたように見える。しかし、その実際は、検討の余地を残したままなのであった。

日本語の普及率は不断に向上し続けたが、しかし日本語はついには台湾社会の生活言語として根づくことはなかった。

日本統治期の末期、総督府は各各の奨励策を採用し、また禁令を出して、「国語常用運動」の推進に力を入れたが、しかし、台湾人はこれらの政策によって台湾語を放棄することはなかったのである。総督府が日本語を強制した結果、台湾は「二言語併用」の社会へと変化したにすぎなかった。反って、台湾人が終始に自発的な言語的統一意識を欠落させることとなった。同時に、台湾人は、日本語を外国語と見なし、決してこれに対してアイデンティティをもつことはなかったのであり、このことは、日本語ができるようになることと同化されることとは無関係であることを意味していた。

他方、日本語は逆に台湾人が近代的知識を吸収するための主な道具となった。台湾人は日本語を通して近代的な西洋の基本的な科学技術と文化を吸収し、近代的な衛生観念を受け入れたのであり、新たな観念と新たな制度は次第に日常生活の一部分となり、ついに台湾を近代化の潮流を受け入れた植民地社会へと変えていったのである。さらに皮肉なことには、日本語の普及の結果、異なる方言を有していた台湾人の間に「共通言語」が形成され、日本語が彼らの間の意志疎通の便利な媒体としての役割を果たし、台湾人の融合と共同意識の形成に大いに役立ったのである。このほか、台湾語と日本語の長期にわたる並存と接触により、日本語名詞の台湾語化という現象が生まれ、少なからぬ日本語の名詞が台湾語の語彙や漢文の用字に取り込まれ、今日に至るまで台湾人に常用されることになったのである(6)。

つまり、植民統治当局の日本語普及の目的である同化はほとんど達成されなかったのであり、台湾人は総督府が企図したように、日本語を学ぶことで、日本国民としての精神や性格を身につけるようなことはなかったのである。一九二〇年代に、日本の教育と文化の洗礼を受けた台湾の知識人たちは、逆に、民族主義的な意義を持つ社会運動の急先鋒となり、一方で同化政策の不当性を批判し、植民地体制の改革を訴え、他方でヨーロッパの各種の思潮や知識を積極的に紹介して、文化的啓蒙の役割を担ったのである。これらのことから明らかなように、新たな知識人たちが力を尽くして行った台湾社会の近代化と台湾人の集団意識の強化は、総督府の同化政策をさらに達成困難な状況に追い込んでいったのである。今日の中華民国の国民にとっては、このような歴史的事実の的確な認識は、過去の強烈な民族意識をともなった形での「愚民」化政策説や「毒化」説の強調よりも、より適切なものである。このように、『認識台湾　歴史篇』は、上記のような日本語普及の過程、結果およびその影響を史実に忠実に教材に組み入れているのである(7)。

## 二 植民統治と風俗習慣の変化

明治維新後間もなく、西洋の近代文明の吸収に懸命であった日本は、次第に「進んだ日本」「遅れたアジア」という観念を形成し、自らを進んだアジアの国家と意識しはじめた。日本は、新興のヨーロッパ化の途上にある国家として台湾を統治したのであり、日本統治のはじめには、「新文明」と日本国民精神の注入をもって台湾人を同化し、新たな日本人として形成することが標榜された。つまり、台湾総督府は「近代化」の傾向をもつ同化政策をもって台湾社会を変革することを企図していたのであるが、これに対して、台湾人は長期にわたって「同化」と「近代化」の間で受容と抵抗を繰り返し、選択をし続けてきた。この期間に纏足と弁髪の廃止が普及し、時間厳守の観念が涵養され、遵法精神が確立され、また近代的な衛生観念が樹立されたことなど風俗習慣に大きな変化が現れたことは、この台湾人の選択という現象を如実に表すものであった。

たとえば、纏足と弁髪の廃止を見てみると、日本統治の最初、総督府が発行した「台湾開花良箴（台湾の開化のために）」というビラで、纏足・弁髪・アヘン吸引という悪習は断固として禁ずるべしと書かれている。しかし、これらの禁止措置が台湾人の反感を買うことを避けるため、当初は緩やかな禁止措置がとられ、暫くの間は台湾人が自主的に纏足をやめ、弁髪を断つのに任せ、不必要な干渉は避けられていた。しかし、他方で学校教育や新聞雑誌などを通して宣伝が強化され、台湾人が纏足や弁髪をやめるように奨励されたのである。

その後、中国や日本の社会の新たな動きの刺激を受けて、しかも日本側官民の励ましもあって、台湾人の有識者たちが前後して纏足・弁髪廃止を訴える団体を組織し、規約を制定し、身をもって範を示し、定期的に集団で纏足の足をほどき、弁髪を断つというデモンストレーションを繰り返し、次第に纏足・弁髪廃止の機運が盛り上がることとなった。一九一〇年代の半ばになると、総督府はこの動きを利用して、保甲制度の規約の中に纏足・弁髪禁止を明記するとともに、保正・甲長らが各家庭をまわって纏足・弁髪をやめていない人の人数を調査し、期限を切って弁髪を断ち、纏足の足をほどくよう指導するように通知している。また、同時に、総督府は各地の名望家たちをうながして「風俗改良会」を組織し、社会的機運の後押しをしたのである。この結果、久しくせずして、纏足・弁髪の廃止が普及するという成果を達成することとなった。

纏足・弁髪廃止の普及後、女子が自然の足のままで生産に従事することが可能となり、人的資源を大幅に増加させることとなって、台湾経済の発展に有利に作用したのである。しかも、この動きが新しい服装改革の機運を生みだし、衣服や靴・帽子を含めた服装が欧米式や日本式に改められ、新たな服飾産業が興ることにもなった。このほか、美的感覚にも次第に変化が現れ、結婚相手の選択基準に足の大小を云々することもなくなっていったのである。

総督府にとっては、纏足・弁髪廃止が社会運動をもって同化の目的を達成するという手法の先鞭を付けることとなった。この後、一歩進んで、各地の台湾人の指導者たちが「国語普及会」「風俗改良会」「同風会」「矯風会」「敦風会」などの社会教化団体を組織するよう奨励し、もって日本語を普及し、風俗習慣を革新し、悪習を矯正し、迷信を打破するなどの役割を負わせ、同化の進展を促進しようとしたのである。いわば、民間の社会教化団体の勃興期を迎えることとなるのである。しかし、台湾人にとって見れば、纏足・弁髪の廃止を唱導し、その運動に応えたのは、その時代の流れに対する認識と新文明の追求に基づいて行われたものであり、決して日本に同化しようとする動機に基づいたものではない。そして、反対者も民族意識から反対したものとはかぎらなかった。つまり、広い意味での纏足・弁髪廃止は、近代化に向けての変革であったが故に、纏足・弁髪廃止運動は官民の間でほとんど意見の違いもなく、共同で進められ、順調に成果をあげていったのである。(8)

次に、時間厳守の観念の涵養について見ると、これは総督府が週間制と近代的な標準時間制度を採用したことと関係している。日本統治の初め、総督府は明治維新後採用して実績のあった週間制を台湾にも施行し、日曜日を休日とした。このほか、毎年一三日間の国定の休日を制定した。官庁・学校・工場などはこの規定に基づいて就業・休暇規律を制定した。また、同時に、一八九六年の一月一日を機に正式にグリニッジ標準時に基づく標準時間制度を採用し、その後、「午砲」の時報制度と学校教育における「時間厳守」観念の涵養、鉄道やバスなどの公共交通機関における「時間通り」の乗車と発車の要求、一九二〇年代に推進された「時の記念日」、および一九三〇年代に「部落振興運動」「皇民化運動」などによって民衆生活の規律を作り出すことによって、社会大衆に日常生活において時間の「標準化」に対する観念と習慣を涵養し、時間通りに行動し、時間を守り、時間を惜しむ精神を形成したのである。

このように、近代的な標準時間制度の台湾社会への普及は、「標準化」の規律と秩序を打ち立て、植民統治当局の民衆動員力を強化することになったが、反面、これは台湾社会の伝統的な生活の就業と休息に革命的な変革をもたらし、台湾人が世界に通用する新制度を受け入れ、知らぬ間に正確な時間を生活の規範として確立し、時間厳守は台湾社会が自ら慣れ親しんだ観念へと形成されることとなったのである(9)。

第三に、遵法観念の形成を見てみると、それは植民統治当局の厳格な社会統制とヨーロッパ法制の導入の下で、台湾社会が成し遂げた適応と調整であることがわかる。日本統治の初期、警察制度が確立され、保甲制度を警察の補助制度として利用することとされた。その結果、細かな警察網が整備され、警備力も十分であったのみならず、警察の権限が日本におけるそれよりも格段に強化され、法律の執行や公共の秩序維持の他にも、地方政府と協力して一般行政事務を処理したりすることとなった。このため、警察は長期にわたって台湾社会を強力に統制することとなり、台湾人の日常生活を処理し、またそれに介入する人々におそれられる行政権力となった(10)。

他方、総督府は自らの権益に基づき、明治維新における法律改革の経験をもとに、近代ヨーロッパ的な法律を台湾に導入し、強力な近代国家の「法による統治」の権威をもって、専制的でありながら効率的である近代的な台湾の法律体系の樹立を進めた。日本統治の中頃、多くの日本のヨーロッパ近代法が台湾において施行され、司法が独立性と公的な信用を確立した。ある研究者は日本統治期において台湾人が遵法の観念と精神を普遍的に身につけ得たのは、その要因を考察するに、初期には日本の権威や権力に抵抗することができずに受け入れたが、その後に、日本が確立した近代的な法律体系と信用するにたる司法制度が台湾人にとっても好ましいものであることを台湾人自身が発見したためであると考えている。つまり、近代ヨーロッパの法体系と司法制度も台湾社会に選択的に受け入れられていったのである(11)。

近代的な衛生観念の樹立についても、台湾が伝染病と風土病の流行する土地であったことが、日本植民地統治の一大挑戦となった。総督府は、植民統治を固め、植民経済の発展を促進するため、近代的な公衆衛生制度と医療制度を確立せざるを得なかったのである。その結果、ペスト・マラリア・コレラ・天然痘・腸チフス・ジフテリア・猩紅熱などの風土病と伝染病を効果的に防ぎ、死亡率を大幅に低下させて、台湾人口の長期にわたる高い自然増加率の出現を実現したのみならず、台湾人の医療衛生観念と習慣を改めることに成功したのである。民衆は病気にかかっても、神頼みや占い・祈祷に頼ることをしなくなり、西洋医学が漢方に取って代わって民衆に歓迎され、民衆の信頼を獲得していき、規定に基づいて予防接種を受けるようになり、台湾人が住宅建築において通風や採光及び便所の設置に注意するようになり、洋式・和式の建築が不断に増加し、個人の衛生観念では風呂にはいることと便所に行った後に手を洗うことが習慣化され、各家庭にはゴミ箱がおかれて、規則に基づいて廃棄物を処理することが行われ、公共の場所には痰壷とゴミかごがおかれて、人々はあたりかまわず痰を吐き、ゴミを捨てることを恥ずかしいことだと感じるようになり、定期的に各家庭の大掃除とコミュニティの衛生活動に参加するようになった。(12)

総じて、既述のような風俗習慣の変化は、植民地政権の近代的な傾向をもった同化政策のもとで、台湾社会が伝統的社会から近代的社会へと移行する過程で、必然的に生まれた結果であった。総督府にとっては、台湾人の風俗習慣の改革は同化政策が直面せざるを得ないもっとも現実的でもっとも実際的な問題であり、この意味では、「風俗を改める」とは同化政策と同義語なのであった。そのため、総督府が確立した制度や推進した措置は、植民地政権自体の利益と完全に合致したものであり、台湾人の要求にあわせて行われたものではないことは疑い得ない。しかし、纏足・弁髪の廃止、週間制、近代的な標準時間制度、近代ヨーロッパ法と司法制度、近代的な公衆衛生と医療制度などの導入を見ると、それらはすべて日本の明治維新以降に日本が重視して、積極的に導入した西洋近代文明の一部なのであり、決して日本固有のものではなく、総督府は媒介者の役割を果たしたに過ぎないという一面を有していたといえる。台湾人に即していえば、彼らは強制的に新たな規範や新たな制度の中に組み込まれたが故に、適応と自主的な選択の過程を経て、彼ら自身がこれらの新たな規範や制度を受け入れ、「近代性」を持った観念や風俗を生みだしてきたのであった。この意味では、この過程は決して同化ではなく、近代化そのものであった。そしてそれが故に、戦後「脱日本化」の過程で、纏足・弁髪の廃止といった新たな風俗や時間の厳守・法律の遵守・近代的な衛生などの新たな観念は、決して否定されるべきものとして扱われたのではなく、逆に続けて強調されてきたのである。今日の中華民国国民にこれらの風俗と観念の形成の淵源をきちんと知らしめるためにも、『認識台湾　歴史篇』は纏足・弁髪廃止の普及と時間厳守・法律遵守・近代的衛生観念の樹立の経緯を簡明に叙述している。[13]

## 結　論

日本の台湾における統治をどのように評価するかという問題は、長期にわたる論争の的であった。『認識台湾　歴史篇』の日本統治期に対する叙述も、賛成・反対両面の評価を受けざるを得ないであろう。『認識台湾　歴史篇』の歴史記述の立場に賛成の人々は、本書は日本の統治に対して批判的であると同時に、肯定的であると評価し[14]、中には「日本の功罪を公平かつ明確に記述している」[15]とするものもあった。本書の立場に反対の人々は、本書を「親日」的で、「日本に媚び」、「日本の統治を美化する」ものだと批判している。[16]このほかに、この教科書が日本の台湾統治が台湾の近代化に貢献したと記していると誤解している人々もいる。[17]

しかし、本論文で明らかに示したように、『認識台湾　歴史篇』の編集方針は、特定の歴史観に基づくものではなく、ただ歴史的事実を可能な限り尊重し、実証的かつ理性的な態度で日本統治期の台湾人の特殊な歴史的経験を叙述し、従来のような国民の日本統治期に対する認識の不足や偏りをただそうとするものであるに過ぎない。言い換えれば、台湾人が日本語の普及を通して近代的知識を吸収し、近代的な制度を受け入れ、近代的な概念を生みだしたことを述べることによって、台湾人の適応能力の高さと選択の主体性を明らかにしようとするものであって、これらの記述によって日本の台湾統治やその台湾の近代化への貢献を肯定しようとするものではない。それは当然ながら、「日本に媚びる」態度や「日本の統治を美化する」態度などではない。つまり、外来の統治は台湾人に歓迎されたり受容されたりすることはなかったということなのである。

（1）Hideo Naito(ed.), *Taiwan: A Unique Colonial Record* (Tokyo, 1937), p. XII.

（2）Andrew J. Grajdanzev, *Formosa Today* (New York, 1942), Author's Preface.

（3）Joseph W. Ballantine, *Formosa: A Problem for United States Foreign Policy* (Washington D.C., 1952), pp. 47-49.

（4）W. G. Goddard, *Formosa: A Study in Chinese History* (Ann Arbor, 1966), pp. 160-161.

（5）Chen Shao-hsing(ed.), *Formosa* (Stanford, 1956), pp. 104-122: Chen Shao-hsing, "Social Change in Taiwan", *Studia Taiwanica* (Taipei) No. 1, (1956), pp. 1-20.

（6）詳しくは拙稿「日拠時期台湾総督府推広日語運動初探」、『台湾風物』第三七巻第一・四期、一九八七年三・一二月、一—三一、五三—八六ページ。周婉窈「台湾人第一次的『国語』経験—析論日治末期的日語運動及其問題」、『新史学』第六巻第二期、一九九五年六月、一一三—一六一ページ。

（7）教科書の原文は以下の通り。「日本の植民統治の初期、総督府は日本語普及政策を策定し、学校教育を通すほか、社会教育の方式を利用して、日本語運動を推進した。一九三〇年代以降には、日本語講習所を広く設置して、学校教育を受ける機会を失っていた民衆に初歩的な日本語を教えるなどした。政府の統計によれば、日本の植民統治の末年には、日本語を解する人々の数は人口の七五パーセントを超えていた。しかしながら、このように普及したとはいえ、日本語は台湾人の生活言語となることはなく、台湾を「二言語併用」社会へと変化させるにとどまった。台湾人は終始一貫して日本語を外国語であると見なしており、日本語ができるようになることで同化されるようなことはなかったのである。逆に、日本語は、台湾人が近代的な知識を吸収するための主な道具となり、台湾社会の近代化を推し進めることとなったのである。」国立編訳館主編『認識台湾　歴史篇』、国立編訳館（台北）、一九八八年、七七—七八ページ。

（8）詳しくは拙稿「日據時期台湾的放足断髪運動」、瞿海源・章英華主編『台湾社会與文化變遷』上冊、中央研究院民族学研究所（台北）、一九八六年、六九—一〇八ページ。拙著『日拠時期台湾社会領導階層之研究』、正中書局（台北）、一九九二年、二四七—三〇四ページ。

（9）詳しくは呂紹理『水螺響起——日治時期台湾社会的生活作息』、遠流出版社（台北）、一九九八年、一一一八〇ページ。

(10) Chen Ching-chih, "Policy and Community Control Systems in the Empire", R. H. Myers and M. R. Peattie (ed.), *The Japanese Colonial Empire 1895-1945* (Princeton, 1984), pp. 213-239.

(11) 詳しくは王泰升「日治殖民統治下台湾的法律改革」、『台湾法律史的建立』、国立台湾大学法学叢書（一〇七）、台湾大学法学叢書編集委員会（台北）、一九九七年、一五九－一八二ページ。

(12) 詳しくは范燕秋『日拠前期台湾之公共衛生――以防疫為中心之研究（一八九五－一九二〇）』、国立台湾師範大学歴史研究所碩士論文、一九九四年、九－一〇〇、一六一－二〇二ページ。

(13) 教科書の原文は以下の通り。「時間厳守の観念の涵養：総督府は週間制と標準時間制度を台湾に導入し、政府機関・学校・工場などでは就業と休暇の規則を作り、従業員や学生にその遵守を厳格に求めることとなった。たとえば、出勤・退社、登校・下校時間を知らせる鐘を鳴らし、従業員や学生は時間通りに出勤・退社、登校・下校することが求められ、学校では学生に時間を厳守することが強く指導されて、理由のない遅刻や早退を認めず、鉄道やバスなどの公共交通では発車時刻表を制定し、乗客に時間通りに乗車するよう求め、かつ時間通りに発車し、また時間通りに目的地に到着することが要求された。その上、一九二一年から、日本国内と同様に、毎年六月一〇日を「時の記念日」として制定し、政府機関や団体などを通して、講演やデモ行進、音楽会などを催し、またポスターを貼り、ビラを配るなどして、時間の重要性を訴える活動を進め、時間通りに行動し、時間を遵守し、時間を惜しむ精神の涵養を期し、社会大衆が日常生活で時間の標準化と時間厳守の観念を確立するようにつとめたのである。遵法観念の確立：総督府は警察と保甲制度を利用して、社会的な統制を効果的に進めており、犯罪の防止と秩序の維持を厳しく行って、民衆が誤っても法律を犯すことのないようにつとめた。また、同時に学校や社会教育を通して近代的な法治観念と知識の伝達が行われ、民衆は秩序と法律の尊重を学び、かつ司法が公平性と正義とを維持し得たため、広く社会大衆の信頼を勝ち取ることとなった。影響は社会に広く及び、民衆は分別をわきまえ、秩序を重んじ、規律を守る習慣を身につけ、遵法の観念を確立することとなった。近代的な衛生観念の確立：日本の植民統治の初期、総督府は近代的な公衆衛生と医療制度の確立につとめ、上水道の整備を進めて、都市住民に清潔な飲料水を提供し、都市の地下下水道を整備普及し、また各家庭の入り口にはゴミ箱を設置するように定め、規則に基づいて廃棄物を処理するように求め、保甲組織を動員して、定期的に地域社会の環境整備や清掃活動を実施し、さらに予防注射や隔離消毒・鼠の駆除活動・強制的な血液検査と薬の投与などの防疫事業を展開した。この結果、ペスト・コレラ・腸チフスなどの伝染病が防がれるようになり、台湾人の医療衛生観念と習慣を改善することとなった。たとえば、人々は住宅を建てるときには通風や採光、便所の設置に注意を向けるようになり、規定に基づいて予防接種や予防注射を受けるようになり、入浴や用便後の手洗いなどの習慣が涵養され、あたりかまわず痰を吐き、ゴミを捨てることもなくなり、さらに定期的に各家庭で大掃除を進め、またコミュニティの清掃活動に参加するようになった。」国立編訳館主編、前掲書、七八－八〇ページ。

(14) 平松茂雄「台湾の歴史教科書『認識台湾』と李登輝政権の歴史観」、『杏林社会科学研究』第一四巻第四号、一九九九年三月、九一－一三ページ。

(15) 河田悌一「もっと知るべき国――台湾」、『京都新聞』一九九八年三月一八日、一一版。

(16) 『中時晩報』一九九七年六月四日、三版。

(17) 呉淑芬「台湾中学校新教科書『認識台湾』の研究――歴史教科書の編纂をめぐる問題を中心に――」(お茶の水女子大学大学院人間文化研究科修士論文)、一九九九年、六一－六七ページ。

シンポジウムによせて

# 4　台湾における歴史教育について

栗原　純

## はじめに

一九九七年九月、新年度の開始とともに国立中学の一年次の課程に「認識台湾」（歴史篇・社会篇・地理篇）の授業が新設された。戦後台湾には中国大陸の教育制度が導入され、六・三・三・四制による教育が開始されたが、一九六八年にいたり、国民教育が六年制から九年制に延長され、従来初級高校と称されていた中学は国民中学と改称され、その課程は、新たに制定された「国民中学暫行課程標準」（日本の学習指導要領に相当）にもとづいて決定されることとなった。同時にまた教科書の制度も変更され、従来の民間出版社などによる検定教科書制度から、「統編制」と呼ばれる、国民教育段階におけるすべての教科書の編緝は、教育部（文部省に相当）に属する国立編訳館が統一的に担当するという国定教科書制度が開始された。国立編訳館による教科書の編集綱領である「編印要点」によれば、国立編訳館に「国民中学各教科書編審委員会」が設置され、国民中学の教科書の編集を担当する、委員は教育学・学科の専門家などで構成すると規定されている。

本稿は、この国立編訳館による教科書制度が、その後台湾における政治的民主化の過程においてどのように変更され、あるいは中学の教育課程に台湾の歴史・社会・地理の教科が登場するようになったかを編年的に述べ、更に現在の台湾における台湾研究に見られる争点について概論することを意図している。

## 一　『認識台湾』の編集

一九六八年に策定された上述の「課程標準」はその後、三度にわたり改訂が加えられた後、一九八九年八月にいたり、教育部に「国民中学課程標準修訂委員会」が組織され、第四次の改訂作業がはじまった。この第四次改訂が従来の作業と異なる点は、やはり台湾の急激な政治的変動を背景としたことであろう。

周知のように、一九八七年、台湾では戒厳令が解除されたことに象徴されるように、八〇年代なかばから政党の活動、言論の自由などが急速に進み、八八年一月、蔣経国総統が死去すると、副総統の李登輝が政権を握り、民主化の推進とともに、従来中華民国が大陸をも含む全中国を統治するという「虚構」のもとに制度化されてきた台湾の政治、教育の仕組みに大きな変化をもたらし、「中華民国在台湾」という立場のもとにいわば身の丈に応じた改変、いわゆる本土化が進行した。

このような政治的潮流を受けた委員会は、九三年六月までに五回の全体委員会を開催し、その間、学者・教育関係者・父母などからアンケート調査を繰り返し、公聴会などを実施した。また三つの小委員会を設け、「二一世紀の健全な国民を育成する」という目標に従い、基本理念の検討がされた。九三年六月二八日の会議では、教育部長（文部大臣に相当）郭為藩の司会のもとで、国立中学課程標準総綱草案の「科目と節数（時間数）」の検討がされたが、「立足台湾・胸懐大陸・方眼世界」という原則のもとに、国立中学一年次の課程に、従来の「歴史」・「地理」・「公民と道徳」に代わり、「認識台湾」（歴史篇・社会篇・地理篇）を開設し、中学生に自分達の環境に対し全体的なより深い理解を与えることが決定された。会議ではまた、「電脳」・「郷土芸術活動」などの二科目を必修とすることなどを策定した。その後、翌年一〇月には「国民中学課程標準総綱」を修正、公布し、新課程について九七年度から試用期間を経て、九八年度より正式に実施することが確定された。

この決定にもとづき、九三年九月には国立中興大学歴史研究所教授黄秀政氏が教育部人文及び社会科学教育指導委員会の推薦を受けて「認識台湾（歴史篇）課程標準」の検討委員会の召集人（世話人）に任命され、更に教育部以外にも立法委員の推薦などにより国民中学教員代表二名を含む一〇名の委員が選任された。こうして「認識台湾」（歴史篇）課程標準研討小組の委員が確定されたが、黄秀政氏によれば、従来教科書では台湾の歴史・文化などはほとんど全く取り扱われず、また授業でも取り上げることはなかったことを考えれば、「認識台湾」の開設は時代的意義の大きなことであり、また政治的意味も高い科目であるため、委員の選定には政治的立場の異なる学者の参加を求めるなど慎重な姿勢を採り、また委員会での討論の内容は公開され、朝野の合意が得られることが期待されたという。この後、検討委員会は九三年一二月から翌年四月にかけて三度の全体的会議を開き、他方、台北や高雄の国立中学などで座談会を設けて現場の意見をもとめた。

こうして九四年五月、委員会は「認識台湾（歴史篇）」の課程標準草案を教育部に答申し、さらに八月に国民中学課程標準修訂委員会六回全体会議において最終的に草案は確定された。この間の過程について、委員の一員である中央研究院近代史研究所研究員呂実強氏らによれば、委員会において国立台湾師範大学歴史科教授温振華氏によりまとめられた教材大綱をめぐり論議が交わされたことが知られる。温草案は以下の通りであった。

第一章　導論
第二章　考古遺址
　第一節　旧石器時代
　第二節　新石器時代
第三章　南島（オーストロネシア）語族的部落社会
　第一節　平埔族（漢族化した原住民）与高山族的分布
　第二節　経済生活与社会組織
　第三節　神話与迷信
第四章　国際競逐時代

第一節　荷蘭的統治
第二節　西班牙占領台北
第五章　東寧王国時代
第一節　政制建置（政治制度の建設）与文物推展
第二節　屯墾与貿易
第六章　清領時代前期
第一節　治台（台湾統治）政策
第二節　農墾与貿易
第三節　漢人社会的建設与発展
第四節　大規模的反清事件
第七章　清領時代後期
第一節　開港与国際貿易
第二節　牡丹社事件（一八七四年の日本による台湾出兵）与治台政策的改変
第三節　劉銘伝（一八八五年台湾の福建省からの分離後の初代長官）的経営及其影響
第八章　曇花一現（はかないものの例え）的台湾民主国
第一節　建国的背景
第二節　各地的保郷抗日
第九章　日本殖民統治
第一節　統治政策及其演変
第二節　殖民経済的発展
第三節　差別待遇的新式教育

第四節　武装抗日及政治運動
第十章　中華民国在台湾
第一節　二二八事件及其影響
第二節　戒厳体制下的政治与社会
第三節　解厳後（一九八七年の戒厳令解除後）新社会的温醸
第四節　中共覇権威脅下的国防与外交
第十一章　未来展望

この原案に対し、委員会では第二章と第三章については、それぞれ独立の章とするには歴史的史料が少なく限定されているなどの理由から一章に合併し「考古遺址与原住民的部落社会」とする、第五章について、台湾を占領した鄭成功は台湾を東都と改称し、後に東寧と称したことはあるが、それは国名としてではなかったこと、また彼は明朝の再興を意図していたことなどの理由から「明鄭時代」と改称する、第八章の台湾民主国については実質的な抵抗運動は民間軍や台南に勢力を持っていた劉永福であったことを理由に第一節を「反割台与台湾民主国」（台湾割譲反対と台湾民主国）と改称し章の題名から台湾民主国は除くこと、第十章では植民地支配からの解放を意味する「光復」という表現に対し反対意見があったこと、また植民地からの解放から単線的に二二八事件に直結したという印象を与えることを考慮して「戦後初期台湾的政局」となった、という。これらの争点については、台湾史をめぐる研究者間の政治的、学術的見解の相違があるが、この点については後にさらに触れたい。

以上のような修正を経た後、前述のように、九四年五月に委員会は「認識台湾」（歴史篇）の課程標準草案を教育部に答申した。教育部では六月、国民中学課程標準編緝審査小組委員会を開き、答申された草案に対する建議がされ、八月、教育部の国民中学課程標準委員会第六次会において草案の内容はほとんど変更されことなく確定された。召集人の黄秀政氏によれば、課程標準の目的として、各「族群」（エスニックグループ、「認識台湾」（社会篇）によれば、台湾社会は主として清朝統治時代の一八、九世紀に対岸の福建省南部の沿岸部から移住した漢族の子孫＝閩南系、ほぼ同時期に広東省や福建省奥地から移住した漢族の子孫＝客家系、戦後大陸から移住した漢族やその子孫＝外省人、漢族の移住以前から台湾に在住していた先住民族＝オーストロネシア系の四大族群によって構成されると説明されている。なお人口比率では、閩南系が七割強、客家系、外省人がそれぞれ一割強と考えられており、先住民族の比率は二%ほどである。）が台湾を開発し、団結協力の精神を培ってきたことを学ぶこと、自分の生活環境を知り郷土を愛し国を愛する気持を養うこと、台湾の文化的資産を理解し保護の精神を養うこととされている。また黄氏によれば、「台湾的台湾」と「中国的台湾」との議論が展開されたなかで客観的記述に留意したことが強調されている。

翌年五月、黄秀政氏が国立編訳館により『認識台湾（歴史篇）』の編審委員会の主任に任命され、黄氏は教科専門家が四〇%、現場教員が三五%を占めるという国立編訳館の規定により二三名の委員を選出するとともに、台湾史の専門家であること、政治的立場が鮮明過ぎず客観的、中立的立場であることなどを理由に、教科書の執筆者として国立中央大学歴史研究所長張勝彦氏に清代以前を、国立台湾師範大学歴史科教授呉文星氏に日本統治以降の部分の担当を依頼した。

## 二　『認識台湾（歴史篇）』をめぐる対立

以上『認識台湾』誕生に至る経過を縷々述べてきたが、この教科書の内容が明らかになるにしたがい、教科書をめぐって台湾史の研究者や教育関係者ばかりでなく、台湾社会において幅広い議論が展開されることになる。このような背景には八〇年代以降台湾で論議されてきた「中国意識」と「台湾意識」の問題の存在を指摘できるであろう。

その事例として、九七年六月に「認識台湾」の内容に関する公聴会をあげてみたい。公聴会は新党（九三年に李登輝の主導に反発して国民党から分離したいわゆる外省人第二世代を中核とする政党、九五年の立法院選挙では国民党、民進党に次ぐ第三の政党となった）の立法委員主催によるものであったが、参加した台湾史の研究者からは、『認識台湾（歴史篇）』が戦後は民国の年号を使用しているものの、それまでは西暦を用いていることについて、清朝時代は清朝の年号を用いること、また日本統治時代においても中華民国成立（一九一二年）以降は民国の年号を使用すべきであること、また日本統治時代を「日治（日本による統治）」と表記しているが、これも「日拠（日本による占領）」とすべきであることなどの意見が表明された。さらに、抗日運動の犠牲者数が少なすぎること、また日本植民地時代の教育・法制・衛生などについて教科書が「肯定的評価」をしているとする批判的意見が続出した。また『認識台湾』が「台湾人」としての意識が社会的、集合的にすでに成立しているとしていることに対する異論など、「台湾人」のアイデンティティをめぐる論議や「四大族群」の妥当性、特に、大陸における出身地などの異なる人々を戦後（特に一九四五－四九年にわたって）台湾に移住したという時期にもとづき外省人として一括しているという点も争点となった。

公聴会から二日後、主催者の立法委員李慶華氏と会見した教育部長は、各界の意見を広くもとめ、九月の実施に間に合うように教科書の内容を再検討することを国立編訳館に要請した。その後委員会の検討の結果、「日治」に代わり「日本殖民統治」と改める、「第二次大戦後」を「中華民国在台湾」（台湾における中華民国）とする、日本統治政策について差別的待遇を強調する、などを決定したが、年号の表記や抗日犠牲者数などについては修正をしないことを決定した。また七月、抗議活動の代表と会見した教育部長は、「認識台湾」の配布は予定通り実施する、授業開始後に教員・父兄などを対象としたアンケートを実施し課程の存続を検討することなどを表明した。

戦後台湾では、国民党の独裁下にあって、中華民国が全中国を統治し代表する唯一正統な国家である、というイデオロギーが絶対的に正統なものとされ、そのもとで国共内戦の継続を前提とし大陸反攻を政策とする政治制度、教育内容が展開されてきた。そこでは、台湾は全中国の一部に過ぎず、台湾の固有性は否定されてきた。そのため、八〇年代に入り経済の高度成長、中産階級の形成にしたがい、政治的民主化要求が強まるとともに、その民主化要求は「台湾意識」と結びついて表面化してくる。

その場合、近現代史のほとんどの時期を大陸の政権とは異なる政権の下で経過してきた台湾においては、「台湾意識」はよりその歴史経験にもとづくことになる。即ち、みずからを台湾の主人公とする意識を歴史に投影するならば、かつて台湾に拠ったオランダやスペイン、あるいは鄭成功も外来者にすぎず、当然のことながら日本、国民党を外来の支配者とする。もちろん、台湾住民の大多数は清朝時代に台湾に移住した漢族の子孫であることは否定できないが、日本、国民党の支配を受けて、大陸とは異なる固有な歴史、社会が形成されたとする歴史認識が台湾意識の根底にはある。

日本の植民地時代についても、その統治の下で近代化が進行し、いわば国民国家の基盤が形成されたことが留意され、その結果として第二次大戦終了時においては既に台湾社会は大陸とは異なる社会に成長していたことが強調される。一九九四年八月、比較史・比較歴史教育研究会主催の「第三回東アジア歴史教育シンポジウム」に参加した台湾大学の呉密察氏は、「台湾の植民地型近代化への再認識」という報告において、日本の植民地支配を「逆説的な国民の創造」ととらえ、台湾における国民国家形成の条件が形成されたとする見解を提出し、注目を集めたことは我々の記憶に新しい。

他方、上述のように『認識台湾』に批判的な、台湾の歴史を大陸の歴史との関連、あるいは一体性を重視する立場にたてば、台湾における多数の住民のルーツ、言語、文化、宗教などが中国との共同性において理解されることは当然のこととして、清末における台湾の経済発展が強調され、日本統治時代についても辛亥革命、五四運動、国民革命の影響を受けて抗日運動が展開されことが認証され、台湾史は中国近現代史のナショナリズムの一環となる。また、台湾総督府による近代化、資本主義化政策、例えば土地調査事業、インフラ整備などについても、その政策意図、目的が日本資本の台湾進出のための基盤整備、土地税の増収など経済的収奪のためものであり、住民本位ではなかったことが指摘され、当然のことながら、民族的差別が植民地支配の本質とされてその側面が強調されることになる。

このように『認識台湾』をめぐる論争は多分に政治的、イデオロギー的に展開された。しかし、同時に、このような論争を通じて、台湾における共通の基盤の模索が試みられていることも否定できない。

かつて一九六〇年代、七〇年代の「台湾独立論」には、清朝時代に移住し日本の植民地支配下にあった住民＝本省人と戦後、国共内戦によって台湾に移住してきた住民＝外省人との矛盾、いわゆる省籍矛盾を主要なものとして台湾意識を想定する傾向が強く見られたが、八〇年代にはいり、台湾の国際的孤立、台湾における経済成長による大陸との経済格差、民主化の進展にもとづく大陸との政治的制度の相違などを背景に、台湾と大陸＝共産党政権による体制、その統治下の社会との相違を主要な矛盾とする台湾意識が登場してきた。その意味で、台湾内部の矛盾は相対化される傾向があり、このような傾向は『認識台湾（社会篇）』において、前述のように「四大族群」による台湾社会の構成を述べながら、相互の違いではなく、多元的社会に共存していること、ともに台湾に居住することによって生ずる共同性、一体性を強調している点にもあらわれている。

以上、『認識台湾（歴史篇）』をめぐる論議と、その背景にある台湾の歴史意識、アイデンティティをめぐる社会的、政治的対立について述べてきたが、植民地支配を肯定するためではなく、その政策や意図を批判しつつ、しかも植民地当局による近代化政策によって台湾社会や住民の生活がどのような変貌を遂げてきたのか、そのことを実証的に研究する姿勢が今後の台湾の政治的情況の変動や民意の動向とともにどのように結実していくのか、注目したい。

シンポジウム報告

# 5 「開発と収奪」を超えた植民地認識パラダイム
## ――韓国の植民地近代化論争を中心に――

趙《チョ》　錫《ソク》　坤《コン》
（金　元　重訳）

## はじめに

世紀の転換点において、われわれは新たな歴史観の創出を求める声を頻りに聞くようになった。こうした現象は、世紀末症候群の一つであるとみることもできるが、むしろ既存の歴史観あるいはパラダイムはもはや現実を説明するのに不充分なのではないか、という共通認識が形成されたためであるといえよう。こうした認識変化の背景には、現実社会主義圏の没落と東アジア地域で現れた資本主義の急激な成長という現実が横たわっていると思われる。

韓国をはじめとする東アジア地域諸国家の資本主義化が急速に進展するにつれ、この地域は、近代化論の立場から「キャッチ・アップ」に成功した事例として言及されるようにもなった。またこれとは文脈を異にしながら植民地支配下の歴史的経験が、こうした経済成長に肯定的に影響を及ぼしたのではないかという展望が提起されもした。これは資本主義が社会主義との体制間対立で勝利を収めたことによって、近代化論で包装された帝国主義施恵論が現実的な力を得たためであった。

しかし、こうした認識の変化が、帝国主義の植民地支配が犯した罪悪に対する徹底した批判なしにすむならば、われわれは帝国主義戦争の歴史から何らの教訓も得ることはできないだろう。特に東アジア地域経済を歴史的に分析するときには、二〇世紀前半の東アジアを血で染めた日本帝国主義の「大東亜共栄圏」的発想に対する徹底した批判が伴わなければならないだろう。新しい方法論を樹立するためには、帝国主義国家の立場だけでなく植民地社会の内的発展にも注目すべきだが、それと同時に歴史発展を西欧資本主義発展の単線論で解釈しようとする「キャッチ・アップ」式発想を克服しなければならない。韓国史において帝国主義は、両面的な意味を持っている。植民支配を経験した韓国の場合、帝国主義は韓国近代史の原罪として理解されている。反面、帝国主義との出会い（開港）は近代の始まりであり、このときの近代は、中世の克服を意味するものでもあった。後者を極端に強調すると、帝国主義施恵論（近代化論）になるわけだが、前者の側面を極端化すれば、いきおい収奪論に行き着くことになる。

こうした両極端論を避けるとしても、それに代わる「開発と収奪」という単純な組合わせの捉え方でもって植民地時代を理解しようとする発想もやはり克服されなければならない。韓国史の立場で帝国主義を眺望する視点の転換が必要なのである。そのためには植民地期だけでなくその社会の歴史をより長期的な観点から把握し、そこから植民地的近代の特質を把握しなければならない。

現時点で一九世紀末、二〇世紀初の帝国主義の歴史的性格、韓国史と関連していえば開港（一八七六年）以後の日本帝国主義の性格を再検討することは、こうした意味で非常に重要だと考える。最近韓国で植民地時代の歴史的性格をめぐる論争が繰り広げられている点もこのことと無関係ではないだろう。この論争は植民地近代化論と内在的発展論との論争として争点が形成されている。(1)

論者ごとに多様な偏差をもって論争が展開されたために、一律的に規定するのは問題があるかもしれないが、論議の便宜上両者の立場を簡単に整理しておく。内在的発展論は、第一に、すでに朝鮮後期社会に封建制の解体的様相や資本主義の萌芽が現れていた、第二に、こうした力量が成熟していたにもかかわらず、自ら近代社会を樹立できないまま日本の植民地支配を受けるようになった内的・外的条件があった、第三に、解体が遅延された封建的な遺制が、植民地社会でもそのまま温存されて跛行的な社会構造をもつようになったと見る。

これに対し植民地近代化論は、第一に、現代の韓国資本主義は「成長のモーター」がまっとうに稼動する正常なものであり、資本主義的先進化のとば口に進入した、第二に、このように韓国資本主義の高度成長が可能だったのは、植民地工業化によって蓄積された人的・物的資産に負うところが大きい、第三に、このように植民地下で資本主義が発展できたのは、前近代韓国社会の特質に起因するものであって、それは暫定的に「小農社会の発展」と関連するものと思われる、と説明する。

論議の順序は以下の通りである。まず、帝国主義および植民地に対する既存の理解の仕方を整理し、これに対する代案として提起されたいくつかの論議を吟味する。次の節では最近韓国で進行している植民地近代化論と内在的発展論との間の論争（以下「植民地近代化論争」とする）での争点を検討する。こうした論争が生産的な成果を収めるためには認識方法の転換が必要なのだが、最後にそうした転換の基盤となる理論的代案や緊要な実証研究の主題について簡略に整理してみようと思う。

## 一　植民地下での開発と収奪

一九世紀後半に帝国主義が植民地確保に競争的に乗り出した理由を、一つの理論だけで説明することは容易ではない。ただし近代帝国主義に関する最も一般的な説明の一つは、経済的な要因で説明することである。帝国主義に関するマルクス主義的理論によれば、資本の集積と集中に伴い先進地域での利潤率は低下し、そうした余剰資本の捌け口として後進地域に対する政治的支配力の確保が必要になるというものである。この場合、植民地は帝国主義国の資本の捌け口であり、商品市場であり、原料供給地の役割を遂行するものとして認識される。

こうした経済的解釈に対してキャメロンらは、帝国主義に対する経済的解釈よりは「敵対的民族主義の成長と結びついた極端な政治的機会主義[2]」が一九世紀末の帝国主義の膨張を説明するのにより適合的だと主張している。こうした論議は先進諸国が植民地確保に乗り出した多様な理由を説明しようとするものではあるが、こうした論議では植民地側の事情は全然考慮されていないか、せいぜい受動的な対象と見なしているに過ぎない。

このように植民支配を経験した諸地域を受動的な対象として認識することは、韓国史において帝国主義を理解する正しい方式たり得ないことは自明である。いいかえれば植民地の観点から帝国主義を見据える必要があるということである。

ところでこうした認識転換においては、一つの看過することのできない重要な理論的難点がある。政治権力を喪失した植民地は、厳密な意味で近代国家とは異なるものであり、こうした差異が分析対象になる植民地の経済構造分析にも影響を及ぼすからである。

資本主義時代の経済分析で基礎単位となるのは、国民国家である。国民国家は歴史的には近代西欧で成立したが、以後地球上で西欧がヘゲモニーを掌握したことから、国民国家のイデオロギーは普遍的な価値を附与されることになった。しかし西欧近代国家が帝国主義的な膨張をし始めた時点で、このイデオロギーは植民地民族（あるいは人種）に対する排除（あるいは選択的排除）の論理として作用するようになった。[3] 事実大部分の植民地は、国民国家の形成段階に至ることができずにいたのであり、場合によっては列強の利害関係によって人為的に区画された地域として存在することを余儀なくされた。即ち帝国主義と植民地の関係は、厳密な意味で国民経済間の関係として把握することはできず、帝国主義国家の国民経済分析に適合した方式を植民地経済分析にそのまま適用する場合に派生する問題に対する検討が先行されなければならないのである。

植民地の立場から帝国主義を見据える観点のなかで、典型的であると同時に最も粗野な論議の一つは、帝国主義を収奪者と規定するものである。帝国主義は、植民地に存在する物的人的資源を可能な限りあらゆる手段を動員して掠奪する収奪者の姿で現れる。この論議が持つ盲点は、略奪メカニズムに焦点を絞るため、帝国主義の要求に対する植民地の「受動的」対応だけが浮き彫りにされ、植民地がどのように主体的に対応したかという論議には発展しにくい構造を持っている点である。原料供給地と資本投下先を求める帝国主義が片方にあるとすれば、それを映す鏡の反対側には、収奪される植民地の姿が当然存在しなければならない訳である。つまり、収奪論は西欧的帝国主義観の植民地バージョンに過ぎないのである。

これに対して、植民地治下では、帝国主義による収奪だけが恣にされたのではなく、開発もなされたという議論が提起された。[4] この議論では植民地下の朝鮮で植民地経済基盤の創出、生産増大、保健や教育のような条件の改善がなされたし、朝鮮人大資本家が誕生するなど植民地下でも開発が進行したことを強調している。

植民地下でなされた開発の側面を強調するこうした論議は、収奪論一色だった韓国史学界に大きな衝撃を与え、以後「植民地近代化論争」の契機を提供することにもなった。しかしこの議論は、植民地社会でなされた開発を立証する指標（近代的施設・生産規模の拡大など）を先進国民国家から類推し、両者の間に質的な差異がある可能性を考慮しないために、それらの指標が植民地社会でも同一の機能や役割を果たすだろうと前提していたという点で、依然として西欧資本主義中心的な単線的発展論理を堅持している。

「開発と収奪」は、資本主義が持っている「生産力発展に基づく剰余価値の追求」という相互不可分に関連した二つの側面を別の表現に置き換えたものに過ぎない。したがって両者は原理的に分離されうる性格のものではなく、二つの側面がどのように関連しながら互いを再生産しているかについての論議が深められないならば「開発と収奪」論は帝国主義施恵論と収奪論との折衷ないしは妥協に過ぎないということになろう。

こうした主張が前提にしている西欧中心の単線論的歴史認識を批判し、非西欧社会も固有の長期変動のリズムを持っており、こうした流れの中で植民地時期の内的変化を考察しなければならないという論議も提起されている。最近進展している東アジア地域の歴史再解釈の動きや植民地朝鮮での資本主義発展の成果に関する論議などがこれに該当する。

まず、東アジア地域の歴史は西欧の発展とは異なる独自の経路をたどったのであり、その点から東アジアの資本主義成長の源泉を見出そうという主張を吟味してみよう。中村哲は東アジアで資本主義が急速に発展したのは偶然ではなく、東アジア前近代社会の特質にその淵源を求めることができるという論議を展開した。(5) 彼は東アジア資本主義形成の内的諸条件として、農業の小経営的発展、近代的土地改革、非公式部門の存在、中小企業、国家と社会統合、植民地の存在方式などを挙げており、特に独立後の経済構造の変化と関連して植民地を類型化する必要があることを主張した。

中村氏の主張は、全世界と歴史の全時期を包括する一般理論として提示されたものであるだけに、今後よりいっそう多くの後続研究によって補強されなければならないだろう。しかし東アジア資本主義形成の内的諸条件として言及されているさまざまな要因は、理論的に構造化されているとはいえず、羅列されるに止まっている。

堀和生は資本主義形成に関する既存の議論が、大部分一国単位の産業革命論や先進資本主義万能論に基づいていると批判する。そうした分析枠組はまだ国家形成に至っていない植民地を分析するには不適切であり、その代案として資本の本源的蓄積概念を利用して植民地の資本主義化を分析することを提案した(6)。

彼はこれを基礎として分析単位を東アジアに拡張し、戦間期の朝鮮、台湾、中国は対外貿易の側面で異質的な様相を示しているが、一九六〇年代後半以後の東アジアの急速な変化にも匹敵する大きな変化が戦間期に生じ、このとき形成された対外関係の類型が、第二次大戦後にも類似して現れたと主張した。彼は植民地下朝鮮、および台湾の工業発展を非常に肯定的に評価すると同時に、それが戦後の韓国、台湾の資本主義発展とも非常に密接な関連があることを示唆している。

堀氏の主張は、植民地社会を国家単位で想定して分析する場合発生する問題点を指摘して、当該地域での資本主義形成史を把握しようという非常に進んだ歴史認識を示している。この問題意識は、後述する植民地近代化論と共有するものでもある。しかし彼の主張は、理論的、実証的にきわめて深刻な問題を内包している。

彼が分析単位として想定している東アジア地域は、戦前の円ブロックに属した諸国家からなっていて、日本と密接な連関を有していた地域であるが、戦後においてはそうした連関は断絶された。また戦後、各地域は独立した国民経済の樹立に成功したので、それぞれの地域における資本主義の歴史に比べると日本帝国主義に包摂されていた時期はむしろ短かったといえる。こうした点を無視したまま、戦間期の状況を戦後にまで拡大解釈する場合、大東亜共栄圏の時間的拡大という問題を惹意することになりかねない。

つぎは、特に植民地朝鮮で進行した植民地工業化の人的・物的遺産が、韓国資本主義の成長に寄与したという主張を実証的に立証できるかという問題である。解放後、帰属企業体の価値破壊と韓国戦争の被害によって、物的遺産の継承は取るに足りないものであったし(7)、人的遺産の蓄積に寄与した教育や技術習得の拡大は、日本帝国主義の政策よりは朝鮮人自身の自己開発努力に起因したところが大きいという反論が提起されている(8)。

結局、植民地社会を分析するとき、資本主義の形成という観点から帝国主義の影響力を内在化させて把握する必要はあるが、西欧中心的な単線論に埋没しないようにするためには、当該地域社会に固有の長期変動のリズムをもう少し深く考察することが必要である(9)。開港以後、現在に至る韓国史を韓国資本主義史の立場から眺望し、そのなかに植民地時代の資本主義の形成と発展を位置付けるという発想の転換が必要である。

こうした立場で植民地期の経済を扱うときには、開発の量的大きさばかりでなく、質的性格の変化にも焦点を置かなければならない。帝国主義によって創出された新しい経済制度は、以前の経済制度を再編・歪曲し、その過程で経済体制の受恵者層を変化させることになろう。植民地経済制度が持つこうした特質を十分に分析しえたとき、はじめて韓国史における植民地時期の歴史的意味を正確に評価することができるであろう。

このことは、資本主義あるいは近代に対するユートピア的幻想を捨て去ることから出発する。資本主義は他の地域に自身の姿を複製することのできる強力な能力を持っていて、そうした複製能力の源泉は、無限の利潤追求動機とそれを可能にする生産力の格差である。そしてその過程で前近代社会のそれとは形態は異なるけれども、人間による人間の過酷な搾取も温存され、むしろ強化されもする。これはフランス革命によって与えられたもう一つの近代の表象である「平等」という概念が内包しているイメージとは質的に異なる様相である。

そうした搾取関係が地域的に拡大されたものが植民地である。即ち植民地は、資本主義が自国の範囲を超えてより大きな利潤を得ることができる搾取分野を創出した空間であるといえる。こうした過程を経て植民地で形成された近代化を、植民地近代化と呼ぶことができる。[10]

結局、植民地近代化の植民地時代認識は、資本主義形成史の観点を取りながらも、分析単位としては朝鮮を選択する。植民地時代の経済は、日本帝国主義の域外分業圏としての性格をもつために日本帝国主義との連関が重要である。これを考慮するならば植民地時代の分析においては、東アジア地域を分析対象範囲とする堀和生の方式も妥当するが、植民地期以前と以後の韓国史を長期的に眺望するときは、むしろ朝鮮を中心に把握するほうが長所をもつことになる。開港以後から今日に至る長期近代という観点から見るとき、日本帝国主義の植民地支配はむしろ短い時期であり、それは植民地以前の朝鮮社会が一つの統合された中央権力の支配下にあったために、いっそうそういえるのである。

だからといって植民母国の植民地に対する影響力が、副次的に考慮されるというのではない。単純化していうなら、帝国主義－植民地関係において帝国主義国家のすべての国民が利益に与るわけではないし、植民地のすべての住民が収奪さ

| 区　分 | | 朝鮮の既成体制に対する態度 | |
|---|---|---|---|
| | | 好意的 | 反体制的 |
| 帝国主義（日本）に対する態度 | 好意的 | 開化派 | 一進会等 親日組織 |
| | 嫌悪的 | 衛正斥邪派 | 農民軍および義兵 |

れるというわけでもない。実際に、西欧文明を解放者あるいは開発の伝道師として実感する人々もいるのであり、彼らこそ植民地近代化の最大の受恵者になったはずである。

植民地の観点から帝国主義を眺望するということは、帝国主義の侵入に対して植民地住民たちが、どのような多様な方式の対応をしたかを考察することでもある。開港期以後、朝鮮の帝国主義に対する態度と朝鮮の既存体制に対する態度を基準として開港期のさまざまな政治勢力を分類すると上の表のように整理することができるだろう。帝国主義はこうした複雑な構図をそれなりの方式で利用しながら、自己の支配力を構築していった。この過程で帝国主義は、開発者の姿を取りもし、掠奪者の姿で現れもしたが、その究極的な裏面には資本の論理、即ち利潤動機が内在していた。したがって植民地の資本主義化は必然的なものであった。

しかし植民地の歴史と関連してより重要なことは、こうした帝国主義による植民地経済の再編ばかりでなく、この過程で生じる植民地経済体制の歪曲や植民支配受恵層の登場などの側面である。植民支配から利益を享受する例外的少数の住民は、植民地近代化の受恵者になることができ、植民遺制清算の徹底性如何によっては植民地から解放された以後にもその地位を維持するとができるであろう。

## 二　植民地認識パラダイムの検討——「植民地近代化論争」の争点

韓国史、特に植民地時代に関する多様なパラダイムが提示される裏面には、二〇余年の間に蓄積された実証研究成果が厳として存在している。一九六〇年代以後、韓国史研究が植民史観の克服を掲げて朝鮮後期社会に関する多くの研究を蓄積した結果、一九七〇年代後半には内在的発展論を定立するに至った。

一九八〇年代半ばに行われた「社会構成体論争」は、主として現代韓国社会の変革運動の展望と関連したものであったが、これを契機に植民地半封建社会論に基づく植民地時代の認識方法論に対する再検討もなされるようになった。また一九八〇年代半ば、いわゆる三低好況期に韓国の貿易収支が大幅な黒字を示すと、「開発と収奪」論や「中進資本主義論」などと結びつきながら、この現象を植民地時期の経済発展と連関させる議論が提起され始めた。

しかしこうした主張は、当時の〔正統的な〕韓国史学界では一顧だに値しないものとして一蹴されてしまい、本格的な学界の論争として発展することもなかった。ところが一九八〇年代半ば以降、主として経済史学界を中心に植民地時代に関する実証研究が溢れるばかりに出始めると植民地時代の歴史に関する認識が深まり、「収奪と抵抗」という内在的発展論の認識とは異なる方法論を形成し始めた。こうした両者の立場の差異は、一九九〇年代半ばに「植民地近代化論争」に飛び火したのである。

いまこの節では、「植民地近代化論争」の争点になっている内容を、光武量田と土地調査事業、植民地農政の展開、植民地工業化などの分野について整理することにしよう。これを通じてわれわれは、西欧中心の単線的史観に立脚していたり、植民地期だけを分節的に認識する短期的観点に立脚した主張を批判的に克服し、論争の進展のために必要な実証研究分野が何であるかを把握できるだろうと考える。

## 一　光武量田と土地調査(11)

中世の最も重要な生活手段は土地であったので、土地をめぐる生産関係が近代的に変貌したかどうかは、近代の移行において重要な指標となる。したがって近代的土地所有制度確立の契機を明らかにすることは、近代の移行と関連してきわめて重要な意味を持つ。土地調査事業と光武量田に対し、多くの研究者が関心を持つのはこのためであった。

土地調査事業に対する伝統的な理解の仕方は、収奪論的なものであった。それによれば土地調査事業は、朝鮮後期にすでに高度に発達した私的土地所有制度を単純に法認したものに過ぎず、日帝〔日本帝国主義〕が土地調査を実施した真の理由は、申告主義という複雑な手続きを通じて朝鮮人の土地を掠奪し、地税を増収して植民地統治の物的基盤を確保するためのものであった。

しかし裵英淳と趙錫坤は、申告主義が土地掠奪のための制度的装置ではなかったことを立証し、さらに趙錫坤は紛争地の処理過程、筆地別地税額決定過程に関する分析を通じて土地掠奪や地税増収を土地調査事業の本質と見る主張を反駁した。彼は土地調査事業の意義は、登記制度を樹立するための基礎資料を提供することによって、近代的土地所有制度を確立したことにあり、また筆地別負担の公平化を通じて従来の結負制の矛盾を克服することで近代的地税制度を確立したところにあると主張した。

土地調査事業によって近代的土地所有制度と地税制度が確立されたという主張が提起されるや、既存史学界では、日帝の土地調査事業ではなく、日帝の植民支配以前に実施された光武量田事業が、最初に近代的土地所有制度を確立した土地調査としての性格をもつと反駁した。既存の量案の性格については量案＝土地台帳説と、量案＝地税徴収台帳説の二つの主張があったが、その論争が光武量案についてもそのまま再現された形になった。

韓国史の少壮学者たちを中心に構成された韓国歴史研究会の一つの共同研究では、光武量案＝実地調査簿、官契発給＝所有権査定過程という等式を設定して、光武量田事業を日帝の土地調査事業と質的に同一な事業と見なした。彼らは、光武量田・地契事業を通じて近代的土地所有権が確定される手続きを踏んだのであり、これは土地制度上で見るとき韓国中世社会の最終帰結点であると同時に、近代社会への出発点であるという意義を付与することができると評価した。これに反して李榮薫と宮嶋博史は、量案は一度作成されればほとんど訂正されないのでそれをもって所有権の変動を知ることができず、所有者も分録・代録などの形態で記載されており実際の所有者を把握することは不可能であるという点を挙げて、量案を土地所有権証憑資料と見なすことは困難だと主張した。

この論争過程で、土地調査事業を通じて形成された国有地がすべて掠奪の所産であるという従来の収奪論の主張が虚構であることが明らかとなったし、光武量田の性格も土地調査事業のそれと同列に置くにはさまざまな面で不充分だということがはっきりとした。にもかかわらず、このような無理な論理展開がなされた理由の一つは、西欧の歴史発展過程を朝鮮のそれに無理に適用しようとしたためであった。

土地調査事業を通じて近代的土地制度が確立されたということは、近代への移行という歴史的課題の最終局面が、日帝によって完成されたことを意味する。もちろん朝鮮後期以来の私的土地所有の発達が前提とされなかったならば、土地調査事業が行われた七年余という短い期間に近代的土地制度が完成されることはなかっただろう。しかし土地調査事業の過程で体系的な土地収奪が存在しなかったことが立証されるに及んで、従来の土地調査事業に関する収奪論的認識が虚構であったことが明らかとなり、光武政権が近代的土地所有制度確立に失敗したことが明らかになるなかで、光武政権の近代性に対する疑問が提起されもした(12)。

だからといって韓国歴史研究会の共同研究が提起した外国人の土地所有禁止と地契発行の歴史的意義については、正当な意味附与があってしかるべきであり、土地調査事業当時主として島嶼地方で生じた大規模な土地紛争についての具体的な実証研究を通じて、それが持つ植民地的特質をより明確にする必要がある。

もう一つ指摘すべき点は、土地制度の再編過程で一定の植民地的歪曲が起こりうるという点である。土地調査事業を通じて朝鮮の土地制度は、日帝のそれと同一のものとして再編された。その過程で宗中の土地を中心に形成された総有的土地所有は法的に否定されたが、慣習的には今でも命脈を維持している。こうした法と現実との差異は、以後多くの土地紛争の原因となったのであり、これは日帝による近代化過程で現れた朝鮮固有の土地所有に対する歪曲に起因したものであると見ることができる。

## 二　農村振興運動――植民地農政の性格と農民(13)

植民地下農村の主要な生産関係は、植民地地主制であった。植民地地主制は、植民地期に零細小農ばかりでなく、朝鮮人中小地主没落を先行条件として土地を集積していった日本人・朝鮮人大地主によって作り出された土地所有制を指し示すものである。朝鮮総督府は、朝鮮を植民地として維持するためにこのような植民地地主を植民統治の梃子として使用し、その過程で農民の大多数である小作農は、不利な立場に置かれるようになった、というのが通説的な主張である。

鄭然泰は併合以後、総督府が実施した地主中心的な農政は、小作農の経済的地位を下落させ統治費用の増大という問題を発生させたため、一九三〇年代になると地主中心の一方的な農政を廃止して社会改良的農業政策を実施するようになるが、その本質的属性は変わらなかったという。この政策を通じて育成されたのは体制順応的な一部の中堅人物たちだった。

反面、朴ソプはこうした地主中心的な農政の基調と、一九三〇年代における改良的変化という認識には共感しながらも、そうした日帝の政策変化に積極的に対応して自己の地位を上昇させていった農民たちが存在したことを主張した。彼は日本の近代農業技術が朝鮮に導入されて農業生産力が増大したのだが、このことが可能だった理由は、導入された技術が朝鮮後期以来の韓国農業の発展方向と一致したためであると見た。特に地主ばかりでなく農民も自己の経済的地位を上昇させようという意図の下に、こうした変化に積極的に対応したというのである。こうした農村の成長は、植民地後期の「農業生産力の増進」を通じて工業化に必要な労働力と農産物を提供することを可能にしたのであり、結果的に農業が植民地工業化の動因の一つであったことを主張した。

両者は一九三〇年代に農政の基調が変化したことを認めながらも、それに対する農民の対応の仕方とそれに対する評価においては差異を見せている。鄭然泰は農民たちが日帝の農政変化に受動的に対応したと考えたのに対し、朴ソプは政策変化と生産力変化に能動的に対応する農民を強調している。

個人的には、植民地農民の積極的な対応を検出しようとした朴ソプの見解を高く評価するが、こうした仕方で対応した農民たちが植民地社会でどの程度の比重を占め、どれほど影響力を行使したかに対する研究の進展がなければ、「浮き彫り的認識」という批判も可能だ。また、こうした農民の主体的対応がどのような成果を生み出し、以後の農村社会にどのような影響を及ぼしたかに関する研究も進められなければならないだろう。

## 三　植民地工業化

一九三〇年代に入って日本資本が朝鮮に大挙して流入するようになると、朝鮮の工業生産額が大きく増加した。これを植民地工業化と呼ぶのだが、この成果が戦後、韓国の資本主義発展とどのような連関を持つと認識するかによって、植民地支配に対する歴史的評価が異なってくる。植民地工業化と関連した論争は、朝鮮人資本の成長可能性という側面と労働者の状態などの二つの側面で展開された。(14)

伝統的な理解によれば植民地工業化は、日本の大陸兵站基地政策の一環として推進されたもので、日本人資本が主導し、その過程で労働者階級は階級的および民族的搾取という二重の搾取に悩まされた。そして民族資本（朝鮮人資本）は、植民地権力の直接的な規制とそれが作り出した経済体制の中で蓄積基盤が狭小かつ不安定たらざるを得ず、したがって植民地経済体制と強く結びつく以外に、他の発展の道がなかったのが現実であったという（民族資本の隷属資本化）。

しかし最近・植民地工業化において朝鮮人資本も能動的に対応して成長することが可能であったし、労働者階級も工業化の過程で自己の能力を増大させていったという主張が提起された。エッカートは、植民地下でも朝鮮人によって近代的大企業が成功的に成長したのであって、これはまさに韓国で資本家階級が出現したことを意味するものだと解釈した。朱益鍾は、大企業だけでなく中小企業でも資本主義的企業家群が出現したことを立証した。

労働者の状態に関する歴史研究での伝統的立場では、労働者階級の熟練形成の問題は考慮の対象ではなかった。広範な農民の貧窮、脱農と海外移住などと関連した労働者階級の状態は、彼らの個人的な成長や蓄積を論議する余地など問題外とされていた。広範な農村過剰人口の存在と民族的差別が重なって労働者は飢餓線上の低賃金を甘受するしかなかった。一方、経済史学の立場から安秉直は、朝鮮人の賃労働者化は基本的には自発的なものであったし、技術と熟練の吸収という点で朝鮮人労働者の発展は、日本人‐熟練工、朝鮮人‐非熟練工という基本構造の下での民族的差別が存在したものの、植民地末期には労働者の需給関係が変化するにつれ、朝鮮人が中・上級技術者に進出することが可能になったと見た。

資本所有主の国籍や政治的性向によって資本家を類型化しようとする民族資本論は、階級同盟を分析するという観点では一定の有効性があるものの、理論的には多くの問題点を抱えていることは明らかである。しかし植民地下の工業生産額の増加を一方的に強調する議論も問題がないわけではない。論争の構図上、工業生産額の増加を一方的に強調するならば、植民地住民たちの人間的な生の質の問題が度外視されるのは目に見えている(15)。また植民地期における人的・物的資産の蓄積に対する評価の問題も、それが以後の韓国工業化と連結されるという事実が具体的に実証されてこそ説得力を持つことができる。

また近代的制度が既存の市場構造を再編した側面も考慮しないわけにはいかない。鉄道建設のような近代的インフラの構築は、朝鮮伝来の流通網に従うよりは、日本帝国主義の要求に沿ってその経路が構築された。これに伴って生じた既存流通網の再編は、植民地近代化にともなって既存秩序が歪曲・変形された一つの事例となるであろう。

## 結び

一九世紀末の帝国主義の歴史的意味と植民地を経験した国家／地域でのそれに対する評価に関しては、多様な論議が提起された。帝国主義による植民地開発の側面を強調した近代化論や掠奪の側面を強調した収奪論は、いずれも一面的であるという点で批判の対象になるが、「開発と収奪」論もやはり西欧中心的な単線論史観で代表される帝国主義の立場から植民地を捉えるだけで、植民地の積極的な対応方式を考慮することができなかった。

非西欧的な観点から、さらには植民地支配を経験した地域の観点から帝国主義と植民地を認識しなければならないという議論は、こうした点で植民地時代に対する認識を高揚させたものだった。これは植民地時期の「開発」の側面を資本主義形成史の観点から把握するものであり、さらには当該社会の長期変化の流れのなかでそれを位置付けようとする試みである。ところで東アジア経済圏を一まとめに括って分析することは、日本帝国主義史の観点に陥没してしまう恐れがある。そういうやり方は、西欧中心的観点が日本中心的観点に置き代えられただけに過ぎない。

このため韓国史において植民地時代の研究は、資本主義形成史の観点から把握しなければならないが、その場合依然として一国史的観点を維持する必要がある。植民地近代化論として分類される最近の研究成果が、こうした立場に立って植民地下資本主義の発展とそれに対する朝鮮人の対応様式を積極的に評価するのは鼓舞的なことである。

しかしこうした研究成果が新たな植民地認識方法論として定着するためには、もっと多くの研究の蓄積が必要だと思われる。新しい研究成果は植民地で達成された開発の側面を明らかにするという水準を超えて、そうした開発の側面が朝鮮社会の経済構造をどのように再編・歪曲し、その過程で植民地住民の人間的生の質がどのように変貌したかを明らかにする方向で深められなければならないだろう。

特に韓国史で植民地時代を正しく認識するためには、長期史的観点が必要である。長期史的観点とは単純に分析対象時間を拡大するという意味ではない。分析時期全体を包括する長期持続の構造を明らかにし、[16]それを中心にして波動するそれぞれの時期の変化を考察しようという意味である。このとき長期持続構造の核心は、もちろん資本主義であろうが、その姿を規定する多様な要因を朝鮮後期以来の長期的な変化のなかで考察するとき、はじめて植民地近代化の歴史的性格に対する正しい評価がなされることになるだろう。

(1)　この論争と関連した文献目録は、趙錫坤、「植民地近代化論と内在的発展論の再検討」(『動向と展望』三八号、一九九八 夏号)の参考文献および鄭然泰、「〃植民地近代化論〃論争の批判と新近代史論の模索」(『創作と批評』一〇三号、一九九九 春号)の脚注にある諸論文を参考にしていただきたい。

(2)　ロンド・キャメロン、李憲大訳『概説世界経済史』(ソウル、一九九六)、三五〇ページ。

(3)　国民国家のイデオロギーと少数民族排除の原理、即ち人種主義との関係については、植村邦彦「ナショナリズムと人種主義」若森章孝、松岡利道編『歴史としての資本主義』(青木書店、一九九九)参照。

(4)　Ramon H. Myers and Mark R. Peattie (eds.), *The Japanese Colonial Empire 1895 - 1945* (Princeton, 1984) およびCarter J. Eckert, *Offspring of Empire: The Koch'ang Kims and the Origins of Korean Capitalism* (Seattle & London, 1991) 参照。

(5)　中間的土地所有論や資本主義論へと続く彼の論議は、全歴史時期を包括する膨大なものであるが、特に中進資本主義論は発表当時韓国の学界に大きな波紋を引き起こした。これに対する詳細な論議は中村哲、安秉直訳『世界資本主義と移行の理論』(ソウル、一九九一)および中村哲編『東アジア資本主義の形成』(青木書店、一九九四)参照。

(6)　堀和生『朝鮮工業化の史的分析』(有斐閣、一九九五)。

(7)　李大根「解放後帰属事業体の実態とその処理過程」安秉直ほか編『近代朝鮮の経済構造』(ソウル、一九八九)。

(8)　許粋烈「〃開発と収奪〃論批判」『歴史批評』四八号(一九九九 秋)、一四四—一六一ページ。しかし許粋烈は、収奪と開発論を批判するについて朝鮮人経済と朝鮮経済を区分する論理を展開している。これは日本人経済と朝鮮人経済とが無関係なまま独立的に存在するという二重構造論的認識枠組みを想定するものであって、植民地下資本主義発展を本源的蓄積の観点から把握しようという問題意識からはかえって後退している。

（9）こうした点で二一世紀新近代化論として「長期近代史論」を提示した鄭然泰の分析は、非常に示唆するところが大きいといえる。鄭然泰、前掲論文、三六九―三七六ページ。

（10）植民地近代化は、近代を代表する資本主義と民主主義という二大軸のうち民主主義が存在しないという点で西欧の近代とは区別される。

（11）この主題に関する論争は金鴻植ほか『朝鮮土地調査事業の研究』（ソウル、一九九七）および韓国歴史研究会、土地台帳班『大韓帝国の土地調査事業』（ソウル、一九九五）が各々植民地近代化論と内在的発展論の立場を代弁している。

（12）土地調査事業に関する収奪論的認識に対する批判は、趙錫坤「収奪論と近代化論を超えて」『創作と批評』九六号（一九九七年夏）を参照。この論文によって「植民地近代化論争」が本格化した。

（13）この論争では朴ソプ『一九三〇年代朝鮮における農業と農村社会』（未來社、一九九五）および鄭然泰「日帝の韓国農地政策（一九〇五―一九四五）」（ソウル大国史学科博士学位論文、一九九四）がそれぞれの立場を代表している。

（14）民族資本に関する古典的議論としては、梶村秀樹『朝鮮における資本主義の形成と展開』（龍渓書舎、一九九七）を参考にせよ。大企業資本家の成長は Carter J. Eckert, *Offspring of Empire*, 中小企業資本家群の成長は朱益鍾『日帝下平壌のメリヤス工業に関する研究』（ソウル大経済学科博士学位論文、一九九四）を参考にせよ。労働者の状態については安秉直ほか『近代朝鮮の経済構造』（ソウル、一九八九）および姜萬吉『日帝時代貧民生活史』（ソウル、一九八七）を中心に整理した。

（15）英国史において産業革命期の労働者階級の生活水準をめぐる論争は、資本主義の発展と人間の生の質の下落が並存しうることを示してくれた。植民地期に関する認識の進展のためには単純な量的成長の強調ではなく、住民一般の生の在り方に対する研究の深化が同時に求められる。

（16）朝鮮後期に確立されたいわゆる「伝統」が近代によって克服されず、かえって不断に継承されたという宮嶋博史の主張は、こうした槻点から非常に示唆的である。宮嶋博史「東アジア小農社会の形成」溝口雄三ほか編『アジアから考える　6　長期社会変動』（東京大学出版会、一九九四）、九三―九四ページ。

シンポジウムによせて

# 6 韓国「国史」教科書に見る歴史像と近代化論争

横田安司

## はじめに――解放後韓国の歴史教育と歴史研究

解放後、新たに出発した韓国の歴史研究においては、日帝植民地史観を克服し、新しい国家建設の方向を示し得る歴史発展の論理を体系化することが当面の最大の実践的課題とされた。それは他律・停滞性論として韓民族の自立性を否定し、さらに自らの力で近代への道を切り開く可能性を否定したものだった。韓国の歴史研究者は歴史教育を通じて、日本の植民地支配下で自信を喪失していた韓国人に、自民族の歴史と文化に対する誇りを持たせ、国家建設の主役に相応しい主体的歴史意識を体得させる政治的、社会的責務を負ったのである。(1) こうして登場したのが内在的発展論だった。それは朝鮮時代後期に自生的な資本主義的生産関係の萌芽が発生していたことを実証した資本主義萌芽論とともに、前近代韓国社会の歴史発展を「世界史の基本法則」の上に正しく位置づけようとしたものであり、一九六〇年代後半から七〇年代にかけて、韓国史学界における歴史認識の主流となった。

一方、一九七二年に成立した維新政権は、「国籍ある教育」を掲げ、韓国史教育に特別な意味を与えた。「国史」は民族の主体性と文化の創造性、韓国社会の内在的発展、外敵の侵略に対する韓民族の抵抗を強調することによって、民族主体性の確立という維新体制の理念を具体化していく国策科目とされた。ここには韓国史学界の研究理念と通じ合うものがあった。韓国史学界の一部はこれに呼応し、政権、学界、学校教育三位一体の歴史政策が展開されていく。国定教科書を通じて公定の韓国史像が流布され、過去の記憶に形を与え、やがて政治的、社会的規範意識として国民の間に定着していった。[2]

だが、七九―八〇年の「ソウルの春」以来、いったんは押さえ込まれていた韓国の民主化運動は八〇年代後半から再び活発化し、冷戦の終結と社会主義体制の崩壊という新しい国際的条件の下で、韓国史研究に対するイデオロギー的・社会的制約もある程度緩和された。欧米の韓国史研究の成果も紹介されて韓国史研究のグローバル化が進むなかで、研究の視角に変化が生じ、これまでの主流的韓国史像の再検討が積極的に始まった。本稿ではまず韓国高等学校「国史」教科書における主流的韓国史像を概観したうえで、近代への移行をめぐって生まれた論争を紹介し、その意味について考えてみたいと思う。

## 一　「国史」教科書における主流的韓国史像

高等学校「国史」教科書[3]における韓国史像ないし韓国史観の特徴は、内在的発展論に基づく歴史観である。王朝の交代、政治勢力の移動や変質は、すべて社会の内在的発展の結果として説明されている。

たとえば、新羅末の古代的貴族に代わる新しい社会勢力として登場した豪族勢力を結集した高麗は、国内を整備して中央集権体制を完成し、北進して渤海の遺民を吸収して民族の統合を強化した。しかし、元の「干渉」期に元と結託して土地を兼併し、民衆からの収奪を欲しいままにした権門勢族が生まれる。朝鮮王朝の成立は、こうした権門勢族に対する新進士大夫階級と新興の武人、農民兵士による革新という立場から説明される。したがって、それは単なる王朝の交代にとどまらず、政治、経済、社会、文化にわたる全般的発展を意味する。社会内部の諸要素の成長と発展、古いものの没落と新しいものの定着、それが国家体制の整備へと向かい、民族の統合を強め、対外的発展をもたらしたのである。

朝鮮時代は、一五九二年の壬申倭乱と一六三六年の丙子胡乱（清の進入）を前期と後期の分岐点とし、前期を「近世」、後期を「近代社会の胎動」期に分類している。

これは一九七〇年代の歴史研究の成果として、これまで一律に封建的とだけ考えられてきた朝鮮社会が、前期においてさえ、自営農民の広範な成立、科挙による社会移動の活発化などを通して封建的要素と近代的要素の合流した「近世」社会であること、一七世紀以後になると、政治・経済制度の改革、産業の発達、思想面での実学の台頭などにより、近代社会を目指す新しい要素があらわれたことが明らかになったからである。

後期が「近代社会の胎動」と位置づけられたのは、朝鮮後期社会にあらわれた近代的要素を高く評価しようとする韓国史学界の一つの傾向を反映したものであろう。農業生産力の増大と経営規模を拡大して営利を目指す経営型富農の成長、大量の貧農層の発生など、農民層の両極分解が進行し、さらに商業の発展は国家統制から離脱した自由な商人と手工業者を生みだし、旧来の支配体制を動揺させていく(4)。現実から遊離した性理学（朱子学）を批判し、身分制度を批判する新しい思想が生まれてきた。実学、天主教、東学などである。一八世紀における朋党政治（党争）の激化は、社会のこのような動きに対応できない支配体制の矛盾をあらわしたものである。

一九世紀後半の韓国史は、内から芽生えた近代的要素（資本主義の萌芽）の発展が外国勢力の侵略によって遮断され、歪められた歴史である。歪められた歴史の筋道を正し、自立した近代社会への道を回復するための主体的な努力を明らかにすること、これが韓国近現代史研究の主潮となった。この時期は「開化」、「改革」、「救国」、「民族独立運動」の時期として構成され、日本による植民地支配の時期は「民族の独立運動」の時期としてとらえられている。

## 二　近代への移行期における韓国史像

### 一　資本主義萌芽の発展と小農社会

韓国史像の再検討は、まず前近代から近代への移行の問題をめぐっておこなわれた。前章で見た主流的韓国史像を念頭に議論の筋道を追ってみることにする。

李榮薫は内在的発展論の実証的根拠である資本主義萌芽論に対して、朝鮮固有の自然的・社会的条件を無視した理論であり、農業発展の方向を英国の近代農業と同様にとらえるものだと批判し、韓国社会独自の構造と変化の在り方を明らかにすべきだと主張した。彼は量案（土地台帳）の分析を通じて、朝鮮後期の農村社会においては、上層農と零細農が減少していくなかで、従来の非自立的農民経営が中農に均等化していったことを明らかにした。一七世紀に普及した移秧法のような新農法も経営規模の拡大よりは狭い土地に高い生産性を追求する小農的集約農業に有利にはたらいた。一七世紀には人口の四〇パーセント程度だった奴婢身分の比率も、旧韓末には六―七パーセントに低下し、ほぼ解体してしまった。奴婢たちは都市や鉱山に逃亡したのではなく、農村でそのまま自立した。こうして李榮薫は朝鮮後期の社会・経済的発展を「小農社会の成熟」と規定し、農民層の両極分解を通じての農業における資本―賃労働関係の成立というこれまでの主流的学説を否定したのである。

主流的学説は、朝鮮後期における商品貨幣経済の発展を大きく評価した。それは一七世紀を通じて拡大し、一八世紀後半を頂点として全国的ネットワークを完成した場市（農村の定期市）網、これを結ぶ行商人、仲介業者である客主の活躍、さらに都市における私商の活躍などをそのまま近代＝資本主義の萌芽と見たが、李榮薫はこれらが経済構造全体のなかでどのように統合され、どのような発展の方向を示しているか見極めるべきだと主張した。朝鮮国家は市場経済が一定規模を越え、社会的均衡が崩れると見るや、還穀米の放出、物資の域外移動の禁止、また市場権の売買などを通じて市場に介入して、小農経営の維持を図った。こうした体制の下では、商品貨幣経済の発展は小農社会の枠の中に止まり、資本の蓄積は大きな制約を受けざるを得なかった。農村の場市では地主・上層農の余剰穀物、中農層の家内手工業製品、下層農の賃労働が有無相通じる形で交換され、小農社会の再生産と自立が可能になったが、それとても歩いて一日行程という小規模な場市圏を越えるものではなかった。小農経営の自立が進むとともに、家族制度にも変化が起こり、妻方居住から夫方居住へ、男女均分相続から長子相続へと変わった。儒教的生活規範は両班層から一般庶民層にまで浸透し、現代韓国社会の基礎ともいえる「伝統社会」が成立したのである。彼はこのような前近代韓国社会の性格を西ヨーロッパの前近代とは異なる「小農社会」として定式化した(5)。

こうして朝鮮時代後期に関してまったく異なる歴史像が成立した。一つは朝鮮社会内部で生まれた資本主義の萌芽が着実に成長し、近代へ向かって発展を続けている力動的な社会であり、もう一つは自足的な小農社会の成立というイメージである。それぞれの論者たちにとって、韓国の近代化問題とはどのようなものだったのであろうか。

## 二　自主的近代化と移植された近代

金容燮によれば、韓国の農村では、すでに開港以前から、資本主義的関係が発展し、地主・富農と貧農・賃労働者の間の対立が深まっていた。さらに国家の苛酷な徴税は下層民に重い負担を強い、農民の抵抗（民乱）が頻発した。開港期に入って、矛盾はさらに深まり、一八九四年の農民戦争で絶頂に達した。こうして二つの課題が提起される。一つは国家体制の近代的改編の問題であり、もう一つは土地問題である。彼は韓国の近代的変革の可能性には、地主的土地所有を維持しつつ近代化を目指す地主的コースと農民的土地所有を実現しようとする農民的コースの二つの道があったと見た。農民的コースの変革は、一九世紀後半に頻発する農民抗争と一八九四年の農民戦争の流れであり、地主的コースの改革は、開化派や光武政権による近代化運動としてあらわれたというのである。

ただこうした変革のヘゲモニーをめぐる戦いは、開港以後、帝国主義勢力の影響によって歪められた形で展開された。国内の階級関係から見れば、農民的・革命的コースは地主的・改革的コースを圧倒し得るほどの勢力に成長していたが、外国勢力の介入によって最終的には上からの改革以外の可能性がなくなったのである。(6)

小農社会論の立場からすれば、一八七六年の開港は近代への起点としての意味を持っている。開港によって朝鮮社会は世界市場に開かれ、伝統経済の再編成が進められた。輸出商品としての米穀市場の拡大に便乗した地主の活躍ぶりが目立った。開港以前にも、小農経済の発展を土台にして、地主制の成長が見られなかったわけではない。しかしその規模や成長の速度はそれほど大きなものではなかった。自然災害や分割相続、さらに国家による収奪の恐れもあり、安定した蓄積の条件がなかったからである。李榮薫は、植民地期の一九三〇年代、忠清南道で一〇〇町歩以上を所有した大地主八九名の中二三名が植民地期に、五〇名が開港期に産を成したという調査結果を引いて、韓国における近代を主導した地主階級は基本的に開港期の所産だったことを明らかにした。だが伝統経済の再編過程は徐々に進行した。米穀の輸出が本格化した一九〇〇年以後にも、一九〇五年まで輸出は総生産量の四パーセント強に止まり、開港場の精米所以外に資本制企業はまだ発生していなかった。むしろ、開港の刺激で農村場市が再び活性化したほどだった。こうした過渡的状態は、大体一九一〇年代まで続いたという。地主たちに営利を目指す新しい活動の場が安定的に提供されたのは、植民地の初期、一九〇五―一九一八年に日帝によって貨幣・金融・財政の近代的制度が移植され、また土地調査事業によって近代的私有財産制度が確立されてからであった[7]。

韓国における近代化の問題は、金容燮にとっては、自律的近代化の過程に立ちふさがってこれを妨げようとする外国勢力との戦いの問題であり、李榮薫にとっては、韓国伝統社会が押し寄せてくる西ヨーロッパ的近代にいかに対応するかの問題であった。李榮薫によれば、韓国の近代＝資本主義は外から移植される他なかったのである。

## 三　朝鮮土地調査事業

日帝が一九一〇―一九一八年に実施した土地調査事業（以下、「事業」と略称する場合もある）は、朝鮮の全耕地を新たに測量して、一筆ごとに土地所有権、地価、土地形貌を調査した事業だった。調査の結果は土地台帳に登載され、土地売買と地税賦課の基礎書類となった。圧倒的に農業国だった当時の朝鮮にとって、土地制度は経済・社会の根幹をなすものだったから、「事業は」朝鮮社会全体に大きな影響を及ぼしたに違いない。

李在茂、金容燮、愼鏞廈[8]などは、「事業」が朝鮮後期以来、内在的に発展してきた土地所有関係を、日帝の侵略に合うように再編し、土地の上で成長してきた農民の慣習的権利を否定する結果をもたらしたと主張した。もちろん、土地の測量や所有権の申告・査定の過程で、民族的・階級的恣意が横行した。「事業」の本質は、近代という名を借りて土地を略奪し、地税を収奪するために実施した植民地農政にすぎなかったというのである。

ところが、一九八〇年代半ば以後、「事業」に関する原資料が発掘され、これを基にして「事業」の具体的な進行過程が解明されるにつれ、こうした収奪論的視角に修正が加えられ始めた。

趙錫坤は原資料の分析を通じて上の見解を批判した。①「事業」では所有権者の把握が厳密におこなわれたので、申告主義が土地略奪のための道具として使用された可能性はほとんどなかった、②紛争地審査過程で国家よりも個人の所有を認定する場合が多かったので、国有地の創出によって、所有権を不当に奪われた人はほとんどいない、というのである。趙錫坤は「事業」を近代的土地所有の成立と規定した。

朝鮮後期には土地所有と関連した身分的制約はなかったが、国家の収租権的土地支配は残存していた。土地からの収益を所有者が占有するためには、土地の生産性の安定とともに、土地からの収益に対する恣意的な収奪が撤廃されなければならなかった。朝鮮後期における生産力の発展は、小農経営の自立化に向かう可能性を開いたが、恣意的な徴税がしばしばおこなわれた。このような朝鮮後期の限界を克服する過程を通じて、はじめて近代的土地所有が成立する。「事業」は国・民有の区分を含む所有権の査定をおこない、所有権公示制度を整えて国家的規制を撤廃した。土地に対する恣意的な収取は公定地価に基づく比例税制の導入で解消された。「事業」を契機として資本関係が農村に本格的に浸透し得る条件が整えられ、朝鮮社会を支配してきた前近代的な収取関係に代わって、資本主義の論理が新しい収取関係としてあらわれた。趙錫坤はここに「事業」の近代的意義を認めたのである。(9)宮嶋博史はまた、「事業」を朝鮮後期以来成長してきた私的土地所有の展開の帰結ととらえ、基本的に朝鮮社会の内在的展開に即しておこなわれた近代的土地変革だったとしながらも、「事業」の結果、土地の商品化、資本への転換が促進され、地主制の自由な展開の条件が生まれ、朝鮮社会は大きな変貌を遂げたと主張した。(10)

## 三　近代とは何か――結びに代えて

以上、韓国における前近代から近代への移行をめぐる対照的な見解を紹介してきた。一つは内在的発展論と資本主義萌芽論に基づいて韓国史における近代への自立的発展を重視する主流的見解であり、もう一つは植民地期における近代的発展を認める見解である。この二つの立場をどのように評価し、論争を解放後韓国の歴史研究と歴史像形成の努力のなかでどのように位置づけるべきであろうか。

内在的発展論は世界史の基本法則に基づいている。それは、人類史の継起的発展段階として、原始共産制、奴隷制、封建制、資本主義、社会主義の五段階がヨーロッパだけでなく、アジアにも普遍的に適用できるというものである。これは植民地・従属地域の諸民族にとって、単なる歴史理論以上の意味を持っていた。帝国主義者によって強要された停滞性論を打破し、民族の独立を達成するための最大の理論的根拠となった。一九三〇年代の朝鮮で、世界史の基本法則に従って自主的な歴史像の構成を試みたのは白南雲の『朝鮮社会経済史』と『朝鮮封建社会経済史』（上）だった。[11] 内在的発展論はこの伝統を受けついで発展したものである。朝鮮時代は土地私有制の下における封建社会と規定され、とりわけ後期は商品貨幣経済の発展につれて農民層の両極分解が進み、近代＝資本主義への移行過程にあるとされた。これは封建制の欠如と国家的土地所有を朝鮮社会における停滞性の徴表と見た日帝植民地史学への挑戦だったのである。

それでは、韓国史学にとって近代化とはいかなる意味を持つものなのであろうか。主流的見解の代表的研究者である愼鏞廈によると、それは①政治的には専制国家から独立した立憲代議制国家への体制変革、②経済的には産業資本主義的工業化の達成、③社会的には身分制社会から市民社会への変化、④文化的には貴族文化から平民・国民中心の民族文化への発展である。日本帝国主義は、朝鮮後期以来の近代化への道を遮り、自発的発展の果実を奪い、市民の人権を徹底的に弾圧し、民族文化の抹殺を計った。日帝下で「近代化」が断片的にせよ推進されたのは、日帝の弾圧政策に対抗しつつ、韓国人が民族の消滅を食い止めようとして戦って勝ち取った部分的成果のためであった。彼は近代化が本格的に開始されたのは大韓民国政府樹立以後であるとし、植民地時代との断絶を強調する。[12] 植民地化が歴史の逆行であったとすれば、近代化は世界史の基本法則の貫徹であったといえる。

こうした立場からすれば、朝鮮後期の土地制度を国家的土地支配と私的土地所有の複合と見たり、農業における資本主義の発展ではなく、自足的な小農社会の成立を検出し、日本の植民地政策の一環としておこなわれた土地調査事業に近代的土地所有権の成立を見出した、李榮薫、趙錫坤、宮嶋博史などの見解は、停滞論を復活させ、植民地支配を美化する理論以外の何ものでもないことになる。[13] だが社会主義の崩壊以後、西洋的近代そのものが差別と抑圧の構造を内包していることが明らかになった。この論争を契機に、帝国主義本国・植民地・従属地域のどの社会にもそれぞれ重層的に存在した民族・人種・階級・ジェンダーによる差別と抑圧の構造に関する議論が広くおこなわれるようになった。[14] 近現代史に関して、「歴史の終末」(フクヤマ) という気楽な見解もあるが、「近代化」はもはや人類史の普遍的到達目標ではなくなった。近代への移行に関する李榮薫、趙錫坤らの議論は、硬直した体制的言説の威圧的雰囲気の中に投じられた一石ともいえるであろう。

現在、論争はいくらか生産的になったというが、なおイデオロギー的対立の構図から抜け出していないようである。そのなかで、鄭在貞の次の提言は、政策的・制度的次元に偏りがちだったこれまでの研究に対して、まことに示唆的である。[15]

「土地調査事業研究をさらに進めるためには、多様な事例を発掘してその実態をもっと明らかにし、これに基づいて立体的な全体像を描き出す作業を深めなければならない。また朝鮮人、特に耕作者である農民が土地調査事業にいかに対応したかを追跡して、これが農民と農村に及ぼした複合的な影響を解明しなければならない。土地調査事業が収奪だったか、近代化だったかは、農民に語らせるべきである」

それでもなお、私は次のような文章で本稿を結ばざるを得ない。

「この国では歴史学は思想であり政治であり体制そのものである――。私は学問の交流ということも容易ではないことを痛感したのであった[16]」

これは一九七七年に北朝鮮を訪問した黒田俊雄が北朝鮮歴史学界の印象を語った言葉であるが、韓国の場合にも、現在なお当てはまることだからである。歴史教育ではなおさらのことである。

(1)　金容燮「日帝官学者たちの韓国史観」『思想界』一九六三年二月号。
(2)　拙稿「韓国の歴史教育」歴史教育者協議会編『新しい歴史教育⑤【世界の教科書を読む】』(大月書店、一九九四)。
(3)　国史編纂委員会編『高等学校国史』上、下。教育部、一九九八年。
(4)　代表的な研究としては、金容燮『朝鮮後期農業史研究――農業変動・農学思想――』I・II (ソウル、一九七六)。姜萬吉『朝鮮後期商業資本の発達』(ソウル、一九七八) などがあげられる。
(5)　李榮薫「韓国史における近代への移行と特質」『経済史学』二一号 (一九九六年一二月)。米国の歴史家パレーは、朝鮮社会を農業官僚制の自足的社会ととらえ、封建制の存在を否定しているが、この見解は小農社会論と通じるものがある。
J. Palais, *Politics and Policy in Traditional Korea* (Cambridge, MA & London, 1991).

（6）金容燮「近代化過程における農業改革の二つの方向」移山趙璣濬博士古希記念論文集刊行委員会編『韓国資本主義性格論争』（ソウル、一九八八）。

（7）李榮薫、前掲論文。

（8）李在茂「朝鮮*における土地調査事業の実態」『社会科学研究』七巻五号（一九五五）。金容燮「収奪のための測量―土地調査―」『韓国現代史』第四巻（ソウル、一九六九）。愼鏞廈『朝鮮土地調査事業研究』（ソウル、一九八二）。

（9）趙錫坤「収奪論と近代化論を越えて」『創作と批評』九六号（一九九七年　夏号）。

（10）宮嶋博史『朝鮮*土地調査事業史の研究』（汲古書院、一九九一）。

（11）李榮薫「許宗浩の朝鮮封建制論――北韓歴史学界の朝鮮社会研究」『社会と思想』一九八四年四月号。

（12）愼鏞廈「植民地近代化論再定立の試みに対する批判」『創作と批判』九八号（一九九七年　冬号）。

（13）高東煥「近代化論争」『韓国史市民講座』第二〇集（ソウル、一九九七）。

（14）代表的なものとしては、林志弦「韓半島の民族主義と権力の言説」『当代批評』二〇〇〇年一〇号。なおこの論文については邦訳がある（『現代思想』青土社、二〇〇〇年六月号）。

（15）鄭在貞「一九八〇年代日帝期経済史研究の成果と課題」歴史問題研究所編『韓国の「近代」と「近代性」批判』（ソウル、一九九七）。

（16）黒田俊雄「朝鮮*における歴史学――朝鮮民主主義人民共和国を訪ねて（2）」『歴史評論*』一九七八年九月号。

［付記］　本稿では、ハングル文献の書名、論文名などは日本語に翻訳して記載した。なお＊印のあるものは日本語で書かれたものである。

# 第Ⅲ章

# 歴史教育にとっての帝国主義

シンポジウム報告

# 1　朝鮮が日本の植民地にされた原因は何か

朴《パク》　鍾《チョン》　天《チョン》
（高吉嬉訳／三橋広夫補訳）

## 一　授業の主眼点

わが国の人々は外勢侵略というと、日本の植民地となった経験のせいか、反日意識だけを思い浮かべる単線的な歴史理解が支配的な傾向にある。わが国と日本との関係は長い間数多くの事件を生みだし、あまりにも複雑な歴史を歩んできた。世界の国々が身近な隣人になった今日において、たかが帯のような海一つを間にしているわが国と日本は互いに望ましい関係を築き、それを維持しながら発展していくためには、これまで以上の深い理解と協力が必要とされている。

そのためにわれわれは感情的な偏見を捨て、客観的な視覚で日本を見つめ、日本がいかなる歴史と文化を持つ国であるかを知らねばならない。特に、開港以後の日本の韓国支配がいかなる歴史的背景と論理のもとで行われたかを知るべきであろう。

一七八一年に蒸気機関が改良され、道具が機械に代わり手工業が機械制工業へと変化した。イギリスの機械が安い商品を送り出しそれが世界の様々な国々へ輸出されるや、程度の差はあるもののさまざまな国の産業の発展がそれによって妨げられた。まだ産業が発展していない国の場合、安いイギリス商品が押し寄せるとその国の産業が破壊された。今やイギリスの威力の前で世界の国々は素早く産業革命をなし遂げ、競争をすることができなければ植民地になるしかなかった。

こうして産業革命をなし遂げたのがヨーロッパのいくつかの国々とアメリカそして日本であった。植民地になってしまったのは南米、アフリカ、アジアの国々であった。したがって、わが国だけが植民地にされたわけではない。

わが国でも一七、八世紀から資本主義的なさまざまな要素が自生的に発生していたが、それは一九世紀半ばごろまではまだ微弱なものであった。そこで、一八七六年、日本の強圧によって江華島条約が締結され、資本主義国家の商品が大量に入ってきてからはその自生的資本主義の芽は破壊されはじめた。このような外部衝撃に対して一部の開化派の人士たちは西欧文物を紹介し、内政改革を要求するなど、主体的に対応する努力を活発に展開した。しかし、このような努力はこの時期の頻繁な政変、財政難、技術不足および資本主義の圧迫などでまともに行うことができなかった。結局、わが国は資本主義列強の参入に失敗したため、自立的発展の道を歩めず日本の植民地に転落してしまった。

本授業は、生徒たちにわが国が日本の植民地になった原因を科学的、合理的に分析させることによって、感情的な偏見を捨ててより客観的な視覚から日本を見つめることができる姿勢を育てようと試みたものである。それはわが韓国人が日本を克服するのは、日本の実態を客観的に認識した後にのみ可能だと信じているからである。

## 二　授業の導入

*西南アジア　*アフリカ地図提示：国境線が直線になった理由は何か？
*アフリカ侵略分割にどのような国々が参加していたのか？
*これらの国々が他の国を侵略分割した理由は何か？

↓まとめ：資本主義列強の侵奪によって地球上の大部分の国が植民地として従属させられていたことを認識。
*次の内容から連想できる概念は何か？

資本主義、産業革命、利潤追求、大量生産、賃金労働者、資本家、購買力の確保、社会進化論

＊シュバイツァー（一八七五－一九六五）　＊スタンリー（一八四一－一九〇四）
＊リビングストン（一八一三－七三）　＊アンダーウッド（一八五九－一九一六）

→まとめ：資本主義の属性と提示された人物を連関させることによって、日本の朝鮮侵奪を感情的な偏見を捨てて資本主義の属性と連関認識。

★説明1：資本主義の成立要件と特徴

＊一国の資本主義参入が可能になるためにはいかなる条件を備えるべきか？
〈資本蓄積〉：金融業の発達、租税収入と公債発行、対外貿易、植民地征服略奪。
〈労働者創出〉：農民が自己の労働力を売らなければならない条件をつくりだす。あらゆる人間は法の下に平等である（中世的身分制度は雇用する賃金労働者の創出を妨害）。
＊一国資本主義の不可能性：世界経済は個別的な国民経済の単純な合計ではなく、国際的な労働分業と世界市場から成った一つの強力な独自的な実態である。
資本が大きくなると独占資本は国内市場に満足できない。国内市場は自国の人口規模と経済規模による限界が明らかである。

★説明2：資本主義列強への参入か、植民地への従属か？

＊世界資本主義の列強侵入以前：一般的に自国史の内的契機がより大きな比重を占め、世界史的契機は単純な国際的契機として自国史の論理の中で溶解されるだけである。
＊世界資本主義の列強侵入以後：世界史的契機の比重がより大きくなる。開港以後、自国史での歴史現象はいつ

も世界史との連関論理によって条件づけられている。（例：日本の円高→韓国の輸出不振）

＊資本主義列強にも植民地にもならなかった国はあるのか？（形式的な独立維持：タイはイギリスとフランスの緩衝地帯、エチオピア、リベリアはアメリカの解放奴隷が建国）

◆資料1：開港以前の朝鮮と日本との関係比較

●探求1：上の内容からみて開港以前には朝鮮は日本をどのように認識していたか？

（＊貿易品からも、外交にしても、領土の規模にしても朝鮮と日本は優劣を付けることが難しそうである）（地図提示）

＊日本の要請によって派遣された朝鮮通信使は外交使節であるだけではなく、朝鮮の先進文化を伝播する役割を果たした。

＊朝鮮は倭館開市を通じて日本に人参、米、木綿を輸出し、銀、銅、コショウを輸入した。

＊朝鮮は日本が一八六八年対馬を通じて明治維新を知らせる外交文書を送ったが、外交文書の形式が皇朝、奉勅など中国を自称する用語を使用したとして文書の受け取りを拒んだ。

### 三　問題提起　朝鮮が日本の植民地にされた原因は何か

（いかなる内容を検討するか？：資本主義列強への参入過程の検討）

◆資料2：開港以前の朝鮮と日本の産業発達の程度の比較

＊ヨーロッパや日本では封建制度によって全国の人民が統治されていたため、社会経済の発展がより有利に展開

できる実情にあったが、朝鮮では郡県制度が始終一貫地方行政の人民統治の制度として施行されていたため、社会・経済的発展が阻害されたのである。したがって、朝鮮社会は五百年間を通じて経済、社会、思想の各分野において循環・回帰の現象だけが反復された発展も進歩もない社会であった（朝鮮社会停滞論）。

＊日本：〈文化文政時代（一八〇四－一八二九）〉　＊農村：商品作物の栽培と手工業の発達
＊先貸制家内工業：豪農と地方商人　＊工場制手工業：織物業、醸造業

●探求2：教科書二四－三七頁（経済構造の変化と社会変動）を参考に上の主張の誤りを指摘してみよう。（朝鮮でも一七－一八世紀に入った後に、農工商の大きな変化とマニュファクチュア生産と貨幣経済、実学の成立を中心として儒教的専制体制に挑戦してそれを克服し、近代を目指す多彩な活動が展開されていた。）
◆資料3：朝鮮と日本における開港以前の西欧列強に対する認識と対応策比較

〈朝鮮〉＊一八四六年：セシル（仏）の軍艦三隻：天主教弾圧の口実→外煙島（忠清）に国書を伝える
＊一八五五年：江原道通川郡に漂流したアメリカ人を清に送る
＊一八六六年：丙寅洋擾
＊一八七一年：辛未洋擾→斥和碑
＊一八七五年：雲揚号事件→一八七六年：江華島条約（日）

〈日本〉＊一八二五年：外国船舶を日本に接近しないように追い払う法令公布
＊一八四二年：外国船舶に便宜を供し、送り返す法令公布
＊一八四四年：日本に開国勧告（オランダ）→拒絶（一八四五年）

＊一八四六年：通商条約締結要求（米）↓拒絶
日＊一八五三年：ペリー（米）軍艦4隻↓通商要求↓一八五四年（米日和親条約）
く＊一八六八年：明治維新

●探求3：開港以前の朝鮮と日本の西欧列強に対する認識にはいかなるちがいがあるか？
（興宣大院君勢力の攘夷思想は日本の開国直前の攘夷派と基本的に同じである。）

（＊朝鮮の開国が遅れたのは、朝鮮側に特別な内的原因があったためではなく、欧米資本主義側が自らの国内的要求による利害判断に基づいて三国の門戸解放の順序と程度を決定したからである。）
＊日本の明治維新に対して朝鮮はいかなる準備をしていたのか類推してみよう。
（外交文書の形式が問題になったことをみると、日本の変化を認識していなかったようである。）
◆資料4：開港後の国内状況に対する国家の対応策比較

〈日本〉＊日米修好条約（一八五八・七・二九）：開港場の指定、領事裁判権、協定関税、自由主義貿易の原則固守↓＊農民暴動↓＊世直し運動（貧農層が商人や地主を攻撃）
＊大政奉還（幕府が政権を王に委ねる）↓＊明治維新（一八六八年）↓戊辰内乱（幕府維持勢力と新政府勢力の対立）↓全国統一完遂
＊使節団欧米派遣（一八七一年）：プロイセン見学（脱亜入欧）
＊全国民徴兵令制定（一八七三年）：士族の存立根拠消失
＊西南戦争（一八七七年、保守派士族の最後の武力抵抗）↓政府軍による鎮圧
＊大規模農民蜂起（一八七六年）：地租率の軽減（地価の一〇〇分の二・五）

〈朝鮮〉朝日貿易規則（一八七六・七）：領事裁判権、無関税貿易（一八八三改定）、日本貨幣使用許可↓国内産業保護障壁崩壊↓穀物輸出↓米価暴騰、新式軍隊の勢力拡張↓壬午軍乱（一八八二年清軍出動：北洋陸軍三千名ソウル駐屯）↓朝清水陸貿易章程締結（清の商務委員ソウル派遣、清国兵船の朝鮮国防担当権）↓甲申政変（一八八四：清軍の介入、ソウル商人と貧民の日本に対する敵愾心）↓防穀令↓東学農民運動（一八九四、清・日軍隊出動）

●探求4：開港当時、国内問題の解決に対する朝鮮と日本の対応策のちがいを比較してみよう。

〈日本〉＊国内状況：開国は経済的矛盾の激化による社会不安と経済的植民地化の促進する動因となった。日本国内で芽生えつつあった近代的要因は外国資本によって圧殺される形勢だった。開国はまた経済混乱だけではなく、列強帝国の軍事面と資本面から日本進出を促進し、それが幕府と西南雄藩の国内政策と結びつき、民族的矛盾を急速に高揚する要因となった。

開港による経済変動の過程で小作農経営の分解が進行し、半労働者化した貧農層が大量に発生した。寄生地主「豪農」「商人」高利貸しを一方に、他方に貧農「半労働者」的な下層農民が位置する階級的矛盾が激化した。

＊対策：幕府を廃止し、中央集権的統一国家を樹立し、資本主義発展の前提条件を備えた政治的、社会的変革の試み、すなわち、明治維新で民族的自立のための最も緊急な課題として、資本主義育成政策が国家的目標としておし進められた。

〈朝鮮〉開港以後歴史的事件の展開過程において清・日の政治的、軍事的干渉と圧力があまりにも強く、互いに立場のちがう勢力が一つに結集された力として反外勢・反封建の課題を遂行することができなかった。

★説明3：日本の明治維新が成功した理由は何か？

＊列強のアジア侵略に対する抵抗：太平天国運動（一八五一－六四）、セポイ抗争（一八五七－五九）
＊クリミア戦争（一八五三－五六）：露仏英参戦　＊アメリカ南北戦争（一八六一－六五）

＊ロシアのシベリア鉄道敷設（一八九一）：極東進出（フランス資本投資、ドイツ協調、イギリス孤立）
＊列強の清の領土調査（一八九八）：ドイツ（膠州湾）、ロシア（旅順、大連）、英（威海衛）、仏（広州湾）
＊アメリカ、モンロー主義放棄（一八九八）：ハワイ、フィリピン併合。中国に機会均等提唱

●探求5：上の内容のような国内情勢は日本にどのような有利な状況をもたらしたのか？また、アメリカがフィリピンを併合した目的は何か？

（当時は、欧米資本主義諸国が経済的には産業資本段階から独占資本段階に入る過渡期であり、政治的には中国では革命の機運が高潮し、インドでは民族独立運動が活発に展開された。その両面でそれぞれの体制再編に紛れていたため、本格的に新しい侵略に対する余裕と要求を持てなかったのである。したがって、資本主義列強は日本に対しては軍事力を背景にした経済的収奪をおし進めながらも、日本の民族的抵抗を誘発しない方向に政策を転換した。結果的に中国とインドでおこった民族的抵抗の産物として明治維新はおし進めることができたと見るべきであろう。明治維新によって始まった日本の政治変革がとにかく成功できたのは偶然に克服できないほどの外圧と正面衝突しなかったからであり、決してアジア諸民族の中で日本民族がもっとも優れていたからではない。そして、当時の列強の関心は日本ではなく、中国への進出だった。）

●探求6：甲申政変が成功できなかった主な原因を探ってみよう（教科書八二頁）。

（＊甲申政変の失敗：主体的力量の準備が不足した状態で性急におし進めたために失敗したともいえるが、それよりも日

| 対朝鮮貿易量の変化 | | |
|---|---|---|
| 年度 | 中　国 | 日　本 |
| 1885 | 313,342(19%) | 1,377,392(81%) |
| 1890 | 1,659,542(35%) | 3,086,897(65%) |
| 1892 | 2,055,555(45%) | 2,555,675(55%) |

＊教科書75頁：通商章程（日本）
＊教科書80頁：商民水陸貿易章程（清の宗主権認定）→電線架設（朝鮮－清）
＊1880年：日本独自に小銃開発

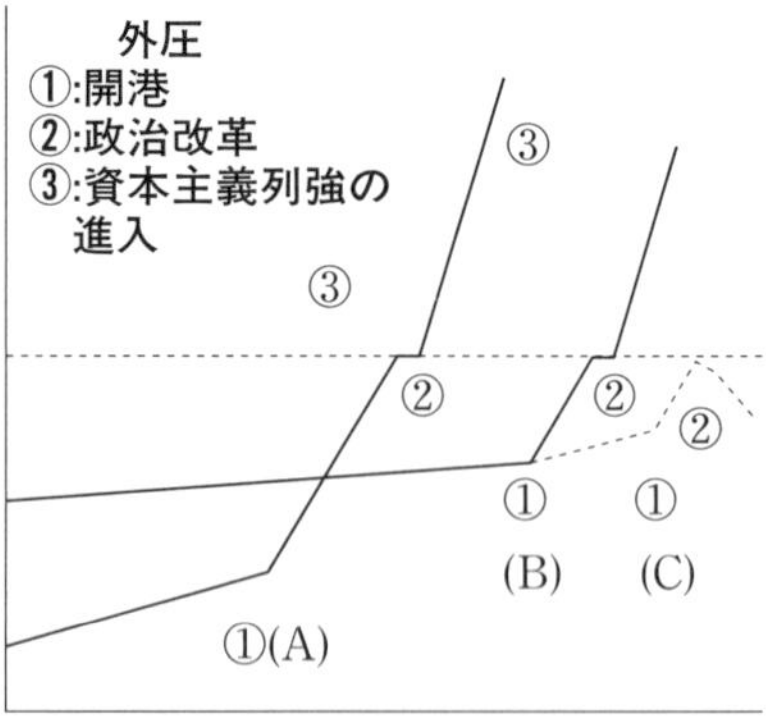


本がいち早く朝鮮の権力構造内部に浸食してきて政治工作を展開し変革主体の進路を攪乱したため、開化派が不適切な時期に蜂起を決行したことが大きな原因としてあげられる。さらに、清の軍事的介入もあり、やがて変革過程において影響力を喪失するようになったのである。）

◆資料5：開港初期の日本と清国の経済侵奪の性格と梶村秀樹の外圧の説明

●探求7：資本主義国の圧力が初歩的とはいうものの、それが国家的な規模で加えられるとすれば、分散された力量ではとうてい対抗することができない。上の図表における清国の商人が徐々に日本の商人を追撃している原動力は何か？

（朝鮮の開国後、変革の過程で直接外から圧迫を加えた側が他ならぬ日本と清であった。清日両国は未だに成熟しない資本主義の特性のため国家主導下に経済的側面よりも政治・軍事的側面を中心にした圧迫を強く加え、原始的蓄積段階の外圧特有の露骨な暴力性を帯びている。）

## 四　説　明

後発資本主義の発展に影響を及ぼす外圧の世界的な規模での総計は、時間が経過するにつれ増大するようになるのである。時間が経過するにつれ外圧を加える資本主義国家の数が増加するだけではなく、既存の資本主義国家の生産力・軍事力も徐々に増大していくからである。

後進資本主義の発展において外部的圧迫が特に問題とされるのは、①の段階の開国から②の段階の政治変革の時点が比較的短く、微妙な変革過渡期にある時である。

政治的変革を経て形成された政権は世界史的条件によって規定されながら、微弱な国内産業を保護、育成し、③の段階の資本主義列強への参入によって自己運動が始まり、国内生産力も飛躍的に上昇してその分外圧に対する抵抗力も強まっていくのである。

すなわち、外部的圧迫を避けながら、経済的過程の自己運動の段階まで到達することができるか否かが後進資本主義発展の成敗を分けるのである。だとすれば、その間に経済的圧力と政治・軍事的圧力の中でどちらが決定的であるのか？一九世紀半ばまでさまざまな国の間での生産力の格差は今日のように大きかったわけではなかった。先進国側の資本集中の規模といっても、後発国が急に財政支出をし、官営工業を創設して対抗することができる程度であった。

決定的なのはむしろ、保護、育成政策を強力にとることができる権力を創出する政治変革が成立したか否かである。この時点で政治軍事的圧力が直接または間接的に変革事態を壊滅ないしは変質させてしまうと、開港以前の内的発展がいかに相対的に進歩していたとしても事実上後進資本主義の発展への道は塞がれてしまう。

もし朝鮮の開化派（C）が明治維新期の日本（B）のような微弱な外圧条件と課題下にあったとすれば、多少の差はあったとしても日本と同じく③の段階まで導くことができたであろう。また、日本が直面した外圧は共通して産業資本主義の段階を歩んでいた欧米資本主義国によるものであった。欧米産業資本主義国はすべての変革主体を破壊しようとはしなかったため、明治政府が主導する政治的転換をなし遂げることができた。

しかし、朝鮮の開国後の変革過程において直接外から圧迫を加えた側は他でもなく日本と清国であった。清日両国は経済的側面よりも政治・軍事的側面を中心とする圧迫を強く加え、原始的蓄積段階の外圧特有の露骨な暴力性を帯びていた。

朝鮮は日本と同じく変革の内部条件をもってはいたものの、より強く複雑な性格の外圧に直面し、後発資本主義発展の可能性を外から破壊されたのである。

◆資料６：開港以後の資本蓄積と殖産興業政策比較

〈朝鮮〉＊教科書七七頁：統理機務衙門設置、紳士遊覧団、領選使派遣（一八八一）

＊教科書一〇五頁：米穀の商品化で資本蓄積（地主階級）。朝鮮商人の撤市闘争
＊教科書一〇九―一一〇頁：皇国中央総商会、商会社、大韓織造工場、鐘路織造社
＊教科書一一一頁：朝鮮銀行、漢城銀行、天一銀行

〈日本〉＊地租改正（一八七三年）：土地価格に対する地租を一律貨幣で納付（政府は毎年租税収入を画一的な方法で確保可能）：低賃金労働力の創出
＊金禄公債の資本転化：士族に支給する俸禄を廃止し、代わりに金禄公債を支給→士族たちはこれを資金として地主や資本家に転化
＊一八七二年に国立銀行条例が制定され、一八七九年まで紙幣発行権を持った一五三の国立銀行が各地に設立された。一八七六年の国立銀行条例改定で公債による資本金納付が可能になると、金禄公債を持った華族や士族が多くの資本を投入した。
＊廃藩置県（一八七一）：統一国家財政確立
＊富岡製糸工場、千住製鉄所及び横須賀造船所新設（一八七二）
＊大阪紡績会社設立（一八八三年）：西洋式機械と技術を導入した大規模工場

●探求8：朝鮮と日本の資本蓄積と殖産興業政策の特徴を比較してみよう。
日本の資本蓄積は国家的規模で外圧のない状態で行われた反面、朝鮮の場合は外圧によって国家的規模で行われず、それも国家的規模の外圧によって変革主体が破壊された状態で個別的対抗形態で行われた。

日本の産業革命は日本の中の技術革新がくり返され、それが工業に応用される典型的な方法で展開されたのではなく、先だって産業革命を展開した国から機械を輸入して日本に定着させる過程で国家的規模で展開された。しかし、朝鮮の場

合は外圧によって変革主体が破壊され、国家的にも個別的にもまともに行われなかった。

## 五　まとめ

1　開港以前までは日本と朝鮮は封建国家としての上部構造の形態はちがったものの、その枠内で商品経済が展開された程度はほぼ同じだったと言えよう。

2　開港以後の執権勢力は資本主義化への努力よりも、外勢に依存して権力を維持しようとする方向へ政策を導いたことによって、外勢の侵略を自ら招くことになった。

3　日本の場合、資本主義の初期段階である資本蓄積と殖産興業政策を国家的規模で行ったのに比して、朝鮮では外圧によって国家的規模で行われなかった。

4　日本の明治維新の場合のように朝鮮でも自立的歴史発展の道が塞がれなかったならば、その後の現実の歴史過程とは全くちがう東アジア世界の歴史展開が可能であったろう。

## 六　考えるべき問題

産業革命の基本線は比較史的にみていくと、各国の間に著しい差があることがわかる。最も先進国であるイギリスは自生的、その後を継いで工業化されたフランスやドイツは金融制度を利用し、そして最も遅れたロシアや東ヨーロッパの国々は国家の背後支援によって工業化を達成したといえよう。

日本が産業革命を開始したとき、西ヨーロッパの国々とアメリカはすでに産業革命を終えて、独占資本主義時代に突入しつつあった。そこで、日本は欧米列強の帝国主義的極東植民地化政策と対抗しながら産業革命を遂行しなければならなかった。日本が朝鮮を植民地とせずには資本主義列強への参入に成功することができなかったのであろうか。

シンポジウムによせて

# 2　さらに深まる日韓歴史教育交流

三橋　広夫

## 一　刺激し合った八年間

私たちが韓国の教師たちと交流をはじめて八年になる。最初はソウルの教師たちと、そして次は晋州《チンジュ》の教師たちと交流をもっている。特に晋州の教師たちは「地域に根ざす歴史教育」をめざして活動している。ここに私たちは注目した(1)。

この間、日本と韓国の歴史や教育をめぐる状況も、さまざまに変化してきた。例えば、韓国に「親しみ」をもつ日本人が増えている。それは、「南北の和解」や、韓国の日本文化の開放によるものだろう。と同時に、ハングルで書かれた本を読んでいると「先生すごいね。中国語ができるんだね」と感心する中学生も多いのも現実である。韓国が「焼き肉、エステ」のイメージで語られることはあっても、その現実や歴史に思考が及ばない限り、認識は変わることはない。それは、韓国の日本認識もまた同じである。

私たちの交流は、子どもたちを中心にして、日韓の歴史をどうとらえるか、どういう歴史認識をもってもらいたいのか、など具体的な実践を出し合いながら、対等な関係を築いてきた。日韓教育実践研究会と晋州歴史教師の会の交流といっても、一人ひとりの実践者の交流なのである。そこに参加した人たちが何を感じ、そして自分の実践にどう生かしていくかは全く自由である。この自由な教育こそ、実は今両国で最も求められているものではないだろうか。

私たちの実践交流は、押しつけられた教育実践とはちがい、目の前の子どもたちの現実から出発する。授業の方法や歴史教育のとらえ方をめぐって、丁々発止議論もする。しかし、それは互いがともに日韓の歴史教育を進めていく実践者としての、友情に支えられたものである。

このように互いが批判しあいながら、刺激し合ってきた、この八年間であった。これからのさらなる発展をめざして、本稿をまとめてみようと思う。一九九四年から二〇〇〇年までの積み重ねは、次の通りである。

## 日韓歴史教師交流会（晋州）報告一覧

**●第一回**（一九九四・八）

三橋ひさ子「弥勒菩薩の謎を追う」（小）

朴鍾天「古代仏教文化から支配層の支配理念を抽出する」（高）

**●第二回**（一九九五・八）

三橋広夫「降倭将沙也可と子どもの歴史認識」（中）

佐々木勝男「3・1独立運動と柳寛順」（小）

李錫鎬「壬辰・癸巳年の晋州城戦闘」（高）

金銀珍「倭乱と胡乱の克服」（中）

**●第三回**（一九九六・八　南海）

大谷猛夫「中学校世界地理の中の韓国朝鮮」（中）

三橋広夫「一枚の写真から追求する韓国併合の授業」（中）

申振均「東アジア三国の近代化」（高）

朴正花「甲午改革」（中学）

**●第四回**（一九九七・八　東京）

富永信哉「『日本と朝鮮半島』を学んだ高校生」（高）

目良誠二郎「日韓関係史を学ぶ意欲を育てる」（高）

姜元順「従軍慰安婦と望ましい日韓関係」（中）

金淎仔「新興亜論とアジアの連帯」（中）

●**第五回**（一九九八・八）
遠藤　茂「韓国併合と朝鮮人虐殺」（小）
三橋広夫「韓国併合から三・一独立運動へ」（中）
朴鍾天「朝鮮が日本の植民地にされた原因は何か」（高）
李宰泉「人物（柳宗悦）を通して見た韓日友好の歴史」（中）
●**第六回**（一九九九・七）
木村　誠「朝鮮通信使と雨森芳洲の授業」（小）
鳥山孟郎「高校世界史での日韓条約の授業」（高）
金鐘煕「望ましい地域史学習の展開方向はどのようなものか」（高）
金貞玉「高麗民衆の対蒙抗争と中学生の歴史表現」（中）
●**第七回**（二〇〇〇・八　対馬）
石井建夫「対馬から考える秀吉の朝鮮侵略」（中）
石渡延男「日本の歴史教育にみる秀吉の朝鮮侵略」（大）
安炳甲「三浦と対馬を通して見た韓日関係」（中）
朴外淑「『通信使』についての高校生の歴史認識」（高）

## 二　子どもの歴史認識を豊かに

これまでの交流で、いくつかの論点が出されたが、常に共通していたテーマは、どのようにしたら子どもたちの歴史認識を豊かにできるかということであった。現場の教師とすれば当たり前のことかもしれないが、ここにこそ私たちがめざすものがある。

三橋ひさ子は、第一回の交流会で「弥勒菩薩の謎を追う」を報告した。日本と韓国にある弥勒菩薩をめぐって小学生が、日本・韓国の大学の先生に疑問をぶつけたり、ＮＨＫに手紙を書いて意見を求めたりするなかで、その製作の謎に迫っていく実践であった。また、韓国の教科書副読本に「赤松は日本では育たないから、この弥勒菩薩は韓国でつくられた」と記述されていることに「家のまわりに赤松はいっぱいあるのに」という子どもらしい素朴な疑問が、こうした記述の訂正へと向かった時、子どもらの胸が期待でふくらんだことは想像に難くない。

中・高校で教える目良誠二郎の「日韓関係史を学ぶ意欲を育てる」（第四回）は、総合社会という授業で子どもたちの認識を揺さぶっている。子どもの認識を揺さぶるというのは、まず（教師も）子どもたちも、自分たちの認識がどうであるかを知ることから出発する。教師の側で言えば、授業の中で子どもの認識が明らかになるように授業を組んでいくということになる。

「日本人が謝っても、償いをしても、韓国人は許そうとしない。そこがムカツク！」という意見に「多くの人が「韓国は謝っても許さない」と言っているが、被害者にしてみれば加害者を容易には許せないもので、韓国に限ったことではない。……被害者側にすれば、日本は韓国のことをろくに知らないで謝っている。本当に悪いと思っているのだろうか」と反論する。こうした反論、再反論が続くことによって、他との関わりの中で子どもたち自身が自分の意見を形成していった。

さらに、九九年の第六回交流会で木村誠は「朝鮮通信使と雨森芳洲の授業」を報告した。この実践は日本人が持っている韓国に対する優越感を、子どもたちの興味・関心をもとに克服しようとしたものである。子どもたちの多様な意見を中心に授業がすすめられ、子どもたちが解決できない問題は、教師だけでなく、いろいろな人に直接聞きながら認識が深まっていった。

一方、韓国側も子どもたちの認識をめぐって問題を提起した。

まず、金銀珍《キムウンジン》が「倭乱と胡乱の克服」（第二回）を報告した。人物裁判劇を設定し、子どもたちに「歴史的事実を単純に暗記するのではなく、学生たちの討論を経て、台本づくりを通して思考の幅を広げさせ」ようとした実践である。(2)まだ教師になって二年目の若い教師が子どもたちと取り組んだ報告だった。

裁判では、宣祖《ソンジョ》、黄允吉《ファンユンギル》、李恒福《イハンボク》、奴婢、農民などさまざまな人物が登場し、壬辰倭乱（秀吉の朝鮮侵攻）について証言していく。リアリティーがあり、検事の論告などは「宣祖はこの国の主人公である百姓の生活をおろそかにしました。……結局この国を守ったのは誰でしょう。義兵として集まった百姓たちの力ではありませんか」となかなか迫力がある。だから子どもたちも「次は壬辰倭乱を起こした日本を裁いてみたい」というように子ども自身が次の課題を提示した。

次の第三回交流会では、申振均《シンジンギュン》「東アジア三国の近代化」が報告された。この報告の中で注目すべきは、子どもたちの日本に対する認識から出発していることである。いわく、「最も嫌いな国は日本」「近くて遠い国」「最も学ぶ点が多い国であり、最も嫌いな国」など。

さらに、申は問う、なぜかと。「韓国は被害者、日本は加害者であるため日本に対する感情がよくないのは当然」「日本が過去の歴史に対する反省がないばかりか妄言をくり返す。日本の本当の反省のない両国の協調は不可能」「（不幸な歴史的経験とは何かと問われ）朝鮮時代に壬辰倭乱を引き起こし、朝鮮に多くの被害を与えた」「日本の植民地支配」。こうした認識を変え、正しい日韓関係を模索するにはどうするのか、という問題意識に基づいた授業実践であった。

東アジアがほぼ同一の歩みをしていた時期に、外圧によって開国を強制され、近代秩序に組み込まれた朝鮮が植民地、中国が半植民地になる中で、日本が帝国主義へと変貌を遂げたのはなぜか、ここから現在と未来を考えようとするものである。だから、「わが国が近代化に進めず完全な植民地に転落させられた原因を考えてみましょう」という教師の問いに、子どもが「力がなかったためです」と答えた時、申は「もう少し具体的に考えてみましょう」と切り返した。このように、子どもたちが自ら考え答えていく過程で、子どもたちの歴史認識をかいま見ることができる。そして教師がその考えを深めようとしていることも見て取ることができる。これは、三国の近代化の過程から学ぶべき教訓は「国の力を養う」と答えた子どもに、「そうすると国際社会が「力の論理」が支配するようになり、それは各国の軍備拡大競争をたきつけ、結局弱肉強食の帝国主義時代を招く」としていることからも理解できる。

東アジアの近代化の過程に具体的に迫っていくと、子どもたちの歴史認識が次第にはっきりとしてくる。歴史認識とは、知識に裏付けられながら、その歴史的事象をどのように見るのかという「価値観」であるとも言える。そうだとすれば、朝鮮が植民地になったのはなぜかを突き詰めていけば、「国家の論理」＝「力の論理」が出てくるのは当然である。力が強ければ逆に朝鮮が日本を植民地にしていたくらいの論理が出てくるのは必然ですらある。[3]

こうした認識が覆るのは、子どもが自らの力で「力の論理」から歴史を見ることの誤りに気づき、新しい歴史像を形成していく過程の中にしかないのではないだろうか。知識を積み重ねていくこと（教師が提示し続けていくこと）だけではそれはかなわない。なぜならば、「昨日のない今日がないように、現在も過去から出てくる」のであり、「力の論理」で昨日を考えるならば、「力の論理」で現在と未来を考えるからである。

さらに、第七回交流会で朴外淑《パクウェスク》が「『通信使』についての高校生の歴史認識」を報告した。朝鮮と日本の対等の交流である「朝鮮通信使」を通して、今後の日韓関係について考えさせようとした実践であった。

朴も述べているが、朝鮮は日本に文化を施したという認識を何とか変えようとしたものの、子どもたちの認識はなかなか変わらなかった。「日本が最後に（一八一一年）私たちを蔑視した。こういうことを見れば、自分たちの目的だけ達成してきびすを返すの見ると「やはり日本だ」という気がした」とする韓国の高校生の歴史認識、つまり「日本に対する敵がい心」が気になったという。だが、こうした子どもたちの認識をきちんと分析し、次の実践の課題としていくことこそ子どもたちの認識から授業を構想していくことになるという意味で学ぶ点の多い実践であった。

## 三　「国家の論理」をめぐって

さらに、「国家の論理」をめぐる実践がいくつか発表された。

まず三橋広夫「降倭将沙也可と子どもの歴史認識」（第二回）は、支配者の側から、そして日本という枠組みの中でしか歴史を見られない、偏狭な歴史認識を「国家の論理」とし、それを相対化していく作業をくり返し続けていくことが歴史教育の課題である。そして、朝鮮側について秀吉と戦った将兵の存在は「日本人なら日本のために戦うことが当たり前」とする子どもたちにとって信じられない事実である。ここから子どもたちの認識が揺さぶられる、とした。[4]

討論では、「国家の論理」とは「国家イデオロギー」と同じなのか、ちがうのかという意見が出された。「国家イデオロギー」はその時々の国家の支配イデオロギー、例えば軍事政権のイデオロギーであったり、朝鮮王朝のそれを指している。しかし、三橋は、現在の子どもたちが持っている、つまり金泳三《キムヨンサム》政権が――あるいはそういう政権の次元ではなく、資本主義社会としての韓国が――要請する歴史認識という意味では、「国家の論理」は「国家イデオロギー」と重なるが、ちがいもあると指摘した。

第五回の交流会で「日本との緊密な協力が絶対必要だという当為性と日本に対する盲目的な不信感という二面性を示している」子どもたちの認識から出発した、李宰泉《イジェチョン》「人物（柳宗悦）を通して見た韓日友好の歴史」は、「植民地時代の韓国の芸術に対する切々たる愛情を見せた一日本人芸術家を通して韓日間の友好の歴史を認識し、さらに今日の望ましい韓日関係を模索させ」た授業実践である。柳宗悦の一生を通して日韓の近代史を子どもたちの目でとらえようとした画期的な実践である。

侵略者の中に友好を追求した人間がいる。これは子どもたちの認識を深める絶好の教材である。日本の中にある二つの論理を発見し、自らの認識を模索し始める。柳は朝鮮の文化を愛したのであって朝鮮民族を愛したのではない、日本人と朝鮮人の民族の壁は結局乗りこえられなかったと否定的な意見をもった子どもたちもいたが、韓国ではそうした認識を育ててきているのだからそれはごく自然なことである。李宰泉がこうした子どもたちの意見をまとめにのせていることに意味がある。

「授業を終えて」で李は、「日本と日本人を区別して考えようという意見」が生まれたとしていることに注目したい。この延長線上には、韓国と韓国人を区別する認識が形成されるだろう。とすると、これは以前から三橋が主張している「国家の論理」の相対化へと発展していく認識と言えるだろう。自己と民族を無前提に一体のものとするのではなく、一度それを疑ってみる視角が培われるのではないだろうか。そのためには、一人ひとりの子どもたちの意見を子どもたちどおしで吟味する過程が必要となる。

さらに、金貞玉《キムジョンオク》は第六回交流会で「高麗民衆の対蒙抗争と中学生の歴史表現」を報告した。「個別学習プリント」などを使ったジグソー学習を取り入れながら、民族と民衆の問題を扱った。モンゴルに対するたたかいは民衆レベルで行われ、歴史の原動力であるとすれば、「三別抄の抗争」を通して階級と民族が矛盾していることが鮮明に示された。惜しむらくは、子どもたちがどう考えたのか示されず、「詩や漫画、シナリオなどで発表し」とあったが、そうした子どもたちの発表を通して、認識がどう変わったのか、あるいは変わらなかったのかの分析がなかった。

しかし、今まで民族を前提とした「国史の授業」が追求されてきた韓国で、こうした民族と民衆の問題を扱う実践が必要とされることは言うまでもない。

## 四　互いに学び合う

第五回の朴鍾天《パクチョンチョン》報告は画期的な報告だった。それは報告とともに実際の授業が参観できたからでもある。報告「朝鮮が日本の植民地にされた原因は何か」は、「感情的な偏見を捨ててより客観的な視角から日本を見つめることができる姿勢を育てようと試みたものである」として、世界史の流れの中で日本の朝鮮侵略を説明し、最後に「日本は朝鮮を植民地とすることなしに資本主義列強への参入に成功することができなかったのか？」と結んでいる。韓国の高校生たちが積極的に日本と韓国の歴史について考え、子どもたちが自分の意見を堂々と述べる姿をぜひ日本の高校生たちにも見せてやりたいと思ったのは、私だけであろうか。

ここで、世界史の流れの中で日本の侵略を見るという視角は、子どもたちの「感情的な偏見」を正すものとなりうるか、が問われる。正しい知識、この場合日本資本主義形成の特質から侵略を説明することが、子どもたちの日本＝悪という感情的な偏見を正すことができるか、という問題である。この点は、子どもの認識をどうとらえ、それを授業を通してどう深めていくか、という授業を構成する根本的な考え方が現れるところである。そこに朴鍾天が切り込んで授業を構想したことに大きな意味がある。

また、先にふれた李宰泉報告は、日韓の教師が互いに学び合えることを証明した実践報告でもあった。「韓国の現場では、柳や浅川をとりあげた授業はじめて」で、なかなかむずかしい状況もある中での実践である。そして、前年の東京で開かれた第四回交流会での目良報告から触発されたものであることは想像に難くない。私たちのこれまでの積み重ねが結実したと言っても過言ではないだろう。

この報告について、申振均は次のようにまとめている。

「初等学校から中学校、高等学校まで対象はちがうが、授業の具体的な方向は一様に韓日友好の歴史を模索している。両者の授業実践で共通に堅持している基本観点の一つは、歴史認識において全体ではない「個人」の歴史認識を強調しているという点である。これらの報告で学生たち一人ひとりの歴史認識と歴史認識の変化を大切に扱っている。これは個人意識と集団意識の葛藤を起こすかもしれないが、韓日間の和解と協力の歴史を模索する出発点になるはずだ。」

さらに、日韓の学び合いは、教師だけではない。第五回の交流会で、三橋広夫は「韓国併合から三・一独立運動へ」を報告し、日韓の中学生が三・一独立運動をめぐって手紙で交流し、その認識を深めたことを報告した。

これは、その前年の東京での交流会で「従軍慰安婦と望ましい日韓関係」を報告した姜元順《カンウォンスン》、「新興亜論とアジアの連帯」を報告した金漆仔《キムボンジュン》が教える中学生と三橋が教える中学生との交流であった。今までの日韓交流は大人どおしの交流か、文化交流などにとどまっていたが、歴史認識をめぐって日韓の子どもたちが対立し、反論し、共感していく過程を含んだものに発展していけることを明らかにした。

こうした子どもたちの歴史教育交流は、小学校でも取り組まれるようになった。第六回での木村報告をソウルの初等学校の教師たちとも検討する機会を得た。その後、「朝鮮通信使」の授業が韓国でも実践され、お互いに意見を交流し合った(5)。

また、この木村報告に触発された形で高校で実践したのが先の朴外淑実践であった。

このように、日韓の教師たちが互いに影響しあいながら実践を追求してきた八年であったように思う。特に今年は、日韓の間にある対馬でシンポジウムが開かれ、さらに交流を深めることができた。

（1）佐々木勝男「日韓歴史教育交流の新展開」『歴史教育・社会科教育年報一九九五年』を参照。なお、本稿は拙稿「深まる日韓歴史教育交流」（『歴史教育・社会科教育年報一九九九年』）を加筆・修正したものである。交流会の回数は、晋州の教師たちとの交流に限っている。

（2）裁判劇の授業は「確固不動の事実を説明する授業から、賛成や反対という論理が対立する授業にすることによって……子どもの思考を広げる」（尹ジョンベ「裁判式を用いた歴史の授業」『教科研究』一九九四年秋季号）という指摘は興味深い。

（3）李ウンギョン「授業事例を集めて」全国歴史教師の会『歴史教育』二三号（一九九四）。

（4）その後、三橋は沙也可が秀吉の侵略後農民の鎮圧に積極的にかかわったことまで含めて再度実践した（「秀吉の朝鮮侵略をどう教えたか」『歴史地理教育』五九六号〔一九九九〕）。

（5）ソウルの初等学校教師崔鐘順は、歴史教育者協議会全国大会（長崎）で「韓国と日本のよりよい未来のために――朝鮮人を通じて考えた韓日関係の授業――」を報告した。これは、日韓教育実践研究会機関誌『日韓教育実践研究』第三号（二〇〇一年七月）に掲載された。なお、第一回から第七回までの交流会の記録をご希望の方は、三橋（mitsuhashi@hiroo.104.net）までお申し込みください。

シンポジウム報告

# 3　東アジア世界における帝国主義の成立をどう教えているか

米山宏史

## はじめに

二一世紀の開幕を直前に控え世紀転換期を迎えた私たちは、二〇世紀世界史を条件づけたおよそ百年前の帝国主義の時代をどのように教えているであろうか。以下の報告は、日本の高等学校の歴史教育において「東アジア世界における帝国主義の成立をどう教えているか」という主題のもとに私が行っている授業の取り組みに関するものである。

## 一　日本の高等学校歴史教科書における帝国主義記述

わが国では、高等学校の歴史教育の科目として「世界史」と「日本史」が設置されている。そして小学校・中学校・高等学校の全教科目の学習内容を規定する学習指導要領が過去8回にわたり告示されてきたが、現行の一九八九年度版の学習指導要領では「世界史」の場合には、帝国主義時代は「帝国主義とアジア・アフリカ」の項目が立てられ、その内容として「一九世紀後期からのヨーロッパ諸国によるアジア・アフリカの対応に着目させ、一九世紀後期から二〇世紀初期の世界の歴史の特色を理解させる」と説明されており、また、「日本史」の場合には、「近代日本の形成とアジア」の項目が設けられ、その内容として「開国、幕府の滅亡と新政府の成立から明治時代の近代日本の歩みについて、アジアにおける国際環境と関連付けて理解させる」と記されている。

さて、こうした学習指導要領に立脚して作成された現行の「世界史」と「日本史」の教科書はどのように東アジアの帝国主義時代を扱っているのだろうか。まず「世界史」の場合には、多くの教科書が帝国主義の時代を①帝国主義の成立、②帝国主義諸国の国内状況、③アフリカ「分割」、④アジア・太平洋地域の「分割」、⑤日清戦争〜中国「分割」〜義和団事件、⑥日露戦争〜韓国併合、⑦アジア諸地域の民族運動〜辛亥革命、⑧バルカン問題〜第一次世界大戦という内容で組み立てており、このなかで東アジアの帝国主義は、帝国主義的世界体制の形成過程の一環として位置づけられている。

次に「日本史」の教科書は、近代日本の歴史展開を①欧米列強のアジア侵略と日本の開国、②明治維新と国家統一、③国内体制の整備と文明開化、④初期の外交と士族反乱、⑤自由民権運動、⑥立憲政治の成立、⑦条約改正問題、⑧初期議会と日清戦争、⑨産業革命と社会の変化、⑩帝国主義の成立と日露戦争という内容で構成しており、ここでは東アジアの問題は、日本外交の行動範囲とその対象、あるいはその国際環境として扱われている。

このように、日本の歴史教科書の場合には、「世界史」が東アジア世界を帝国主義列強の侵略・「分割」対象として、それを帝国主義世界体制の形成途上に他律的に位置づけており、また、「日本史」がそれを近代日本の歴史展開の行動範囲・国際的背景として断片的に扱っているという点で問題がある。すなわち、ここには、東アジア地域を世界史と日本史を切り結ぶ結節点・媒介的世界として把握し、東アジア世界に存在した清国を核とする独自な国際秩序としての冊封体制が欧米列強のアジア侵略によって解体・崩壊しつつ、それと連動しながら日本の帝国主義国化によって東アジアの帝国主義体制が確立したという、近代東アジアの歴史展開を統一的・構造的に捉える基本的な視点が欠落している。こうして、このような問題状況から近年わが国の歴史教育界では、日本と東アジアの歴史的関係を主体的に理解するために「世界史」とも「日本史」とも異なる「東アジア史」という歴史科目の設置の提言がなされている。

さて私は、例年の「世界史」の授業では、帝国主義の成立から第一次世界大戦の終結までの通史を、東アジア史を重視しながら、一五時間程度かけて教えている。授業で意図しているのは、東アジア世界における帝国主義の成立を、列強の侵略をうけての中華帝国・冊封体制の動揺・解体と、これに反応して推進された日本の軍事大国化・帝国主義国化の両面から相互連関的に把握し、それを帝国主義世界体制のなかに位置づけて理解させることである。そこで私は、①自国史を相対化して東アジア史という枠組みで捉えること、②世界史的視野で理解すること、③民衆の視点を重視すること、④政治動向だけでなく「侵略する側」と「抵抗する側」双方の思想・文化に注目することなどに留意して授業を行っている。

## 二　一八七〇―八〇年代の東アジアの国際関係をどう教えているか

東アジア世界における帝国主義の歴史を教える場合、私は一八七〇年代の東アジアの国際関係までさかのぼって説明することにしている。その理由は、教科書の記述にしたがって、「帝国主義の成立」から授業を行った場合、前述のように、東アジア世界は帝国主義列強の「分割」対象の扱いにとどまり、現実に東アジア世界に存在した中国を中軸とする伝統的な冊封体制が列強のアジア侵略をうけて変容・解体する過程と、その間隙をぬって行われた日本の帝国主義国化、そしてその帰結としての東アジア世界における帝国主義体制の成立という歴史過程を整合的に把握できないからである。そこで授業では、最初に「朝貢」と「冊封」という関係で結ばれた東アジアの伝統的な華夷秩序・冊封体制の特質について確認し、次いで、これと対照的な欧米の近代的国際法・「万国公法」の思想を導入した日本の明治政府の国境線の画定事業の意味について説明する。具体的にいえば、一八七一年の対馬藩からの対朝鮮通交権の接収と日清修好条規締結、七四年の「台湾出兵」、七五年の樺太・千島交換条約、七六年の日朝修好条規と小笠原領有宣言、七九年の「琉球処分」（沖縄県設置）など、一八七〇年代末までに明治政府が推進したこれらの一連の行動は近代国民国家としての一元的な領土的支配の確立を意味し、とくに「台湾出兵」が琉球との宗属関係をめぐる清国の伝統的な版図支配の脆弱性を暴露して、冊封体制を動揺させる契機になったことである。そして英米の支持を得て砲艦外交に訴えて行われた江華島事件では、日本は列強の朝鮮開国実現の代行者となり、翌年締結された日朝修好条規が日本の「安政の五ヵ国条約」よりもはるかに従属性の強い不平等条約となった。

つづいて、一八八〇年代の説明に入る。東アジアの一八八〇年代は、英露間の国際対立を背景に、冊封体制の解体が加速化し、さらに朝鮮半島が矛盾の焦点になる時期である。授業では、朝鮮開国後の日本の経済侵略と朝鮮の民衆生活の圧迫、軍制改革のなかで発生した壬午軍乱と急進開化派がおこした甲申政変などの事件を、朝鮮国内における閔氏政権と大院君派の敵対、守旧派と開化派の対立、その背後にある日清両国の政治的思惑などを含めて説明している。

とくに甲申政変の学習では、この事件の未完の近代化改革の意義と事件の背景となる清仏戦争などの八〇年代中葉の緊迫する東アジアの国際情勢、甲申政変と日本との関係、とくにこの事件を転機とする日本人のアジア観の転換について詳しい説明を行っている。

まず国際情勢に関しては、一八八〇年代半ばが世界分割体制形成の起点となり、また、東アジアの国際関係の転換期になった点を重視している。すなわち、コンゴ川流域をめぐる列強間の対立の調整をめざしてビスマルクが主催したベルリン西アフリカ会議（一八八四年一一月－八五年二月）が「実効ある支配」「先占権」などの「分割」の基本原則を確定し、以後アフリカ「分割」を加速化する契機になり、また、東アジアではヴェトナムをめぐる清仏戦争（一八八四－八五年）と、フランスのヴェトナム支配に脅威を感じたイギリスのビルマ併合（一八八六年）が清国の冊封体制の解体に拍車をかけ、これらと連動する形でアフガニスタンをめぐる英露間の緊張（一八八四－八五年）、ロシアのウラジオストク港の閉鎖、イギリスの巨文島占領（一八八五－八七年）、ロシアの永興湾占領（一八八六年）などの事件が連鎖的に展開した。

次に日本人のアジア観の転換については、このような一八八〇年代半ばの英露間の対立を軸とする列強の東アジア侵略の強化が、日本にアジアの植民地化の危機感を強め、日本人のアジア観の転換の画期になった。授業では、その典型的な例として、福沢諭吉を取り上げている。すなわち、明治維新以来、日本の独立の保持に強い危機感を抱いていた福沢のアジア観は、八〇年代前半の壬午軍乱までは「西洋」対「東洋」、「文明」対「非文明」の二分法的認識にもとづいて、西洋列強の植民地化への対抗とアジアの防衛のために東洋の「文明国」たる日本が「非文明国」の清国・朝鮮の「文明化」を誘導するという、日本を盟主とする「興亜論」を特徴としてきたが、それが壬午軍乱以後、清国の敵視に転換し、さらに甲申政変以降は「固陋」たる清国・朝鮮を「謝絶」して脱亜入欧を志向する「脱亜論」に変容していった経緯を彼の社説「朝鮮の交際を論ず」（一八八二年）と「脱亜論」（一八八五年）を読みながら説明している。以上のように、授業では、一八七〇年代以降の清国の冊封体制の解体と日本の強国化とを関連づけながら東アジア世界の歴史的展開を説明している。

## 三　日清戦争をどう教えているか

日清戦争は、東アジアの中華的な国際秩序・冊封体制の崩壊を決定づけ、日本の突出という形で東アジア世界の国際政治への編入を規定することになった。授業では、まず最初に甲午農民戦争とその思想的背景をなした東学について学習する。「人乃天」による「保国安民」という東学の教義の特徴、「斥倭洋倡義」のスローガンにみられる一八九〇年代における東学の反侵略思想としての発展、九四年二月、全琫準指揮下の全羅道古阜での民乱の発生と甲午農民戦争への発展、五月の全州占領と日清両国軍の介入という民族的危機のなかでの六月の全州和約などを説明する。

次に、日清両国の派兵から開戦までの過程を詳しくみていく。扱う内容は日清両国の出兵理由の相違、日本の対朝鮮内政改革の要求、日英通商条約の調印、日本軍の王宮占領、豊島沖海戦、日清両国の宣戦布告という経過である。ここでは、二つの点を重視している。一つは、開戦にあたり、日本政府が、ロシアの南下への警戒から日本の朝鮮進出をロシアの南下の防壁とみなすイギリスに接近し、不平等条約の一部改正とイギリスの対日不干渉の決定という有利な国際状況を待って清国に宣戦布告したこと。そしてもう一つは、八月一日の天皇の宣戦の詔勅が「朝鮮の独立をないがしろにする清国」への非難と「東洋平和のため」と謳いながらも、実際には、開戦前夜には王宮の占領と国王高宗の監禁、親日派政権の擁立という明白な国家主権の侵害を行っていた事実である。

このあと、地図で戦場の位置を確認しながら戦争経過を説明していくが、豊島沖海戦で日本軍艦「浪速」がイギリスの商船を撃沈したとき、ヨーロッパ人船員のみを助け、清国兵を救助しなかったという事実や、旅順虐殺事件とこれを報道した『ワールド新聞』記者クリールマンを日本政府が買収し損ねたことを説明し、「文明国」入りを志向した日本の戦争方法について生徒に考えさせている。

このほかに、日清戦争に対する日本国民の態度として、福沢諭吉と内村鑑三の日清戦争肯定論と、中華文明に対する尊崇からの勝海舟の日清戦争反対論にふれている。ここでは、講和会議での日本の領土要求が列強の東アジア介入を招来すると警告を発した海舟の認識が、清国側の全権として講和会議に参加した李鴻章が提起した、領土割譲が清国の対日復讐心を高め、将来の日清協力の困難と列強の東アジア侵略を誘起するという見解と符合していたことに注目している。このとき、海舟と李鴻章の提案は、現実には採用されなかったが、ここにはアジアの対立の回避と「アジアの共同」の道が示されていた。

そして最後に、日清講和条約とその後の台湾占領戦争の内容について説明し、日清戦争の国際的および国内的影響についてまとめを行っている。まず国際的影響としては、伝統的な中華帝国の清国に対する新興の軍事大国日本の勝利という形で終結した日清戦争が東アジアにおける新旧二つの「帝国」の交替を意味し、清国を軸とする冊封体制を最終的に崩壊させ、東アジア世界では未完であった帝国主義的国際関係を創出する契機になり、これによって帝国主義世界体制の最後の環がはめられ、帝国主義世界体制が成立することになった点である。また、日本国内への影響としては、日清戦争の勝利がアジアで唯一近代的強国化を達成した日本と日本人の優秀さを確信させ、一方では西洋文明に対する劣等感・敵愾心を、他方では中国・朝鮮人への差別感・蔑視観を扶植し、その後の日本のナショナリズムのあり方を方向づけるとともに、清国からの賠償金・領土割譲がその後の日本の帝国主義体制構築の土台を形成したことである。

## 四　中国「分割」・義和団事件をどう教えているか

まず、日清戦争と中国「分割」の関連性について、日本への清国の領土割譲が三国干渉にみられるように列強を刺激し、さらに対日賠償金支払いのための清国の英独仏露四ヵ国からの借款が中国「分割」の導火線になったことを説明する。そして実際の中国「分割」は、三国干渉を主導したロシアが遼東半島返還の代償として東清鉄道の敷設権を獲得して「分割」の先鞭を切り、これに反応したドイツが宣教師殺害事件を口実にして膠州湾を租借、さらにこれに対抗する形でロシアが旅順・大連を、イギリスが威海衛と九竜半島を、フランスが広州湾を租借するなど、相互連関的に展開したことを地図で位置を確認しつつ説明している。また、この時期の日本の動きとして、台湾を拠点として福建省の植民地化をめざしての厦門出兵の企てとフィリピン独立闘争への間接的関与、アメリカのハワイ併合に際しての軍艦派遣など、アメリカ帝国主義を意識した日清戦争後の日本の「南進」の模索についてもふれている。

つづいて、こうした中国の「瓜分」の危機のなかで発生した「上からの改革」としての変法運動と「下からの抵抗」としての義和団運動の説明を行う。ここでは、後者についてのみ述べるが、授業では最初に義和団運動の発生・展開の過程、次に義和団の思想的特徴と運動の歴史的意義、最後に義和団事件をめぐる国際関係について説明している。

たとえば、義和団の思想的特徴としては、『義和団民話集』から義和団のビラの一例を引用し、そこに表現された「邪教」「洋鬼子」などの用語の意味をキリスト教布教や仇教運動などと関連づけて考えながら、反帝国主義闘争としての義和団運動の意義について理解させている。

義和団事件をめぐる国際関係は、帝国主義の国際関係を理解する上で、重要な内容を多く含んでいるので、以下に力点をおいて授業を行っている。まず、この事件が中国における既得権益の防衛を意図した列強の「共同一致」の八ヵ国連合軍の出兵をよびおこしたこと、義和団と南アフリカ戦争・フィリピン独立闘争の同時並行的展開が英米両国の自由な行動を規制し、このため最大の軍事力を派遣した日本が「極東の憲兵」の地位を与えられる契機になったことなどにふれている。また、出兵した連合軍兵士の写真を見ながら、このとき連合軍兵士のなかにインド人・ヴェトナム人などの植民地民衆が含まれていたことに着目させ、彼らが同じアジア人である義和団の中国人民衆と戦ったという事実から世界分割体制のもつ重層的・構造的特質を生徒に考えさせている。

さらに、イギリスがインド人兵士の動員のほかに、オーストラリア・ニュージーランド艦隊を天津沖に派遣し、英印軍を北京と南アフリカのどちらに送るか苦慮したという事実から、イギリス帝国主義を媒介に東アジアと南アジア・太平洋・南アフリカの諸地域が結合されていたという、帝国主義の世界の一体化の構造を生徒に理解させている。このようにして義和団事件は、世界分割体制を完成に導き、また、これによって中国は、ロシアの進出に対する列強の警戒という国際政治上の利害を受けて「分割」し尽くされずに保持されたものの、清国の従属性はより強化されることになった。

## 五　日露戦争、および日本帝国主義とアジアの民族運動をどう教えているか

日露戦争は、帝国主義国家としての日本の地位を確定し、東アジアの帝国主義体制の再編を促した。授業では、まず義和団事件の終結後から日露開戦に至る経過を詳しく説明している。それは、ロシア軍の「満州」占領から直線的に開戦に至ったのではなく、その間に展開した「満州」・朝鮮をめぐる日露交渉と、日本国内における日露協商論と日英同盟論、ロシア国内における対日妥協論と強硬論という両国における二つの路線の存在、日英同盟の成立と日本国内での反戦論から主戦論への転換などの動きを理解させるためである。

このあと、地図で位置を確認しながら日露戦争の展開を追っていく。その際、次の点に留意している。一つは日露戦争の基本的性格が、朝鮮と「満州」の領有をめぐる帝国主義国間戦争であり、最大の犠牲者は戦場化した朝鮮・中国の民衆であったこと。もう一つは、日露戦争のもつ国際的性格についてである。日本が戦争中、英米の金融市場で外債を調達し、イギリスから武器と良質炭の提供を受けた背後には、各地でロシアと対立中のイギリスの対日支援と日本の英米両国に対する戦後の「満州」市場開放の約束があったこと、逆にロシア側では、ロシアの軍事力を極東に向けドイツを包囲する露仏同盟の脅威を弱め、その間にバルカンでの自由な行動を確保したいとするドイツの思惑や、英仏協商成立以後、フランスがロシア支援に消極化したという日露両国をめぐる国際関係にふれている。

そして日露戦争中、日本は一方では、韓国の局外中立宣言を黙殺して韓国に日韓議定書、第一次日韓協約を強要し、他方では、桂・タフト協定、第二次日英同盟条約の締結によって事実上の韓国の保護国化を進めていたという事実にも注意を向けさせている。

さらに、日露戦争の終結状況に関しては、それが実際には日本の勝利ではなく、ロシア国内の革命情勢の拡大と消耗戦にともなう日本側の国力の疲弊という両国の戦争継続の困難と、極東・東アジアにおける強国の出現への警戒から早期講和を望む列強の思惑という国際政治の力学を反映した結果であったという事実も指摘している。

このあと、韓国併合の歴史と日本のアジア民族運動への抑圧を関連づけて学習している。韓国併合については、一度一八九五年の閔妃殺害事件までさかのぼり、そこから反日義兵闘争の展開、日露戦争と韓国の保護国化、愛国啓蒙運動、ハーグ密使事件を経て一九一〇年の韓国併合までの過程を詳しく説明している。その際、留意しているのは、朝鮮民衆の抵抗の側面とともに、甲午改革、大韓帝国と光武改革、独立協会などを取り上げ、朝鮮国内での自主的な近代化改革の歩みを捉えることである。そして授業では、事実を正確に理解させる目的から、日韓議定書と三回の日韓協約、韓国併合条約については史料を読み、また、それぞれの事件についてもその内容を説明したプリント史料を配布して利用している。

次に、日本帝国主義のアジアの民族運動の抑圧については、最初に潘佩珠の『ヴェトナム亡国史』の一節から日露戦争に勝利した日本に対するヴェトナム民衆の期待の声を紹介し、その具体的な表現としての東遊運動、そして同じ時期に宮崎滔天の仲介で成立した中国同盟会や、中国・インド・ヴェトナム・フィリピン・ビルマ・マライ・日本などの革命家・社会主義者たちが交流していた亜洲和親会について取り上げ、東京がアジアの革命家たちの合流点であったことを説明する。しかし、このあと一九〇七年に日仏英露四ヵ国の利害がそれぞれ一致して日仏協約・英露協商・日露協約が結ばれ、日本が三国協商の盟友に加わると、日本政府はアジアの民族運動が日本の朝鮮支配の障害になると判断して民族運動への抑圧姿勢を強化する。こうしてアジア諸民族の日本への期待は霧散していくが、この点については、日本を全アジア諸民族の「公敵」と宣言した中国の劉師培の日本帝国主義批判を紹介している。

授業では、このような流れをたどって韓国併合に進むが、そこで私が重視しているのは、安重根の人と思想についてである。授業では、安重根と伊藤博文をめぐる日韓両国の対照的な評価を紹介した上で、安重根と旅順監獄の日本人看守千葉十七との魂の交流、安の未完の書『東洋平和論』に現われた彼の独自な反帝国主義の平和思想について説明している。すなわち、日本の朝鮮侵略が東洋平和を攪乱し、列強のアジア侵略を誘発するとの危機感から、韓国独立と、それを基盤とした日韓中三国の連携による東洋平和の確立という彼の思想的意義について考えさせている。

## 六　生徒の帝国主義認識について

生徒は帝国主義にどのようなイメージを抱いているのであろうか。多くの生徒は、東アジアの帝国主義の授業で、「文明（国）」への上昇を志向する日本がその帝国主義国化の台頭の過程で、朝鮮半島や中国大陸の各地で様々な侵略と加害を行った事実を具体的に学習するなかで、日本の帝国主義国化に対してきびしい批判の目を向けている。たとえば、「不平等条約の改正をめざす日本は日清戦争で「文明」ぶりを世界にアピールしようと努めたが、旅順虐殺事件が発生し、さらに事件を報道した『ワールド新聞』の記者の買収に失敗してしまった。一般市民に略奪や虐殺をしておきながら「文明国」だなんてよくも言えるなあとがっかりしました。」「日露戦争で戦場になったのは日本でもロシアでもなく、中国と朝鮮だった。まったくひどいことだと思う。」「今回日本の韓国併合の歴史を詳しく学習してみて、日本のむごい侵略の事実の数々を知って愕然としました。しかし、事実を直視してそこから目をそむけてはいけないと強く思いました。」などの感想が出てくる。

しかし、他方で一部の生徒のあいだには、「日露戦争＝自衛戦争論」「韓国併合＝必然論」などの帝国主義肯定論もみられる。このような歴史理解に対して、今のところ私は二つの対応を行っている。一つは、それを誤りだと指摘するのではなく、正確な事実認識を積み上げながら、生徒の歴史観に揺さぶりをかけ、自分の歴史認識と向き合い、その問い直しをはかることである。たとえば、日本の植民地化の危機論にもとづく「韓国併合＝必然論」に対しては、列強との条約のうち、南京条約以来の中国の敗戦条約と日本の不平等条約との質的相違、オールコック初代駐日公使の対日政策などに反映された、日本を自由貿易市場として確保するための幕末日本への列強の慎重な対応、日英同盟の存在や、一時日韓両国の支配層に存在した韓国中立国化構想などにみられる列強の対日政策や日本と韓国をめぐる現実の国際関係の理解を通じて、果たして二〇世紀初頭の段階で日本の植民地化の危機が存在し、韓国併合が日本の植民地化の防止のための必然かつ不可避の路線であったのか、どうかを「疑問」の形で提示している。

そしてもう一つは、たとえそれが歴史の傍流にすぎず、現実の政治政策には反映されなかったにせよ、植木枝盛の「無上政法論」、宮崎滔天の支那革命主義、勝海舟の日清戦争反対論、幸徳秋水の帝国主義批判などにみられた反帝国主義・アジア友好的な思想と行動を紹介し、日本国内に実在した帝国主義批判・アジア友好論の意義について考えさせることである。もちろん、このような方法が常に説得的であるとは限らないが、こうした方法によって、帝国主義が日本にとっては与件ではなく、あくまでも自らの意思で日本が帝国主義の道を選択したこと、そして日本の能動的な行動こそが東アジア世界における帝国主義体制形成の原動力になったこと、したがって日本の帝国主義国化は当時の国際関係のなかでは唯一不可避な可能性ではなかったという認識に迫ることができるのではないかと考え、現在、試行錯誤を行っている。

## おわりに

東アジア世界における帝国主義体制の成立の歴史は、列強のアジア侵略による伝統的な冊封体制の解体を背景に、列強の世界分割体制形成の動きと連動しながら、日本が自らの意思で帝国主義国化の道を選択し、アジアの民衆の抵抗を抑圧する軍事力として列強の国際関係に自らを介在させることによって、東アジア地域に帝国主義体制を構築していく過程であった。その結果、日本はアジアで唯一の帝国主義国に台頭し、日本の帝国主義国化にともない、全体としての帝国主義世界体制が成立したが、日本はこの過程で国内外の帝国主義批判を圧殺し、アジアで孤立化の道を歩むことになった。

いま、二〇世紀の終末にあたり、二〇世紀世界史の起点となった帝国主義の歴史を考えるとき、東アジア世界における帝国主義の歴史を事実に即して正確に理解するとともに、アジア共生の課題に向けて多角的・複眼的な視座から再考察することが必要である。本報告は、こうした課題に応えるための日本の歴史教育の場における私の拙い試みである。

シンポジウム報告

# 4 法則・脈絡・典型・特徴

## ——帝国主義形成期の歴史叙述——

馬《マ》執《ジ》斌《ビン》
（牧野　篤訳）

### はじめに

一九世紀末から二〇世紀初頭にかけてのこの時期は、自由資本主義から独占資本主義への過渡期であり、帝国主義形成の時期である。この時期に、世界の歴史は分散から統一の方向に歩みを進めたのであり、そこに含まれる内容は極めて多岐にわたる。

わが国の定める高級中学（日本の高校に相当、以下「高中」と略記）のカリキュラム計画によれば、高中一年生で近現代世界史の課程を開設し、毎週二時限をあてることとなっている。教科書は、章節構成で、上下二冊組である。上巻は、三〇時限が配当され、五章二七節があてられており、下巻には二六時限、七章二五節が配当されていて、合計五六時限の授業時間である。そのうち、帝国主義形成期の歴史は、一章六節で、七時限の配当である。このほか、高中二年生で近現代中国史を開設することになっており、これも毎週二時限をあてることとなっている。教科書は、こちらも章節構成で、上下二冊組、上巻は一〇章二七節で二七時限、下巻は一一章二三節で二三時限が配当されている。各節一時限の時間配当である。（なお、高中二年生の第二学期は、高中卒業資格試験の準備のために早めに授業を終えることが求められており、配当時間も少なくなっている。）近現代中国史の課程は、自国史の角度から、帝国主義形成期の世界史を反映しつつ補足するものとなっている。

## 一　帝国主義形成期に関する歴史発展の脈絡

しかし、総じて、帝国主義形成期の歴史は内容が多岐にわたるのに対して、授業における配当時間が少ないのが現実である。高中という学校の教育実践において、正確かつ深くまた全面的に帝国主義形成期の歴史を叙述するためには、この内容が多く、時間が少ないという矛盾を解決しなければならない。この矛盾を解決するために私たちが採っている方法が、歴史の法則性をおさえ、歴史発展の脈絡を明らかにし、典型事例を選び、時代の特徴を浮かび上がらせること、である。

生産力と生産関係との矛盾、下部構造と上部構造との矛盾、これは人類の歴史発展の根本的原因であり法則である。一八七〇年前後より、科学技術の発展はめざましく、科学技術の新たな成果が生産過程に取り入れられ、直接生産力へと転化されることで、第二次工業革命が引き起こされた。人類社会は蒸気の時代から電気の時代へと進み入ったのである。科学技術の目をみはらんばかりの進歩と工業生産の急速な発展は、人類に幸福をもたらすはずのものであった。しかし、資本主義制度の下では、それらが生みだす大量の社会的富は少数の資本家の手に握られ、独占資本組織の形成を引き起こすこととなった。この時期、主だった資本主義国家であるアメリカ・ドイツ・イギリス・フランス・日本・ロシアなどは、相継いで帝国主義段階へと歩みを進め、独占資本組織の形成は列強の対外侵略と拡張をうながし、世界分割という新たな情勢を生みだすこととなった。この新たな情勢の下で、列強各国間の矛盾が激化する一方、他方でより多くのアジア・アフリカ・ラテンアメリカの国々が、資本主義体系へと組み込まれていった。つまり、世界は一体化の歴史過程を歩み始めたのである。そして、列強の各国民衆に対する搾取と圧政は、アジア・アフリカ・ラテンアメリカの民族運動・民主主義運動の空前の高まりをも導くこととなった。新たな歴史的条件の下で、欧米各国の労働者階級の政党が相継いで成立し、国際労働運動と社会主義運動とが新たな発展を見、レーニンがマルクス主義を受け継ぎ、発展させ、レーニン主義が誕生した。帝国主義国家間の経済と政治の発展が不均衡であることは、それらの間に植民地争奪と覇権争奪の熾烈な戦いを生みだし、結果的に第一次世界大戦の勃発を導くこととなった。

## 二　世界史教科書の構成

以上述べたことは、帝国主義形成に関する歴史発展の脈絡である。このような脈絡に即して、『近現代世界史』上巻の第四章「独占資本主義の形成」は次の六節から構成されている。第一節　第二次工業革命と帝国主義の形成、第二節　列強の世界分割、第三節　日本の帝国主義化と朝鮮・中国への侵略、第四節　アジア・アフリカ・ラテンアメリカの民族運動・民主主義運動の展開、第五節　社会主義運動の新たな発展とレーニン主義の誕生、第六節　帝国主義国家間の矛盾と第一次世界大戦。

第一節は次の三項目からなっている。第一項目は、表題を「第二次工業革命」とし、発電機・発動機・内燃機関・自動車・飛行機・電話・電報などの発明を典型的事例として、一八七〇年代以降、科学技術の発展が電力の広範な応用と新たな交通手段の創造、新たな通信手段の発明という三つの領域で顕著に見られることを説明し、また同時に第二次工業革命は電力の広範な応用を顕著な特徴とすることを指摘している。第二項目は、表題を「独占資本組織の形成」とし、まず生産と資本の高度な集中が独占を生みだしたことを述べ、その後、カルテル・シンジケート・トラストという三つの典型的な独占資本組織の形成を紹介し、最後にこうした独占資本組織は、生産力の発展をうながす反面、国家の政治経済生活に干渉するという二面性のあることを指摘している。第三項目は、表題を「西側主要資本主義国の帝国主義への移行」とし、主な帝国主義国家の特徴を国別に分析している。アメリカは「トラスト帝国主義」であり、ドイツは「ユンカー資産階級帝国主義」であること、イギリスは「植民帝国主義」であり、フランスは「高利貸し帝国主義」、ロシアは「軍事封建帝国主義」であると特徴づけられる。

第二節の四項目は、はじめの三項目でアジアの植民地化・半植民地化の進展、帝国主義によるアジアの分割、列強によるラテンアメリカ侵略強化の状況を各々叙述し、最後に二〇世紀初頭に世界の植民地体系が最終的に形成されたことを説明している。第三節の二項目は、まず第一項目で日本の帝国主義への移行を述べるとともに、「大日本帝国憲法」の紹介を通して、日本は軍事封建的性格をもった帝国主義であるとの結論を導き、第二項目では、日本の朝鮮と中国に対する侵略が述べられている。第四節の三項目では、各項目でそれぞれアジア・アフリカ・ラテンアメリカで相互連鎖的におこった典型的な反帝国主義・反封建闘争の事例を紹介し、一九世紀末から二〇世紀初頭にかけての植民地や半植民地における民族運動・民主主義運動の高まりを説明している。第五節の四項目では、第一項目で一九世紀後半における欧米の労働者運動、第二・三項目では第二インターナショナルの樹立とその活動、第四項目ではレーニン主義の誕生が叙述されている。

第六節の三項目では、第一項目を「帝国主義国家間の矛盾」と題して、まずヨーロッパ列強の間の矛盾が錯綜していて複雑であることが指摘され、その後、三つの基本的矛盾、つまりフランスとドイツとの矛盾、ロシアとオーストリアとの矛盾、イギリスとドイツとの矛盾の分析が示される。第二項目では「帝国主義の二大軍事集団の形成」と題して、同盟国と協約国という二つの対立する軍事集団の形成過程が叙述される。第三項目では表題を「第一次世界大戦」とし、大戦の過程が簡略に述べられるとともに、この大戦は帝国主義戦争であり、交戦国のいずれにとっても正義のない戦争であることを指摘している。そして、最後に、第一次世界大戦が導いた二つの結果、つまり帝国主義国家の力を弱めたこと及び社会主義革命であるロシアの一〇月革命とアジア・アフリカ・ラテンアメリカの民族解放運動の高揚に客観的条件をつくりだしたことが分析される。言い換えれば、第一次世界大戦がなければ、ロシアの一〇月社会主義革命もあり得なかったのであり、一九一七年のロシア一〇月革命の勝利は、二〇世紀初頭の世界史上の重大事件だということである。時間的には、この革命も帝国主義形成期の中に含まれるものである。ここで注意すべきことは、私たちはロシア一〇月革命の画期的な意義とくに歴史区分のメルクマールとしての意義を重視しているということであり、教科書編集においても一章を割いて一〇月革命を扱っている。

私たちが一九世紀末から二〇世紀初頭にかけての世界史を描くとき、その濃厚な基調は独占資本主義の形成、科学技術の飛躍的発展、社会主義の理論から実践への移行、アジア・アフリカ・ラテンアメリカ民衆の覚醒であり、すべて鮮やかな色彩を用いて描かれるべきものである。私たちは、このような描き方であってはじめてこの時代の特徴を十全に表現できると考えている。

## 三　中国史教科書における帝国主義形成期

既述のように、教科書『近現代中国史』は自国史の観点から、帝国主義形成期の歴史を反映しかつ補足するものである。以下、この問題について述べることとする。

欧米列強がアジアへの侵出をはじめたとき、日本は富国強兵政策に転じ、自らをアジアで唯一欧米列強による植民地化を免れ得た国家として形成しようとしていた。しかも、日本はまた、同時に、欧米列強とともにアジアを植民地化しようとしたのである。一八九四年の日清戦争は、日本政府がかねてより計画して発動した戦争であった。この戦争は、極東の勢力地図を塗り替えることとなった。清朝が敗北し、日本は朝鮮を手中にし、台湾を占領して、急速にアジアの帝国主義強国へと変貌をとげたのである。日本政府は、この戦争の結果、清朝政府に下関条約の締結を迫ったが、それは帝国主義の資本輸出・世界分割という侵略意図を反映したものであった。欧米列強は一方的な最恵国条項により、日本と同様の特権を中国に対して有し、中国に対する侵略の度合いを強めることにもなった。

列強は、中国分割の動きを強めたが、しかし、中国の民衆も奮起して抵抗することとなった。維新派の変法自強運動や義和団の反帝国主義運動はすべて失敗に帰すことになったが、しかしこれらの抵抗運動は、帝国主義列強各国に「中国分割は下策である」ことを認識させることにもなったのである。その結果、列強は中国侵略の同盟を結び、清朝政府に辛丑条約を結ばせることになった。この条約は、中国の半植民地半封建社会の統治秩序が完全に確立したことを示すメルクマールでもある。中国の半植民地半封建社会はここにおいて完成したのである。

近代中国の民衆は、帝国主義列強による侮辱をいやというほど受けてきた。私たちはこの辛酸の歴史を忘れるわけにはいかない。しかし同時に、こうした苦難の歳月においても、各国の民衆が私たちに与えた友誼と援助も、同様に忘れることはできない。授業時間数が厳しく、教科書の紙幅も限られている中で、編集者はいくつかの典型的事例を取りあげて、各国の友人たちの友誼と援助とを教科書の記述に反映させようと苦心している。たとえば、孫文の初期の革命運動について叙述する中で、私たちは孫文が一八九六年に、ロンドンで清国政府駐英大使館に拘束された際、イギリス人の友人・カントリーらが苦労をいとわず、手を尽くして孫文の救出にあたり、そのおかげで孫文は危機を脱したことを取りあげている。また、日本の友人の宮崎寅蔵が孫文の革命事業を一貫して支援していたことも明記している。これらの知識は、子どもたちに対する歴史教育の中で積極的な役割を果たしている。

## おわりに

二〇世紀が間もなく幕を閉じ、二一世紀が間近に迫っている。世紀の転換期に立って歴史を顧みると、私たちは、今世紀初頭の独占資本主義－帝国主義がもたらした三つの基本的な矛盾が、形を変えつつも、その基本的性質を変えることなく、今日まで引き継がれていることに気づく。帝国主義の植民地・半植民地獲得の矛盾は、今日の先進国と発展途上国との矛盾へと展開し、帝国主義国家間の矛盾は先進国相互間の矛盾へと移行し、資産階級と無産階級との矛盾は、国際的な社会主義国家と資本主義覇権国家との矛盾へと引き継がれている。一世紀にわたる資本主義発展の歴史の新たな段階の基本的性格とその基礎は、依然として独占資本主義なのである。

二〇世紀における世界の一体化の仕組みは、独占資本主義勢力がともに全世界に向かって、植民地争奪戦を繰り広げ、植民地・半植民地国家や地域の民衆を搾取し、奴隷化していったという事実である。このような一体化は、不公平・不正常である。このような不公平・不正常な現象を改め、公正で美しい世界を打ち立てるためには、全世界民衆の努力と闘争に頼る他はない。全世界の民衆に期待を寄せるしかないのである。

シンポジウムによせて

# 5 私たちの日中歴史教育交流

佐藤伸雄

第四回東アジア歴史教育シンポジウムが終ってまもなく、私たちはかけがえのない二人の先輩を失った。一月五日に鈴木亮氏（一九二四－二〇〇〇）、三月一九日に斎藤秋男氏（一九一七－二〇〇〇）があいついで逝かれたのである。鈴木氏は大学で中国史を専攻、高校の世界史教師となり、さらに大学で世界史教育法を教え、その実践をもとに多くの著書、論文を通して私たちを指導してくださった。斎藤氏は中国教育史、特に生活教育の指導者陶行知の研究者として知られ、民間での日中学術文化交流の中心におられた。そしてお二人とも、私たちの日中歴史教育交流のよき先達であった。

## 一　戦後の日中交流のはじまり

日本にとっては戦後、中国にとっては解放後の、日中の歴史学・歴史教育の交流は、一九五五年の中国科学院訪日学術視察団来日の時にはじまるが、「文化大革命」で中断した。中国の学校教育も「文革」で破壊され、「文革」終結後の七〇年代後半からようやく再建されたといってよいであろう。七九年に中国教育学会ができ、その下部組織としての歴史教学研究会が八一年に発足したというのも、教育内容や教育方法の整備・発展を目指すもくろみであったということなのであろう。日中間の交流も、日中国交正常化と「文革」終結によって正常化するようになるが、この時期に斎藤氏は大学の在外研究で北京に行かれた。そして人民教育出版社の幹部である蘇寿桐氏（氏は同時に歴史教学研究会副理事長、のち理事長）らとあわれ、同社刊の歴史教科書の翻訳出版が実現されることになった。それが、ほるぷ出版の『世界の教科書＝歴史中国』全二冊（八一年刊）である。野原四郎氏と斎藤氏が訳者代表で、鈴木氏が解訳を書かれている。この本が出た翌八二年、教科書の「侵略−進出」問題がおき、日本の教科書検定が国内からだけでなく、アジア諸国諸地域からも批判された。この時『世界の教科書＝歴史』シリーズが、私たちの勉強にたいへん参考になった。

## 二　東アジア歴史教育シンポジウムとのかかわり

この八二年に比較史・比較歴史教育研究会（以下、比較史と略）が発足。八四年に東アジア歴史教育シンポジウムを開催し、中国・韓国から御参加いただいた。この時、中国との交流の窓口となられたのが斎藤氏で、蘇寿桐・趙恒烈・陳桐武の三氏をお迎えした。趙氏は歴史教学研究会秘書長（のち副理事長）で北京教育学院教授（九九年九月逝去）、陳氏は西南師範大学副教授で、東北（旧満州）ご出身のため日本語が堪能であられた。この方々との出会いが、日中国交正常化後、「文革」終結後の日中歴史教育交流のはじまりとなった。なお、このシンポジウムの時、鈴木氏は「日本の教科書における東アジア」を報告されている。

このシンポジウムの翌八五年、歴史教学研究会のお招きで、比較史の代表として斎藤・吉田悟郎・二谷貞夫の三氏が北京市香山での年会（年次大会）に参加した。そしてこの時の話しあいの中で、歴史教育者協議会（歴教協）の代表団が八七年の安徽省涇県での年会に招かれることになったが、この時、斎藤氏や鈴木氏が私を押し出してくださった。こうして涇県へは私と二谷・鬼頭明成氏が出かけた。

八九年の第二回東アジア歴史教育シンポジウムは、天安門事件直後で、三人をお招きしたが臧嶸氏だけが参加された。その後、九一年の南京市での年会には歴教協・比較史の代表団として私と井口和起・中林茂夫氏が招かれ、九二年には歴教協主催の日中歴史教育セミナーに包啓昌・于友西・崔粲の三氏をお招きし、九三年の北京市懐柔県での年会に吉田・二谷・君島和彦氏が、九四年の山東省臨沂市での年会に二谷氏が参加したし、九四年の第三回東アジア歴史教育シンポジウムには劉宗華・陸満堂・龔奇柱の三氏をお迎えした。

また、九三年―九七年、私が責任者となって、比較史の協力もいただいて「歴教協日中歴史教育交流の旅」を行ったが、九三年には瀋陽市と北京市、九四年には瀋陽市、九六年には上海市で、交流会を開いていただき、九五年には承徳市、九七年には長春市での年会に参加した。

そして今回、第四回のシンポジウムには歴史教学研究会から秘書長の馬執斌氏をお迎えした。馬氏は中学校の教員を十数年勤められてから人民教育出版社に移られ、歴史教科書の編纂にあたられている。そして今回の報告は、高級中学（日本でいうと高校）用教科書での帝国主義の叙述についてであった。そこで、中国の歴史教科書についての若干の知見を記しておきたい。

## 三　中国の歴史教科書

私がはじめて訪中した八七年の涇県の年会での、張健氏（中国教育学会副会長）の基調講演ともいうべきお話の内容は衝撃的であった。――この広い中国で一種類の教科書しかないというのではだめだ。地域性を生かした何種類もの教科書が必要だ。教師はしゃべりすぎる。もっと子供に発言させなくては、子供七、教師三ぐらいでよい。――この後者には参会者のとまどいの声が上がった。それはともかく、前者の教科書の件では、まもなく「一綱多本」つまり一つの要綱、多くの教科書ということで、一種類の国定教科書から検定による複数の教科書が出現した。しかし、日本の場合とは異なり、地域性重視のかたちである。歴史教科書でいえば、かつては国定教科書を出していた人民教育出版社版以外に、北京師範大学版、上海版（上海教育出版社）、重慶版（西南師範大学出版社）、浙江版、広州版などがある。

国定教科書時代のものは、前述のほるぷ出版と帝国書院から翻訳出版されているが、ほるぷ版は「文革」終了直後の、全日制十年生学校・初中課本（試用本）『中国歴史』全四分冊である。これと「一綱多本」となった九〇年代の、義務教育三年制四年制初級中学教科書（試用本）『中国歴史』人民教育出版社、全四分冊を比べるとかなりの違いがわかる。前者の現代史部分は章節（課目）の名称からして中国共産党史という感じで五〇年代半ばまでの社会主義建設をうたいあげて終わっている。だが後者では、党史的な課目の名称が少なくなり、「〝文化大革命〟動乱の十年」の一課も設けられ、毛沢東が党内と国内の階級闘争形勢の誤った分析からひきおこしたと書いている。また中国ではアヘン戦争を境として古代・近代にわけ、五・四運動からを現代とする時期区分であったが、後者の教科書では中華人民共和国成立以降を現代史としている。なお写真は巻頭にまとめ（カラー）、本文中には多数のイラストを配している（上海版での初中教科書では本文中にも写真を使っている）。判型はB５判（重慶版はB６判）、各ほぼ二〇〇ページ。初中教科書は『中国歴史』四冊（一―二年用）と『世界歴史』二冊（三年用）となっている。

馬報告での教科書は、高級中学用の『世界近代現代史』『中国近代現代史』ということだが、私は手にしていない。だが、後者の一部が訳出されている。『中国現代史』と題する蒼洋社発行・プレーン出版発売（九五年刊）で、元本は人民教育出版社歴史室編著『中国近代現代史』（馬氏も編著者の一人）。一九二七年の蔣介石の反共クーデター以降が扱われ、付録の年表では「一九九二年　中国共産党十四期全国代表大会の召集」が最後の事項である。残念ながら、今回のシンポジウムが扱った時代よりも新しい時期の叙述である。

しかし、手元に上海教育出版社版の高級中学課本『歴史　一年級』（試用本、一冊）、同『歴史　二年級』（実験本＝仮表紙、一冊）があった。この前者は「西洋資本主義興起」から辛亥革命まで。後者は「第二国際的演変（第二インター）和《（と）》列寧《レーニン》主義的《（の）》誕生」から「第二次世界大戦后的《（の）》世界」までで、ソ連のアフガニスタン侵攻、イラン・イラク戦争に至る。史実の配列等は、ほぼわれわれの常識的な知識の内にあるといってよいであろう。

## 四　今後の日中交流にむけて

社会主義国である中国では、唯物史観＝マルクス・レーニン主義による歴史の研究や教育が行われている。その歴史研究では、改革開放路線の下でかつての政治主義的、教条主義的な考え方が是正され、実事求是が尊重されて、抗日戦争中の重慶側のことでも評価すべきは評価するという状況が生まれていると聞く。しかし、歴史教育ではこうした動きは出て来にくいとか、出たとしてもテンポが遅いのではなかろうか。前述のように、教科書で「文革」での毛沢東の誤りが明記されるようになったのは注目されるが、同じ教科書で毛の写真やイラストが依然として多いのは、そういうことなのではないかと思われる。

もっとも、これは何も中国だけの問題ではないであろう。日本でも、学習指導要領（これが教科書検定を規制している）で、日本近代史が近代化と国際的地位の向上をことさら強調していることが、五〇年代以来変わっていないのである。中国の教科書で毛沢東の比重が大きいこととあい通じる問題ではないだろうか。アジア諸国では、歴史教育の内容や方法に国家の意志が強く及んでいるといえそうである。私たちの歴史教育の国際交流において、こうしたことについても、お互いに冷静に話あえるようになりたい、と思っている。

こんなことをいったら、斎藤秋夫氏や鈴木亮氏は何といわれるだろうか。うかがっておきたかった、としみじみと考えている。

コメント

# 6 教育の場で

フォルカー・フールト

今回の東アジア歴史教育シンポジウムに呼ばれ、コメントをする機会を与えられ、誠にありがたいと思う。私は専門から言えば、帝国主義時代の研究から少し離れているので、ここで聞かせていただいた報告は大変参考になった。しかし、すべての報告にコメントをつけるような資格は持っていない。時間も少なくなってきたので、米山さんの報告をめぐって、コメントと言うより感想かもしれないが、私自身の経験からいくつかのことを述べたい。

私はハレ大学の日本学の授業で、戦後日本の政治システムと外交政策を担当したが、時には専門外だが日本の帝国主義を教える機会もあった。その場合、学生は、東アジアの歴史についての知識がないという壁がある。しかも学生の大多数は日本の歴史についても、欧米の帝国主義についてもほとんど無知である。学生の帝国主義についての認識を問題にしようとしても、歴史認識のレヴェルの議論には限界がある。だからもっと根本的な、学生の市民としての常識か良心に訴えるような問題提起をすることから始めなければならない。そこで私が行っている三つの問題提起を簡単に紹介したい。

第一は、自国と自国民の利益のために他国と他国民に自らの支配とルールを押しつけることは、そもそも容認できることであろうか、という問題について考えさせることである。

第二に、その間連で、「韓国併合」が日本の植民地化の防止のために必然且つ不可避であったかどうか、という米山さんの問題提起のように、具体的な歴史背景にあったはずの政治行動の選択肢を学生と一緒に探すことである。この点では東アジアの歴史についてあまり詳しくない学生も、政治家に望ましい想像力を示してくれた。

第三として、歴史の評価に関する問題がある。今日の価値観を基準として歴史的な過程に判断を下すことは適切ではなく、当時の価値観で判断するべきだという意見があり、それは帝国主義的な行動を弁護する論評にもなり得る。午前の木畑報告にも出た九〇年代の教科書批判にもそういう論評が出ている。それに対して、私は歴史を理解するためには、あらゆる当事者の行動の背景と動機を理解することが必要だと考える。ただ、現代人が歴史から教訓を引き出すためには、現在の価値観から判断するのは当然だと思う。もちろん私たちは自国の歴史を断罪する権利を持っていないけれども、その歴史を弁護する義務もない。むしろ今現在生きている者として考えた場合、例えば帝国主義の思想と行動にはっきりと距離を置かない国家は、今後も都合が良ければ、隣国にまた自らの支配とルールを押しつけるのではないかという疑問を招くと思う。

以上、私の教育現場で試みた簡単な問題提起を話した。

一つだけつけ加えたい。朴さんは韓国の学生の中には日本を敵対視する者が多いと言ったが、第二次大戦の後にドイツとフランスの間でも同じような問題があった。その当時の対策の一つとして、両国の政府は学校レヴェルの学生交流に非常に力を入れた。今はドイツとフランスの間の敵対視という問題はだいたい解決したと言って良いと思うが、この学生交流の活動はその解決に貢献したと思う。参加者の皆さんから、今の日本と中国、日本と韓国の学生交流活動の現状について聞きたい。

コメント

# 7 植民地支配を受けた側の視点から

クリスティン・デネヒー

三つの報告のコメントに入る前に、私の経験を少し述べたい。

私は一六年前、高校三年生の時初めて日本に留学したが、その時まで私は学校で世界史を勉強したことがなかった。だから日本に来てから始めて、ダグラス・マッカーサーとか太平洋戦争のことについてわかるようになった。高校では一年間、アメリカ史の授業があったが、その時の第二次世界大戦の勉強では、「戦争＝ホロコースト」ということだけ記憶に残っている。

極端な例かもしれないが、アメリカの学校ではアジアの歴史について詳しくやらない。そのころアメリカでは、日本のように文部省が決める全国的な学習指導要領がないので、各州・町、さらに担当の先生によってカリキュラムが違った。米山さんが話していた受験競争もないから、教室の中のやり方がかなり違う。私は大学で、日本史の良い先生に出会い、高校生時代の留学の経験もあったので、日本史を勉強したいと思うようになった。大学院に進んでからは、近代史の中での日本と植民地朝鮮の関係に興味をもっている。

昨日のフールトさんと同じように、私も一九八〇年代の教科書問題に興味があった。この教科書問題を八年前、修士論文で書いた時、最初はこれを外交問題として見ていた。しかし調べてみて興味がわいたのは、戦後日本における日本人同士の歴史の議論だった。例えば家永裁判などのように、日本の歴史学者がどのように自分の国の近代史や近代の中の帝国主義を評価するのか、大変複雑で興味深い問題であった。

博士課程での研究テーマは戦後日本における植民地朝鮮の記憶のことである。この分野では、戦後日本で活躍している学者の中でも在日韓国・朝鮮人の研究が大事である。彼らは自分のアイデンティティは韓国・朝鮮なのだが、日本語で論文を書き日本で生活している。どのように植民地時代を評価するのか、かなり複雑である。特に戦後の冷戦構造の中でどのように歴史を書くか、例えば植民地朝鮮の三一独立運動をどう評価するのか、その歴史の書き方は戦後の現在の政治的立場と強い関係がある。

今日、さまざまな立場から自分の国の植民地時代の歴史が語られたが、その中にいくつかの問題点があると思った。

ヴェトナムのクオックさんは論文の中で、ヴェトナムではは植民地時代のフランスに対して、フランスの文明と植民地主義をかなりはっきり区別する、と書いている。では朝鮮半島ではどうだろうか。日本の文明と日本の植民地主義を区別できるだろうか。私が知っている限りそれは無理ではないかと思ったがどうだろうか。

台湾の呉さんの報告の中でも、「近代化」と「同化」という語があった。これを、大戦後の今どういう風に区別し、評価するのか、大きな問題だ。また、朝鮮半島の場合ではどう区別することができるだろうか。

次に、大きな問題として、先に述べた、戦後の現在の政治的立場と歴史の書き方の問題がある。自分の国の植民地時代の歴史を書く場合は、どの程度現在の政治状況が歴史の叙述に影響を与えるのか、考えることが必要だろう。趙さんが発言したように、長い歴史の時間で考えるとするならばなおさらである。

最後に個人的なお願いがある。アメリカの大学で東アジアの歴史を教える時、何が一番大事なのか、どういう人物を注目するべきか、皆さんの意見を聞かしていただきたいと思う。昨日の馬さんの報告にもあったように、有名な政治家だけでなく、民間レヴェルの交流の例があったら、ぜひ教えてほしい。

シンポジウムによせて

# 8 歴史教育についての一断章

寺田光雄

## はじめに

学校教育における歴史教育を論じるときに、授業（講義）の受け手側の意識は、どう論じられうるのか？　子どもや青年が授業に「参加」するとしても、授業の教材や方向は基本的に授業者によって準備されている。授業でのコミュニケーションの成立を想定しても、通常、教室においては、量的にも質的にも発言より沈黙の方が支配している。受け手の意識が、少しでも実態に根ざした形で浮かび上がる方法はないのか。この一〇年間、比較史・比較歴史教育研究会の会合に参加しながら、いつも私の頭にひっかかっていたのは、このことである。

今回も、歴史教育について一文を書こうと机に向かってきたが、相変わらず受け手の意識を深層のところで捉える方法がわからない。そこで私は、途中まで書いた授業論＝私から見た〈受け手の反応〉論を、卒業生のX、Yさんに読んでもらい、その意見を載せることによって、この模索をつづけたいと思う。X、Yさんはここ数年内の卒業生である。

この小論の柱になる点をあらかじめ示しておくと、①ここでは多人数の学生相手の、しかも限られた視点と方法意識にもとづく講義への反応が考察対象になっている、②そういう条件のもとでではあるが、自分を語る思惟とことばをもった特定の社会人学生とは、社会・歴史認識上のコミュニケーションが成り立ちうるということ、③これと対照的に、概括的にいって一般学生の場合、社会に対する当事者意識がまだ見えにくく、かつ、レポートなどによってはその深層の意識を捉えられないということ、④深層の意識とは、自己形成自体の長期的性格と相俟って、長いつきあいのなかで初めてつながり、そこに浮かび上がってくる姿を見るとき、社会に対して当事者意識をもちにくいさまざまな今日的様相がうかがえるということ、⑤そしてそれは、歴史教育の問題として決定的に重要なことであるはずだということ、以上である。

以下はまず、X、Yさんに読んでもらった私の授業論である。

## 一　「世の中を読むこと」と深いところで抱える問題

私は、「教育」というものの意義を（ここでは学校教育を念頭に置くと、主に）子どもや青年の自己形成（自己認識・世界認識）を手助けすることにあると考える。

それゆえ歴史教育を、歴史研究という学問の研究成果が、子どもや青年の自己認識・世界認識形成を手助けするための一要素として組織化されたものと考える。だから、歴史教育のあり方について問う場合には、子どもや青年の自己形成の現状やその手助けの仕方への問いをつねに伴わねばならないと思う。

私が三〇年近く大学で「社会思想史」という一種の歴史教育に携わってきていて、思うことの第一は、学生一人ひとりの自己形成に何らかの形で役立つ視点や考え方や材料を、どれだけ提供できているのかという反省である。講義の実状は、ほとんど――学生諸君から見て――退屈な講義内容の提供に終始してきたのだろうが、思いはそうした点にあった。自分の講義の良し悪しの判断材料は、何よりもまず学生諸君の反応にある。勤務先が経済学部のため、近年かなりの国立大学経済学部が持っている夜間主コースに恵まれ、多くの社会人学生とも出会うことができ、そうした社会人学生の経験や知識の蓄積からくる厳しい目によって、自分の講義の実態や意味は、かつてより判断しやすくなった。

これから紹介・考察する例は、一九九八年度と二〇〇〇年度（夜間は隔年開講）の前期講義「社会思想史Ⅰ」の内容とそれに対する昼間・夜間の一般・社会人両学生の反応である。（昼間は各年百名前後、夜間は二〇名前後の聴講者で、昼間講義では学年構成で二年生が多数を占めている。）

ここ数年、その講義で「近代世界と『国民国家』」というテーマのもと、私の著書『民衆啓蒙の世界像』をテキストにして、それを時間的空間的に大幅に広げた視点から位置づけ肉付けして（配布資料はB４で五〇余枚）話してきている。一九九八年度と二〇〇〇年度とでは、講義内容はいくらか異なるが、二〇〇〇年度「シラバス」に書いた講義項目を挙げておくと、Ⅰ「国境」観念の変化とわたしたちの歴史認識、Ⅱヨーロッパにおける文明化と世界像の転換、Ⅲ主にドイツの国民国家形成――民衆学校教科書を主な素材にして、Ⅳ日本の国民国家形成、Ⅴ近代世界システムと周縁・マイノリティ問題、である。

このような社会思想史講義は、受講者に何を提供しうるのか。提示する視点や考え方や材料が多様であればあるだけ、講義の受けとめ方は多種で広がりがあってしかるべきで、私自身、個々人の自己形成を尊重する立場からも、そうした受けとめ方を望んでいる。そのさい、それがその人の認識形成上の契機になるものならよりうれしい。

私は講義最終日に、内田義彦『社会認識の歩み』の次の一節を抜粋プリントして自分の講義のねらいを確認している。「眼のウロコが取れたなどといいましょう。本が面白く読めたというのは、本を読んだのではなく、本で世の中が、世の中を見る自分が読めたということです。逆にいえば、世の中を読むという操作のなかで始めて本は読めるわけですね。その『世の中を読む』という操作が社会科学的認識ですが、その芽がうまくのびてこない。……」

この一節を、講義のねらいを語るために活用させてもらっている。本であれ講義であれ、社会や歴史について社会のなかにいる自分の読みを深める作業のために使ってほしい、つまり、受講者に求める第一の希望は、講義や参考文献を社会に対する当事者意識形成の場として役立ててほしい、ということである。そこで私は、この小論で「授業への感想」など講義への反応を、受講者の社会的当事者意識を測る資料として用いたい。

講義内容に系統性をもってつきあってくれる人は、当事者意識の強い人である。実際、かなり包括的な形で系統的につきあってくれる人もいる。それを表明してくれるのは、やはり経験や知識を豊富に蓄積した社会人学生に見られる。まず、これらの例を引き合いにだしたい。

テキストでは、ドイツ民衆学校読本が素材になっていることもあって、私は日本について話すときも教育制度や教科書を素材にすることが多いが、その日本に入る前に、講義についての「中間まとめの文章」（授業時執筆）で、例えば次のような社会人学生Aさんの反応があった。

「義務教育の発達している日本に生活すると、教科書は、小学生、つまり物心つき始める年頃から、毎日当たり前のように見るものである。それは人間が成長し大人になるための知識や技術を得る栄養とでもいうものであろうか、何が何だかよくわからない頃に使った教科書に私はあまり良い印象をもっていないが、かつて教科書を習ったことが今でも役に立っているのは確かである。／教科書がつまらなかったという印象は、多分二つの理由があった。一つは、学習目的が私にはわからないままに教科書が存在する。もう一つは、学習の道筋をたどれなかったからだと思う。」（／は改行箇所）

こう書き始めたAさんは、近代化の進展に伴う民衆の生活の変化・生活圏の拡大とともに、民衆学校教科書がその内容やスタイルを変化させたことを、テキストと講義から抽出しながら、近代化・文明化の大きなパースペクティヴのもとでまとめる。一五年程前に人文系の大学を卒業したAさんには、その当時学んだ歴史学との――時代を反映した――違いも関心事になっていた。そして、こう結ぶ。社会人として「再び『教科書』を手にしている。しかし、小学生の頃とは違って、世の中の仕組みや価値観、多様な方法を知って」いる今の自分は、社会の近代化に伴う「生活からかけ離れた世界観」をもとにした「教科書」の存在ゆえ、小学生の頃の自分には「教科書がつまらなく感じたのも、今では仕方のないことに思える」と。

そして、「授業への感想」（最終講義時執筆）として「とにかくおもしろかったです。目からウロコが落ちることだらけでした。知識を得たこともそうですが、それよりも勉強するおもしろさを大いに経験できました。……この講義の中で、少しずつ『私の』世界観が私自身に見えてきた」と述べてくれた。

同種の反応は、表現を変えていく人かの社会人学生から得ることができた。二例を挙げよう。（引用は「授業への感想」の一部分である。）

「経営学を学んでいてよく耳にするのは、常に新しいことに目を向けていかなければ、どんどん置いてかれるということです。しかし、今存在しているものは、決してひょっこりとできたものではなく過去につちかわれてきた様々な要素を含み、現在存在しているのだと思いました。過去を学ぶことは、頭を古くすることではなく『未来を知る』ということ、

そして現在を正しく認識することなのだと、この講義を通して感じました。」（Bさん、三〇代半ば）

「〈歴史のなかの自分〉という意識を持ち得たか？ という質問について、私は、この講義を受け、『おおいに持ち得た』、又そのことで『自分を見失いつつある』と答えたい。毎回の講義の後、先生に『自分はこうでした』と［話し］、その講義の話に当てはまり過ぎている自分を確認した。先週は、自分の妻まであてはまり、思わず声が震えた。」（Cさん、三〇代初め）ちなみに、Cさんの「妻まで云々」というのは、古厩忠夫『裏日本』の「看護婦などの地味で勤勉さと辛抱強さを要求されるような職業には北陸出身者が多い」という内容紹介をしたさいの話である。

ほぼ一方通行の講義だが、ここに、私の講義をとおしての受講生と私の社会・歴史認識上のコミュニケーションを見てとれる。もちろん何人かの社会人学生からは、素材のヨーロッパへの片よりや説明の粗さからか、思考がうまく交差しなかったなどの指摘があった。また、もとより限定された視点と方法意識にもとづく講義に対して、関心や把握方法の違いからすぐには対話しえない人が出ても当然のことである。しかしともあれ積極的な形においては、その人たちが、社会や歴史についての表象を、自らの生活意識の問題として重層的に捉えるのに、役立っているのだと思う。私はここで、そうした社会の重層的で多様な関係のもとにある自分の生活意識を対象化して、そこでの選択を模索する意識を、社会に対する当事者意識と呼んでおきたい。

社会人学生は、すべてそうというわけではないが、経験と知識が豊富なぶんそれだけ自分を語る思惟とことばをもっているといえる。そして、社会に対する当事者意識を観察することもできる。そこで、対照的な比較をするために、一般学生Dさんの「授業への感想」を紹介したい。Dさんはこれを書くさい、最終講義時にプリントして配った先のAさんの中間まとめ文章と、内田義彦の先の一文を読んでいる。

「［Aさんは］小学生の頃、教科書に良い印象を持っていなかった、と言っているが、私は小学生の頃、教科書をもらうことはうれしかった。つまらないと感じるものもあったが、国語や理科の教科書には読んで面白いものや、見ていてきれいだと感じる写真もあった。教科書は未知の出来事や現象がつまっていて、それに触れるということは、子供にとってわくわくするようなことだと思う。けれど、［内田氏の］文章を読んで気付いたことだが、私が面白いと感じたのは、『本が面白く読めた』という面白さとは違っている。これまでずっと、私は、私自身を何物からも切り離した位置に立たせて、物事と向かい合ってきたのだと思う。……『世の中を読む』ということは、世の中に自分をおかなければできないと思う。でも、それは難しい。誰かの意見や行為や、世の中の深刻な問題に身を投じるということだからである。……大学の講義がつまらないと感じてしまうのは、『世の中を読』もうとしないことに原因があるのかもしれない。実は、この社会思想史の講義も、毎回出席しつつも、つまらないと感じることはしばしばだった。」

ここに、受身だが順調に学校教育を歩んできたDさんの姿とともに、そのDさんが社会や歴史を主体的な眼で読むケースに出会ったときの驚きが表現されている。私の講義は、Dさん自身語っているのだが、新たな視点や知識を得る場としては役立ったようである。

このように社会や歴史にたいしてまだ明確な当事者意識をもっていないということは、多くの一般学生に共通した特徴であると思う。講義に関する中間まとめや夏季レポートでは、テキスト・参考文献や講義内容の一部分からの要約整理が多く、そこに自分なりの系統的な読みの度合いは少ない。もっとも、それが主体的思惟とともにことばの未成熟による面も大きいのだと思うが、その程度問題はレポートなどでは判断できない。

ただDさんについていうと、自分が当事者意識をもたないわけを、社会的に位置づけている。その意味で、自分の社会的ポジションが明確のように見える。上原専禄の表現を借りれば「自分の考えかた……それ自体を客観化しうるようになったときにできてくる」「認識の主体性」に今まさに立とうとしているといえる、のかも知れない。*

例えばまた、受けとめの観点は異なるが、Eさんの次のような「授業への感想」も自分の読みを表現しようとしているもので、「認識の主体性」を予感させる。

「私には、この授業は難しすぎました。……結局、この授業で得たことは、思想って深いなあと実感したことぐらいです。社会思想史という授業なのに、思想を学んだと言うよりは、……あえて具体例を出すとすれば、〃人間〃というものにせまった気がします。思想は人間がつくり出すものだからという理由からだけではなく、『多くの人々が共存して生きる』という当たり前の行為を、この授業を受けて改めて不思議に、そして特別に感じたからかもしれない。」

講義においては、国民国家観念の形成と展開、それとかかわる教育・教科書の内容、中核・半周縁・周縁を幾重も併せもった資本主義世界システムの展開といった歴史社会の大きな表象を提示しながら、そこに、個人思想や生活思想――例えば、民衆学校読本が説く日常倫理、ルソー『人間不平等起源論』やヘーゲル『歴史哲学講義』が説く人間・社会像、あるいは今井美沙子『わたしの耳日記**』や島尾敏雄「南島エッセイ」などの紹介――を折り込んできた。Eさんは、そうしたもののいくつかに、系統づけた形ではないが〝人々の共存〟のイメージを印象づけられたのだと思う。

さて冒頭で、受け手の意識が少しでも実態に根ざした形で浮かび上がる方法はないのか、と語った。上に見てきたような、社会や歴史についてある系統性で観察する眼をもった人やそうした形で自己を整えていく人、また今見た〝人々の共存〟を肯定的に感じる人について、現象的に語るだけなら、この小論は意味をもたない。私自身、DさんやEさんをはじめ主体的な反応を示してくれる人でも、講義の投げかけたものとの具体的接点をまだ語ってくれていない人とは、コミュニケーション上の接点が見えず、その自己意識の像がほとんどわかっていない。

たいていの受講者にとっては、もともと講義内容とは偶然の出会いであり、人は自己の関心のおもむくままに講義を聴いたり聴かなかったりするものだと思う。その点は社会人学生でも同じであろう。それゆえ、講義への感想やレポートなどによって多くの受講者と認識形成上のコミュニケーションを求めようとしても、ほんらい無理な話である。

しかし、これまでの経験から見ても、また思想史研究から見ても、その人一人ひとりの深いところでかかえている問題が、社会認識や歴史認識の形成と密接に結びついている。そして、ゼミなどの個人的つきあいをとおして、個々の学生の深刻な問題とぶつかり、それがその人のレポートなどでの表現やそれに対するこちらの判断と大きくズレているとき、その深層との対話が必要になってくる。しかし実際のところ、そうした対話が簡単に成立するわけはない。むしろ乖離の方が支配的であって、乖離の存在は、学校教育という制度が必然的に生み出している面もある。そうだとすると、その乖離の存在を論理化し、深層の意識を別な方法で捉えないと、歴史教育論はきわめて不安定なものになるのではないかと思う。

## 二　受け手の意識を浮かび上がらせる試み

だいたい以上のような論旨の原稿をX、Yさんに読んでもらった。二人とも、学生時代にレポートなどにおいては、的確にまとめ教師好みの回答を出すことのできた人たちだったのだと思う。

まずXさんだが、この人の回答は、当事者意識や主体的読みの持ちにくさという点でDさんやEさんのような反応の背景の一端を語っているのではないか。そして、この人の回想に例えば先のBさんの反応を重ねてみると、今や社会科学分野においても大学で歴史教育が大きく後退している姿を推察できるように思う。

「今二〇代後半に入って、大学生の頃の自分を振り返ってみると、とても社会に対する当事者意識をもっていたとはいえない。年齢的に社会的経験が不足していたのでしょうがないとも言える。しかし経済学部に所属して、そのカリキュラムが、自分自身の自己認識や世界認識の形成を行うのにどのように役立っていたかよくわからない所がある。色々な知識や情報は得られても、そういう点では、ほとんど役に立っていなかったのではないか。／大学の授業は高校の頃と違って専門的なことが学べるので、興味深く取り組めたものもあった。しかし、一つ一つの授業への取り組みが割と単発的な興味で終わってしまっていた気がする。そこで得たものが、他の科目やその他で勉強したこと、新聞などで知った事柄とはつながっていかなかった。社会で話題になる国際的な事件もよく理解できなかった。私は授業で知識を得たつもりになっていたが、それはわかったつもりで受け売りでしゃべっているようなものだった。今振り返って考えてみると、当時興味を引かれたのは、社会の事象を明快に説明するモデル風の理論に過ぎなかった。／だから、社会を過去と現在の経験的積み重ねで捉え、そうしたなかに事象や自分を置いて系統だって考えてみることは出来なかった。『世の中を見る自分を読む』というようなことは、発想もしなかった。だから、DさんやEさんのような反応はよくわかる。／4年生になって、他の人たちが就職活動していくなかで、自分の関心事と方向を明確にしなければ、と追い詰められた時期があった。その時、女性としての自分は、家事労働や性差別主義の問題に強い関心があることに気付き、その後、高校生、大学生時代にほとんど勉強してこなかった歴史の勉強へと自分をすすめることになった。そうした関心や自覚を、実際に社会や歴史とつながりのあるものにしていくには、本当につらい日々をくぐらなければならなかった。しかし、学習動機の存在こそは『認識の主体性』をつくるものだと思う。経験知も蓄え、その後の学習を経て、今やっと大学時代の知識も引き寄せ、歴史社会のなかにいる自分というものについて感得しはじめている。」

次にYさんの回答を紹介したい。Yさんの回答への私の意見は後で述べたい。Yさんは、自分が三〇代になってもまだ「歴史認識と生活意識」を結びつけて捉えられないという。その説明のためにA、Dさんの意見とからめて、次のように述べてくれた。

「わたしは勉強は好きなほうでしたから、教科書をもらうのはとても楽しみなことでしたし、教科書は好きでした。教科書の世界（〝お勉強〟の世界）はパーフェクトでした。人々は品行方正で慈愛に満ち、社会には美しいものや価値あるものがたくさんありました。そこでは戦争さえも、民主主義という素晴らしいシステムをこの国に取り入れるために必要な過程のように見えました。社会科学系の教科書の最後のほうには、付録的に〝現代社会の問題〟が記述されていましたが、そんな問題はパーフェクトな世界の前では全く色褪せて感じられました。ところが現実の社会はもっと歪んでいて、多くの矛盾をはらむもので、〝現代社会の問題〟のほうこそメインの現象でした。そのギャップをみつめる視点を、わたしは長い間もつことができなかったような気がします。その結果矛盾に満ちた現実に居心地の悪さばかり感じて、つきあい方を見つけられずにきました。あのパーフェクトな世界はどこかにあるはずだ、という諦めきれないような思いがずっとありました。／大学に入ってはじめて、社会を相対的に見る視点に気づかされたように思います。例えば、寺田先生の教養部の少人数講義で読んだ本のなかで特に印象に残っているのは、M・ウェーバー『プロテスタンティズムの倫理と資本主義の精神』と安丸良夫『日本の近代化と民衆思想』です。どちらの著書からも、教科書では画一的に描かれていた（あるいは描かれることのなかった）人々の動きをみることができた。が、それはやはり大学のなか、ゼミ室のなか、共に学ぶもの同士の間にいるときに限られた興味や感興であり、実際の日常のなかへとは展開していきませんでした。／歴史認識と生活意識は、いまだにつながらないままできています。」

ここには、学校優等生のYさんらしい自己意識が表白されている。こうした意識は必ずしも今日の若い世代に固有のものではない。私と同世代の友人（一九四四年生・元教師、主婦）にこの文章を読んでもらったところ、自分も「比較的最近までこういうところがあった」と語ってくれた。

しかしYさんはまた、村上春樹氏のオウム真理教信者へのインタヴュー集『約束された場所で』（一九九八年）が出てまもなく、その人たちの話に共感するものがあったと、その書を私に薦めてくれた。なかでも高橋英利という人物が「最も自分の感覚に近い」という。その高橋氏の話から一文を引用しておきたい。「僕らの世代は日本が裕福になった時代に育って、そこから社会を眺めているという意識がありますよね。そしてそこにある『大人の社会』に、僕はどうしても馴染むことができなかったんです。なんだかすごく歪んでいるように感じられました。それで、そういうのとは違うもっと別の生き方、世界の眺め方がどこかにあるんじゃないか、そう考えるようになりました。」「オウム問題というと、すぐに親子関係のこじれとか軋轢といった話になってしまうことが多いんです。……しかしそれより大きな要因は、むしろ世界の行き過ぎに対する終末的な感情というか、そういう僕たち全員が持っているものじゃないかと思います。」

「『大人の社会』の歪み」、「世界の行き過ぎ」、そういったものを「裕福になった時代」の頂きから眺める――Yさんも共感するというこうした見方。この見方に先のYさんの一文を重ねると、そこには、社会の諸関係の渦中にある自己という認識はない、それは、次代に向けての具体的選択の手がかりへの関心や、それを照らし出す歴史認識やさまざまな時空の歴史社会の姿への関心の希薄さを表現している。しかしそれは、他方において歴史教育の方で、『大人の社会』の歪み」や「世界の行き過ぎ」や「裕福になった時代」について子どもや青年たちにどれだけ説得的に説明しえているのかという問題ではないか、と思う。

さしあたり以上のようなかたちで卒業生の反応を二例紹介するだけで、今回の一文を終えるしかない。しかしこれは、私にとっては、受け手の意識を少しでも実態に根ざしたかたちで浮かび上がらせる試みとして必要な第一歩であったと考えている。

＊吉田悟郎『世界史の方法』（青木書店、一九八三）、一二九ページ参照。
＊＊鶴見俊輔「教育とは」『岩波講座　現代の教育・いま教育を問う』（岩波書店、一九九八）、一四―一六ページ所載のものを鶴見氏の解説とともに活用。

本稿執筆にさいし多くの学生、卒業生、社会人の方にご協力いただいたことを感謝します。

シンポジウムによせて

# 9 高校生の「帝国意識」

鳥山　孟郎

現在の高校生たちは、日本帝国主義によるアジアへの侵略と植民地支配について、どのように考えているのだろうか。それを許容する考え方を「帝国意識」と呼ぶことにする。現在の高校生のあいだでは、侵略や植民地支配を肯定する意見は、表面的にはほとんど出てこない。しかし、その裏に潜んでいる帝国意識には、かなり根強いものがある。高校世界史の授業を通じて、その問題状況を分析してみよう。

## 一　内なる帝国意識に気づかせる

小林よしのり氏の『戦争論』や藤岡信勝氏の「自虐史観」批判に共感を示す若者たちがいる。その原因について、学校の歴史教育に直接に関わることがらとして、次のことは無視できないであろう。

第一には、近現代史の学習にあまり時間が割かれてこなかったために戦争や侵略の事実についての知識が不足していること。第一次世界大戦以後の歴史については簡単に済まされていることが多く、特に侵略され植民地化された人々の苦しみについて知る機会は、あまりにも少ない。

第二には、学習した内容がテストのために暗記するだけのものになってしまい、生徒たちが自分で考える力をつけることに役立ってこなかったこと。表面的に出来ごとを羅列されても、生徒自身の生活意識や社会認識と切り結ぶことがなければ、その知識は歴史を変える力にはなりえない。

それでは、帝国主義列強による植民地拡大と相互間の対立、植民地支配の実態について詳しく学べば帝国主義について批判的に理解することができるようになるかというと、そう簡単にはいかない。詳しく知るほど、「当時の状況ではそうするしかなかった」という考え方になりやすい。単純な正義感や建てまえ論では、割り切れない問題に気づいていくからである。

帝国主義について学ぶとき、教師の側が批判的に扱っているつもりでも、生徒たちは肯定的に受け止めてしまう場合がある。その傾向は、①生徒が日本の問題として考えるとき、②侵略の原因について具体的に知るとき、に顕著である。それでは、この二つの場合を避けて通ればよいのであろうか。そういうわけにはいかない。

むしろ、この状況の中に生徒を投げ込み、単純な正義感や建てまえ論をつき崩し、自分自身の中にある帝国意識に気づかせ、それとの葛藤の中で考えを深めるようにさせることが大切である。それを通して、教師からのうけうりではなく、自分自身の身についた認識として帝国主義を批判的に捉えることができるようにする必要がある。

高校二年の「世界史」の授業で、生徒たちをそうした葛藤の場に立たせ、クラス全員で一緒に考えるために、私は次の三つのテーマを設定している。

①一九〇七年にフランスが日本に、在日ヴェトナム人留学生の取り締まりを求めてきた。日本は拒否するか、受け入れるかどちらにした方がよかったと思うか。(1)

②一九二七年、国民革命軍が長江を越え、軍閥張作霖との戦争がはじまろうとしている。このとき、日本は張作霖への支援を続けるかやめるか、どちらにした方がよかったと思うか。(2)

③一九四二年、日本軍がインドネシアのオランダ軍を降伏させたとき、インドネシアの人々が独立国家の承認を求めてきた。日本はこれを認めるか拒否するか、どちらにした方がよかったと思うか。

このような問いかけに対して生徒が判断を下そうとするとき、現在の価値観によるのではなく、当時の人々の考え方に立って判断するべきだという意見がある。しかし、ここでは、現在の価値観に立って、当時に生きていたものとして考えさせることにしている。それは、これらの問題は現在にまでその影響が及び問題であり、また、歴史を学ぶ目的は、現在の問題に対処するために過去の経験を役立てようとするところにあるからである。ただし、選択の結果は当時の人々に直接に影響するのだから、そこに身を置いて考えなくては問題の切実さが薄れてしまう。
そこで、それを生徒にはこう説明する。――「タイムマシンに乗ってその時代に行ったきり帰って来られなくなったものとしてかんがえなさい」。

## 二　国益優先・強者に屈従・脱亜入欧

帝国主義の侵略と植民地支配について、他国のやり方を批判するのは簡単である。しかし、自国の場合になると賛否両論に分かれてくる。その原因はどこにあるのだろうか。生徒たちが授業の中で述べている意見を分析してみると、次の三点がポイントになる。

①国益優先――日本の利益のためには他国、他民族を犠牲にしても憚らない。日本の利益、日本人の利益になるか否かを判断の最重要な根拠とする考え方。

②強者に屈従――論理や価値判断を放棄して強者の意見に従うことによって、日本の利益と安全を確保しようとする。正義のために強者の圧力にいかにして抵抗するかという視点が欠落している。

③脱亜入欧――欧米を先進的な文明国としてあこがれ、アジア諸国を文明の遅れた国（暗い、きたない、貧しい）として蔑視する。欧米列強との関係のみを重視し、アジア諸国との関係についてはほとんど関心がない。

この三点は現代の高校生にとって支配的な傾向であるだけでなく、この一〇〇年間を通じて日本帝国主義のアジア侵略を支えてきた、多くの日本人に共通する意識ではなかっただろうか。その意味で、日本人の帝国意識の内実をなしていると言えるであろう。

先にあげたテーマ①を例として、具体的に見ていくことにしよう。三クラスの合計で次の人数となった。

| | 断わる | 受け入れる |
|---|---|---|
| 一九九八年 | 四〇人 | 五八人 |
| 一九九九年 | 五五人 | 五三人 |

〈表〉主題学習——世界各国の歴史を調べる——
分担した国の一覧表（高2　120人　1999年4月）

| 生徒数 | ヨーロッパ・北米 | 中南米・太平洋 | 旧ソ連圏 | 中東・アフリカ | インド・東南アジア | 東アジア | 計 |
|---|---|---|---|---|---|---|---|
| 6人 | イギリス<br>イタリア<br>スペイン<br>ドイツ<br>フランス<br>米国 | オーストラリア | | エジプト | | 中国 | 54人 |
| 5人 | | | | | インド | 韓国 | 10 |
| 4人 | オーストリア<br>スイス | | ロシア | | | | 12 |
| 3人 | オランダ<br>ギリシア | ブラジル | | | シンガポール<br>タイ | | 15 |
| 2人 | アイスランド<br>カナダ | ニュージーランド | | トルコ | | 台湾 | 10 |
| 1人 | 9か国 | 4か国 | | 2か国 | 2か国 | 2か国 | 19 |
| 計 | 63人 | 15人 | 4人 | 10人 | 13人 | 15人 | 合計<br>120人 |

（エジプトが多いのはエジプト旅行の話をした後だったためと思われる）

「受け入れる」理由としては、次のような意見が大勢を占めている（一九九九年度）。

「ヴェトナムには悪いが、日本には多くの借金があるので、要求を承諾した方がいいと思う。その方が、日本国民の税は軽くなり、生活しやすくなるので。」（受け入れればフランスが、有利にカネを貸してくれる）

「やっぱりフランスを敵に回すのはよくないと思うよ。ヴェトナムの人はかわいそうだけど、やっぱり強い方についた方が何かと得でしょ。今後もいろいろと……」

このテーマで討論すると、「フランスに攻めてこられたら日本はやられてしまう」という問題にのりあげて座礁することがよくある。強い者からの言いがかりにいかに抵抗するかという発想がなく、「長いものにはまかれろ」になってしまう。「拒否する」理由の中には「独立運動の指導者を育て、植民地制度をなくすべきだ」、「そもそも、国が国を支配することがよくないこと」という原則的な意見も出ているが、「強者に屈服」論を突き崩すことはできない。

「拒否」する理由の中で最も多いのは次のような意見である。

「ロシアに勝ったことによってあれだけアジアの国々の人々を感激させたのは日本なので、同じアジアの一国であるヴェトナムのために拒否した方がよいのではないかと思う。」

しかし、なかには次のような「国益優先」論もある。

「独立運動が高まり、フランスから独立すれば、日本がアジアを植民地にするときの足がかりともなるし、又、日本もヴェトナムを占領できる可能性があるから。」

こうしたテーマで自分の意見を述べるとなると、日本の利益になる理由をあげなくてはならないと生徒たちは思いこんでいるようだ。生徒への事前説明では、「ヴェトナム人でもフランス人でも日本人でも、あるいは日本政府でも、どの立場で書くかはまったく自由」と言ってあるのだが。

ヴェトナムの立場が「かわいそうだが」の一言で片付けられてしまっているのは、ヴェトナムが生徒たちから見て「文明国」として認められていないからである。〈表〉は年度当初課題学習として、それぞれの国の歴史を調べることにした時の、生徒各人が分担した国の一覧表である。東アジアを希望した生徒は一二〇人中八人で、ヴェトナムは一人もいなかった。ヴェトナムは魅力の乏しい、関心のもてない国として忘れ去られている。

それにひきかえ、欧米諸国は限度以上（図書館の資料などの都合上、同一の国は一クラス二人までと制限したので、三クラスで六人）の希望があったのが六か国で、ヨーロッパと北米を合わせると六三人（五二・五％）が希望している。このように、生徒たちの「脱亜入欧」の意識にはきわめて根深いものがある。

## 三　討論を通じて何がわかるか

このテーマの学習のねらいは二つある。伊藤隆氏は日露戦争で日本がロシアに勝ったことによって「有色人種は白色人種に必ずしも支配され続ける運命ではない。有色人種も努力すれば彼らと対等にやっていくことができる、そういう希望

を与えたわけです」と書いている。(3)

このような、日本がアジアの被抑圧民族の解放のために重要な役割を果たしたかのような見方に対して、ヴェトナムの人々の期待を裏切った事実をつきつけることによって、そのまやかしを明らかにすること。そして、朝鮮植民地化を欧米列強に認めさせることと引き換えに、アジア諸民族の解放運動に敵対する道を選んだことをはっきり理解させること。これが第一のねらいである。一九〇七年に調印された日仏協約では朝鮮に対する日本の、ヴェトナムに対するフランスの支配を相互に認めあったのである。

「受け入れる」理由を次のように書いた生徒がいる。

「日本は他国の独立のために戦ったのではなく、あくまでも朝鮮を植民地にするために、ロシアと戦ったのであって、もし、この要求を拒否すれば、ヴェトナムの独立を助けることになり、朝鮮を植民地にもてなくなってしまうことがある、と考えたのだと思う。日本はフランスと同じ支配する立場だから。」

このように自分で考えて朝鮮との関係に気づく生徒はいつも一クラスに一、二名しかいない。しかし、このテーマについての討論をふまえて韓国併合について学ぶことによって、すべての生徒にその関係が見えてくる。世界の各地で起きる出来ごとをバラバラに知るのではなく、相互の構造的関連を把握することの大切さと面白さを感じとらせることが世界史学習にとってはとりわけ重要である。

第二のねらいは、生徒たち自身の内なる帝国意識に気づかせることである。「拒否する」「受け入れる」のいずれにおいても、帝国意識すなわち国益優先、強者に屈従、脱亜入欧の考え方にとらわれている意見が大多数であり、討論を通じて「植民地制度をなくすべき」という原則論が現実ばなれしたものに見えてくる。授業後の感想を生徒たちは次のように書いている。

「〝同じアジア人として、フランスの要求をのむのは裏切り〟という意見に対して、〝正義ぶるより損得を考える〟という反論が印象に残った。」

「私は日本に拒否してもらいたかった。確かに、当時の状況を考えると受け入れなきゃならないかもしれないけど。でも、それで日本が朝鮮支配を認めてもらうなんて、何かズルイぞって感じです。同じアジアなんだから助けたっていいのに――」（心情としては「拒否する」だが、理屈の上では負けている）

帝国意識にとらわれたところには正義感も正当性の論理も自分自身の主体性も存在しない。その時々の力関係に従って自己の利益と保身をはかるという醜悪な姿が露呈する。具体的な場面における葛藤を通して、生徒たちは自分自身の帝国意識の醜悪さにきづくことができる。

それをヴェトナム人の言葉を通して再確認するために、一九〇九年に東遊運動の指導者ファン＝ボイ＝チャウが外務大臣小村寿太郎に宛てた手紙の一節を読ませて、このテーマについての学習のしめくくりとする。

「アジア人ならば卑しみ賎すみ侮る、罪の有無もたしかめず勝手に追放する。欧米人には卑下してなんでもご尤も、公理の是非にかかわりなくなんでも柔順。アジア人たる貴下がアジア人を卑しむ、これは貴下自身を卑しめていることだ(4)」

## 四　抑圧された民族の抵抗に気づく

帝国意識を克服するためには何をどのようにすればよいのだろうか。醜悪さに気づくというだけでは何の解決にもならない。「そういう時代だったのだから仕方なかった」、「現実は醜く厳しいものだ」ということで終わってしまう。そこで、次の三点が重要な課題になってくる。

①日本帝国主義の侵略と支配をうけた人々の抵抗の動きを知る。
②将来に向けて、アジア諸国の人々と信頼と協力の関係を築く必要性を理解する。
③自立した能動的な市民として、国家を超えたグローバルな視野を持つ。

この中でも歴史教育が直接的な役割を担っているのが第一の課題である。先にあげたテーマ②と③において、中国とインドネシアにおける反帝国主義、民族解放をめざす民衆の闘いと直面する場面を設定しているのは、そのためである。そこではじめて日本人の国益優先の考え方が簡単に通用するものではないことがわかってくる。他国、多民族を犠牲にした自国のみの利益の追求は必ず反撥と抵抗に会い、自国の立場を悪くし、国際的な課題の解決に悪影響を及ぼすことになる。

一九一三年にノーベル文学賞を受賞したインドの詩人タゴールは、その後、日本に招かれ各地で講演した。その中で、韓国併合から中国に対する二一か条要求に到る日本の侵略主義を批判してこう述べている。

「現代日本の傾向は、勝負のためには魂を賭けて闘うというあの政治賭博の方向へ向いているように見えるのです。〔中略〕そのモットーの意味することは、〝さっさと自分の好きなことをやれ。そしてそれが他人にどんな損害をもたらそうが気にとめるな〟ということであります。しかしそれは盲目的な人間のモットーであります。〔中略〕眼の見える人々は、人間と人間とは非常に密接に結びついているので、誰かをなぐろうとすると、その打撃は、やがて自分に戻ってくることを知っております。〔中略〕ひたすら愛国心を礼讃させ、道徳的盲目さを養う国民は、やがて突然の死によって、その存在を終るでありましょう。[5]」（一九一六年）

この予言は適中する。その後の歴史は動かしがたい現実として日本帝国主義の結末を語ってくれる。日米開戦は帝国主義国の間での対立の結果ではなく、日本が侵略に対する中国民衆の抵抗をどうしても抑えきれないという現実に直面した時の選択肢の一つとして実行されたものであった。日本の敗戦に到るまでの学習によって、軍事力による民族的抑圧に対する抵抗の力が無視できないものであることが大部分の生徒たちに理解できるようになる。

日本軍占領下のビルマで傀儡政権の代表となったバー・モウの次の言葉をテーマ③のしめくくりとしている。

「日本の軍国主義者たちはすべてを日本人の視野においてしか見ることができず、さらにまずいことには、すべての他国民が、彼らとともに何かをするに際しては、同じように考えなければならないと言い張った。彼らにとっては、ものごとをするには、ただ一つの道しかなかった。それが日本流にということだった。ただ一つの目的と関心しかなかった。日本国民の利害、利益、ということである。〔中略〕それが、日本の軍国主義者たちとわれらの地域の住民とのあいだに本当の理解が生まれることを、結果としては、不可能にした。[6]」

第二と第三の課題は、日本が自国の発展のためにアジアの人々を踏みつけにするという過誤を再び繰り返さないためには、どのような考え方に立って歴史教育を進めていけばよいのかという問題である。

冷戦後の今日の世界の争点は、多国籍企業と国際金融資本の支配する弱肉強食の市場経済の論理にすべてを委ねる（今日の帝国主義の形態）のか、人権と自然環境を守り、世界中の人々が平等でそれぞれの個性の尊重される社会を築くのかというところにある。後者の立場に立って帝国主義と対決しようとする時、個人や一国の力では全く太刀打ちできない。国境を越えて多くの人々が協力して立ち向かう必要がある。とりわけ、周辺の国々との利害が対立したままでは一致した行動は困難である。その反面、協力関係を広げていくことによって目標を実現できる可能性も以前よりはるかに大きくなっている。

## 五　何のために歴史をまなぶのか

このような考え方に立ってアジア諸国の人々との信頼と協力の関係を築こうとする時、日本帝国主義の侵略の歴史を隠したり美化することなく、ありのままに学ぶことが必要になる。また、国境の内と外とか、日本人か外国人かという二項対立的な捉え方を改め相互の関連を構造的に理解することが不可欠となる。

「国益優先」の考え方の行きつくさきに、国家への帰属意識と忠誠心を強要する主張がある。これに対して「個人の自由」を対置することでは対抗できない。高校生の場合「個人の自由」と「自分勝手」はほとんど道義となり、公共性への関心は極めて弱い。それは親や大人の社会からの自立を求める心理と、都市型大衆社会の状況とが相乗して、高校生の一般的風潮となっている。

これに対する危機感から大人社会には愛国心の重視が受け入れられやすい素地が生まれている。また、高校生自身も、彼らの言う「個人の自由」が社会的に許容されるものではないことに気付いているので、大人社会への参加を遅らせ、今のうちに好きなことをしておきたいという「モラトリアル」の心理状態が広まっている。

こうした動きに対抗するためには、自立した能動的な市民の育成という視点が重要になるであろう。それは共和主義の思想と通底する。川出良枝氏は共和主義について、こう書いている。

「共和主義は市民に〝共通のものごと〟の運営に積極的に参加し、公共の利益の追求に献身をすることを要請する思想であり、共同体にふさわしい市民の徳と人格を育成することは、きわめて重要な課題である。〝自由〟であることは、国家権力から解放されていることではなく、自分で自分を統治できることを意味する(7)」

そこでは上からの押しつけではなく、各人が主体的に行動し、公共の利益のために責任を負う姿勢が要求される。それは歴史を学習する場合にも重要である。学びとった知識が自らの意思決定のための判断の材料として活用されることによって歴史認識は鍛えられて行くのである。

自立した個人による共同の力で問題に取り組み、自らの社会を作り出していこうとする考え方は、帝国主義と対決する行動を広げていく場合にも重要な拠り所となる。「仕事だから」、「労働組合の決定だから」とか「近所づきあいで」行動するのではなく、自分の意志と判断で職場や労働組合や地域を変えていく、その行動を通じて広がるコミュニケーションのネットワークがこれからの社会を変えていく原動力となるのではないだろうか。

(1)　拙稿「韓国併合と東南アジアの民族運動」『歴史地理教育』五一一(一九九三)。
(2)　拙稿「アジアの民族運動を学ぶ視点」『歴史地理教育』四五〇(一九八九)。
(3)　伊藤隆「近代日本の出発点としての明治維新」新しい歴史教科書をつくる会編『「つくる会」という運動がある』(扶桑社、一九九八)七七ページ。
(4)　後藤均平『日本のなかのベトナム』(そしえて、一九七九)。
(5)　『タゴール著作集第八巻』(第三文明社、一九八一)。
(6)　バー・モウ『ビルマの夜明け』(太陽出版、一九七七)。
(7)　川出良枝「歴史と向き合う、世紀の変わりめに　下」『朝日新聞』二〇〇〇年一月六日。

シンポジウムによせて

# 10 『国民の歴史』から「『物語』と出会う歴史教育」へ

## ――帝国主義に関する歴史教育の「語り口」について――

小川幸司

### 一 「歴史批評」の試み

ナチズムの悲劇的な時代に亡命途上のスペインで自殺したヴァルター・ベンヤミンの遺稿「歴史哲学テーゼ」（一九四〇年）のなかに、「歴史の天使」についての有名なメモランダムがある。天使は大きな翼を広げたまま、過去の大きな瓦礫の山を大きな目で凝視している。死者を目覚めさせ、崩れたものを組み立てなおしたい天使は、いつも過去からの強風にあおられて翼をたたむことすらできずに背中の未来のほうへ飛ばされる。そうして廃墟の山は、なおいっそう高くなる。

このような「歴史の天使」こそ、生徒や私なのだということ、そして飛ばされながらも大きな目を閉じないでいたいということ、これを私は世界史の最後の授業で語っている。死者を目覚めさせ、過去の瓦礫を明確に組み立てなおした「つもりになっている」西尾幹二氏の『国民の歴史』（産経新聞社、一九九九）のような独断的ないとなみではなく、死者との隔たりを自覚しながらもなお、死者の築こうとして崩れたなにものかを見据えながら未来にゆこうとするいとなみが、私自身の歴史教育でありたいと思うのだ。事実立脚性と論理整合性という学問的手続きをふみながら、歴史と自分の生き方の対話をおこない、そこからえた考察を教室内でさらに対話しあうという「歴史批評」の試みを、私は歴史教育固有の領域に位置づけ、実践してきた。

今回のシンポジウムの米山宏史氏の報告に対して、「あなたの授業における生徒の動きや学習の展開の様子を知りたいのだ」という発言があった。日本の歴史教育が、知識のつめこみと暗記試験に終始する特有の歪みをもっているだけに、米山氏自身の生徒との対話の具体相を掘り下げて聞きたかったと私も思った。どんな歴史に注目するかとともに、その歴史とどう対話し、その対話を教室内でどう他者と交錯させるかということを目指すのが歴史教育だからである。

私の世界史の授業では、知識の伝達のみにならないよう、講義のなかで毎回一―二枚のB4サイズのプリントを読む。これには専門の研究書の記述が収録されており、これをもとに「今日、この時代を学んだことにどのような意味があるのか」ということについての私の考えを明確に生徒に投げかける。これは私の「歴史批評」だ。そして定期試験のとき、大学受験形式の問題とともに、これらのプリントを読んでの生徒の「歴史批評」を論述させている。字数にして四〇〇字から八〇〇字くらいの文章を生徒はじっくり練って書く。それには私の返事が書き込まれ、いくつかの文章は教室で公表して友達への問題提起とする。二百人あまりの生徒の文章に返事をつけるのは大変だが、これを重ねているうちに、生徒の文章は目をみはるほどに深みをもつようになる。たとえば、三年の最初の試験でフーコー『監獄の誕生』から絶対王政の刑罰を考察したプリントをとりあげた、ある女子生徒は、「華やかな宮廷生活のかげにある民衆の悲惨を認識すべきだ」というありきたりなことを書いていた。しかし彼女の四か月後の試験の答案は、南北戦争前後のリンカンの演説に関するプリントを取り上げ、「国家の大義のために命をかけて国民を戦わせるのは、『人民のための政治』だとは私は思わない」と結論づけて、北軍を一方的に評価しがちな私の授業を批判した。戦争一般への批判のいっぽうで、正義の戦争を無意識のうちにイメージしていた私のブレを彼女は突いた。これはほんの一例だが、「歴史批評」は、ゆっくり考えて、じっくり書き、そのうえで対話する。現在、藤岡信勝氏などが推進している「歴史ディベート授業」のように肯定・否定にわかれてゲームのように批判の応酬をするのではない。自分のこころや生き方に根拠をおかない言葉をもてあそばせながら、生徒を大人の論理のレールに誘導するようなことは、私はしたくないのだ。

## 二　列強脅威論・有色人種無力論・脱亜入欧必然論の三位一体構造の解体

それでは、帝国主義の歴史について、私はどのような「歴史批評」を試みているのだろうか。実は私がくりかえし授業でとりあげて、プリントで読んだりするのは、西尾氏の『国民の歴史』である。この著作が歴史学というより「歴史批評」の産物であり、そして多大な影響力を今の日本社会でもっているからだ。授業ではまず「朝鮮はなぜ眠りつづけたのか」と題された二三章を読む。ここで西尾氏は、「眠る朝鮮」「気概のある日本」という対照的な表現を使い、欧米列強の脅威のもとで自衛のために列強と「同じ土俵」にのった明治日本を賞賛する。そしてさらに、韓国・朝鮮の人々に対しては「韓国の方が、日本を恨むのは筋違いで、それなら彼らにロシアの植民地になったほうがよかったのかと聞きたいし、怨むなら日本ではなく自国の指導者たちに対してではないかと言いたい」と明確に断言している。これは、特異な「妄言」というよりも、今現在歴史教育を受けている生徒たちにも一定の共感を獲得できる言説だろうと私は分析する。

高校の教科書を単純に読めば、列強脅威論、その裏をなす有色人種無力論、そこから帰結される脱亜入欧必然論が三位一体となって生徒の歴史認識の根底に形成されることは疑いようがないからだ。そのような歴史認識と、アジアに対する日本の加害責任というヒューマニズムの領域の問題が結合しているのが、世界史を学んだ平均的な生徒ではないだろうか。だから西尾氏のように、そうしたヒューマニズムは偽善だと批判し、現に辿ってきた歴史を歩んでいなかったら日本はとんでもないことになっていたのだと力説し、はてはそれを今日の公共精神の回復などと関係づけたりすると、その「歴史批評」は一定の説得力をもってくるのである。今日の西尾氏らの大運動を敵視するまえに、歴史教育者は、自分の足元をしっかり見なければならないと私は思う。今回のシンポジウムでも、日本の歴史教育者が「帝国意識」の形成と存続を問題にしていたが、その背景が、以上のような歴史認識なのではないだろうか。

そこで、私は、列強脅威論、有色人種無力論、脱亜入欧必然論の三位一体構造の解体を「歴史批評」において検討している。帝国主義の煩瑣な事件の羅列ではなく、「これらの事件を学ぶことに何の意味があるのか」という私の考察にこだわっている。まず、一九世紀のドイツの授業で、久米邦武の『米欧回覧実記』（一八七八年）を読む。明治日本を築くことになる政治家・学者らの大使節団と会見したビスマルクが、万国公法とは実はみせかけで、国際社会の実態は弱肉強食なのだと語った場面だ。こうした列強脅威論の説得力をふまえたうえで、同じ使節団がベルギー、オランダ、スイスといった小国に関心をよせ、とくに『実記』が「自国の権利を達し、他国の権利を妨げず、他国の妨げを妨ぐ」というスイスのありかたを評価していた点を確認する。列強脅威論は、脱亜入欧必然論に直結するものではないのである。このことは日清戦争の授業で、勝海舟の伊藤博文宛意見書を読みながら、さらに考えている。久米邦武・伊藤博文らの世界旅行より前に咸臨丸で渡米し、列強の脅威を十分に認識した勝海舟であったが、清朝に不平等条約を日本が押し付けることの信義違反を問題にせざるをえなかった。それは偽善的な根無し草のヒューマニズムではないであろう。続いて私は、一九二一年に発表された石橋湛山の「大日本主義の幻想」を読む。この論文で石橋は、列強の脅威があるから植民地をもつというのはどう考えても論理が逆であり、植民地をもつから列強の脅威が高まるのだと論ずる。これらを読みながら、私は列強脅威論と脱亜入欧必然論の関係の問い直しを進めるのだ。

次に列強脅威論が有色人種無力論に直結しないように、事件の経過・背景を丁寧に描きこむ必要がある。たとえばアヘン戦争の授業において、清朝のあっけない敗北を述べるのではなく、抵抗する清朝のなかの漢民族の非協力がイギリスに有利に働いたことを確認し、国民的抵抗がゲリラ的に行われた場合の日中戦争やヴェトナム戦争の様子と比較する視座を提起しておく。あるいは、アフリカ史において、英仏の衝突と妥協という描かれ方をされがちなファショダ事件をエティオピアの側からみたときに、英仏の対立をたくみに利用しながら独立を維持していく皇帝メネリク二世の外交手腕をたどってみる。あるいはまた、有色人種の抵抗する思想に自分自身のヒューマニズムとふれあう言説がないかという問題を投げかける。たとえば、フィリピン革命を推進したカティプーナンの「教え」と題されたタガログ語の文献が述べる人間観は、以下のようなものだ。「人間の尊さは、王であることにあるのでも、鼻が高いとか色が白いとか、神の代理人である司祭であるとか、この地上で高い地位についているとかいうことにあるのでもない。真実、ほんとうに尊い人は、たとえ森の中で育って、自分だけの言葉しか知らなくても、立派なふるまいをする人であり、約束を守り、名誉と誇りをもち、決して人を虐げず、また、他人を虐げる者に手を貸したりしないで、祖国の屈辱を知り、どのようにしてそれを助けたらよいかを知っている人である。」先述した試験の際の「歴史批評」では、この言説をとりあげる生徒が多い。この思想は、思想として力強い響きを生徒の心に届けるからだ。

こうして、西尾氏の「歴史批評」が事実を一面的にとらえて強引な論理を組み立てているとともに、歴史との豊かな対話の可能性をせばめてしまういとなみになっていることを、私は生徒に問いかけている。

## 三　「『物語』と出会う歴史教育」

さて、シンポジウムでは、二項対立的歴史観の克服ということがさまざまな論者からとりあげられた。私の歴史教育の文脈で言い換えるならば、歴史における英雄と悪漢の二元論の廃棄ということになる。近代日本の指導者たちにも正しさと誤りの双方の軌跡を見つめ、人間とはそういうものなのだという共感と反発のいりまじった感想を抱くような授業の展開を私は心がけたい。それは歴史における加害・被害の関係を曖昧にすることではない。それを見据えながら、被害者が同時に別の関係において加害者となる支配の重層構造や、シンポジウムの論点ともなった植民地における近代化といった多様な論点に向かい合うための、歴史教育の「語り口」なのだ。

たとえば、米山報告でもとりあげられた福澤諭吉について、私の授業では、朝鮮の開化派・金玉均との友情と連携の言説を読んだ後、甲申政変で金玉均が性急なクーデタに失敗して最後は暗殺されていくのと平行して福澤が脱亜論を展開していくことを学習する。西尾氏はさきの「眠る朝鮮」「気概のある日本」の対比のもとに福澤の転換を「悟り」とまで断言する。他方、生徒の多くは福澤の東洋三国の提携という理想の薄弱さを問題にする。さらに私はこう提起する。金玉均を一身を賭してまで擁護しつづける勇気や、金の暗殺を朝鮮全体の蔑視に直結させせない冷静さを、ひとりの人間としてもつことの困難さという事実があるだろう、と。だからといって福澤を「悟り」を獲得した英雄と扱うことはできないのだから、私たちはひとりの人間の正しさと誤り、強さと弱さの双方を視野におさめながら、わが内なる誤りや弱さとの対話をするしかないのではないだろうか。そうした「歴史批評」によって、ひとりよがりではない正しさや、倨傲ではない強さに近づけるのではないだろうか。

福澤と並んで、私がその生涯を授業でたどっている人物に、伊藤博文がいる。韓国の「独立自存」のために保護国化をしたのだという伊藤の論理は、フィリピン人に自治ができるわけがないと植民地支配をすすめたセオドア・ローズヴェルトと類比するまでもなく、典型的な帝国主義的「ヒューマニズム」というべきであろう。その伊藤の「ヒューマニズム」の論理は、「独立自存」を奪う韓国併合を「名分なし」と否定するものであった。しかし朝鮮の義兵闘争の高まりに、自分の保護国統治の理想が動揺した伊藤は、結局、併合論に合流して統監の地位を辞任していく。そのような伊藤の挫折した「ヒューマニズム」は、「独立自存」をかかげていた点において全否定されるべきものでもなく、しかし同時に韓国民に対する独善的なまなざしの失敗の責任を担わなかった点を厳しく批判されるべきものである。こうして一方的な断罪の語りではなく、その伊藤の主観における「ヒューマニズム」に着目することが、かえって韓国併合を必然とする暴論にとらわれることなく近代日本の植民地支配の歴史に正面から向き合うことになる。そうすることで、他者としての先人に冷静な評価をくわえながらも、他国からの批判に謙虚になるということができるのではないだろうか。

三年二学期中間試験の論述には、次のような論旨の生徒の文章があった。たとえばある女子は、福澤諭吉の脱亜論と西尾氏の「気概」を関係づけて、「その気概は劣等感に強く裏打ちされた気概」であり、その結果、より弱者である身近な他者を攻撃して劣等感を埋めるといった人間のよくある心性が働いたのではないか、そしてその屈折した心理は現在も残存していると思う、と論述した。私は授業で彼女の論を読みながら、橋川文三の『黄禍物語』〈岩波書店〈現代文庫〉、二〇〇〇年〉の同じ分析を紹介した。あるいは別の男子は、こう書いた。福澤の「天は人の上に人を造らず」は「造られたとき」の話であって、その後は「学ぶ者」「学ばざる者」がいるゆえに「貴賤の差」がでてくる。福澤は近代日本の「学び」に自信があったから、朝鮮を「知字の野蛮国」と断言したのだろう。こう男子は福澤に理解をしめしながら要約し、しかし結論として「学ぶ者」の意義を相対化する。「しかしカティプーナンのいう『ほんとうに尊い人』の定義に共感するのは僕だけではないであろう」、と。

この男子の文章を読みながら、私は冒頭に引いたベンヤミンの「情報」と「物語」についての考察を思い出した。「物語」とはベンヤミンにとって、人々の経験を交換する能力をもつものであった。「情報」から人は正確さを読み取ろうとし、「物語」から人は人生を読み取ろうとする。「情報」はただこの瞬間にのみ生き、「物語」は未来ののちにもまだ展開する力をもつ。そうベンヤミンは指摘した。ここでいう「物語」は、国民のアイデンティティを創造するための歴史として、西尾氏らが提唱している「物語」とはまったく異なるものだ。まして社会科学的な分析を拒絶するものとしての「物語」でもない。

歴史は、事件の連鎖という「情報」の奥に、そこで生きた人間の「物語」をもつ。「物語」とは「歴史の天使」が見つめる瓦礫の山でもある。「情報」に立脚しながら、そのうえに、自分の他者に対するまなざしをとぎすませていく「物語」との出会いが授業で展開されることが、私の目標だ。そしてその出会いを世界の他者に開いていくときにこそ、西尾氏たちが現在の日本社会に欠如していると嘆く「公共精神」が、真に育っていくのではないだろうか。


**参考文献**　以下は授業プリントの出典である。

ビスマルクとの会見などは、久米邦武編『米欧回覧実記』第三巻（岩波書店〈文庫〉、一九七九）。

勝海舟の意見書は、松浦玲『明治の海舟とアジア』（岩波書店、一九八七）。

石橋湛山の文章は、伊東昭雄編『思想の海へ11　アジアと近代日本』（社会評論社、一九九〇）。

アヘン戦争における抵抗の問題は、並木頼寿ほか『世界の歴史19　中華帝国の危機』（中央公論社、一九九七）。

ファショダ事件の再検討は、岡倉登志『二つの黒人帝国』（東京大学出版会、一九八七）。

カティプーナンの「教え」は、池端雪浦『フィリピン革命とカトリシズム』（勁草書房、一九八七）。

福澤諭吉と金玉均の関係は、高崎宗司『「妄言」の原型』（木犀社、一九九〇）。

伊藤博文の併合反対は、海野福寿『韓国併合』（岩波書店〈新書〉、一九九五）。

ベンヤミンの「天使」についての断章は、浅井健二郎編訳『ベンヤミン・コレクション①』（筑摩書房〈学芸文庫〉、一九九五）。

「物語」についての考察は、三宅晶子訳「物語作者」で『ベンヤミン・コレクション②』（筑摩書房〈学芸文庫〉、一九九六）所収。

シンポジウムによせて

# 11　「負の記憶」にどう取り組むか

## ――戦後フランスとジャン＝フランソワ・フォルジュの歴史教育――

高橋　哲哉

### 一　哲学と歴史学

二〇世紀西洋哲学の研究をしていると、第二次世界大戦中のホロコーストの問題に必ずぶつかる。二〇世紀最大の哲学者とも言われるマルティン・ハイデガーがナチにコミットしたこと、ハイデガーと並び称されるカール・ヤスパースが、戦後すぐに「罪責論」でドイツの戦争責任の問題を論じたことは今も論議される。二人の哲学者がナチズムとの対照的な関わり方をしたように、二〇世紀ヨーロッパの重要な哲学者の多くは何らかの形でこの問題に関わっている。

二〇世紀ヨーロッパの哲学者や思想家にはユダヤ系の人が多い。私はフランスのジャック・デリダに強い影響を受けたが、彼もユダヤ系である。だからホロコーストの問題は、二〇世紀の哲学、思想、学問をヨーロッパから見ていくと、歴史家でなくても必ずぶつかる問題なのである。避けることの出来ないこの問題を思想のサイドから研究してみよう、という問題意識を私は持ち続けてきた。同時に日本の戦後（一九五六年）に生まれ、日本がかつて行った戦争や植民地支配の痕跡が残る社会の中で育った者として、一九九〇年代に改めて戦争責任問題が問われ始めた時、日本の問題についても自分なりのポジションから発言するようになった。私にとっての歴史学との接点である。

## 二　現代史教育の問題

比較史・比較歴史教育研究会が一九九九年に開いたシンポジウムの主題である「帝国主義の時代」に関係して、最近私が解説を入れて紹介した一冊の本をとりあげたい。

それは、フランスのリセ（高校）の歴史の先生であるジャン＝フランソワ・フォルジュの『二一世紀の子どもたちに、アウシュヴィッツをいかに教えるか？』（高橋武智訳［作品社、二〇〇〇］。原題は『アウシュヴィッツに抗して教える』）である。著者はこの中で、フランスの現代史教育に正面から取り組んでいる。

日本は第二次世界大戦で枢軸国としてドイツと共に最後まで戦って敗戦に至ったから、戦争責任を問われ、そこから戦後の歴史教育がスタートした。戦後の歩みはドイツとよく比較される。戦争責任の取り方、ナチズムの時代＝日本ならば大日本帝国の時代を子どもたちにどう教え、どう伝えてきたかということも比べられる。しばしば、ドイツの方が過去を直視してきたと言われる。ドイツの「過去の克服」の取り組みもさまざまな問題点を抱えていることは事実だが、たしかに日本に比べれば、一歩先んじている印象は否定できない。

日本には、ドイツはホロコーストという史上まれにみる残虐行為をやったのだから、反省しなければ生き延びていけなかったのだ、やむをえず認めざるを得なかったのだ、という議論がある。つまりドイツは特別なので、そのドイツを模範例として同じように日本が過去を悔い改めなければならないとはいえない、という見解だ。

また、戦争責任と植民地支配責任はイコールではない。例えば司馬遼太郎の文学が好まれる理由の一つは、「昭和の侵略戦争は間違っていたけれども、明治時代の日本のナショナリズムは良かったのだ」という発想にある。そうなれば、朝鮮や台湾などへの植民地支配の問題は問われないことになる。ドイツはともかく、日本は、イギリス、フランス、オランダなどがやっていた植民地獲得戦争に参加しただけなのだ、イギリス、フランス、オランダなどの帝国主義列強が自らの植民地支配責任を悔い改めていない以上、なぜ日本だけが反省しなければならないのか、という議論もある。

一九九〇年代初頭以来、冷戦構造が崩れる中で、過去の日本の軍事行動の被害者が個人として名乗りを上げ、日本の責任を追及し始めた。日本軍「慰安婦」問題はその一つである。これに対して、大方の日本人は被害者の声に耳を傾け、過去を直視して対応しようとはしなかった。アジアからの告発に対して、九〇年代半ば以降、逆に自分たちには責任がないのだという非常に強い反発が起こってきた。具体的にはまず「自由主義史観」の登場、「新しい歴史教科書をつくる会」の結成など、一種の社会運動となって教育の世界にも波及してきた。いや、「自由主義史観」自体、むしろ教育の世界から出てきたものだ。現代史教育に関して、自国の過去の負の部分を日本の戦後教育のように生徒たちに伝えるのは「自虐的」で良くないやり方であって、もっと自国中心の歴史にして「日本人としての誇り」を若者に与えなければならない、というきわめてナショナリスティックな歴史観、自国中心的な「国民の物語」とか「国家の正史」という言葉を堂々とかかげた、一種の「歴史修正主義」の運動が強まってきた。歴史教科書から日本の過去の負の部分に関する記述——具体的には日本軍「慰安婦」問題を中心とする戦争犯罪の記述を削除することを文部省に働きかける運動——は、現実に「成果」を収めつつある。

これはまったく反動的な運動である。

歴史は、とくに一九世紀ヨーロッパ以降、各国民国家単位で「ナショナル・ヒストリー」として作られてきた。日本も「日本史」（かつては「国史」）という枠組みを戦後も維持しながらやってきた。近年はこのような「ナショナル・ヒストリー」の枠組みでは歴史は語れないという新しい歴史の見方が出てきて、従来の「国民の歴史」を相対化する時代になっている。その今、ことさら「国家の正史」や「国民の物語」という形で自国・自民族中心的な歴史観を鼓吹し、しかも、アジアの被害国の人々は詳しく学んできている日本の帝国主義的侵略の時代の歴史について、それを美化する形で教えようという動きは、アジアの中の日本、世界の中の日本を考えたときに、まったくネガティブな意味しか持たない。このような動きを、なんとか克服しなければならない。

## 三　ジャン＝フランソワ・フォルジュの実践

このような日本の状況にとって、フランスのフォルジュがリセで実践している歴史教育は貴重な参考になるのではないかと私は考える。

フランスは、第二次世界大戦で結果的には戦勝国に名を連ね、戦後ドイツを占領した四か国の一つとなったが、周知のように大戦中はドイツ軍に敗北し、北半分がドイツの直接占領下におかれ、南半分はヴィシー政府（第一次大戦の英雄であったペタン元帥を「国父」と仰ぐ保守的・対独協力的な政権）が統治していた。その中で、ドイツへの降伏を認めないレジスタンス派が、ドイツ軍・ヴィシー派と抗争していた。ヴィシー派は単に対独協力というだけでなく、もっと強い意味で「保守革命」のイデオロギーをもっていた。フランス革命以来の「共和国」「共和主義」に対して、「反革命」に連なるようなイデオロギーを掲げた。「自由・平等・友愛」に対して「家族・労働・祖国」をモットーにしたのである。ドイツ占領軍に共鳴・共感するような人々がヴィシーを支えたので、特にユダヤ人に対する反ユダヤ主義的な政策に関して、彼らはナチスの政策を歓迎した。ヴィシーが出した反ユダヤ主義的な法律は、ナチス・ドイツのものよりも部分的にはより反ユダヤ主義的だったと言われる。

大戦末期、連合軍の進攻にともなってフランスは解放され、レジスタンス派のド＝ゴール将軍が戦勝国としてのフランスを指導することになった。戦後すぐに、勝利したレジスタンス派はヴィシー派に対して一種の「粛清」の形で責任追及を行った。しかしド＝ゴールは、フランス国家を再建するためにはこの「内戦」状態を一刻も早く終わらせなければいけないと判断し、「国民融和」「国民的和解」を掲げて戦後政治を進めた。

戦後フランスは、一九六〇年代末までは、このド＝ゴールが主導して形成された「レジスタンス神話」に支配されていた。しかしド＝ゴールも亡くなり（七〇年）、六〇年代末に、先進資本主義国で共通して起こった学生反乱（フランスでは「五月革命」に発展した）もあって、大きな社会変動が生じ、七〇年代初めヴィシーの問題が浮上する。ヴィシー政府の下で行なわれたユダヤ人迫害に関して、その責任はどうなっているのかという問いかけが開始される。フランス共和国にとっての「負の記憶」が、こうして七〇年代初めに戻ってきた。フランス社会はその後、「抑圧されたものの回帰」による「ヴィシー症候群」に苦しむが、次第に、それを直視して負の記憶から教訓を引き出そうとする動きが出てきた。フォルジュの本の基本的な姿勢は、そのような動きの延長線上にある。

フォルジュの教育実践は、戦勝国であったフランスにおいて自国の負の歴史、ユダヤ人迫害すなわちアウシュヴィッツにつながる犯罪を直視しなければならない、とする流れの中にある。氏はフランスでいう「記憶の義務」——過去の負の記憶を伝えていくのは後世の者の、知っている者の義務であり、そのことによって初めて過去の惨禍が繰り返されない可能性が出て来るという考え方の代表者の一人である。

書名が示すように、フォルジュは何よりも二〇世紀ヨーロッパ最大の事件の一つ、ユダヤ人大虐殺、ホロコースト、ショアーの問題を中心に議論を構成している。それをフランスの学校で教えるとき、当然、ヴィシー政府の下でフランス人が関与したユダヤ人迫害が生徒に語られることになる。この問題をどう教えるか、この書には、フォルジュの具体的な実践が紹介されている。

フォルジュの考え方でもう一つ注目したい点は、フランスの植民地支配の歴史も「負の記憶」として考えていることである。

ヨーロッパでは、アウシュヴィッツについては非人道的な行為として非難する人でも、植民地主義の問題、つまりアジアやアフリカに対するヨーロッパ列強の植民地支配に関しては、それを「負の歴史」と認めない人が少なくない。ユダヤ人はヨーロッパの中で何百年も暮らしてきた人たちだから、反ユダヤ主義は「ヨーロッパ内部」の問題ともいえる。他方、アフリカやアジアに対する植民地支配はヨーロッパとその「他者」との関係だから、問題性がなかなか自覚されない。しかしフォルジュは、この本の中で、アウシュヴィッツの悲劇だけを特権化するのではなく、そこに、「他者」を排除しこれを抹殺しようとする、あるいは「他者」を支配し我が物としようとする暴力の極限の形態を見る。二〇世紀にヨーロッパが犯した犯罪はホロコーストだけではない、特にフランスの場合は植民地支配の問題を無視したのではホロコーストやアウシュヴィッツの問題を語っても説得力がない、と強調する。フランスのリセには旧植民地出身の人々の子弟がたくさんいる。彼らに対しても説得力をもつ歴史教育にするためには、ユダヤ人の問題だけを特権化するのではなく、植民地支配の問題も取り上げなければならない、と考えたのである。この点は、戦争と並んで植民地支配の歴史をもつ日本人にとっても示唆的である。

## 四　「負の記憶」への対応

にもかかわらず、フォルジュの本はあくまでアウシュヴィッツの問題が中心で、植民地支配への言及はあるが、さほど立ち入った議論はされていない。そこで、最近の動きから、フランスがこの問題にどのように直面しているかを紹介したい。

前述のように、フランスではまず一九七〇年代初めにヴィシー時代のユダヤ人迫害の記憶が社会的に回帰してきた。とはいえ、一朝一夕にこの問題に対するフランスの責任が認められたわけではない。フランスの大統領がヴィシー時代のユダヤ人迫害に対するフランス国家の責任を認めたのは、一九九五年七月一六日のシラク大統領演説が初めてである。七月一六日は、パリのユダヤ人一斉検挙が行なわれたヴェルディヴ事件の記念日である。ユダヤ系の人々が毎年行なっていたセレモニーに、ミッテランの時から大統領が出るようになった。しかしミッテランも、フランスがこのユダヤ人迫害に責任があるとは認めなかった。ヴィシー政府はフランス「共和国」ではないのだから、「共和国」大統領が責任を認めるわけにはいかないというのである。しかし、ヴィシーのペタン元帥に権限を移譲したのは、フランス第四共和制の国民議会であった。保守党出身の大統領であるシラクが、戦後半世紀にしてようやく、国家元首として責任を認め、こう演説した。

「あの暗黒の時代は、永久に私たちの歴史の傷であり、私たちの過去と伝統に対する侮辱であり続けます。そうなのです、占領者の犯罪的な狂気は、だれもが知るように、フランス人によって支えられ、フランス国家によって支えられたのです。啓蒙の祖国、人権の祖国、歓待と庇護の祖国であるフランスは、あの当時、取り返しのつかないことを行なったのです。約束を破ったフランスは、保護すべき人々を死刑執行人に引き渡してしまいました。……私たちは犠牲者に対して、時効なき負債を負っています。」

この演説は、ユダヤ人社会からも高く評価された。フランスではこの後、戦争中のユダヤ人の略奪財産の調査など、さまざまな分野で過去の見直しがさらに進められている。

このシラク演説は、ヴィシー問題の一つの区切りであった。その後、モーリス・パポン裁判（九七―八年）で、ヴィシー政府の関係者が「人道に対する罪」で初めて有罪判決を受けることにもなった。

## 五　植民地支配の記憶

こうして戦勝国フランスは、自国の過去の負の記憶に対して一定の責任を認めることとなったが、ここで新たに植民地問題が出てくることになる。アルジェリアに対する植民地支配責任の問題である。

実に象徴的なことには、アルジェリアが独立戦争の結果一九六二年に独立した後、フランス国民議会は六四年、ナチスのユダヤ人迫害に関しては時効なしに追及するという刑法改正を行ないながら、アルジェリア戦争中に行なわれた犯罪についてはいっさい訴追しないという恩赦（アムネスティ）の決定をしていたのである。同じような残虐行為であっても、ナチスの残虐行為は追及するが、植民地支配の中でフランスが行なった残虐行為については恩赦するというのでは、完全なダブル・スタンダードである。この明白な矛盾に対しては、一九八七年のバルビー裁判の時、すでに批判が出ていた。

この問題が明々白々たる矛盾としてパポン裁判の中であらためて明らかになった。モーリス・パポンはヴィシー政府の下ではユダヤ人をアウシュヴィッツに送り込む責任者の一人だったが、戦後はその罪を問われずに、パリ警視総監やジスカールデスタン政府の予算大臣を務め、政界官界で栄達の道を歩んだ。パリ警視総監時代は、一九六〇年初め、アルジェリア戦争の末期であった。一九六一年一〇月一七日、パリとその周辺のアルジェリア人の動きに対し、フランス警察は夜間外出禁止令を出した。アルジェリア人たちがデモをすると、それに対して警察が弾圧をして、一説によれば二百名以上の死者を出した。このときの警視総監がパポンだったのである。パポン裁判の審理で、この「一九六一年一〇月一七日事件」を調べてきた作家のジャン・リュック・エノディーが証人として立ち、パポンの関与を証言した。フランスの人権団体やアルジェリア系の人たちは、なぜ同じ人物のユダヤ人虐殺の責任は問われるのに、アルジェリア人虐殺の責任は問われないのか、を問題にし始めた。エノディーを初めとする多くの知識人たちは、この事件は「人道に対する罪」だから、ヴィシー問題と同様に大統領や首相が公的に罪を認めるべきだと主張している。

こうしてアルジェリア戦争の弾圧の記憶が、パポン裁判をきっかけとして浮上してきた。

## 六　アルジェリア戦争中の拷問をめぐって

その中で二〇〇〇年六月一八日、『ル・モンド』紙に、アルジェリア独立戦争中、アルジェリア民族解放戦線（FLN）の一人として戦った女性が逮捕され、拷問を受けたときの証言が、同紙アルジェ特派員のインタビューとして掲載された。これをきっかけに更に問題が広がった。

アルジェリア戦争中にフランス軍が拷問をしていたことは、その時点でも知られていたことで、それに対する批判も強かったのだから、拷問は「公然の秘密」であった。

ルイゼット・イギラリズという名のアルジェリア女性の証言は、「私は裸にされて横たわっていました。彼らは一日に一回か二回か三回やってきました。彼らの靴音が廊下に響くと私はふるえ始めました。」と始まる。韓国の元日本軍「慰安婦」金学順が名乗り出た時を思い出させる。この中で、アルジェリア戦争中から名をはせていたフランス軍空挺部隊のマシュー将軍、ビジャール将軍、グラジアーニ将軍が、いずれも拷問に関与していたことが証言された。「最悪だった」とされるグラジアーニはすでに死亡、ビジャールは、「でっち上げであり、自分は関与していない。フランス軍の拷問はあったが、必要なことだった」と責任を否定した。それに対してマシューは、「フランス軍の拷問は必要とはいえなかった。彼女が要求しているように、フランスはここで公に誤りを認めるべきだ」と語った。これを受けて、マシューと同様、フランス軍が当時組織的に拷問をしていたことは周知の事実で、フランスは責任を認めるべきだという元兵士たちが出てくる一方、事実だが必要悪だった、アルジェリア民族解放戦線もテロをやっていたのだからお互い様だ、という意見も出て、対立している。

シラク大統領は長く沈黙していたが、二〇〇〇年一二月一五日、TVの年末会見でこの問題に言及し、「一部の出来事。アルジェリア側もやっていた。フランス軍兵士の名誉を汚すわけにはいかない」と、責任を認めない立場を示唆した。ヴィシーの問題では責任を認めたフランス国家が、この問題ではどうするのか、今後の展開が注目される。

## 七　フランスの世論

以上から分かるのは、フランスでもユダヤ人迫害については許されざる犯罪であるとの社会的コンセンサスができていると言えるが、植民地支配の問題に対してはそうではないということである。植民地支配の中での拷問や残虐行為については批判が強いが、植民地支配そのものの批判とまではまだ言えない。

最近の世論調査を見ると、「フランス軍がアルジェリア戦争中に拷問をしていたか」という質問に六〇％がウイと答え、ノンは一九％。「拷問の使用をどう思うか」に対して、「正当化できない」が五八％、「理解できる」が二三％。「拷問の責任は誰にあるか」は、「当時のフランスの政治家たち」が三九％、「フランス軍の高官」が二四％、「現場の兵士」が九％。パポン裁判のように「拷問の責任者を法的に訴追することを望むか」に対しては、四七％が賛成、反対が三九％。少なくとも拷問に関しては責任をとるべきだとする考え方が、フランスでも過半数になっているとは言えるだろう。ただ大統領や首相がヴィシーに関して行なったように、この問題でも公的に責任を認め、「記憶の義務」を語ることになるのか、また、これを「人道に対する罪」として、エノディやアムネスティ・インタナショナルが要求するように責任者を訴追するところまで行くかどうかはまだ分からない。

ともあれ、第二次世界大戦の「連合国」であり、「戦勝国」となったフランスも、大戦中の罪のみならず、植民地支配にかかわる問題も含めて、過去の負の歴史に直面し、さまざまな経過を経つつ責任を負う道を探っていると言える。この種の問題で「なぜ日本だけが問われるのか」といった議論が成り立たないことは、ここからも明らかである。

## 八　「事実を正確に教えること」と「倫理教育」

最後にもう一度、フォルジュの議論に戻ろう。

フォルジュの歴史教育の特徴の一つは、「歴史的事実を正確に教える」ことである。「正確さ」こそが生徒たちの歴史への信頼感を作り出す、と彼は言う。ところが日本では、「言語論的転回」の名のもとに、「歴史は物語にすぎない」「さまざまな物語があるだけで、どれが正しいとは言えない」という議論が一部で強まっている。たしかに「歴史記述」が一つの「語り」であることは否定できないが、どんな「語り」でも「歴史」になりうるわけではない。一九四五年八月六日に広島に原爆が投下されたかどうかを確認しようとすれば、誰もが踏むことになる一定の手続きがあり、また、その手続きを通じて確認されたことについては、十分有意味に「事実」を語ることができる。「言語論的転回」によって、いかなるレヴェルでも「事実」を語ることができなくなったかのような議論は、あまりに乱暴で、私たちが「歴史」を語るときの実態にも反している。一九四五年八月六日に広島に原爆が投下された「事実」については、よほど奇矯な解釈枠組みを考えない限り、一般的に一致できる。保守であれ革新であれ、日本人であれアメリカ人であれ、原爆投下批判派であれ容認派であれ、この点では変わらない。

フォルジュが「歴史教育は倫理教育だ」と言うのは、またレヴェルの異なる議論である。原爆投下が正当だったか不当だったかについては、議論が分かれる。例えば日本軍「慰安婦」問題で、元「慰安婦」と日本軍兵士の物語が対立したときそれをどう考えるか。それぞれの物語がそれぞれにとっての「現実」であって、どちらが正しいと言えない、という意見もあるが、私はこの種の対立した物語はこのままでは「和解・共存」できないと考える。アルジェリアのルイゼット・イギラリズや元「慰安婦」の人たちは、「自分たちが受けた苦しみは謂われなき不正だった、自分たちは犯罪の被害者だった、それを認めよ」と言って出てきた。彼女たちの物語と「それはでっち上げだ」というビジャール将軍や「自由主義史観派」の物語はそのままでは「和解」できない。このような場合、私たちはそれぞれの物語を聞き、それぞれの主張の正当性を吟味して、どちらかの物語にコミットせざるを得ない。フォルジュが「歴史教育は倫理教育と結びついている」というのは、このような事態を指している。

たしかに、「事実」とそれに対する「評価」が、つねに単純に分けられるとは限らない。だがいずれにせよ、私たちは、何が「事実」であり、何が「正当」であるかを、それぞれの判断を提示しあいながら議論するほかはない。「私はこれが事実だと思う、なぜならかくかくの理由があるから。倫理的にそうするべきだと思う、なぜなら侵略や残虐行為は甚大な被害を及ぼす犯罪であり、そのことの責任を認めずには、他者からの信頼も回復できず、正義にかなった平和な国際関係を構築することもできないから……」。事実かいなか、正当か不当か、いずれにせよそれは「判断」だ、一定の「立場」からの「解釈」だと言われるならば、「ではあなたはどう判断しますか」と問うほかはない。「慰安婦」問題や戦争責任問題、植民地支配責任の問題などで、「自分はいっさい無関係だ」ということはできない。日本という国家の責任を問うて被害者が出てきているわけだから、少なくとも日本「国民」である限り「無関係」であることはできない。「無関係だ」といって無視するならば、現在の日本政府が取っている態度を容認することになる。その責任が問われざるをえないだろう。フォルジュの言う「倫理的」判断のレヴェルはそこにある（なお、これらの点について詳しくは、拙著『歴史／修正主義』［岩波書店、二〇〇一］を参照していただければ幸いである）。

参加記

# 12　高校世界史の現場から

川鍋光弘

一

「(前略) 日本と中国の関係について (の意見で) 気になった点は二つある。一つめは上下という言葉がたくさん使われていることです。これは日中関係にかかわらず国と国の関係を現代社会において上下で表してはいけないと思う。たしかに日本と比べて中国はまだ発展途上国だけどそれでも日本と比べてよいところもある。それに日本が戦後発展できたのには中国が賠償金の請求権を放棄したというのも理由の一つである。それを昔は中国が上で、今は日本が上と書いていた人が多かったのが残念だった。二つめは中国と日本の友好関係が悪いという意見が思ったよりも多かったということだ。そう思う理由には日本が戦争中に中国にひどいことをしたからというのがけっこうあった。僕は思うにたしかに昔はそういうことがあったかもしれないが大事なのはこれからである。昔のそういったことを引っぱり出して互いの傷をえぐりあうのはよくないと思う。だからそのことを忘れてはいけないが両国間でさっぱりと水に流すべきである。しかしそれができるのは本当に日本が反省していなくてはならない。なんか言っていることが矛盾しているような気がするが、つまり僕が言いたいのは過去に何があったかが大事なのではなく、それについてどう受けとめているかである。しかしこのアンケートを見る限りではみんな知識に捕らわれている気がした。(後略)」

これは、二〇〇〇年四月当初、高一必修世界史を「中国文明の形成」(教科書の主題) から始めるに際して実施した「中国に関するアンケート」まとめを読んだ一生徒の感想の一部である。彼は、受講者約一二〇名中唯一の中国人であるが、中学以来日本の学校で学び、今は日本籍となっている。

彼の指摘するとおり、日中関係を上下関係として捉える見方は約四分の一におよぶ。そして上下の逆転を日清戦争以後の戦争を契機とするものが多い。一方、「ひどいことをした」という表現で侵略に言及するものは一割強であるが、日中両国の単なる対立関係として理解してしまう。

このようなアンケートをとること自体がよくないかも知れないが、東アジア史を古代から二〇世紀近くまで続く冊封関係として捉え、「国民国家」形成に成功した日本が日清戦争に勝利して冊封関係の打破に成功したとする歴史認識に捉われ、帝国主義の世界体制は一九世紀末以来の日本の大陸侵略によって完成したという歴史認識が薄いという日本の文化や教育などの風潮に起因することが大きいのではないか。

私は、この時代の東アジアを「沖縄・台湾・朝鮮・日本」というテーマをたて、沖縄県の副読本や韓国の教科書を教材化しながら授業しているが、わずか二単位では進度の調整に苦しんでいるのが実態である。

## 二

「両国の話し合いで第三の形の国ができればいいと思う。元々は同じ民族で同じ国の人として生きてきたのに、他の国の勝手な都合で分断されたままなのは、どう考えてもおかしい（ママ）。アメリカとソ連の方針の違いのせいで、国の格差が広き続けてきたが、そろそろ一つになってもよいと思う。今回の会談の様子を見ると、今までえらそうにしていた北朝鮮が、やけに低姿勢な気がする。今の状態で、周辺諸国との会談が続けられれば、北朝鮮と国交を持つ国も増え、アメリカとソ連（ママ）もホッとするだろうと思う。」

これは、二〇〇〇年六月下旬、高二選択世界史で、南北朝鮮首脳会談が実現したのを機会に「北朝鮮と南朝鮮」というテーマで一、二時間特別授業をした後、朝鮮問題の今後について生徒の意見を求めたものの一つである。彼女は在日朝鮮（韓国）人で、高一の時、「沖縄・台湾・朝鮮・日本」のように朝鮮近代を教科書と違ったかたちで学習するのを嫌がっていた生徒である。案の定、なかなか提出せず、学期末の最終日になってようやく、廊下を歩く私の背後から、大きな明るい声で「先生ー、私、書いたよー。」と呼びかけがら走り去っていった。

六六名の提出者のうち、彼女のように分断を超大国の介入によると捉えて平和的な発展と新しい形による統一を描くものは他に二名にすぎない。約半数のものが分断のまま平和的に発展するとし、一六名が韓国が北を吸収合併すると考え、六名が戦争や内乱による独裁国家・軍事国家北朝鮮の打倒や崩壊を想定する。

私たちはテポドン騒動を頂点に北をならず者国家と規定し、南をＮＩＥＳの経済成長として称賛する冷戦思考からどれほど自由であったか、金大中大統領を誕生させ、北との対話を必要とさせる韓国の社会情勢にどれほど関心を持っていたか、帝国主義の世界体制のなかの南北朝鮮分断という視点があったかどうか、考えさせられる問題であろう。

しかし、世界史の授業はここまで進まないのが実態である。

## 三

数は少ないとはいえ、中国人、朝鮮人、インド人、アメリカ人、西ヨーロッパやオーストラリアからの帰国生など、いまや高校世界史の現場はまさにグローバルであり、世界史教師たるもの、何とか世界に通用する世界史をと構えざるをえないが、ヒンディー語と英語と日本語がペラペラという生徒に近代インド史とか、帰国生にそれは大英博物館で見ましたなどといわれると、空恐ろしくて図像提示もままならぬ。

一九九九年に発表された新指導要領の世界史Bは、経済のグローバル化に対処して従来の文化圏学習に変えて地域別学習にするとしているが、内容は「市民革命・産業革命」に伴う「市民社会の発展」の学習が「産業社会と国民国家の形成」の学習となり、「帝国主義時代」を資本主義の高度の発展が生み出したものと捉える認識ではなく、「列強の経済力と軍事力での世界の分割・支配によって達成された世界の一体化」であり、「日本がいち早く近代的諸制度を取り入れて国力を増強し、不平等条約の改正に成功するとともに、列強の一員としてアジアへの勢力の拡張に加わった」ことが強調される。そして、二〇世紀は国民国家の「総力戦」としての二つの大戦の理解が重視される。

これはもはや、人類社会の発展の跡を辿り、自由平等な未来社会を展望するような世界史の学習ではなく、大国主義・覇権主義的な世界の現状を肯定し、その中に地歩を確保しようとする人材養成のための教科でしかない。自由主義史観の世界史版といえるかもしれない。

しかしながら、私が不安感を抱くのは、指導要領の歴史観などではなく、八〇年代の中曾根ナショナリズムの高揚と前後して生まれてきた気鋭の人文・社会科学系の研究者たちの動向である。一部の人々は中曾根首相のブレインとなって、大衆の切り捨てと少数のエリート養成をねらいとする臨教審改革を行い、今日の教育危機の遠因をつくり、また、自由主義史観に通ずる主張を唱えだした。

主として政治の領域で考えられていた「国民国家」論なるものが、九〇年代に、何故か、歴史学に取り入れられるようになると、たちまち大流行、いまや、数種類の高校世界史教科書にも、太字で記載される状況となっている。だが、肝心の「国民国家」の実態は曖昧である。ある教科書はフランス絶対王政からはじめ、別の教科書ではフランス第一共和政の説明のなかに登場する。また別の歴史書では第三共和政をもってフランス「国民国家」の成立とする。孫文の中華民国もホーチミンのヴェトナムも明治政府も、世界はすべて「国民国家」のためにある。民主的・科学的な歴史学や歴史教育を目指す人々のなかにも、「国民国家」を相対化・対象化すると唱えながら絶対化、一九世紀を

「国民国家」形成の歴史と捉え、二〇世紀を「国民国家」の総力戦の時代とする傾向が強くなりつつある。

それは歴史を国家間の闘争史とし、国家の物語とする自由主義史観と通底する恐れのある考え方ではないか。要はナショナリズムという情念的な概念によって世界史を解釈しようとする危険な試みと思われるが、三内丸山遺跡の発見による縄文文明論ブームや文部省の援助による長江文明論などと交錯して科学的な形態を持ってくると、高名な研究者たちが名を連ねているだけに素人には荷が重い。

日本の高校生たちが、冒頭に紹介したような中国や朝鮮の若者たちに自然に受け継がれている歴史認識を共有できるようになるためには、吉田悟郎氏が開会の挨拶のなかで提議したような、帝国主義の世界体制が成立したころ、東京に集まった東アジアの青年たちの具体的な姿を歴史のなかに位置づけること、いわば民衆の視点で歴史を捉えることで可能となってくるのであって、抽象的な「国民国家」論や文明論を歴史教育のなかに持ち込むことではないであろう。

# 第Ⅳ章

# 帝国主義の理解をめぐって

問題提起

# 1　帝国主義時代と「植民地の近代」

姜《カン》　玉《オク》　楚《チョ》
（横田安司訳）

## 一　植民地近代化論争

趙錫坤《チョソクコン》氏の報告は、最近韓国の学界で激しい論議となった「植民地近代化論争」を整理し、評価したものである。この論争は、解放後、「植民地史観」の克服と「民族史学」の構築に腐心してきた韓国史学界の研究成果――「植民地収奪論」または「内在的発展論」と呼ばれる――に対する経済史学界からの挑戦とこれに対する反発というかたちで展開された。実際のところ、直接間接に日本の影響を受けて形成された海外の学者達の「韓国学」研究では、「植民地近代化論」はすでに周知のものとなっており、最近の論争は、これが国内の学界でも広く議論されるようになったということを示している。

この論争は帝国主義時代について、植民地支配を受けた側からも多様な視角が生まれてきているという点で内外の関心を惹いた。論争はいま、「植民地美化論」という非難さえ出た初期の感情的な対立から抜けだし、いくらか生産的な対話が始まった段階だということができよう。両陣営の内部にも多様な理念的スペクトルが存在することはもちろん[1]、論戦でまみえた当事者同士が部分的に接近する場合も見られる[2]。

実際のところ、趙錫坤氏の立場を典型的な「植民地近代化論」と見るには無理がある。韓国史学界の反発を招いたのは、日帝時代の遺産が六、七〇年代の韓国の高度成長の素地をつくったと主張し、韓国現代史の唯一の展望は開放経済に基づいた資本主義的発展以外にない、と断言した安秉直《アンビョンジク》の論議だった。反対に、趙錫坤氏と李榮薫《イヨンフン》などの少壮経済史学者達は、植民地時代の近代化を一つの事実として認めはするものの、資本主義的近代全般については否定的な価値判断を持っており、このことは「植民地近代化論」内部にも新しい流れが生まれてきていることを示している。

常識的に見ても、日本の帝国主義は資本主義的侵略の一環であったから、そこに収奪とともに開発の側面があったであろうことは容易に見て取れることである。既存の「植民地収奪論」がこの部分をなかなか認めようとしなかったのも事実であり、この点で「植民地近代化論」の問題提起には妥当性があった。問題は、趙錫坤氏も指摘したように、開発と収奪という原理的に分離し得ないこの二つの側面がどのように関連しており、さらにこれが植民地本国における場合と異なり、植民地において行われるとき、全体としてどのような性格を帯びることになるのかを明らかにすることである。「植民地近代化論」はまさにこの点についての問題意識が弱いのではなかろうか。すなわち、制度の整備や工業化の数量的指標に依拠して「近代化」を論ずることに焦点を合わせた結果、本来植民地近代の特質である民族的、人種的搾取とその遺制を究明することがおろそかにされたのではないかということである。日帝時代の経済成長と独立後の経済成長を同種のものとして取り扱いながら、「韓国現代史は『民族正気』というイデオロギーから解放されない限り、科学として成立し得ない(3)」という安秉直の議論はいうまでもないが、近代を新しい形態の搾取関係、すなわち階級的搾取関係の成立と見る趙錫坤氏でさえも、このシンポジウムの報告で「そのような搾取関係が地域的に拡大されたのが植民地である」というやや平面的な認識を示しているのである。

## 二　資本主義形成史の観点

もちろん、趙錫坤氏の指摘のとおり、植民地下朝鮮の経済は正常な「国民経済」ではないという点で、分析上の難点がともなうであろう。このような理由から、彼は分析の単位として植民地・半植民地下の東アジアを想定した堀和生の代案を理論的に進んだものと評価する。しかしながら、彼はこの立論に大東亜共栄圏的発想とつながる危険性を見て取り、そこから、植民地時代の研究は「資本主義形成史の観点から把握するとしても、あくまで一国史的観点を維持する必要がある」という結論に達する。ここで筆者には二つの疑問が生じる。一つは植民地時代の研究がなぜ「資本主義の形成」という近代性一般の脈絡において行われなければならないのかという点である。植民地時代の現実を認識するということの要諦は、空間を越えてどこでも同じように貫徹される、言いかえれば「自己複製」される資本の運動論理を確認することではなく、植民地における特殊な搾取構造およびその世界史的意味を明らかにしていくことにあると思うからである。もう一つは、植民地時代の歴史を認識するに当たって、一国史の単位に立ち戻らなければ、主体性は確保できないのかという疑問である。かつて「植民地近代化論」の立場に立っていた許粋烈《ホスヨル》の最近の研究からこうした問題点を見出すことができる。すなわち、彼は植民地時代に成し遂げられた近代化の事実は認めるものの、それが日帝支配の受動的結果ではなく、韓民族の積極的対応によるものだったというのである(4)。彼の議論は、日本帝国主義というかつてない抑圧的な空間においても発揮された、朝鮮人さらには植民地民衆の主体性を評価することにおいては大きな意義もあろうが、植民地時代の研究が結局「韓民族の底力」という言説に行き着くということになりはしないだろうか。

要するに植民地時代の研究に当たって、民族的主体性を堅持しようとするから「民族経済」という仮想の概念に依拠しなければならず、反対にこうした難点を避けようとするから大東亜共栄圏的な意味合いを含んだ方法論に陥る。このディレンマを克服するに当たって、国民国家単位の思考の有効性に根本的な疑問を提起したI・ウォーラーステインの仕事は重要な示唆を与えてくれる。国民国家を一つの自己完結的な実体として想定する既存の歴史学と社会科学の認識論的前提をもってしては、世界史的近代を把握することはできないという彼の問題提起は、帝国主義時代の現実認識に必要な道具を提供するとともに、帝国主義追随論とは正反対の方向をとっているからである。もちろん世界体制という単位を導入したからといってすぐに問題が解決されるのではなく、これはただ分析の糸口を提供するに過ぎない。これまでの「植民地近代化論争」において、「既存の一国的階級論や抽象としての国家社会の単位とは異なる、多層的な時空間と複合的な関係」を考え、「世界資本主義体制の中における日本帝国主義と植民地の関係、そしてそれぞれの内部における複合的な関係を同時的に把握」しようという要請が出てきたのはこうした理由からであろう。(5)

## 三　西洋の近代と日本帝国主義

ところで、民族と人種差別に基づいた植民地搾取の本質を理解することは、植民地化を経験した国の歴史認識にとってだけ必要なのではない。帝国主義時代に、民族と人種が階級とともに搾取の核心的枠組みの一つだったという認識は、西欧が主導してきた近代秩序の本質を理解するのに決定的に重要である。民族と人種差別は近代の合理主義や普遍主義、さらに今日のグローバル化と背馳するものではなく、資本主義の世界支配に不可欠な要素だったし、今もそうなのである。この意味で、「近代への転換が他律的に行われたために、民族問題を二重の課題として抱え込むことになったわれわれの『特殊な近代』こそ、普遍性を欠いた例外的・局地的な現象であるどころか、かえって『普遍性』の基準とされる西洋の近代を正しく理解し、克服するに当たって核心となる現実」なのである。(6)このことは帝国主義国家の一員であったものの、外からの衝撃を受けて近代化の契機をむかえた日本の特殊な近代を理解するに当たっても示唆を与えてくれる。すなわち「脱亜入欧」と「アジア主義」のはざまを漂流した日本のアイデンティティの混乱は、近代化が何らかの純粋で普遍的な「文明」への到達過程ではなく、西欧を頂点とした人種的・民族的位階制への編入であるところから来た陣痛だったのである。

資本主義世界体制において日本が占めたこのような独特

な位置から見ると、日本帝国主義の露骨な暴力性と植民地工業化のための類例のない努力という一見矛盾した現象も、同じコインの両面だったことがわかる。一九世紀にはすでに、植民省の大臣でさえ、植民地を全部は覚えきれないほどの巨大な帝国を築き上げた、英国のような先発帝国主義国家に対抗しなければならなかった後発帝国主義国家日本は、「植民地本国」の概念を拡大することでその脆弱な競争力を補完しようとした。日本がその植民地である朝鮮や台湾で工業化や（皇国臣民化）教育のための投資に積極的だったのは、その自然の成り行きだった。グレゴリー・ヘンダーソンが「植民地全体主義」(7)と表現した日本の極端な同化政策は、日本のこうした独特な立場から説明できるだろう。

したがって、日本帝国主義が推進した制度上の合理化や工業化の努力は、植民地民衆への途方もない暴圧をともなったものであり、帝国主義戦争計画の一部だったために、植民地の内在的な要求を無視した跛行的な産業化の様相を帯びたのである(8)。帝国主義国家が植民地地域の前近代的構造を廃止するのではなく、必要に応じて温存強化するのは一般的な現象であるが、特に日本の植民地支配においては、日本自身の支配体制がまだ十分に近代化され、合理化されていないところから、前近代的抑圧と近代的抑圧の重なり合いがいっそう著しかった。

ところで、日本の同化政策は、日本・朝鮮の「同祖同根論」や「皇国臣民論」のような血縁的で時代錯誤的な要素が混じってはいたが、このフランスの植民政策を部分的に模倣したものであり、このフランスの同化政策が基本的に自然法思想と啓蒙主義に基づいていることはよく知られている。ここで見るように、フランス革命と人権宣言の土壌だった啓蒙思想が、一方で植民地主義イデオロギーの源泉でもあったという事実は、近代西欧の知的発明である「普遍主義」が、西欧中心または強者中心の世界秩序の形成に奉仕してきたことを示唆している。

一方日本が始めた戦争は、「大東亜の共栄」と白人支配に対する抵抗を名分として掲げたにもかかわらず、西欧帝国主義と人種・民族差別主義を熱心に真似たものだったから、西欧中心主義と対決できず、かえってそれを強化するものになった。「日本が西欧の産業化した（そして植民地主義的な）列強を真似ることに成功し、それによって、西欧中心主義のうち、やや単純な形のものに対して一つの挑戦を行ったのは事実である。だがより深層的な意味では、それは支配的な世界体制とそのイデオロギーの『普遍性』を強化する結果をもたらした」のである(9)。この点で、いま論議の争点となっている植民地近代化論はもちろん、「儒教資本主義論」や東アジアの「小農社会論」もやはり、現存資本主義に追随する方向において成立したものであり、むしろこのことによって、西欧中心主義の多様な変奏曲を提供することになる。一方、「現在中国を熱狂させている民族主義は、近代以前の中国が安住していた自足的中華主義というよりは、西欧主義の逆模倣だった日本式アジア主義の変種だ[10]」という点で、これもやはり西欧中心主義に対する望ましい代案とはなり得ない。中国で「東西対立」を「中西対立」と呼ぶことに端的にあらわれているように、「中国すなわち東洋」という考えは、アジアにおける新しい緊張要因にもなり得るのである。そうかと思うと、近来韓国では、帝国主義と冷戦の犠牲者である韓半島こそ新しい時代の展望が生まれるに相応しい地だという論議が盛んだが、最近になって、日本の再武装に絶好の口実を与えている北韓の状況を見ると、韓半島の分断体制が世界史的な冷戦の終息からも相対的な自律性を保持しながら、アジアにおける脱植民地主義および脱冷戦への模索にとって大きなつまずきの石となっていることを直視せざるを得ない。

ところで、「植民地収奪論」の真の問題は、それが帝国主義の能動的な面と植民地の受動的な面だけを浮き彫りにする点にあるというよりは、近代がもたらしたさまざまな矛盾――階級、人種・民族、性の差別を含む――に対して素朴な民族主義的反発以外に何の根源的な批判も持ち合わせていないという点にあるのではなかろうか。帝国主義批判の根拠がほとんど全面的に反日民族主義にある「近代主義論」がその典型的な例である[11]。はじめ、趙錫坤氏が「植民地近代化論争」に火をつけたとき、「植民地収奪論」には近代資本主義を絶対的価値ないし「善」とする議論が前提にあったのではないか、と批判した[12]のもこうした脈絡からだった。それにもかかわらず、氏の反論が何らかの有効な代案を提示するまでには至らなかった主な理由は、氏の反論もやはり、近代資本主義の具体的な時空間についての問いかけや位置設定に欠けており、依然として一国史的な枠組みに依拠しているためではないかと思う。

振り返ってみると、資本主義体制が西ヨーロッパに登場して以来、世界のどんな文明や体制もこれに対抗することはできなかった。資本主義は西ヨーロッパでその姿を現して以来、地球的規模で拡大していくのだが、その間、他の地域ではこれを模倣して追随するか、植民地に編入される以外のどんな代案も許したことのない特異な体制だった。実際に、人類史に現われた諸文明の多様性を破壊し、利潤追求という画一的論理で世界を再編したものこそ、資本主義独特の性格だった。その過程における、世界的次元の搾取および人種・種族的序列化は、資本主義的「近代化」の副次的産物ではなく、その内在的動力の有機的構成部分であったのである。

近代にはいって、西欧資本主義国家によって「受動性」を強要されたのはアジアだけではなかった。中世の初め、混沌と停滞の中にあった西ヨーロッパに文明を伝授してやったイスラム世界も、これに屈服しなければならなかった。ところで、前例のないほど無慈悲かつ徹底的に貫徹された西欧資本主義の地球的な覇権を一つの歴史的現実として、また近代の際立った特質として認めることは、そのまま、植民地を経験した地域の主体性を否定することを意味しない。資本主義を人類の運命として受けとらず、それに代わる文明を積極的に模索しようとする視角から見れば、非西欧地域の「受動性」は、むしろこの地域において、資本主義という新しい形態の搾取体制の出現を阻止した枠組みを積極的に再認識することとも通じる。たとえば、中世中期までは科学と商業活動で西欧より一歩先んじていたイスラム世界では、貸借関係はあくまで人間関係と見て高利貸しを禁止した。その結果、会社形態は合名会社か合資会社以上には展開しなかった。これに対して、西ヨーロッパでは資本から人間的な要素を除去し、これを徹底的に利潤追求の道具として対象化した株式会社が登場して、資本主義の発展に大きな弾みをつけたのである。

したがって、資本主義を人類史の目標として想定するのでなければ、また資本主義の発展の程度をそのままその社会の文明度と見なすのでなければ、資本主義の世界秩序に遅れて適応した民族を劣等だと見る必要もない。さらにまた、これをいち早く採用した諸民族の何らかの邪悪な「民族性」について云々することも同じく無意味であろう。このような脈絡において、日本の帝国主義を全世界的な「帝国主義時代」の問題として把握しなければならないという江口朴郎の問題提起は、筆者にとって、一応納得のいくものである。また「日本が加害者であった事実にいささかも変更はないが、問題点は多様である」と指摘しながら、帝国主義時代の歴史において、「加害者-被害者」の黒白論理や道徳論で解決できない問題に対して、より突っ込んだ検討を要請した西川正雄氏の問題意識も、これと関連したものではないだろうか[13]。

## 四　植民地主義

ところで、筆者が注目したいのは、一九世紀末に全世界的に拡大しはしたが、近代資本主義の誕生とともに出現したという植民地主義の問題である。もちろん厳密にいって、一つの時代としての帝国主義は、西欧列強による世界分割が完了する一九世紀末に始まり、二回の世界大戦を経て一段落を遂げた。しかし西欧資本主義の発展が植民地主義の歴史とともに始まったということ、また「新植民地主義」とか「超帝国主義」という言葉が、グローバル化時代の現実認識に依然として効用をもっているということは、帝国と植民地の問題が決して古典的な帝国主義時代にだけ限られたものでないことを物語ってくれる。

近代資本主義とともに現われた、こうした植民地主義の問題を正しく理解するためには、デュッセルの表現どおり、近代世界についての「ヨーロッパ中心的なパラダイム」から抜けだし、いわゆる「全地球的なパラダイム」へと思考の枠組みを転換する必要があろう[14]。これは、近代性を、中世末の（西）ヨーロッパで形成され、一七世紀以降、他の後進地域へと膨張したヨーロッパ的な現象と見る通常の発展論を脱却し、(西)ヨーロッパの近代性そのものが、独立的で自己完結的なものではなく、資本主義世界体制の中心部の現象であり、植民地性と表裏の関係をなしているということを自覚することを意味する。

このような視角によると、近代は原初的に植民地と結びついており、各民族は程度の差こそあれ、植民地をつくるか、植民地化されるかの境に立たされ、時にはこの二つの事態が重なり合う中で近代を経験した[15]。その過程は、単に諸民族の間の支配・被支配関係に止まらず、性・地域・世代など、他の社会的関係においても多面的に貫徹された。木畑教授がこのシンポジウムの報告で言及した帝国主義時代の支配・被支配関係の重層性というのも、このような歴史的現実の一つの表現ではないかと思われる。被植民地化の経験と帝国主義的企図が併発したオーストラリアがこの典型的な例であろうが、広く見ると、海外植民地の開拓が不振だった代わりに、国内の一部(南部)が「内部植民地」として機能したイタリアのような場合においても、似たような状態を見出すことができる。

## おわりに

ところで、脱植民地主義の言説とも通じるこのような議論は、帝国主義時代を清算するためにわれわれが到達しなければならない根源的な次元にまで触れているという点で魅力的であるが、それだけにまた、陥穽もあると思われる。まず帝国主義の矛盾をややもすれば近代性一般の矛盾に還元させてしまうことによって、全世界を分割し、また再分割する中で世界大戦の惨禍を引き起こした独特な時代としての帝国主義時代の特質を把握するのに弱いという点である。また脱植民地主義の言説でいう広い意味の植民地性と異なり、政治的主権の剝奪と露骨な収奪、民族文化の抹殺などをともなった帝国主義時代特有の植民地性の問題を厳密に扱うことができないという点である。この点で、帝国主義時代の認識やその克服の問題は、近代性そのものに内在した植民地性の問題と切り離して論じることはできないが、また依然として固有の課題をはらんでいると思う。

最近ドイツで波紋を広げている「ゴールドハーゲン論争」の場合にも似たような考えが浮かんでくる。ゴールドハーゲンの仕事によってナチの狂気に染まった「平凡なドイツ人」の過ちが明らかにされたことは確かに大きな成果である。ところで、虐殺の原因がドイツ特有の政治文化である「ユダヤ人絶滅主義」にあるという彼の説明は、「平凡なドイツ人」だけでなく、どこの国の「平凡なXX人」もこのようなむごたらしい狂気の犠牲者になり得るということに、私達が気づく道を閉ざしてしまったという点で惜しまれるところである[16]。同時に明らかなことは、このような論議がナチの罪過や日本の侵略主義を相対化することによって、これに免罪符を得ようとする策略に口実を与えてはならないということである。[17] すなわち、近代とともに生まれた植民地性の問題から何人も逃れられない以上、究極的には、「易地思之」（相手の立場に立って考える）する姿勢を失ってはならないが、同時にまた、短期的には帝国主義の遺制に断固として対処する必要があるということである。閉鎖的民族主義を越えることがますます重要な時であるだけに、そのような努力が帝国主義時代の亡霊を擁護する似非多元主義に屈服しないよう、国際的な市民連帯の基礎となる歴史認識を確固たるものにしていくことが、いっそう切実なのである。

（1）韓国史学者鄭然泰《チョンヨンテ》の分類によると、「植民地収奪論」にはブルジョア民族運動を韓国史の正統の系譜と見る「近代主義論」と、下からの変革の契機に注目する「内在的発展論」がある。鄭然泰「『植民地近代化論』論争の批判と新近代史論の模索」『創作と批評』第一〇三号（一九九九年 春）。

（2）鄭然泰が植民地近代化論の一部の問題意識と研究方法論などを積極的に受け入れる必要性を論じた点や、趙錫坤氏が鄭然泰の「長期の近代論」の意義を認めたことなどがその例である。

（3）安秉直「韓国近現代史研究の新しいパラダイム」『創作と批評』第九八号（一九九七年 冬）、五四ページ。

（4）許粹烈「『開発と収奪』論批判」『歴史批評』第四八号（一九九九年 秋）。趙錫坤氏の報告文注8の部分の本文を参照。

（5）柳在建《ユジェコン》「植民地・近代と世界史的視野の模索」『創作と批評』第九八号（一九九七年 冬）、七一―七二ページ。

（6）白楽晴《ペンナクチョン》「文学と芸術における近代性の問題」『創作と批評』第八二号（一九九三年 冬）、三〇ページ。

（7）*The Cambridge History of Japan*, Vol. 6, : *The Twentieth Century*, ed. by Peter Duus (Cambridge, 1988), p. 249.

（8）趙錫坤氏もまた報告の中で、植民地近代化の結果としての植民地経済体制の歪曲や植民地支配受恵層の登場という側面を重視するが、これは「植民地近代化論」と「植民地収奪論」の接近を示すもう一つの例である。

（9）白楽晴「韓半島における植民地性の問題と近代韓国の二重課題」『創作と批評』第一〇五号（一九九九年秋）、一一ページ。柳在建、前掲論文、六六ページから再引用。

（10）崔元植《チェウオンシク》「韓国発または東アジア発の代案?――韓国と東アジア」瑞南《ソナム》財団主催国際学術大会『再び東アジアを問う』大会資料集（一九九九年九月）、二一ページ。

（11）一方、内在的発展論は非資本主義的近代を志向するとはいうものの、依然として資本主義萌芽論に執着するなど、資本主義に対する根源的な批判にまで至っていないような印象を与える。

(12)　趙錫坤「収奪論と近代化論を越えて」『創作と批評』第九六号（一九九七年 夏）、三五七ページ。
(13)　西川正雄「序論」『黒船と日清戦争』比較史・比較歴史教育研究会編（未來社、一九九六）、三ページ。
(14)　Enrique Dussel, "Beyond Eurocentrism; The World-System and the Limits of Modernity," in: F. Jameson/M. Miyoshi, *The Cultures of Globalization* (Durham, 1998), pp. 3, 18.
(15)　Etienne Balibar, "The Nation Form: History and Ideology," in: Etienne Balibar/Immanuel Wallerstein, *Race, Nation, Class: Ambiguous Identities* (London & New York, 1991), p. 89.
(16)　この点に関して、R・バーンは「われわれはゴールドハーゲンによってユダヤ人大虐殺から教訓を得る機会を奪われてしまった」と指摘したことがある。Ruth Bettina Birn, "Revising the Holocaust," *The Historical Journal*, Vol. 43, No. 1, 1997, pp. 195-215.
(17)　南京大虐殺事件に対する日本右翼の論理、すなわち犠牲者の数字について、当然の不明確さを根拠にして、事件そのものを曖昧にしようとする手法が、ユダヤ人大虐殺否定論と驚くほど似ていたという点は、日本の歴史家によって指摘されている。西川正雄「過去の克服」『現代史の読み方』（平凡社、一九九七）、二八四―二八五ページ。

問題提起

# 2　帝国主義体制の議論をめぐって

宮地正人

## 一　世界体制としての帝国主義

帝国主義というのは一つの世界体制である。単なる宗主国と従属国、宗主国と殖民地との関係ではない。このような木畑さんの指摘に賛成である。

この世界体制としての帝国主義はまさにこの東アジアにおいて成立したのであり、それは日清戦争の開始である一八九四年から日露戦争の終末である一九〇五年という一〇年間に非常にはっきりした形で完結した。しかもその帝国主義世界体制が確立する速度は、この地域の日本人も含めた諸民衆が今まで経験したことのない速さを持っていた。この速さがどのくらいだったか、ということを、私は「報告集」にロシア人の史料を紹介することで指摘しておいた。その意味でもこの十年間は世界史的規模での激変期ということが出来る。

帝国主義転化の中で日本の国民国家が成立したという特殊な事態は、東アジア地域での対等平等な形での近代国家・国民国家の並立を許さなかった。朝鮮の殖民地化と中国の半殖民地化の動きは、日本の国民国家確立の動きと表裏一体のものであったと私は思う。

## 二　一八七〇年代の意味

しかしながら一八四二年アヘン戦争における清国の敗北からすぐに一九世紀末に飛ぶのは、東アジアの国際関係を学問的に段階区分しようとする立場からすれば、不十分な区切り方だと思う。

これは米山さんが述べたように、一八七〇年代の十年間を重視する必要があると考えるからである。それは日本の国境確定の動きと、日本の対清国、対朝鮮の国交関係樹立という動きである。一八四二年以降の欧米の圧力とそれをパッシブに受けとめるままの東アジアという構図、この構図は一八七〇年代まで欧米列強と欧米の人々が等しなみに持っていたイメージだが、その構図を塗り替えたものである。この結果明治初年以来揺れ続けていた天皇制国家が、初めて対外的に且つ国内的に安定する。と同時に、朝鮮の強制的開国を日本はイギリスやアメリカを念頭に置きつつ行ったように、東アジアと欧米との間に介在する自国の役割を日本政府は十分意識し始めていた。

## 三　ラディカル＝サムライズ

第二点の問題と関係することだが、帝国主義確立以前の一九世紀後半という五〇年間における時期の問題として、東アジアに迫っていた世界資本主義に対応しうる国家を形成するためには、一方で欧米の軍事的圧力に対抗する力量を付けると同時に、封建制に対する改革ということがどうしても必要になってきていた。日本では明治維新期における攘夷派の武士――私はラディカル＝サムライズと呼んでいるが――によって封建的な軍役制度が完全に廃棄されたこと、助郷など封建的賦役がこの過程で廃止されたこと、豪農層による厳しい幕府と大名に対する批判、そして明治初年の藩政への彼らの参画、一八七一年の万国対峙のための廃藩置県などが例としてあげられる、反封建的な国内改革の動きである。

では李氏朝鮮はどうか。私の理解では封建国家だが、その李氏朝鮮における反封建的な国内改革が行われたのかどうかということは、甲午農民戦争以外の事例でもって、もう少しあげられるべきだし、しかもその過程での困難は何であったのかという具体的な問題提起が、朴さんのご報告にはもう少しあって良かったというのが、一聴衆としての私の印象である。昨日中塚さんが質問されたことも、そのような意味合いを持っていたのではないか。

### 四　帝国主義国家になることの意味

帝国主義体制については、それぞれの国民が、それぞれの角度と国民の責任において議論しなければいけないことだが、私、日本人としては次のようなことをまず確認すべきだと思う。つまり日清戦争以後、日本が殖民地を所有する帝国主義国家になったことは、日本国家の性格を質的に大きく変化させてしまったということである。

第一に日本民族が支配民族になったことである。この構造を維持し、また日本帝国拡大のために一番大事なことは、日本人に民族の優越性と優秀性、支配している諸民族への指導者意識を天皇制国家が植え付けることであった。優越感と差別意識は日本人の中に浸透してゆき、教育がそれを加速した。

第二に経済過程よりも大事なこととして、日本の天皇制官僚の活動するフィールドが格段に広がったことをあげたい。天皇制官僚として議会に掣肘されずに自由に活躍できる場が格段と広がったのである。日清戦争後における台湾、日露戦争後における関東州と南樺太、そして統監府から総督府にかけての朝鮮、そして第一次大戦後には南洋諸島の支配権を握る。この中に南満州鉄道も加えてよいであろう。そして更にこのような複雑な殖民地支配構造を支えるため、手づるを求めて多くの、特に九州地方や中国地方の人々が大陸にわたっていった。殖民地ファシズムの担い手となって行く人々である。

第三に軍部の問題がある。軍部が絶対主義勢力だとか、封建的要素を持っているというだけの言い方はふさわしくない。二〇世紀における軍部の権原は殖民地支配にあったと私は思っている。言い換えれば、軍部が日本帝国の不可欠の要素を持ち始めたということである。一九一三年、いわゆる大正政変といわれる都市民衆騒擾のきっかけは、一九一〇年韓国併合にあたり、韓国と満州の治安維持を心配した陸軍の朝鮮への二個師団増設要求が発端であった。以後、殖民地と軍部の問題は四五年の日本の敗戦に至るまで、切っても切り離せない関係を持ちつづける。

第四に、今日から考えると一番大きい問題であるが、帝国主義支配構造の確立という事態は、日本国内の民主主義運動そのものにも大きな歪みをもたらした。国内的には反藩閥を唱え、普通選挙の実現を誰よりも厳しく激しく要求していたラディカルズの論理は、日本帝国の基盤を拡大するための民衆参加というものになっていった。私はこのようなグループを以前、国民主義的対外硬派と名付けたことがある。英訳すると良い言葉がなく、ナショナリスティック・ナショナリストなどと訳されて何のことかよく分からなかったのだが、やはり帝国主義国家における民主主義運動の難しさ、しかも政党内部にその刻印が押されるということは、近現代日本史をやっている人間として非常に重い問題である。このような特質を持ち続けたグループは、一九二〇年代末、中国の強大な民族運動と日本帝国主義の対立が深まってゆく中で、国内のさらなる民主化ではなく、逆に軍部ファシズムの同調者になっていった。戦前日本政党政治の一番大事な問題はここにあると考える。

### 五　被支配民族になることの意味

では日本帝国に支配された被支配諸民族の立場ではどう考えるべきか。

クオックさんの報告書にはヴェトナムでの三つの対応類型が非常にわかりやすい形で提起されて教えられるところが多かった。また先ほどの姜さんの発言にもあるように、他民族による支配は、国内の階級支配とは比較にならないほど日常性のただ中において民族的自尊心が傷つけられ、屈辱感が増大させられる構造であった。このことは日本人も経験しなかったわけではない。日本人自身が不平等条約体制において、幕末と明治前期に、肌身にしみて痛切に感じた、まさにそのような民族感情である。

民族の自由と民族解放の要求は全民族的なものになるほかない。殖民地あるいは半殖民地の立場におかれ、民族的抑圧が日常的になされ、しかもその社会的支柱としての半封建的地主制が存在し、また楊さんのご報告の中で明らかにされたように、袁世凱のような帝国主義勢力の代理人が権力の中心にいるという事態においては、民族自決権を掲げ、労働者と農民の同盟をめざす社会主義の理論と運動はきわめて大きな意義を持っていた、と私は、馬さんと同様に思っている。

二十世紀の歴史はいろいろな切り方があるだろうが、一面では全世界が少数の帝国主義国と、多くの圧倒的多数の殖民地・従属地域に分割させられてしまった段階から、殖民地と民族抑圧がほぼ廃止されるようになった一世紀だと捉えることが出来ると思う。

### 六　歴史の事象と歴史の論理

趙さんのご報告は大変勉強になったし教えられるところが多かった。ただし、歴史の問題に引きつけて言えば、未だ事象の解釈にとどまっているのではないか、歴史の論理として提起されていないのではないかというもどかしさを感じた。歴史の論理とは、別の言い方をすれば運動の論理である。一例をあげる。

朝鮮人ブルジョワジーが一九三〇年代に形成されたという経済史的事象がもし証明されるならば、その朝鮮人ブルジョワジーという民族資本家は国内市場にどのように要求を持っていたか、それと日本の資本家が押さえている市場との間の矛盾があったのかなかったのかという中で、初めて、歴史の論理、運動の論理になる。

一つ一つの経済的事象を歴史の場合にはあくまで政治の局面、運動の局面に転化しなければいけないし、転化することが歴史学の本領だと私は思っている。それが出来ない、あるいは証明できないということであれば、経済的事象としての意義自身が問われることになるのではないだろうか。

## 七　台湾のこと

呉さんの報告も非常に興味深いものである。特に台湾の殖民地研究は朝鮮の研究に比べても非常に蓄積が少ないところであり、教えられた。ただし私の今までの理解と呉さんの議論のやり方とにずれがあるので、率直な印象を申し上げたい。

呉さんの報告で決定的なタームは「台湾人」「台湾語」である。とすると一例を挙げると、一八九五年、日本軍が台湾に侵攻し合併を軍事的に実現した（実際には日清戦争の中で死傷者が一番多かったのは台湾のこの戦いであったが）時の強力な抵抗運動の根拠をどう考えたらよいのであろうか。私の今までの通説的な解釈では、中国からの分離に対しての反対闘争だと理解していたが、呉さんのおっしゃるように、「台湾人」という中国とは別の形で論理を組み立てるとすれば、いったい何を守るために命（日本軍があれほど犠牲を強いられたのだから、台湾の方はそれに数十倍する犠牲を強いられたはずである）を賭したのか、お聞きしたい。

あと一つ。独立運動を国体変革の名目で死刑にするということが治安維持法の台湾・朝鮮における骨子であったが、その治安維持法の台湾における施行と遵法意識との関係をどう考えたらよいのだろうか。

最後に事実問題だが、一九四五年以前に（現在ではなく、また四五年以降でもない）台湾の方々が自分たちの独立を念願した場合、中国との合体以外の独立の形を想定していたのかどうか、これは歴史学的な問題としてご説明していただきたい。

呉さんのご報告は非常に刺激的である。これを理論化すれば今までの我々が作ってきた枠組みとは違う面白い問題が出てくる、と考えたい。

シンポジウムによせて

# 3　「帝国主義の時代」をいかにとらえるか
## ――批判的一考察――

西川　正雄

――「過ぎ去りしことはほんの前口上」（シェイクスピア『テンペスト』）

「グローバリゼーション」こそが、人類の未来を指し示している、という風潮である。そうかも知れない。しかし、ちょっと立ち止まって、歴史を、百年前の風景を振り返ってみよう。

一九〇〇年、義和団の蜂起を鎮圧すべく、ドイツ元参謀総長ヴァルダーゼーを指揮官とする八か国連合軍が中国に遠征した。その結果、中国はいっそう従属的な立場におかれることになった。なるほど、中国は現在では「大国」の地位を回復していると言えるかもしれない。しかし、一九〇〇年当時の、「支配する者」と「支配される者」とに分けられた世界の風景は、その後長く変わらなかったのではないか。この百年で、両者の関係は根本的に変わったであろうか。一方は依然として相対的に豊かで、他方は貧しいのではなかろうか。もし、そのように言えるとすれば、「帝国主義の時代」とその頃の帝国主義批判を改めて取り上げてこそ実りある議論が先に進むのではないか。(1)

### 一　戦争に対する戦争を

ひとまず、「帝国主義の時代」をおおまかに一九世紀末から第一次世界大戦に至る時期としておこう。

その時期、状況に危機感を覚え、反戦平和の道を探ろうとしていた社会的勢力としては社会主義運動が存在した。その国際組織の場における議論を見てみよう。

この国際組織は後に「第二インターナショナル」と呼ばれるようになるが、活動を開始したのは、一八八九年のことであった。[2] その中心人物の一人、ドイツ社会民主党のアウグスト・ベーベルは、すでに一八七〇―七一年の普仏戦争の折に、北ドイツ連邦議会の議員として、戦時公債に反対票を投じ、そのせいもあって、投獄された人物である。戦時公債に反対したのは、彼だけではなかったし、フランスの労働者も反戦の声を挙げていた。[3] 反戦平和はなかんずく社会主義者の信念であり、交戦状態にある国にあって議会で反戦を唱えることは、勇気の要ることであったろう。じっさい、これを最後に、交戦状態にある国の議会において反戦を公言する例はないままである。

このベーベルらの反戦平和の姿勢は「第二インターナショナル」に引き継がれ、一八八九年のパリ大会で、「常備軍の廃止と一般的人民武装」が議題の一つとして取り上げられた。[4] もっとも大会は、社会民主主義者とアナーキストとの間の激論で忙しく、この議題についてはさしたる議論をしたわけではない。決議は述べる、常備軍こそが、侵略戦争の原因かつ結果であり、社会的抑圧の道具でもある、したがって常備軍は廃止さるべきであり、公的自由と国民の安全を守るためには、スイスに見られるような武装した市民の組織を作ることを要求する、と。「人民武装」のイメージが、とくにフランスでは、大革命や二月革命の折に姿を見せた「国民衛兵」のそれと重なっていたことを想起してよいであろう。じっさいジャン・ジョレスは、「民兵」構想を最後まで追求していた。[5]

二年後のブリュッセル大会では、恒常的な戦争状態の由々しき結果としてヨーロッパにのしかかっているものとして、単に兵制ではなく、「軍国主義」を俎上に乗せた。それは、人間が人間を搾取する体制によって社会に押し付けられている、と決議は言う。軍国主義を廃絶し平和を将来するためのすべての試みは、「悪の経済的根源を理解」しない限り無力である、と。つまり、社会主義こそが戦争を無くし恒久平和をもたらす、という信念がここに初めて明瞭に表明されたのである。大会の最終日には、改めて「資本に対する戦争を」そして、あらゆる可能な手段で「戦争に対する戦争を(Guerre à la guerre)」の声が上がった。だが、アナーキストたちは、戦争に自衛と攻撃の区別があるか、と噛み付いたし、「あらゆる可能な手段」のうちにゼネストを含めるべきだと主張した。[6] 戦争の危機が生じたとき、ゼネストを行なうかどうか、それは第二インターナショナルにおいて、第一次世界大戦前夜まで続いた争点であった。大会終了後まもなく、露仏同盟（一八九四年）の第一歩となる合意がフランスとロシアとの間で成立することになるとは、社会主義者たちの知る由もないことであった。

一八九三年のチューリヒ大会における議論も同様であった。ただ、四年前の大会からアナーキストとして弁舌をふるっていたオランダのドメラ＝ニーウェンハイスと「ロシアのマルクス主義の父」プレハーノフとの間の議論は、第一次世界大戦勃発のころの社会主義者たちの、それぞれの主張を先取りしていたように見える。ニーウェンハイスが、戦争阻止の手段としてゼネストと兵役拒否を主張したのに対してプレハーノフは、そのような手段は「文化民族を武装解除し、西ヨーロッパをロシアのコサック兵の犠牲に供することになる」と反論した。ドイツ軍がロシアに侵入してくる場合、それは、百年前に国民公会のフランス軍がドイツに来た時のように、解放者としてであろう、とさえ彼は述べた。しかもベーベルが、ロシアを指して「残忍と野蛮の保護者」と呼んだものだから、ニーウェンハイスは、そこに「社会主義者の排外主義」を嗅ぎつけるのであった。[7]

次のロンドン大会（一八九六年）は、この国際組織からアナーキストが排除され、社会民主主義の路線が確立した大会として知られる。しかし、その点は他稿にゆずり、ここでは、戦争阻止に関して国際仲裁裁判所設立の提案がなされたことと、政治行動に関する決議の中で植民地拡張に対する批判が初めてなされたことを指摘しておきたい。植民地拡大は「資本家が資本家階級だけの利益のために搾取を行なう領域の拡大の別名に他ならない」と決議は述べた。提案者はいずれもイギリス人だった。[8] なお、日清戦争（一八九四／九五年）が戦争や植民地に関する議論に影響を与えた気配はない。

## 二　植民地問題と社会主義

ここで植民地所有ないし拡張について社会主義者たちがどのように考えていたかを概観してみたい。一八九八年、アメリカ合衆国が古くからの植民地帝国スペインからカリブ・中米およびフィリピンに対する支配を奪った。翌九九年には、南アフリカ戦争が勃発した。そして義和団の蜂起に対して向けられた八か国連合軍が北京を制圧して一か月後の一九〇〇年九月、第二インターナショナルの大会がパリで開催された。その席上、片山潜からの、われわれは「貧しさのせいで参れません」という手紙をジョレスが紹介しつつ、「極東が戦争の舞台となっているまさに今日、その地にすら国際主義の精神が目覚めている」ことを歓迎すると述べた。

さらに注目すべきは、植民地問題が正面から、そして資本主義の新しい段階における現象として取り上げられたことである。その点でもっとも明瞭な見解を展開したローザ・ルクセンブルクは、「軍国主義と帝国主義による植民地政策とはブルジョワ世界の反動的潮流として同じものである」と断じた。[9]続いて述べる、状況は新しい段階に入ったのであり、それに対する闘争も新たな段階に入った、と。何が新しいのか。古くからの軍国主義が「帝国主義の世界政策という形のもとに一般化し先鋭化したことだ」。この政策は、と彼女は言う、「日清戦争に始まり、米西戦争・トランスヴァール戦争［南アフリカ戦争］と続き、ついに中国に対する統一ヨーロッパの戦争となった」。留保を付けつつも彼女が重視したのは次の二点である。①どの列強にも同じ軍国主義・同じ植民地政策・慢性戦争状態が見られるようになった結果、各国の社会主義者・プロレタリアートが同じ条件のもとで統一行動をとる基盤が生まれたこと、②資本主義の崩壊をもたらすような世界的規模の政治危機が生じる可能性が増大したこと。

このような主張は、どこまで理解されていたかはともかく、大会で受け入れられた。だが、植民地問題に関しては、この大会以降、見解は大きく分けて二つの潮流に分かれていった。[10]どちらも資本主義の搾取には反対し、イメージこそ異なれ社会主義という未来に期待する。だが、一方は、植民地を所有しているという現実を認め、そうした地域でもまず資本主義が発展し、ヨーロッパでと同じようにプロレタリアートが生まれ、社会主義運動が成長するのは結構なことだ、と考える。その段階に至るまで「土着民」を育成すべきであり、「育成」の事業は、社会主義体制になった暁には、「文明の事業」たり得るであろう、と。これを「社会主義的植民地政策論」と呼んでおこう。他方は、植民地の全面的放棄を主張する。なぜなら、資本主義社会が引き合いに出す文明の使命なるものは、搾取・征服欲の隠れ蓑であり、資本主義的植民地政策は、「土着民」の奴隷化と地域の自然資源の破壊をもたらすだけだからである。

前者が示すのは、当時のヨーロッパほ多くの知識人や政治家がもっており、（実情の解明は今後の課題に属するが）普通の人々にも伝染していたと思われる「文明の使命」、非ヨーロッパ人に対する「家父長」的態度を、社会主義者も共有していたことである。[11]こうした主張の代表者が、植民地の実態に詳しい、オランダのヴァン・コルだったことは興味深い。この考え方は、第一次世界大戦後の国際連盟による委任統治構想にスルリと結びつく。[12]他方、植民地の「原則的反植民地主義」の理論的代表者は、植民地に行ったこともないくせに、とヴァン・コルに揶揄されたカール・カウツキーだった。彼は、植民地「土着民」の反乱に期待していたが、いかにも彼らしく「一揆」を戒めた。その点で、一歩進め、「民族解放運動の革命的分子の蜂起を援助せよ」としたのが、一九一六年のレーニンであった。第二インターナショナルの大会の決議では、「原則的反植民地主義」の主張が通っていた。だが、他の問題でと同様、多くの参加者は、理屈では負けても、腹の中では否決された方に賛成していたのだ。

## 三　帝国主義論

先に述べたように、ローザ・ルクセンブルクは、「帝国主義」なる新しい段階に入ったと状況を分析してみせた。「帝国主義」という言葉が一八七〇年代後半に初めて使われ出した時、それは、周知のように、「小イギリス主義」に危機感を抱くイギリス植民地の利害関係者たちによる「大英帝国」の拡充を目指す主張を意味するに過ぎなかった。その場合、この言葉は肯定的に用いられていた。[13]だがやがて、それはローザ・ルクセンブルクが主張したように、とくに植民地拡大をめぐる列強の確執と搾取の拡大を指すようになり、否定的な意味しかなくなった。「帝国主義」に関する理論的解明の努力が、それを批判する自由主義者や社会主義者、なかんずくマルクス主義者によってなされたのは偶然ではない。彼らの理論については、まず彼らの間で当初から論争があったし、反マルクス主義者からの批判も加わり、議論は百年後の今日まで続いている。

だが、一九八九／九〇年の「転換」まで、少なくとも日本において大きな影響力を持っていたのは、第二インターナシヨナル期の社会主義者たちの帝国主義論であったから、それについて若干の紹介をしておいてもよいであろう。

書物の形で公刊された帝国主義批判のもっとも早い例に、幸徳秋水『帝国主義』（一九〇一年）がある。これは、「小イギリス主義者」のJ・M・ロバートソンの著書に大きく依存してはいるが、十年後には刑死することになる著者が、日本の帝国主義を批判しようとしたものである。[14]日本の天皇はドイツ皇帝とは違って「平和・自由を重んじ給う」と書いているところに、当時の日本に言論の自由がなかったことが示されている（天皇制批判は今日でもタブーに属する）。因みに、彼と片山潜は、一九〇四／〇五年の日露戦争に際して、「非戦論」を展開し、全世界、とくにロシアの同士に連帯を呼びかけた。

幸徳の書物は示唆には富むが、帝国主義の理論的解明とは言い難い。ではいっそう理論的な作品としては何があるか。日本で親しまれてきていたものとしては、まず、J・A・ホブソンの『帝国主義論』（一九〇二年）がある。彼は、ロバートソンとも近い人物であり、南アフリカ戦争に批判的だった。とくに「大英帝国」の植民地経営について詳細な分析を行なったこの書物は、帝国主義を「純粋な」ナショナリズムの「不純な」ものへの移行としてとらえて、今の表現で言えば「近代国民国家」の最大の危険だと喝破した点に注目すべきであろう。[15]

続いて発表されたのはドイツ社会民主党の理論家の作品である。ルードルフ・ヒルファーディング『金融資本論』（一九一〇年）は、ドイツの事例をもとに、株式会社制度のもとで産業資本と銀行資本が癒着することによって「金融資本」となり、それによる独占が帝国主義の基礎にある、と論じた。[16]ローザ・ルクセンブルクの『資本蓄積論』は一九一三年に刊行された。それによれば、資本主義は、マルクスの再生産表式が示す通り常に拡大していかざるを得ず、したがって、まだ資本主義化されていない地域へと侵入していかざるを得ない。それが帝国主義である。すべての地域が資本主義化されたならば、もはや拡大再生産は不可能となり、資本主義体制は崩壊する。帝国主義的侵略を糾弾しつつその実態を描写する彼女の筆は冴えている。[17]

「マルクス主義の教皇」カール・カウツキーは、珍しくも帝国主義については一書を編むことはなかったが、党内理論家たちとの論争を通じて彼なりの理論を提出している。それによれば、資本主義のもとで工業と農業の相互交流を実現する方途として帝国主義政策が採られたが、必然的に軍拡競争そして戦争が生じ、それは経済的破綻に通じる。なればこそ「純粋に経済的な観点からすれば、資本主義がさらに新たな局面を体験する可能性を排除することはできない。カルテル政策を外交政策に移すことによる超帝国主義という局面である[18]」。

こうしたイギリス人やドイツ人の分析を援用しつつ批判もしながら書かれたレーニンの『帝国主義論』ほど大きな影響力を及ぼしたものはないであろう。日本の教科書にはなおその痕跡がある。一九六五年にハルガルテンが来日して帝国主義について論じた記録が公刊された折、ある評者がレーニンの見解との違いを批判したものだ。そのレーニンの書物には「資本主義の最新の段階」という副題が付けられている。今や社会主義への前段階という意味だ。彼は、その新段階の特徴を五つ示した。①生産と資本の高度の蓄積、②銀行資本と産業資本の癒着＝金融資本の寡頭制の成立、③商品輸出に替わる資本輸出の増大、④資本家の国際的独占の成立、⑤資本主義列強による領土分割の完了[19]。

この小冊子は、第一次世界大戦中、スイスに亡命していて、第二インターナショナルの指導的人物のほとんどが自国政府の戦争政策に協力するに至った状況に悲憤慷慨しつつ、革命を起こすことにのみ頭を使っていた、少数派の中の少数派レーニンが、この戦争はどちらの側からしても、社会主義者たるものが絶対に協力すべきではない帝国主義戦争であることを証明しようとして書いた政治的文書である。それにも拘らず、この本は学問の世界をも長らく支配してきた。

問題点については次に述べることにして、ここでは、第二インターナショナルの時期の社会主義者の場合、相互に激しく論争しつつも、その帝国主義批判は、それが社会主義社会の実現によって克服されるという理論によって支えられていた、という共通点を強調しておきたい。社会主義社会の実現の道筋についても議論は分かれていたにしても[20]。

## 四　ウィルソン対レーニン

じっさい、一九一七年に政権を獲得したボリシェヴィキは、「公正で民主的な講和に関する交渉の即時開始」を、政府にではなくまず諸国民に訴え、「無併合・無償金」の講和と「秘密外交の廃止」を提案した。これは、それまでの列強の外交に関するしきたりを根底から揺るがすものであり、世界各地の民衆の共感を誘った。新ロシア政府は、大戦に関する外交文書の公開にまで着手した。これは、まさに外交の民主化であり、他国政府もそれなりの思惑からであったにせよ、外交文書の刊行を余儀なくされた[21]。まさに、帝国主義のみならず資本主義が社会主義によって克服されるという予兆の宣言であった。そうさせてはならじ、と発表されたのが、アメリカ合衆国大統領ウィルソンの「十四か条」だった。A・J・メイアの言う「ウィルソン対レーニン」の時代に入ったのだった[22]。

だが、それから七〇年経って、東欧社会主義圏のみならずソ連邦自体が崩壊した。その原因の少なくとも一つは、社会主義のもとでこそ民主主義が発展する、というレーニンの豪語が、ついに実現しなかったことにある。となれば、資本主義ないし帝国主義が歴史的段階として社会主義によって過去のものとされるという、第二インターナショナル期のマルクス主義者の立論には大きな疑問符が付けられたと言わざるを得ない。

## 五　世界分割

その後、帝国主義の時代に関する各地域の実態研究が飛躍的に進められただけではなく、理論的にも、様々な見解が提出された[23]。その吟味は省略して、ここでは、「帝国主義の時代」を特徴づける際のいくつかの論点を示してみたい。

まず、帝国主義が植民地主義と表裏一体であることは間違いないこととしても、帝国と植民地は古くから存在した。そもそも、たとえば英語のempireもcolonyも語源をたどればラテン語のimperium, coloniaに行き着く。つまり古代のローマ「帝国」とその「植民地」のイメージがヨーロッパでは長らく、一九世紀末に至るまで生きていたのである（この二つの言葉が、「帝国」、「植（古くは殖）民地」と訳された）。

したがって、帝国主義は一九世紀末に始まったものではなく、長い歴史を持っているではないか、とヨーゼフ・シュンペーターが主張したのもむべなるかなである[24]。古代ローマ帝国にいかに商品経済があったとしても、一九世紀の資本主義経済とはあまりにも性格が違う。だが、イギリスが一八世紀半ばに支配を確保したインド、一八三〇年にフランスが侵略したアルジェリアと、一九世紀末の各列強の植民地とどこが違うのか。

次に、この問題と関連するが、帝国主義は一九世紀中葉の、いわゆる「自由貿易」の時代にも見出されるのではないか。(25) 植民地獲得の動きは、古代ローマはさておいても、大航海時代に始まり、「レッセ・フェール」の時代にも止むことがなかった。では、とくに「帝国主義の時代」を特徴つける要素は何か。

それは、世界分割である。

何が原動力か。

レーニンの言う「領土分割の完了」は、事実の確認ではあっても、帝国主義の原因の説明にはなっていない。「金融資本」の概念もドイツの事例に偏り過ぎているのではないか。アメリカ合衆国では、独占が形成されたが、いわゆる「植民地」は持たなかった。帝国主義は経済に根拠があるにしても、経済的に辻褄の合うことだったのか。

原因は、イギリス・フランスの世界支配に割り込もうとした、ドイツと、それに続いた日本の行動にある。ドイツ帝国（一八七一年創立）は宰相ビスマルクのもとで海外への進出には慎重だった。そのビスマルクが主催した「ベルリン西アフリカ会議」を経て、ドイツがアフリカに植民地を確保し、イギリス・フランスもそれに対抗して植民地を確立した（多くの場合、「保護国」という形式を採った）。その結果アフリカは分割された。分割はアジア・太平洋地域に及んだ。或いは、日清戦争のあとドイツが一八九八年に膠州湾を租借したのを皮切りに、ロシアが旅順・大連を、イギリスが九竜半島・威海衛を、そしてフランスが広州湾を租借した。「租借」は新たな形式の領土割譲だった。

じつは、その延長として、第二次世界大戦における戦争責任がとくにドイツと日本に問われているのだが、一九世紀末の両国の言動が「帝国主義の時代」を将来したと言っても、それは両国を「悪者」にするためではない。イギリスやフランスがすでに植民地支配を広範にひろげていた、そこにドイツと日本そしてイタリアが参入しようとし、その結果、「帝国主義の時代」となった、と説明しているだけである。さりとて、両国の戦争責任が免罪されるわけではないことは言うをまたない。両国およびイタリアが一九三〇年代後半にファシスト陣営を形成して帝国主義政策を極端にまで推し進め、先発帝国主義国の側が民主主義を名乗っても不思議ではない状況を自ら作り墓穴を掘ったからである。

もっと長期的に事柄を観察した歴史家にイマニュエル・ウォーラーステインがいる。その「世界システム」の概念は、江口朴郎氏の発想に馴染んでいた筆者には、それほど新奇な議論とは思えなかったが、大きな影響力を世界の学界に及ぼしたことは確かである。彼の指摘にしたがえば、「先進国」では、旧体制に固執する保守主義とは違い、社会変革を進める急進主義に譲歩しつつ本質的体制を守ろうとしたのが自由主義で、体制の安定のために、常に誰かを取り込み、他方、誰かを排除した。同じことが地球規模で行なわれた（ローザ・ルクセンブルクの議論と共通する面がある）。こうして四百年続いた「世界システム」は自由主義が破綻して終焉しつつある、と（その判断の根拠を彼は一九六八年の学生反乱に求めているが、にわかには理解し難い）。彼自身が提言し大きな影響を及ぼした資本主義的「世界システム」終焉のあとに続くのは混沌だと彼は言い切り、それにも拘らず何らかの展望を見出すべく模索を続けている[26]。帝国主義の時代に関して、日本における先駆的かつ古典的な研究を残された江口朴郎氏が「混沌を恐れるな」といわば遺言されたことを想起させられる。

レーニンは明確に、ウィルソンも曖昧ながら「民族自決」を主張し、それは第一次世界大戦後、「正義」となった。だが、今日では、旧ユーゴスラヴィアにおける内紛を見るまでもなく、「民族自決」は、「人権擁護」「民主主義」といった高位の理念を実現するためでなければ、それ自体としての価値は無い、と気づかれつつあるのではなかろうか。

レーニンに批判されたが故に、カウツキーの「超帝国主義論」は悪名高くなったが、彼はその可能性に触れただけである。現状に照らして見るならば、現今の「グローバリゼーション」はカウツキーの「超帝国主義」の実現とも解釈できる。ローザ・ルクセンブルクの、まだ資本主義化されていない地域が資本主義化されたら、資本主義は崩壊する、という議論は、事実によって反論されているように見える。だが、「南北問題」がそうとは断定し切れないことを示しているのではなかろうか。

「帝国主義の時代」を考えるにあたって、さらに視野に入れるべきは、すでに一九世紀前半から、エジプトのムハンマド・アリーの改革、オスマン帝国の「タンジマート」、中国の「洋務運動」などのように、非欧米諸国が欧米列強の圧力を前にして、欧米流の「近代化」を志さざるを得なくなっていたことである。そして、一八六〇－七〇年に「国民国家」

の形成に「成功」した、イタリア・日本・ドイツは「帝国主義の時代」に「支配者」の側に立った。日本よりずっと前から「近代化」を目指したエジプトは、最終的にはイギリスの植民地にされた。「帝国主義」支配のもとでの、各地域の「近代化」の意味は、東ヨーロッパをも含めて、政治的イデオロギーから一歩身を離した実態研究によって、これから明らかにされていくべき領域である。

「帝国主義の時代」の結末は第一次世界大戦であった。それによってヨーロッパの「良き時代」は永久に去った。それにも拘らず指摘しておきたいのは、義和団蜂起鎮圧の際に見られたように、対立する列強は、彼らの支配が揺るがされる事態には、相互に妥協し連帯行動まで行なったという点である。それは、一九三〇年代後半のナチドイツに対する英仏の「融和政策」にも現われたし、湾岸戦争や一九九九年のNATOによるユーゴスラヴィア空爆の場合に、建前こそもっと立派なものにしたにせよ、依然として見られることではなかろうか。

## 六　「帝国主義の時代」の刻印

資本主義に替わる、新たな歴史的段階としての「社会主義」を想定する考え方は、現に社会主義国を自称している中国なども、市場経済を導入して、もっと強力な資本主義国に対抗しようとしていることを見れば、今や成り立たないと言わざるを得ない。資本の主導による「グローバリゼーション」は趨勢のように見える。だがしかし、かつての一国の中での弱者切り捨てが、地球全体に広がっているのではないか。かつての「先進国」では、一国内のそのような傾向に反抗する、労働者・社会主義運動があったから、その傾向が是正され、「福祉国家」への道が開けた。その際、つけは、「後進国」にまわされたのである。(27)

「グローバリゼーション」は、「国民国家」間の戦争にまで発展しかねない対立を克服するかに見える。資本主義は、百年前の社会主義者たちが考えたよりも、遥かに柔軟で生命力を持っていた。もし、社会主義ソ連邦の強力な存在がなかったら、資本主義が自分から進んで「社会福祉」への政策したかどうか、これは、大きな、魅力的な研究課題である。その研究結果は今後に待つことにしたい。だが、ソ連邦崩壊後、生き残ったのは自由主義的民主主義だけだけであり、それに対する自信をこめて、ヘーゲルやマルクスが想定した「歴史の終わり」に至ったという挑戦的な解釈が注目を浴びた[28]。たしかに事柄の一面は衝いている。だが、まさにヘーゲル流の、ヨーロッパ中心主義にしてあまりにも単線的な発展史観を踏襲していると言わざるを得ない。なぜなら現に、ソ連邦解体後、現在進行中の「グローバリゼーション」には、かつての「帝国主義の時代」の刻印が未だに付されているではないか。「自由」とは常に「強者」に都合のよい論理である。なればこそ「国民国家」や「民族」に固執して「強者」に対抗しようとする動きが絶えないのだ。他方、「強者」の側にも、権力や自国のみの利害を擁護するために、民主主義を「正義」と履き違える場合が多い。民主主義とは、人間社会における利害の対立をなるべく多くの成員が納得する形で調整するために試行錯誤を重ねるしかない、という一つの制度に過ぎないのに。あまつさえ、歴史を濫用する動きが繰り返し現われることは、「新しい歴史教科書をつくる会」の例を挙げるまでもない。

「国民国家」が克服すべき問題を多々抱えていることは、もはや明らかだが[29]、仮にそれが「グローバリゼーション」の末に消滅したとき、誰が「弱者」の権利を擁護してくれるのか。そのような「世界政府」があるのか、あったとすれば、いかなるものなのか。沢山の疑問符だらけである。言えることは、「強者」主導の「グローバリゼーション」は押し留めることの出来ない趨勢だとして、それを「弱者」にとって「ましな」ものにしていくには、どうするかという問題が厳然として存在する、という点だ。ある日、社会主義になって、すべてが良い状態になる、というのではなく、ましな資本主義、ましな民主主義を目指すしかあるまい。ヨーロッパにおける「社会民主主義」がその方向を志しているとは言えるが、展望はさだかではない[30]。なればこそ、身近かな問題から始めて、自分の言葉で現状批判を執拗に展開していくことが、ますます必要になっているのである。いかに迂遠な道であろうとも、歴史学はそれに資する研究分野の一つではなかろうか。歴史は終わったどころか、始まったばかりである。

(1)　参照、西川「二〇世紀とは何であったか」、同『現代史の読み方』(平凡社、第二刷、一九九八)、七〇―八七。

（2）第二インターナショナル発足の過程と全般について、また、その反戦平和に関する議論の詳細については、参照、西川「第二インターナショナル」『岩波講座　世界歴史』第二二巻（岩波書店、一九六九）、四五五ページ以下、『第一次世界大戦と社会主義者たち』（岩波書店、第三刷、一九九九）。新しい研究として次のものがあるが、本稿の主題に関してはとくに得るところがない。Markus Bürgi, *Die Anfänge der Zweiten Internationale* (Frankfurt, 1996). 以下に言及する第二インターナショナルと日本の社会主義者との関係についての詳細は、西川『初期社会主義運動と万国社会党』（未來社、一九八五）。

（3）Cf. R. P. Morgan, *The German Social Democrats and the First International, 1864–1872* (Cambridge, 1965), 188ff.

（4）*Protokoll des Internationalen Arbeiter=Congresses zu Paris. Abgehalten vom 14. bis 20. Juli 1889* (Nürnberg, 1890), 119–120.

（5）Harvey Goldberg, *The Life of Jean Jaurès* (Madison, 1968), 385ff.

（6）*Congrès international ouvrier socialiste, tenu à Bruxelles du 16 au 23 aout 1891* (Bruxelles, 1893), 62ff., 95.

（7）*Protokoll des Internationalen Sozialistischen Arbeiterkongresses in der Tonhalle Zürich vom 6. bis 12. August 1893* (Zürich, 1894), 20ff.

（8）*International Socialist Workers and Trade Union Congress, London, 1896* (London, n.d.), 30ff., 41ff.

（9）*Comte rendu sténographique non officiel de la version française du cinquième Congrès socialiste international tenu à Paris du 23 au 27 septembre 1900* (Paris, 1901), 181ff.

（10）詳しくは、西川「第二インターナショナルと植民地問題」『歴史学研究』三八一（一九七二・二）、九―二七。とくにカウツキーについて、参照、Jürgen Rojahn u.a. (Hg.), *Marxismus und Demokratie* (Frankfurt, 1992), 164–173.

（11）「文明の使命」ついては参照、東田雅博『大英帝国のアジア・イメージ』（ミネルヴァ書房、一九九六）、Mark Mazower, *Dark Continent. Europes Twentieth Century* (New York, 1998).

（12）Cf. H. van Kol, "Les Mandats Coloniaux et la Sociètè des Nations," *Rapports présentés à la Conférence intreparlementaire*, I, II (Genève, 1922, 1923).

(13) Cf. George W. F. Hallgarten, *Imperialismus vor 1914* (2. Aufl. München, 1963), 18ff. 大英帝国については、斬新な研究として参照、木畑洋一（編著）『大英帝国と帝国意識』（ミネルヴァ書房、一九九八）。
(14) 幸徳秋水『帝国主義』（岩波書店、一九五二）。山田朗「幸徳秋水の帝国主義認識とイギリス『ニューラディカリズム』」『日本史研究』二六五（一九八四・九）、三七—六〇。
(15) ホブソン『帝国主義論』矢内原忠雄訳（岩波書店、一九五二）。
(16) ヒルファーディング『金融資本論』岡崎次郎訳（岩波書店、一九五五—五六）。
(17) Rosa Luxemburg, *Die Akkumulation des Kapitals* (Berlin, 1913).
(18) Karl Kautsuky, "Der Imperialismus", *Die Neue Zeit*, XXXII (1913/14), i, 908-922. 参照、松岡利道『ローザ・ルクセンブルク』（新評論、一九八八）、補論。
(19) レーニン『帝国主義論』宇高基輔訳（岩波書店、一九五六）。参照、G・W・F・ハルガルテン『帝国主義と現代』西川ほか編訳（未來社、新装版、一九八五）。
(20) 第二インターナショナルが、軍国主義と反戦の手段について、激論の末、理論的に最高の水準に達したのは、シュトゥットガルトにおける第七回大会においてであった。それについては、見よ、西川『第一次世界大戦と』、二一一—三八。
(21) 西川『現代史の読みかた』、九以下。
(22) A・J・メイア『ウィルソン対レーニン』斉藤孝／木畑洋一訳（岩波書店、一九八三）。
(23) 参照、平田雅博『イギリス帝国と世界システム』（晃洋書房、二〇〇〇）、雨宮昭彦「大不況と帝国主義時代のヨーロッパ社会」馬場哲／小野塚知二（編）『西洋経済史学』（東京大学出版会、二〇〇一）、二四七—二七〇、木谷勤『帝国主義と世界の一体化』（山川出版社、一九九七）。Wolfgang J. Mommsen, *Imperialismustheorien* (Götingen, 1977).
(24) シュンペーター『帝国主義と社会階級』都留重人訳（岩波書店、一九五六）。Cf. L. Diamond/M. F. Plattner, *Capitalism, Socialism and Democracy Revisited* (Baltimore, 1993).
(25) 参照、毛利健三『自由貿易帝国主義』（東京大学出版会、一九七八）。
(26) ウォーラースティン『ユートピスティクス』松岡利道訳（藤原書店、一九九九）。
(27) 参照、同書。さらに、都留重人「現代帝国主義の分析のために」『経済』一九九八年二月号、八八—九八。

(28) Francis Fukuyama, *The End of History and the Last Man* (New York, 1992). 日本語訳者が「新しい歴史教科書をつくる会」を援護している、「差別主義者」渡部昇一氏であることは、さもありなんではあるが、Fukuyama氏にとって、これは良き相棒を得たことになるのか。

(29) たとえば参照、歴史学研究会(編)『国民国家を問う』(青木書店、一九九四)。

(30) 参照、西川「社会民主主義」歴史学研究会(編)『講座　世界史』第一一巻(東京大学出版会、一九九六)、一三五―一六五、坂野潤治「『日本の社会民主主義』敗者の栄光」『中央公論』二〇〇〇・一〇、一五八―一六九。

シンポジウムによせて

# 4　二〇世紀初頭アメリカの反帝国主義運動の評価
## ――「帝国史観」と「民主主義史観」の分裂を克服するために――

目良誠二郎

## はじめに

第四回東アジア歴史教育シンポジウムで井口和起氏が、「二〇世紀の帝国主義の始まりとほぼ同時に、世界平和をめざすその批判・克服のたたかいも始まった歴史に、もっと注目すべきではないか」といった指摘をされた。

筆者は、シンポジウム以前に、日本国憲法第九条の思想史的起源の資料を探索していく過程で、インターネット上に河上暁弘氏の講演記録[1]を見つけ、一九二〇年代アメリカで広範に展開されたという「戦争非合法化 outlawry of war」運動に行き当たっていた。調べていくうちに、あのジョン・デューイがその強力な思想的リーダーだったことにまず驚き、次いで「戦争非合法化」運動にも深く関わった女性平和運動のリーダー、ジェーン・アダムズの思想と行動を知って感動を覚えていた[2]。井口氏の発言を聞いて、すぐにこの「戦争非合法化」運動のことを思い浮かべた。憲法第九条の思想史的起源とこの運動との関連についてはすでに河上暁弘氏自身による同テーマの精緻な研究[3]が発表されている。

河上暁弘氏の視野には入っていないジェーン・アダムズのことを調べてみると、彼女は、米西戦争のとき「反帝国主義連盟Anti-Imperialist League」に加わっていたという[4]。さらに、『ハックルベリーフィンの冒険』のあのマーク・トウェインが、実は晩年その「反帝国主義連盟」の重要メンバーで、長期にわたる活発な言論活動を展開していたことを知った[5]。通説では、晩年のマーク・トウェインは徹底した人間不信の厭世家だったはずではないか。

そこで、「反帝国主義連盟」やそのマーク・トウェインとの関係について調べてみた。しかし、このテーマに関しての日本語文献はごく限られていた。[6] インターネットで英語文献を調べていくうちに、アメリカのシラキューズ大学の研究者ジム・ツウィック Jim Zwick の運営する驚くべきいくつかのサイトにめぐり会った。[7] そこには、ジム・ツウィックがアメリカ全土で収集した反帝国主義運動とマーク・トウェイン、ジェーン・アダムズなどに関する膨大な史・資料と、ジム・ツウィックの解説・エッセイ・論文などが、文字通り惜しみなく全文公開されていたのである。そこにある史・資料で現在刊行されているものはごく限られており、その貴重さとジム・ツウィックの分析視角、姿勢はアメリカの歴史研究者と歴史教育関係者の間でかなりの注目を集めている。しかし、なぜか日本ではマーク・トウェイン研究者とアメリカ史研究者のごく一部を除いて、このジム・ツウィックとそのサイトの存在さえ知られていない。[8]

この小論は、このジム・ツウィックのサイトの膨大な史・資料と論文に多くを負っている。しかし、直接この小論で検討するのは、これまで日本ではほとんど知られてこなかった反帝国主義運動の、主にジム・ツウィック以前の評価についてである。

アメリカでは、一九五〇年代末からニュー・レフト史家たちによって「帝国の歴史」としてのアメリカ史研究が始まった。しかし、ニュー・レフト史家たちはアメリカ史を「帝国の歴史」として描き出すこと（それ自体は正しく有益であった）に急で、反帝国主義運動についてはごく限られた一部の史料に基づいて、名前だけは反帝国主義だが実質は帝国主義の変種にすぎないと断罪した。[9] これに対して、「帝国の歴史」像を踏まえながらも、アメリカ史をそれに抗する「民衆の歴史」として見事に描き出した八〇年代以降のハワード・ジンは、その著作でフォーナーやシャーマーの研究[10]に基づきこの運動についても正当な評価を試みた。[11] 一九九〇年代半ばにインターネット上に登場したジム・ツウィックの研究[12]は、その評価を受け継ぎながらも、さらに徹底した実証によってそれを広く深く押し広げ、確定したといってよいだろう。

## 一　第三回東アジア歴史教育シンポジウムでの議論を振り返って

この反帝国主義運動をどう評価し、どう描くかは、アメリカ史の教育をめぐる第三回東アジア歴史教育シンポジウムでの議論とも深く関わる。第三回シンポジウムで日本におけるアメリカ史教育についてシャープな報告をした難波達興氏は、「授業実践上の問題点」の一つをこう総括した。

「帝国の歴史」としてのアメリカ史像では、白人対黒人、白人対先住アメリカ人などの、ともすれば機械的な対立の図式・構図に陥りやすい。どうのりこえるか。異なる民族・人種間の共同・共闘・連帯の史実の掘りおこしが課題である。なお、アメリカ史学習を「帝国の歴史」の視点のみからおこなうべきだとは考えない。「自由主義・民主主義発展史」からする実践を否定するものではない[13]。

前半はともかく、最後の「アメリカ史学習を『帝国の歴史』の視点のみからおこなうべきだとは考えない。『自由主義・民主主義発展史』からする実践を否定するものではない」という部分は、その理由・根拠と二つの実践をどう統一するのかが、具体的には何も示されないまま投げ出されている。

これに対して上杉忍氏が、アメリカ合衆国における「最も先進的な民主主義の発展」と「人種差別や暴力、対外侵略」との「矛盾」を生徒にどう教えるかは、アメリカ黒人史研究者としての自分自身の悩みでもあるとして、一つの興味深い「試論」を提出している。

近代資本主義は、その外縁部に常に新たに「近代的抑圧社会」を生み出しながら富の蓄積を実現し、その中心部に「近代的市民社会」を形成してきたのです。「近代的市民社会」は「近代的抑圧社会」と常に対となって発展してきました。アメリカ合衆国はこの「近代的市民社会」と「近代的抑圧社会」が同一国境の中に共存してきたために、「人種差別や対外侵略」と「民主主義」との「乖離」がとりわけ目立ちますし、確かに他の先進資本主義地域とは異なった独自の社会・政治構造を形成してきたのですが、しかしイギリスやフランスなどその他の世界資本主義の中心地域も本質的に同じ問題を抱えているのです。だとすれば「民主主義」と「人種差別、対外侵略」の関係は決して単に「矛盾」だとは表現しえないのではないでしょうか。／さらに、この「近代的市民社会」は……女性・子供の抑圧や奴隷制と……原理的に矛盾するものでは必ずしもありません。この社会は家父長制による支配と抑圧の原理を内包している社会なのです[14]。

「『近代的市民社会』は『近代的抑圧社会』と常に対となって発展」してきたという指摘は、もちろん正しい。しかし、「だとすれば『民主主義』と『人種差別、対外侵略』の関係は決して単に「矛盾」だとは表現しえない」、「近代的市民社会」は「女性・子供の抑圧や奴隷制と……原理的に矛盾するものでは必ずしも」なく、「家父長制による支配と抑圧の原理を内包している社会」なのだと言ってしまってよいのだろうか。

アメリカにおいてだけでなく、「近代的市民社会」が大なり小なり「近代的抑圧社会」を国境の内外に作り出してきたこと自体は、歴史的な事実である。また、「近代的市民社会」の掲げる民主主義が、常に支配的な階級・民族・人種・性にとっての排他的・独占的な民主主義として生れたことも事実である。その限りでは確かに、「近代的市民社会」と「近代的抑圧社会」とは原理的に矛盾しない。しかし同時に、民主主義が自由と平等と人権を意味する限り、内外に作り出された「近代的抑圧社会」の人々（階級・民族・人種・性）が、「常に」至るところでその抑圧に抗し、被抑圧者たる自分たちにとっての民主主義を求めて立ち上がり、多様な闘いを展開したこともまた、歴史の事実なのである。しかも、その闘いは「近代的抑圧社会」の人々にとっての民主主義が実現されてその「抑圧」が一掃されるまで、決して終わることはなかったし、現在も終わっていない。

ほぼ一五〇年前、奴隷制廃止論者である一人のアメリカ黒人女性がニューヨークで開かれた全国婦人の権利大会で演説に立って、敵意に満ちた白人聴衆のやじと怒号を浴びながらこう言った。

有色人の女性［訳書では「有名人の女性」となっているが、原文は a colored woman―目良］が立ち上がって、いろいろなことについて、また女性の権利について話をするのを見て、一種のさげすみとくすぐったさを感じているようですね。私どもはみな、二度と立ち上がれるとはだれも思わないほど低いところへ投げ落とされてしまったのです。しかし私どもはもう一度はい上がってくるでしょう。そして私はいまここにいます。……私たちは自分の権利をもつようになるでしょう。私どもが権利をもてないかどうか、よく考えてごらんなさい。みなさんは私どもが権利をもつことを押しとどめることはできません。押しとどめることができるかどうか、考えてごらんなさい。みなさんはお好きなだけさげすんでよろしい。しかしその日は近づきつつあるのです。……私はみなさんの中にすわって見守ります。

ときどき私は出ていって、いま夜の何時であるかをみなさんにお知らせしましょう。[15]

「民主主義」と「人種差別、対外侵略」が「抑圧者・侵略者」にとってはなんら「矛盾」でないにしても、被「抑圧者・侵略者」にとってはそれは文字通りの敵対的な「矛盾」である（そのことは、被「抑圧者・侵略者」の民主主義が弱者・少数者・異質な存在等への抑圧的なものを原理的にもたないということではない）。その意味においては、「近代的市民社会」と「近代的抑圧社会」とは原理的に矛盾する。先の上杉氏の正しい指摘は、こうした視点で補われないかぎり一面的な必然論になってしまう。「近代的市民社会」が「近代的抑圧社会」を生み出す必然性は、同時にその克服への闘争を生み出す必然性をも内包するものと理解されるべきだろう。

また、ある「近代的市民社会」が作り出す内外の「近代的抑圧社会」の抑圧と抵抗は、相互の社会に深い関係を生み出す。国内の抑圧は対外的な抑圧を容易にし、逆に対外的な抑圧が国内の抑圧を強化しやすい（「他民族を抑圧するものは自らも自由ではありえない」）。しかし逆に、その抑圧への抵抗に基づく階級・民族・人種・国境を越えた連帯をもしばしば生み出す。アメリカ史でいえば、一九世紀末までの国内での対インディアン・黒人奴隷・労働者・女性等への抑圧は、一九世紀末以降の対スペイン植民地獲得戦争とキューバ・フィリピンの独立圧殺戦争とそれに続く抑圧を容易に生み出した。その抑圧がアメリカ国内の言論弾圧等の抑圧強化にはねかえる。また、アメリカとキューバ・フィリピンの間で、知識人の間のみならず広く民衆的な規模でアメリカの帝国主義的抑圧に対する抵抗への連帯が生れたが、そのアメリカにおける反帝国主義運動は一九世紀までの奴隷制撤廃運動・女性参政権運動・労働運動・反戦運動の延長でもあった、等など。

その点で、難波氏の提起した問題に対する同じアメリカ史研究者の油井大三郎氏の答えは、正鵠を得ているようにみえる。故鈴木亮氏が、シンポジウムでの油井氏の発言を紹介している。

……近代の民主主義というのは、おおむね非常に人種差別的であったり、性差別的であったりした。その後、マイノリティや女性やアジア・アフリカの民族運動の結果として民主主義の制約をとりはらってきた。現代の民主主義と近代の民主主義とはかなり性格がちがう。一括して民主主義とはくくれない。民主主義そのものの歴史的発展として理解することによって、帝国史観と民主主義史観というものを二者択一として説明しなくても、別の道があるのではないか[16]……。

この発言を自ら敷衍して、油井氏はこう書く。

……「帝国」史観は「近代」批判において極めて鋭利な切り口を示すのであるが、逆に「現代」の分析においては、理論の単調さを示す面も否定できない。とくに、教育の場で、この史観によって講義を展開すると、学生や生徒は米国への不信や反発を強めるだけで、米国の歴史から何を学ぶべきなのかがかえって分からなくなるのではないだろうか。かといって、米国の民主主義の礼賛に終始するようなオーソドックスな講義でも聞く者の心にむなしさが残るのも事実であろう。……／そこで、現在求められているのは、米国史における差別や膨張の存在の指摘とともに、それを批判し、その克服に努力する人々の足跡を合わせて紹介することであろう。それは、単純な「人民闘争」史観の繰り返しではなく、米国の民衆運動史における「近代」と「現代」との差異と関連を深く考察することを必要とする。近代においても、民衆の運動は存在したわけだが、それは、多くの場合、民衆自身の中にも存在した人種主義や性差別思想、さらには、対外膨張主義の限界を負うものであった。しかし、その限界は、第二次世界大戦におけるファシズム批判などを通じて外交的・政治的に人種主義への反省が始まり、一九五〇年代から六〇年代にかけての公民権運動によって思想的な反省へと深まっていったことにより徐々に克服されてきた[17]。

油井氏は、シンポジウムでは近代民主主義と現代民主主義を区別していたが、ここではアメリカの近代と現代の民衆運動を区別している。おそらく、それはアメリカの近代と現代の民主主義的な民衆運動の区別を意味するのであろう。したがって、「米国史における差別や膨張の存在の指摘とともに」学生・生徒へ紹介すべき「それを批判し、その克服に努力する人々の足跡」は、第二次世界大戦以降、とくに「一九五〇年代から六〇年代にかけての公民権運動」以降の現代の民主主義的な民衆運動に限定されている。それ以前の民主主義的な民衆運動は、「多くの場合、民衆自身の中にも存在した人種主義や性差別思想、さらには、対外膨張主義の限界を負うもの」と評価されているからだ。

疑問は二つある。一つは、近代と現代の民主主義を各々の民主主義的な民衆運動と同一視し、その区別と発展を考えるという分析視角だ。現実のアメリカ近代民主主義は、周縁「近代的抑圧社会」の解放を求める民衆運動としての民主主義と、中心部「近代的市民社会」の抑圧的・差別的・侵略的な体制としての民主主義の双方から成り立っていたのではないか。現代民主主義についても同様である。とすれば、近代と現代のアメリカ民主主義の区別と発展の問題は、「近代的市民社会」の抑圧的・差別的・侵略的民主主義が「近代的抑圧社会」の解放を求める民主主義によってどれだけ克服されているか、ということになるだろう。同時にそれは、後者の民主主義が近代から現代にかけてどれだけ発展したかの問題でもある。

もう一つの疑問は、まさにその問題に関わるアメリカ近代の民主主義的な民衆運動の評価である。果たして、アメリカ近代の民主主義的な民衆運動は「多くの場合、民衆自身の中にも存在した人種主義や性差別思想、さらには、対外膨張主義の限界を負うもの」であったのか。結論を先に言えば、油井氏のアメリカの民衆運動の評価は、六〇年代のニュー・レフト史家による誤った否定的評価に止まっているように見える。論稿執筆の時期からいってジム・ツウィックによる評価を参考にするのは無理だったとしても、残念ながら氏自身がその翻訳に加わった八〇年代以来のハワード・ジンの民衆運動評価をも無視しているように見える。[18] ハワード・ジンに続いてジム・ツウィックが膨大な新史料に基づいて明らかにした見地によれば、一〇〇年前にアメリカが帝国主義的なワールド・パワーへの決定的な第一歩を踏み出したとき、それに長期にわたって果敢な抵抗を試みた反帝国主義運動が、「民衆自身の中にも存在した人種主義や性差別思想、さらには、対外膨張主義の限界」を克服する、極めて高い質を獲得していったことは明確だからである。

## 二　反帝国主義運動をどう評価するか

アメリカで反帝国主義運動の本格的研究が始まったのは、一九六〇年代末からである。[19] それ以前の五〇年代末から、W・A・ウィリアムズやJ・W・ロリンズらのニュー・レフト史家がこの運動を分析していた。[20] しかし、すでに述べたように、ニュー・レフト史家による評価は極めて低いものであった。日本では、一九七〇年代になって林義勝氏や横山良氏によって、このニューレフト史家の評価を土台に分析が試みられた。[21] ニュー・レフト史家の評価については、林氏と横山氏とでは基本的な肯定・否定に分かれたが、反帝国主義運動に対する評価の低さでは一致した。日本におけるアメリカ帝国主義史研究の第一人者である高橋章氏は、ごく最近の著作でもニュー・レフト史家と同様の立場から否定的な評価を行っている。[22]

高橋氏は、三三頁におよぶ第一章で、研究史を踏まえた「スペイン＝キューバ＝フィリピン＝アメリカ戦争」としての「米西戦争」の的確な叙述の最後に、三頁ほど反帝国主義運動についてふれている。しかし、そのうち一頁分で、キューバとフィリピンの独立を支持し、労働者・農民を反戦運動に組織した反帝国主義連盟の闘いを紹介して、「海外植民地帝国建設に歯止めをかけたことは争えない」という一応の評価を下した後、二頁にわたって自身とウィリアムズらの否定的評価を展開している。高橋氏自身の短い評価は、次の通りである。

しかし、「反帝国主義連盟」運動の問題点は、その「反帝国主義」の意味が曖昧であったことである。概していえば、それは世界的潮流になっていた「帝国主義」に反対するものではなく、せいぜい海外植民地領有に反対することを意味しており、また海外市場の拡張、つまり海外通商や海外投資の推進についてはとりわけ反対しはしなかった。またその動機についても、伝統的膨張主義に対する反発や人種差別意識に基づく立論が多かった。[23]

アメリカがキューバとフィリピンの独立運動を圧殺しながら「海外植民地領有」というまさに「帝国主義」的侵略行動に乗り出しているとき、それに反対することがどうして「世界的潮流になっていた『帝国主義』に反対するものではなく、せいぜい海外植民地領有に反対する」ことにすぎないのだろうか。

高橋氏は、ウィリアムズにならって、「米西戦争」から一九〇〇年にかけての「帝国主義論争」を通じて設定されたアメリカの新たな膨張主義の「基本路線」が、「他の帝国主義列強とは異なり」、「海外植民帝国の建設」をめざすことのない「門戸開放帝国主義（Open Door Imperialism）」だったとする。[24] しかしこの論理からすれば、「海外植民帝国の建設」をめざす「他の帝国主義列強」の帝国主義こそが当時の「世界的潮流になっていた『帝国主義』」なのであって、アメリカはむしろ例外だったことになるだろう。しかし、現実にはアメリカも野蛮で汚い植民地戦争によって「海外植民地領有」にふみだそうとしていた。「反帝国主義連盟」に結集した人々は、自国の「海外植民地領有」に反対することでまさにアメリカが「世界的潮流になっていた『帝国主義』」に加わることに激しく抗議し、反対したのである。高橋氏らの主張とは全く逆ではないか。

「門戸開放帝国主義」とは、「戦略上・通商上の必要最小限の海外拠点を確保しつつ、主として金融的・通商的進出により世界覇権を達成しようとする、いわば今日の新植民地主義的な戦略」だとされる。しかし、フィリピンの植民地化は巨大な中国市場の「門戸開放」をめざすための「戦略上・通商上の必要最小限の海外拠点」の「確保」にすぎなかったのか。このような「門戸開放帝国主義」論には、少なくてもフィリピンの人々は納得しないであろう。

一九〇〇年に一人のきわめて「率直」なアメリカの上院議員が、議会でこう演説した。

フィリピンは永久にわれわれの領土であります。……そしてフィリピンのすぐ向こうには、中国の無限ともいえる市場が控えています。われわれはそのいずれからも手を引くつもりはありません。……太平洋はわれわれの海であります。……中国こそわれわれの当然の顧客となるべき国なのであります。……フィリピン諸島は東洋世界の入口にあってわれわれに基地を提供してくれるのであります。(25)

これは一見、フィリピンを巨大な中国市場の平和的な「門戸開放」への「基地」(＝「必要最小限の海外拠点」)として領有する主張のようにみえる。あたかも前者が大目的で、後者は単なるその手段であるかのようだ。しかし第一に、中国への「門戸開放主義」自体が、状況次第でいつでも「帝国主義的膨張主義」に変わる可能性のあったことを忘れてはいけないだろう。しかも、先の上院議員は演説を、フィリピンの土地の肥沃さと、米・コーヒー・砂糖・ココナッツ・大麻・タバコ・木材・石炭・金等の農産物や天然資源の豊かさの指摘へと続け、さらに、フィリピン人の「自治」能力の欠如と「残虐」な「東洋人」相手であることを理由に対フィリピン戦争の目的と手段を正当化したのである。果たして、この上院議員の帝国主義は「門戸開放帝国主義」なのか「帝国主義的膨張主義」なのか。

高橋氏は、この後二頁にわたってW・A・ウィリアムズらが、「帝国主義論争」は「一九〇〇年前後におけるアメリカ膨張主義の戦術をめぐる」、①「反帝国主義連盟」、②「帝国主義的膨張主義者」、③「実際主義的膨張主義者」の「三つの路線」の間の「論争」だったとしていることを紹介して、「反帝国主義」運動評価の結論に代えている。「門戸開放帝国主義」路線はこの③に当たり、①「反帝国主義連盟」はなんと「反帝国主義的膨張主義者」＝「自称『反帝国主義者』」の「膨張主義者」＝「自由貿易の帝国主義者」として整理される。

ハワード・ジンは、すでに二〇年前にウィリアムズのこの「三つどもえの論争」論を紹介した後、「戦争なき『非公式の帝国』の考え方にひかれる」「門戸開放帝国主義」路線は、「もし平和的帝国主義が不可能とわかればいつなんどき武力行動が必要になるかもしれなかったから」「つねにうつろいやすいものだった」として、②と③の違いを強調するウィリアムズを批判していた(26)。

二〇世紀初頭の世界にあって、帝国主義の問題とはまず何よりも、先発の西欧帝国主義国が植民地・半植民地をさらに拡大し、ドイツ・アメリカ・日本等の後発の帝国主義国が植民地・半植民地所有国にのし上がり、その結果、世界の大多数の諸国・諸地域が植民地・半植民地に転落させられるのか、という問題であった。まさに植民地問題こそが、当時の全世界諸民族の命運を左右する最大の問題であったと言えよう。さらに言えば、二〇世紀前半に二つの世界大戦という未曾有の殺戮戦を人類にもたらした主要な原因も、欧米と日本の帝国主義国同士の植民地・半植民地という勢力圏争奪をめぐる葛藤ではなかったのか。

敗れたとはいえ、アメリカの反帝国主義者たちほど自国のこの植民地領有と支配に真っ向から反対する広範な民衆運動を組織・展開し、自国の植民地領有に抵抗する他民族との連帯を切り開いた人々はいない。世界史的なその事実と意義を、歪めるべきではない。

ハワード・ジンは、哲学者ウィリアム・ジェームズも加わっていた反帝国主義連盟について、欠点も含めてこう書いている。

　これは著名な実業家、政治家、知識人の運動であって、フィリピン戦争の恐ろしさと帝国主義の罪悪をアメリカ庶民に知らせるため、キャンペーンを長期にわたってくりひろげていた。……労働者に敵意をもつ貴族主義者や学者たちを含む雑多な集団だったが、自由の名のもとにフィリピン人に対してなされている行為に道徳的な怒りを共有することで結束していた。ほかの問題での意見の相違はどうあれ、彼らはみな、「フィリピン諸島での悪行の数々、くたばれ合衆国！」というウィリアム・ジェームズの怒りの発言には共感したのである。／反帝国主義連盟はフィリピンで従軍中の兵士たちの書簡を出版した。(27)

従軍兵士たちの書簡には、アメリカ軍によるフィリピン人の虐殺が生々しく暴露されていた。それに関連してハワード・ジンはマーク・トウェインの痛烈なフィリピン侵略戦争批判も引用しているが、マーク・トウェインと反帝国主義連盟の関係については何もふれていない。

フィリピン併合の条約が一八九九年初めに議会で審議に付されているとき、ボストンとニューヨークの中央労働組合は同条約に反対を表明した。ニューヨークでは併合反対の集会が開かれ、反帝国主義連盟はフィリピン獲得に反対する文書を一〇〇万部以上配布した（フォーナーは、連盟は知識人と実業家が組織して采配を振るっていたが、その五〇万会員の大部分は女性と黒人を含む労働者階級であった、と述べている）。連盟の地方支部は全国で集会を開催した。条約反対の運動はきわめて強力だったから、上院が条約を批准したとき、かろうじて［批准に必要な三分の二に対して—目良］一票の差だった。(28)

ハワード・ジンは反帝国主義連盟とその運動についてこのように記したうえで、歴史学と歴史教育に関する次のような重要な指摘をした。

アメリカの学校に入れば誰でも、米西戦争におけるセオドア・ローズヴェルトのサン・ホアン・ヒルへの突撃のことを学ぶ。しかし何人が、キューバでのアメリカの行動やフィリピンでの軍事征服を批判した、反帝国［主義—目良］連盟のことを学ぶだろうか？／われわれの歴史における、奴隷廃止論者、労働組合指導者、急進主義者、フェミニスト、そして平和主義者といった民衆の社会運動の重要性を、省略したり控えめに書いてきた結果、民主主義の基本原則が揺らいでいる。政府ではなく一般市民が究極的な権力の源であり、政府という汽車を平等と正義の方向へ引っ張る機関車なのだという原則が揺らいでいるのだ。そのような歴史は、受身で従属的な市民を作り出すのである。(29)

かつてのニュー・レフト史家や現在でもその評価を踏襲する高橋章氏らは、アメリカ史を「帝国の歴史」として描こうとするあまり、さしたる根拠もないまま、反帝国主義運動を「反帝国主義的膨張主義」（ウィリアムズ）だと断罪し、その動機や主張を「伝統的膨張主義に対する反発や人種差別意識に基づく立論が多かった」（高橋）と歪め、矮小化した。しかし、すでに基本的な点ではハワード・ジンがそれらの誤った評価を覆し、現代において学ぶに値する貴重なアメリカの民衆運動として再評価していたのだ。現在ジム・ツウィックが行っている驚嘆すべき仕事は、このハワード・ジンが確立した路線をさらに徹底した実証によってあらゆる方向で豊かに深化させるものである。とくに、マーク・トウェインと反帝国主義連盟の関係と、それに関連したマーク・トウェインの反帝国主義的言論活動の全貌は、ジム・ツウィックによって初めて明らかにされた。また、マーク・トウェイン以外の当時の忘れられた作家・詩人の反帝国主義的創作活動や、多くの風刺画家の仕事、多くの知識人と女性・黒人の反帝国主義的言論活動、さらにはフィリピン人との国際連帯の具体像などが、実に豊富な史・資料によって掘り起され、明らかにされた。

もはやこのジム・ツウィックの仕事を無視した、二〇世紀初頭のアメリカ史とマーク・トウェインの研究はありえないというべきだろう。ハワード・ジンに続くこの仕事はまた、アメリカ史研究と教育における「帝国史観」と「民主主義史観」の分裂を見事に克服する仕事でもある。日本の歴史研究者・歴史教育関係者にとっても学ぶべきところが極めて大きい、と深く信ずる。

あなたはジム・ツウィックを知っているか？

（1）　河上暁弘：講演「恒久世界平和のために――『戦争の制限』から『戦争の違法化・廃絶へ』――」（一九九九年四月一六日）http://www.gensuikin.org/data/kawakami.html

（2）　杉森長子『アメリカの女性平和運動史　一八八九年〜一九三一年』（ドメス出版、一九九六）の第五章「パシフィズムとフェミニズムの融合――ジェーン・アダムズの場合――」。

（3）　河上暁弘「日本国憲法第九条成立の思想――『戦争非合法化（outlawry of war）』思想を中心に――（下）」『専修法研論集』第二六号、二〇〇〇年三月。

（4）　前掲、杉森長子『アメリカの女性平和運動史』一七二ページ。

（5）那須頼雅「『アメリカからアメリカスへ』：マーク・トウェインの爆発と予言」http://www.tenri-u.ac.jp/tngai/americas/files/newsltrs/NL%20No34/No34.special.nasu.html

さすがに中野好夫氏は「マーク・トウェインの戦争批判」（初出、一九六八）で、マーク・トウェインの晩年の著作「不思議な少年」における痛烈な戦争批判を先駆的に取り上げているが、反帝国主義連盟との関わりなどにはいっさい触れていない（『中野好夫集』III、筑摩書房、一九八四）。

（6）横山良「アメリカ反帝国主義運動試論――その諸グループと帝国主義理解を中心に――」『史林』五七巻三号、一九七四年五月。

林義勝「一九世紀末におけるアメリカの反帝国主義者連盟――その運動と論理」『アメリカ研究』第九号、一九七五年三月。

（7）*Anti-Imperialism in the United States, 1898–1935*. http://www.boondocksnet.com/ail98-35.html

*Mark Twain, with Jim Zwick*. http://marktwain.miningco.com/arts/marktwain/

*Sentenaryo/Centennial, edited by Jim Zwick*. http://www.boondocksnet.com./centennial index.html

以上の三つのサイトを含めたジム・ツウィックの一三のサイトは、二〇〇一年一二月にすべてhttp://www.boondocksnet.com/に統合された。

（8）マーク・トウェイン文学研究の立場からは、佐野潤一郎氏（創価大学）がツウィックの研究にふれたおそらく唯一の論文を書いている。「マーク・トゥェインにおける反帝国主義運動の思想的淵源」『英米文化』第三〇号、一九九九年三月。しかし、佐野論文が依拠したのはツウィックがインターネットに登場する前の仕事である（注12参照）。

アメリカ史では、わずかに貴堂嘉之氏（千葉大学）が、「図像史料を体系的に収集したサイトとしては、以下のＵＲＬが利用価値が高い」としてツウィックの前記 *Anti-Imperialism in the United States, 1898–1935*. を紹介し、「世紀転換期の反帝国主義関連の図像史料が多く収められている。特に、米西戦争期のフィリピン関連の史料が充実している。Jim Zwickによる編集でテーマ別の分類もなされており、『白人の責務』関連図像など興味深い」というコメントを付している。http://hist-q.f.chiba-u.ac.jp/nast/UncleSam.html

また、ラテンアメリカ研究の立場から、山崎カヲル氏（東京経済大学）がやはり同じサイトを、「シラキューズ大学のジム・ツウィックのページ。米国の帝国主義とそれに対する賛否両論を、多数の歴史、文学、パンフレットなどで扱っている。こういうサイトがもっとできてほしい」と、紹介している。http://clinamen.ff.tku.ac.jp/MISC.HTML

（9）William Appleman Williams, *The Tragedy of American Diplomacy* (Cleveland, 1959). 高橋章他訳『アメリカ外交の悲劇』（御茶の水書房、一九八六）は、増補改定第二版の邦訳。
John W. Rollins, "The Anti-Imperialists and Twentieth - Century American Foreign History", *Studies on the Left*, III (1962).

（10）Philip S. Foner, *The Spanish-Cuban-American war and the birth of American imperialism*, 1895-1902, v. 1: v.2 (New York, 1972).
Daniel B. Schirmer, *Republic or Empire: American Resistance to the Philippine War* (Cambridge, 1972).

（11）ハワード・ジン著／猿谷要監修／平野孝訳『民衆のアメリカ史』中巻（TBSブリタニカ、一九八二、原著発刊は一九八〇）の第一二章「帝国と民衆」。ハワード・ジン＝著／猿谷要＝監修／飯野正子・高村宏子訳『甦れ独立宣言―アメリカ理想主義の検証』（人文書院、一九九三、原著発刊は一九九〇）の第四章「歴史の効用と濫用」、第五章「正当な、そして正当でない戦争」。

（12）インターネット以前の代表的な仕事としては、次のものがある。
Mark Twain, *Mark Twain's weapons of satire: anti - imperialist writings on the Philippine - American War* / edited by Jim Zwick (Syracuse, 1992).
*Militarism and repression in the Philippines* (Montreal, 1982).

（13）比較史・比較歴史教育研究会編『黒船と日清戦争』（未來社、一九九六）二七三ページ。

（14）同前、六七ページ。

（15）前掲、ハワード・ジン『民衆のアメリカ史』上巻、三一〇ページ。

（16）前掲、『黒船と日清戦争』一二ページ。

（17）同前、三九―四〇ページ。

（18）油井氏は、ハワード・ジン『民衆のアメリカ史』の下巻の翻訳を担当した。それとも、油井氏はハワード・ジンの史観を「単純な『人民闘争』史観」と考えるようになったのか。

（19）Robert L. Beisner, *Twelve Against Empire: The Anti-Imperialists 1898–1900* (New York, 1968).
E. Berkeley Tompkins, *Anti-Imperialism in the United States: The Great Debate 1989 - 1920* (Philadelphia, 1970).
Daniel B. Schirmer, *Republic or Empire.*

（20）注9参照。

（21）注6参照。

（22）高橋章『アメリカ帝国主義成立史の研究』（名古屋大学出版会、一九九九）。

（23）同前、四五ページ。

（24）同前、一二ページ。

（25）前掲、ハワード・ジン『民衆のアメリカ史』中巻、五一九ページ。

（26）同前、五〇〇－五〇一ページ。

（27）同前、五二一ページ。

（28）同前、五二五－五二六ページ。

（29）前掲、ハワード・ジン『甦れ独立宣言』九一ページ。

シンポジウムによせて

# 5　中国の近代の歴史像構成と帝国主義

並木頼寿

## はじめに

二〇〇〇年は二〇世紀の最後の年であった。中国では、二一世紀は二〇〇〇年からか、それとも二〇〇一年からなのか、一時議論がかまびすしかったという。一九九九年の暮れに世紀末の議論が沸騰した反動か、二〇〇〇年の暮れから二〇〇一年の年頭は、やや落ち着いた雰囲気の内に経過したようである。

しかし、いずれにせよキリストの生誕にちなむ時間の区切りで私たちの生活時間を区切ることが当たり前になっている。これは、考えてみればキリスト者でない私たちにとって、不思議なことである。一〇〇年前、二〇世紀が始まったころの中国では、清朝皇帝の定める紀元が用いられていた。皇帝は天の命を受けて、地上の時間を主宰するものとされていた。それゆえ、西暦の区切りが時代の変化と結びつくなどということは、じつはありうべからざることなのである。

だが、西暦を使用する大勢には抗しがたいものがあった。日本では、天皇の定める年号の制度を残しながら、明治のはじめに太陽暦にきりかえた。おなじように、辛亥革命で成立した中華民国はそれまでの太陰太陽暦を太陽暦に改め、同時に、紀年には「中華民国〇年」とする制度を採用した。これは、現在に至るまで台湾の「中華民国」に継承されており、日本でいまなお天皇の年号を残しているのと一脈通ずるものがある。

一九四九年に成立した中華人民共和国においては、年の呼び方も西暦に改められることとなった。世界の趨勢にしたがったまでともいえるが、もう少し深い意味もあるように考えられる。中国革命を進めた中国共産党は、社会主義社会の建設を求めたが、それは中国一国の変革だけを考えていたのではなく、世界史的な観点から資本主義の時代が社会主義の時代へと移行することを視野に入れていた。

このような、資本主義の時代から社会主義の時代へという、発展段階論にもとづく歴史観は、一九世紀のヨーロッパで生まれたものであったが、そこから出てきた社会主義の考え方を、二〇世紀半ばに東アジアに新しく誕生した人民共和国は、いわば「国是」としたのである。紀年を西暦にすることも、そうした流れのなかでにうけ入れられたものと思われる。ただ、生活に根ざした時間の感覚からすれば、二一世紀を迎えた今でも、新年は農暦（旧暦）の「春節」でなければならない。二〇世紀の百年を経過しても、人々の基本的な時間意識は、なお切り替わっていないというべきかもしれない。ただ、近年では日本の場合と同様に、年末のクリスマスの狂騒が加わる事態となっている。「聖誕」から「春節」に至る年末・年始の風景は、中国の二一世紀を考える上で、象徴的な意味を有することがらである可能性もある。

## 一　帝国主義と中国

中国が西洋近代に由来する社会主義を今なお国是として標榜し、近年では「聖誕」の狂騒さえ定着しつつあるいっぽうで、西洋近代は依然として中国を圧迫し、侵略した植民地主義的な「帝国主義」として把握されることが多い。それを端的に示す事件が二〇〇〇年の九月から一〇月にかけて発生した。ヴァティカンが清代に中国で活動し、迫害を受けた宣教師たちを聖人に列したことに対して、中国政府が強烈な反発を示すと、中国の新聞やマスコミは、キリスト教宣教師の中国における活動は、基本的に西洋列強の中国侵略の先兵としての役割を果たしたものであり、宣教師たちは帝国主義の手先であった、というキャンペーン記事を、連日のように報道する事態となった。

中国社会の近代的な変容を、歴史的に明らかにしようと考える人々や、中国史のある特殊性を人類史的な普遍性との関連において検討しようとする論者たちは、一九八〇年代から九〇年代にかけて、中国革命のキーワードであった「反帝国主義・反封建主義」という決定論的な規定を回避または空洞化させながら、近代の中国内・外の情報交換、相互影響の実態について、多様な再検討の可能性を探る努力を展開してきたが、このたびのヴァティカン列聖問題に端を発するキャンペーンは、そのような努力にまたしてもときならぬ冷水を浴びせるような効果をもつものであった。

ここで、時期遅れにも、いわゆる「近代主義」の重要性を議論しようとしているのではない。しかし、アメリカに次ぐ移動通話大国となりつつある中国において、なおその政治体制を支える社会主義の考え方を生みだした十九世紀的な西洋近代について、これを、中国に対する加害者、中国の主権と尊厳を犯した侵略者として一面的に捉える傾向が非常に強いことに、あらためて着目せざるを得ない。

問題は、政府筋から来る政治的なキャンペーンという範囲に限られるものではないようである。近代社会および近代的な国際関係を成り立たせている原則的な約束事について、その形式的な重要性について留保することが難しいという状況を認めざるを得ない。いわゆる「近代史」が、中国においては不平等条約によって主権が損なわれたとされるアヘン戦争に起点をもつという大前提は、なお牢固として存在しているようである。そのことが意味するものは、やはり重大である。アヘン戦争から「開国」の時期に展開した、東西の異質なシステムの邂逅と衝突に着目し、その間の事態の展開を当時の事実に即して再構成しようとする議論も存在するが、なお、決定的な力を持つに至っていないというべきかも知れない。そして、西洋および東洋（すなわち日本）の帝国主義に制約を受けるかたちで進行した中国における近代史の特質について、それを外来の刺激との間の緊張関係をバネとしつつ、双方向的、かつ立体的に把握する認識の方向性は、いまなお政治的立場の問題に従属させられてしまう危険性を孕んでいるのである。

## 二　近代国家建設の課題

ではなぜ、西洋近代の方向性と中国の自己認識が政治的対立に従属する事態となるのであろうか。ここには、中国における近代国家建設の過程であらわれた大規模に統一された中国への強烈な志向性という問題と、ほかならぬ「日本帝国主義」との対抗関係という問題があるように思われる。

まず、前者について検討してみたい。王朝時代につながる歴史的な「大一統」の問題に注目する論者は多い。しかし、この連続性は、中国史の特質として先験的に存在するのであろうか。むしろ近代にいたって中国が政治体制の変革を迫られたこととあいまって、その選択の過程のなかで新たに再生産されてきた面があるのではないだろうか。

もしそうであるとすれば、二〇世紀の中国の歴史は、紆余曲折のすえに、王朝時代の大規模な統一の伝統を回復したということになる。さらにいえば、中国は長い苦闘の「近代化」の時期を経過して、二一世紀初頭の現在、王朝時代の大規模な統一と繁栄をとりもどした、と言い換えてもよいかもしれない（最近、九〇年代以降の経済発展と国際的な重要性の高まりを、清朝乾隆期の繁栄になぞらえる議論を目にすることがある）。そうだとすれば、これは、非常に興味深いことであろう。

このような視点に立って、あらためて二〇世紀における中国の政治体制の変遷について考えてみよう。一九世紀末から二〇世紀初頭にかけての時期は、一九世紀のヨーロッパで確立した国際社会のシステムが、東アジアの地域秩序にも甚大な影響をあたえていた時期であった。とりわけ、日清戦争の意義は大きく、下関条約の締結は、中国王朝を中心としてながくつづいてきた朝貢・冊封の枠組みを崩壊させた。

このような激変にうながされて、清末の中国には、西洋近代の政治や社会への関心が生まれるとともに、政治体制の変革を行って、いわゆる「専制」の体制から「立憲」へと移行すべきこと、それと同時に、立憲国家として国際関係のなかで自立するためには、国家の基盤となるべき「国民」および「民族」の創出をはかる必要のあることが、緊急の課題として提起されるに至った。

このような新たな課題への対応をめぐって、二〇世紀の初頭には、大日本帝国憲法と「教育勅語」の体制のもとで立憲帝政を実現していた明治日本のあり方が、同時期の中国知識人の注目を集め、よく知られているように、日露戦争前後の時期の東京には多数の「清国留学生」が殺到した。

この時期に新たな課題への対応を模索して、一定の指針を提示したり、体制変革の運動のリーダーとなった指導的な人物には、梁啓超や厳復といった人々がある。梁啓超は、いちはやく、精力的に国民の創出、立憲制の導入、国会の開設などを唱え、変法運動の時期から討袁運動の時期に至るまで、長期にわたって当時の政治思想の新たな展開に主導的な役割をはたした。

また、『天演論』による社会進化論の紹介で知られる厳復は、実際の政治運動において梁啓超のように目立った働きをすることはなかったものの、西洋近代の「科学的」認識方法を紹介して、革新的な社会認識の方法を提示したという点では、梁啓超に劣らぬ衝撃的な影響をあたえた。厳復が「群」ということばで「社会」の存在に注意を喚起したことは、儒教的伝統において人民を被治者と見ていた知識人の認識構造に、新しい観点を導入したものとして、画期的な意味をもっていたと考えられる。このように、梁啓超にせよ、厳復にせよ、彼らの営為と思索は、いずれも、伝統的な価値体系への批判・否定を含まざるをえず、またそのような批判や否定は衝撃力をもったのであった。

しかし、清末の変法期から光緒新政の時期を経て、辛亥革命以後の新文化運動の時期に至る、一連のいわゆる「啓蒙」の時期は、かならずしもその「啓蒙」の内容に即した果実を生むことはなかった。辛亥革命前後の時期には、一九世紀西欧に由来する近代的な社会システムや自然科学的方法の普遍性が、人々の心を捉えることができたが、その後の中国内外の状況の展開に応じて、思想的な変化は避けられなかった。一九一〇年代から二〇年代に至って、梁啓超の「保守化」「反動化」、思想的な一貫性を欠く機会主義などが批判されたり、中華民国に失望した厳復の反動的な姿勢が批判されるような事態が起こった。

ここには、立憲制の先駆者として一時注目された日本が、辛亥革命以後いちじるしく帝国主義的な対中国政策を展開して、当時の中国の人々にナショナリズムの感情を激発させたことや、第一次世界大戦前後の時期に、近代西欧の普遍的価値への疑念が世界的な広がりを見せながら、中国をはじめとする東アジアの主張は依然として顧みられなかったことなど、さまざまな要因が反映していた。

孫文は『三民主義』のなかで、ヴェルサイユ体制から排除されていたドイツやソ連について、中国が今後手をたずさえるべき「道義的」な国家として論じ、他の列強や日本を「覇道」と非難した。孫文の死後に成立した中華民国・南京政府は、圧倒的なアメリカからの影響のもとに、近代的な社会システムの形成へと努力を重ねたが、日中戦争後の内戦で共産主義政権に取って代わられ、国民政府のもとでの近代化は挫折した。人民共和国建国後、文化大革命に至る長期間、毛沢東によって執拗にくりかえされた反近代主義的な政治的キャンペーンは、一面では建国以前の近代化の広がりと深さを反映するとともに、他面では西欧的な近代に対する中国社会の反発の根深さを感じさせるものでもある。

## 三　日本の中国侵略について

こうした傾向に加えて、いまの中国における「日本帝国主義」への抜きがたい反発を検討せざるをえない。最近中国からは、人々が日本人にあまり好感をもっていないことを示すニュースが伝えられることが多い。中国から、日本と日本人への不信感の根強さを思い知らせるニュースが伝わるにつれ、日本人の間には謝るのはもううんざりだ、中国とは話しが通じないという思いが広がる。最近の日本の都市の一部で中国人による犯罪の多発がしばしば報道されることともあいまって、情報や人の往来はさかんなのに、かえって相互の心の距離はひろがっている。

こうした距離を生む要因の一つに、歴史に対する見方の違いがある。とくに近代の日中関係は、中国においては加害と被害の関係で認識されている。たとえば、中国の中学校で使われる『中国歴史』という自国史の教科書は、全四冊、ページ数は合計すると七〇〇頁を超える大部なものであるが、そこに描き出される日本の姿は、誇張もあるとはいえ、きわめて否定的なものである。

一九二七年から現在までをとりあげる教科書の第四分冊には、満州事変から日中戦争にかけての時期の日本軍国主義による中国侵略の歴史が、詳細に述べられる。具体的なエピソードや資料をおりまぜて、読者に強い印象を与える構成になっていることも、日本で使われている歴史の教科書が、一般に客観的な、むしろ淡々とした記述を旨としている点とは、大きく違っている。

満州事変の発端となった一九三一年九月一八日の柳条湖での満鉄線爆破の場面では、「日本駐奉天特務機関」花谷正の回憶証言がほぼ一頁を割いて引用される。一九三七年の盧溝橋事件以降の記述では、「南京大虐殺」に挿し絵をふくめてやはり一頁弱のスペースを割いているが、さらに南京事件に先立つ上海における日中両軍の激しい攻防戦の状況、当時の日本の『東京日日新聞』が報道した記事を引用してのいわゆる「百人斬り」事件の紹介など、非常に具体的である。

日本人が戦争の記憶を語るとき、その話題は出征先のできごとであるよりも、原爆の悲惨さや空襲の被害など、日本の国内でのできごとである場合が多い。戦争は被害として記憶され、語り伝えられようとする。この点を逆にとらえなおせば、近代に入って中国と日本の間で発生した軍事的な衝突や戦争は、ほとんどすべて中国大陸ないしその近隣で発生しており、中国の教科書に見られる日中戦争の記述が詳細をきわめるのは、考えてみれば当然であるかも知れない。

すでに言い古されたことではあるが、日本列島の外に出かけていって戦争を行った祖先をもつ私たちは、そのような外地にかり出された人々の声に耳をかたむけるとともに、戦争が実際に行われ、戦場となって膨大な被害がでた中国をはじめとする近隣地域での出来事を、正面から受けとめる必要がある。そのような歴史の痛みは、「自虐」史観などということばで議論されるべきことがらではなく、人としての尊厳に関わる問題であろう。

このような、戦争に直接起因する歴史認識の相違に加えて、東アジアから東南アジアにおよぶ諸国・地域の近代の歩みをどのように把握するかという点で、大きな相違がある。中国の高校で使われる『世界近代現代史』という教科書には、中国およびアジア諸地域の近代史のなかで植民地主義に反対する闘いが詳述されるいっぽう、日本についてはこれと対照的に、「大地主と大ブルジョアを代表する天皇専制政権は、極力軍国主義の発展につとめ、内には弾圧政策を行い、外には侵略拡張を行った」として、「帝国主義化」に焦点があてられる。

鄧小平が「改革・開放」政策をはじめて以来、中国では「社会主義初級段階論」や「中国的社会主義論」などが提唱されて、現実に進展している市場経済化の波にふさわしく、社会主義についても理論面での変化が生まれている。しかし、歴史の発展段階論の大枠が放棄されたわけではない。社会主義を「国是」とする歴史観からすれば、近代の日本の姿は上記のようにまとめられることとなる。現状において、日本の歴史教育をめぐる状況と中国の歴史教育のめざす方向が非常に違っているということは、知っておかなければならないだろう。

しかし、社会主義の枠組みと近代的な国家主権の観点から自国史・世界史を語る現在の中国の歴史意識も、近代史の歩みのなかで外から中国に持ち込まれた考え方によって生まれたものである。このような歴史意識は、新たな世紀には次第に変容を余儀なくされるだろう。もしそうなら、逆に日本人の私たちもまた、二一世紀において国際社会ないし東アジア地域にその一員として座を占めるために、一九世紀から二〇世紀にかけて、日本人が近代的な主権国家としての自己主張をするために、何をしてきたのか、自らの手で責任ある判断をする必要があろう。

## むすびにかえて——今後の展望

佐藤慎一「「アジア」という価値」（『岩波講座世界歴史』二八「普遍と多元——現代文化へむけて」〔岩波書店、二〇〇〇〕）には、近代中国における世界認識の変化について、

「中国人の世界認識において、アジアと東洋がほぼ相似形で捉えられ、中国自身もアジア（もしくは東洋）の一員だという意識が誕生する過程は、中国こそが世界の中心だという自信が失われる過程と裏表の関係にあるが、そのような現象が生じたのは、「西洋の衝撃」に晒され、西洋が中国にとって限りなく重い意味を持つようになった一九世紀後半以後のことである。」（二七九ページ）

という非常に興味深い指摘がある。

佐藤氏が指摘しているように、一九世紀から二〇世紀にかけて、中国は世界帝国であることを止め、アジアないし東洋における一つの主権国家として、その存立を確保すべく苦闘を重ねてきた。そして、二〇世紀末にいたり、香港やマカオの「回帰」に象徴されるように、近代の抑圧と従属の歴史を、文字通り払拭することに成功した。さらに、現在の経済的な繁栄と、それにともなって強まった国際政治における位置を根拠にして、二一世紀には、人類社会の全体にしめる中国の重要性は決定的となるだろう、という観測も有力である。

ところで、清末以降の中国において、自らをアジアないし東洋の一員と考えるようになった過程と平行して、「中国」

という抽象的かつ観念的な国号、民族称号が定着していったのは、なぜだったのだろうか。「日本」ということばも、おそろしく抽象的な概念である。観念的なことばであるという点において、「日本」と「中国」は匹敵する。

一九世紀的な市民社会の「普遍性」を考えたとき、社会は市民としての個人によって構成され、そのような社会を基盤にして国家が成立するという観念があったはずである。ところで、国家が成立すると、市民には国民としての属性が要請される。しかし、一九世紀の日本と中国において求められたのは、まず何をおいても国家の存在の問題を解決するということであった。この指向性の強さが、国号に反映したというべきかもしれない。

しかし、社会主義も国民国家も、冒頭に引いた西暦と同様に、長い中国の歴史からすれば最近になって導入された事物であるにすぎない。これらの外来の観念や制度が中国の社会にふさわしいものに変容し定着していくためには、なお時間が必要なのかもしれない。そして、個々の構成員の進む方向が、社会や国家を形成する基盤として生かされるようになれば、中国社会は、人類社会に新たな次元の普遍性を提起することが可能となるように思われる。

シンポジウムによせて

# 6 帝国主義批判

## ──インドの側から──

中村平治

イギリス帝国主義のインド支配を研究課題とするとき、少なくとも以下の諸点が留意されるべきである。まず帝国主義支配の現実、つまり事実関係の再検討がなされ、ついで帝国主義認識でのインド側の諸特徴を述べ、終りにプラバート・パトナーヤクの帝国主義論に言及する。

### 一　帝国主義支配の現実

史上、帝国主義時代の開幕が一八七〇年代にあることは誰も否定することはできないし、常識的な事柄ともなっている。

(a) その帝国主義時代の主要な支配形態が対象地域と民衆の分割支配にあることはいうまでもない。ところでインド史研究の分野では、イギリス人カーゾン総督によるベンガル分割（一九〇五）がその起点をなすと理解されてきた。パーム・ダットの著作やそれに依拠する矢内原忠雄『帝国主義下の印度』（一九三七）がその古典的な位置を占めているが、最近の議論としてはスミット・サルカール（デリー大学）の場合もほぼ同様の観点に立っている。確かにベンガルは当時インドの政治的・文化的な先進地帯をなしていて、反帝国主義運動の拠点であり、かの総督はベンガル分割を通じてその切崩しを計った。それは行政の効果的な運用の名のもとになされた、ベンガル民族をヒンドゥー系ベンガル人とムスリム系ベンガル人の両集団に分割するものであり、公然たる民族分断を意味していた。

(b) しかし実際には帝国主義支配の開幕期と一八九〇年代でイギリス側は二つの分割支配政策を継続して導入していた。

その具体例として、一八七〇−七二年に断行されたフレデリック・ゴールドスミット（Frederic Goldsmid, 1818–1908, イギリス人軍人）によるムスリム・バローチ民族の分断活動がある。それはスエズ運河の開通という新状況に対応して、イギリス本国と植民地インドとの間の電信線の設営を急務としたイギリスが、イラン・アフガニスタン・英領インドに及んでいるバローチスターンを分割した事態を指している。次のデュアランド・ラインの場合とは多少とも異なり、それは拠点確保的な性格を持っていたとはいえ、ゴールドスミット・ラインの導入により、バローチ（Baloch）民族は三地域・三国家に分断されることになった。いうまでもなく、このバローチ民族は現パキスタンに居住している五民族集団の一つである。それを機に固有の言語・文化と歴史を持つバローチ民族は一種のダイアスポラ状態に置かれることになった。なおイラン現代史の側ではそれをゴールドスミット裁定と呼んでいる。

また一八九三年にはイギリス人モーティマー・デュアランド（Mortimer Durand, 1850–1924, インド政庁政務局次官）により、北西辺境州から中国国境に及ぶデュアランド・ラインの確定がなされた。それによってムスリム・パシュトゥーン（Pashtūn）民族がアフガニスタンと英領インドの両国家に二分された。しかも植民地・英領インドが帝政ロシアとの領土的な接触を何としても忌避する意図から、アフガニスタンという国家と領土が外側から「囲い込む」形で確定された。言い換えれば両国間の文字通りの緩衝地帯としてアフガニスタンという緩衝国家が創出された。そこでは多民族的な構成をなすアフガニスタン国民自らのアイデンティティ確立のために国家が創出されたのではなく、その国家はあくまで宗主国イギリス自体によるエゴイズムと帝国主義の産物に他ならなかった。ちなみに宗主国側は分断対象者をパシュトゥーン人とは呼称せずに、一貫してパターン（Pathan）族という差別的な表現を常用してきた。

(c) 上述の(a)と(b)で扱われている対象集団が一面で外在的な分割支配政策の目標であったとすれば、戦争人種起用論(1)(Martial Race Theory) はインド人兵士を選別的、系統的に起用する内在的な分割支配政策の導入を意味していた。

一八八〇年代に植民地インドで提起された戦争人種起用論はイギリスの植民地経営の政策に反映され、インド軍の構成方法に影響を与えた。それは散発的に議論されてきた同起用論に終止符を打つと同時に、一層明確に選別的な方向を打ち出した。第二に新たな議論の提起は一層系統的に実践された。この起用論はイギリス軍将校の手になる公的な募集要項と

インド歩兵大隊の出身地（1862-1914）

| 地域＼年次 | 1862 | 1885 | 1892 | 1914 |
|---|---|---|---|---|
| ネパール（グルカー） | 5 | 13 | 15 | 20 |
| ヤムナー川以東のヒンドスターン（連合州とビハール） | 28 | 20 | 15 | 15 |
| パンジャーブと北西辺境州 | 28 | 31 | 34 | 57 |
| ボンベイ（ラージプーターナーと中央部インド | 30 | 26 | 26 | 18 |
| マドラース | 40 | 32 | 25 | 11 |
| 計 | 131 | 122 | 115 | 121 |

〔出典〕David Omissi, *The Sepoy and the Raj: the Indian Army, 1860-1940*, (London, 1994), p. 11.

してコード化され、第二次世界大戦の開始まで、インド政庁は継続的にその拡大版を刊行してきた。さらにこの起用論は従来と比較して、イギリスやインドで破格の「名声」と「評価」を確立することが可能であり、予期した以上の「成果」をあげることができた。

イギリス軍はシク教とイスラームの両者を「戦闘的な信仰」教義であるとみなし、シク兵とムスリム兵はインド軍の中で代表的な地位を占めるに到った。さらに、マフラッター（Mahratta）兵とグルカー（Gurkha）兵もまた植民地期以前から軍事的な戦闘性の輝ける歴史を持っていた。イギリス人が抱いた最終判断によれば、個々のジャーティ（Jati）、つまりカーストは伝統的に特定の職業に結びつくという、カースト制度の世襲的な階層分化論から派生するものであった。一部のカーストは自己を生得的な戦士とみなしていた。つまりクシャトリヤ（カースト）の義務は敵を打倒するか、あるいは殺すかを要求していた。

イギリス側による選別的な戦争人種起用に関しては以下のような興味ある事実がある。このデータによれば歩兵大隊の規模は一九世紀の後半から第一次世界大戦の開始まで不変であるのに対して、起用兵士の地域別構成、つまりエスニックな構成面では大きな変化が見られる。まずヒンドスターン、ボンベイ（ムンバイ）とマドラース（チェンナイ）の三地方の出身者は激減していている。これと対照的にネパールとパンジャーブ・北西辺境州の出身者は激増しており、このグルカー兵とシクの両集団こそ戦争人種起用に際しての二大支柱である事実が明らかにされている。

もちろん、この事実からして、この両集団が全体としてイギリス帝国主義の忠実な支持集団であったなどと性急な結論を導きだしてはならない。確かにイギリス側は両集団、とりわけシク集団にはパンジャーブ地域への積極的な入植支援政策を展開していた。しかしそのシク集団こそガダル（反乱）党を主体とする北米・カナダでの革命運動の主要な担い手であり、かの駒形丸事件（一九一四年）に示されているように、カナダへの移住未遂事件を含めて、この集団はインドの独立運動に深い関連性を持っていた。

(d) 戦争人種起用論はイギリスのインド支配が帝国主義段階に移行したことを示す指標の一つとなった。こうした選別的な起用を通じて、インド民衆の間に一種の分裂的な楔を打ち込む措置が講じられた。言い換えればインド側のカースト利用を含むエスニックな複合性を逆用して、支配者としての自己の存在価値を新たに創出し、支配の永続化を計ろうとした。それは同時にインドの社会と人間をオリエンタリズムの枠の中に封じこめ、活用する試みでもあった。異なる宗教やマイノリティに対して、個々の集団の権利擁護や共存と共生を承認するのではなく、むしろ相違点にこそあらゆる分裂的な契機を見いだし、それを対立点に転化させ、それを最大限に利用することを企図した。そこにこそ「白人に賦与された責務」、つまり“The White Man's Burden”（ラドヤード・キップリング、一八九九年）の本領ともなる帝国主義が作動していた。(2)

## 二　帝国主義認識の諸特徴

インドにおける帝国主義認識の特徴を議論する場合、何よりも重要な課題は帝国主義時代に活動した政治家の言動を究明する必要性である。その意味ではダーダーバーイー・ナオロージー（Dadabhai Naoroji, 1825-1917）の思想と行動の包括的な研究が不可欠の前提となる。(3) そのダーダーバーイーの問題提起は多岐にわたるが、その基本的な特徴は国富流出批判と阿片貿易批判を通じての帝国主義批判にある。

(a) ダーダーバーイーによる帝国主義批判はまず植民地インドが不当にも負担を余儀なくされている軍事費に向けられた。不断に増加するインド政庁の軍事費（国家財政の三分の一に達する）は、ヨーロッパの君主国家の経常軍事費を上回るというのが当時の実情であった。先述した戦争人種起用を梃子とする植民地軍隊は、一方で植民地民衆の弾圧を行なうと同時にインドの周辺地域の武力侵略を主たる目的としていた。一八六〇年代に始まるダーダーバーイーによる批判の矛先はアビシニア、アフガン、北西辺境州などの諸地域で展開されたインド民衆とは無縁の戦争にあった。一八九五年、インド政庁委員の一人として彼は「英印関係の開始から今日にいたるまで、インドはイギリス支配の獲得と維持のために、あらゆる可能な種類の経費を払わされてきた」と述べ、全インド軍はイギリス軍の不可欠の部分をなしており、インドは《英帝国の息子たち》(our boys) のためにどんな費用が掛かっても、イギリス軍の見事な練兵場として遇され、しかも英帝国とヨーロッパの地位を擁護する拠点としてインド人を奴隷状態に押しとどめ、ことの決着にいかなる発言も許されないままに、有金一切にいたるまで財布をはたくという、誇るべき特権を与えられている」とも指摘した。

(b) 一八九二年、イギリス下院の処女演説の中でダーダーバーイーは以下のように述べた。植民地本国では徴収された税は再び国内に還流していく。対照的に徴収された税がその国で使用されないで、本国、つまり宗主国に直接流出する場合が植民地の租税制度である。長期にわたりイギリスがインドから取り立ててきた貢納とはこうした性質のものである。インドのこの出血過程には終止符が打たれるべきである。その上で彼は「インド人は国家の歳入のために実に一四%の納税率を強要されているのと対照的に、イギリスの場合には所得の七%にすぎない。過去一〇〇年間、イギリスの財貨は飛躍的に増大したが、同じイギリス人によって支配されているインドは、以前と同様に貧しい民族であり、現在のインドは世界中で貧困のどん底にある国である。現行の外国支配制度が継続する限り、インドは地獄の果てまで貧しいであろう」と述べている。それはまさにダーダーバーイーによる徴税制度批判であり、植民地的な制度批判でもあった。

(c) 先の軍事費負担の批判や上述の租税制度の批判に加えて、飢饉不可避論の批判も試みられているが、何といっても、ダーダーバーイーの思想的な核心は国富流出論 (Drain Theory) にあった。この国富の流出は二つの要素から成っている。第一にイギリス人官僚による流出であって、これには俸給、年金、本国政府内のインド関係費が含まれている。第二はイギリス民間人による本国送金である。こうした国富の流出はインド自体の資本形成を阻止している一方、イギリス側はインドから流出させた資本によって、全貿易と重要産業の独占的な地位を確保し、インドをさらに収奪し、富を流出させている。問題となる害悪の本質は外国政府を梃子とする国富の流出にこそある。一九世紀の半ば、鉄道その他の公的事業への投資・借款を始め、投資対象の分野が拡大するに従って、利子送金が輸出超過分の大半を占めるに到った。かの国富の流出量は一九世紀初頭の年間三〇〇万ルピーから、一九世紀末には年間三〇〇〇万ルピーと一〇倍に急上昇した。ダーダーバーイーは「大海といえども海水を毎日失うならば、程無くして乾きあがる。同じような状況に置かれれば、富裕なるイギリスも貧窮のどん底に突き落とされよう」と述べている。

(d) 一九世紀半ば阿片はイギリス人の商業活動のなかで最も重要な品目を成していた。インド大反乱後、綿花貿易は阿片を凌いで第一位となりながらも、中国への阿片輸出は一八七〇年までは絶対額としては増加しており、その後は次第に減少している。しかしダーダーバーイーは一八八〇年にインド省次官宛の書簡のなかで、インドを基地とするイギリスの対中国阿片貿易を以下のように批判している。「……世界の別の果てで、キリスト教を信奉し、高い文明と人道性を誇るイギリスは、《異教を奉じる野蛮な》国家がこの《毒物》を常用することを強要している。なぜか。インドは冷酷極める富の流出を満たしえないから、たとえ中国が《毒物で腐食されよう》とも、中国は利益の不足分を補塡することに引きずりこまれなければならない。イギリスがこれをその良心に如何にして一致させているかは見物である。この阿片貿易はイギリスの頭上に刻まれた罪悪であるが、インドにとってはイギリスの道具に参与しているが故に災難である。……インドはこの貿易からビタ一文も得ていない。インド貿易の全利得や大量の生産物は、阿片の全利得とともにイギリスに向って同じ流出の途をたどっている。インドは単に中国民族の災難を分かち合っているにすぎない」。

この阿片貿易批判はインド側から提出された帝国主義批判であった。しかもダーダーバーイーによるイギリス批判の基調は、中国人の受ける災難が直ちにインド人の災難でもあるという視点で支えられていた。こうしてダーダーバーイーの思想と行動は用語の厳密な意味で国際主義によって裏打ちされており、そこには被抑圧的な諸民族の間の連帯思想の萌芽を確認することも可能であった。

(e) 二〇世紀の初頭、インドではベンガル分割反対運動の嵐が吹き荒れていた。実は一九〇六年末のインド国民会議派大会が接近するにつれて、大会議長問題をめぐって民族派（過激派）と側近派（穏健派）の対立が深まっていた。両者は政治理念と政治行動の二点で互いに異なっていた。側近派は自らの思惑に従って、ダーダーバーイーを議長に迎えることに賛同していたが、こうした措置で会議派の急進化を阻止できると計算していた。この想定はものの見事に崩壊する。この段階の民族派の代表的な論客として、ロークマーンヤ・ティラクはダーダーバーイーを「過激派中の過激派的な存在」であると積極的に評価していた。(4) 良く知られているように、その議長のもとで一九〇六年末の会議派大会はスワラージ（自治）を含む四大決議の採択を行い、インド民衆の進むべき方向を明示した。

## 三　プラバート・パトナーヤクの現代帝国主義批判

ここで現代インドの中堅的な研究者による帝国主義批判論の一端を紹介しておきたい。これらの論点は日本の研究者の間ではすでに議論済みであるかもしれないが、インドにおける最新の問題提起として注目する。そのプラバート・パトナーヤク（Prabhat Patnaik, ネルー大学・経済学）は次のような指摘を試みている。(5)

(a) 現代の世界経済の重要な特徴は新しい形態での国際金融資本の出現である。この形態は三つの点でレーニンが論議したものと相違している。まず金融資本に関するレーニン的な概念は基本的に国家に依拠し、結果として国民国家に支援されていた。今日われわれが目にしているものは巨大な国際的ブロックを形成する金融である。それは特定の国々から吸収され、資金源のいずれかを問うことなく、迅速な利益を求めて特定の地域に配備される。確かにユーロ（Euro）の展開が示す如く、世界資本主義の金融上のセンターの位置確定については先進資本主義諸国の間で競争がある。しかしこの競争は金融資本が国家に依拠したブロックへ細分化したものと同一のものではない。第二に確かにレーニンの概念は「銀行に管理され、企業で使用される資本」に言及していた。しかしこの金融と企業の癒着は今日では純然たる投機以外ではほとんど重要性を持たない。なぜなら今日の国際金融資本の主要な形態は急速な利益を求めて流動するホット・マネー、つまり国際金融市場を徘徊する浮動的・投機的な短期資金である。第三にこの国際的な金融は資本主義諸国間での競争というよりはむしろ、矛盾を持ちながらも、相対的な団結状況の文脈のなかで作動し、逆にそれに寄与するものである。この点をさらに補完すれば、帝国主義諸国間の競争は国際金融資本の団結を危険にさらすことになる。この競争は一宗主国による他所に起源を持つ金融への何らかの形態での差別的な処遇を必ずや示すが、国際金融資本にとっては無拘束的な作戦を提起し、世界全体の「解放」を求める現行の主要趨勢とは正面から対立するものである。ブレトン・ウッズ機構により第三世界に課せられた「自由化プラス構造調整」政策はこうした傾向の適例である。

(b) もちろんレーニン自身が行なった問題提起は幾つかの点で今日的な意義を依然として持っている。パトナーヤクによればレーニンは宗主国のプロレタリアートや植民地の労働者と農民に二者択一的に革命の優位性を与えているのではなく、革命の普遍的な展望を打ち出した点に求められている。全世界をある意味で結びつけるべく、帝国主義が主要資本主義諸国間での世界分割とともに出現するという事実が、レーニンによる「最も弱い環」理論の提起を可能とした。後進的な経済諸国の反帝国主義闘争や帝国主義国のプロレタリアートの闘争は弁証法的に関連しあっていて、この歴史的な変動期にあっては「鎖の最も弱い環」の到るところで引き金が引かれる可能性がある。レーニンが東洋――今日風に言えばアジア、アフリカ、ラテンアメリカ――に関心を寄せ始めるのは必至であった。

(c) その上でパトナーヤクはマルクス主義理論が閉ざされた体系ではなく、持続的な再構築過程（a continuous process of reconstitution）にある事実を重ねて強調している。この持続的な過程は理論を時々刻々に完璧なものとする訳ではない。重大な不完全性は残され、相当期間、こうした事態は継続される。一例を挙げると、帝国主義の理論に関わるマルクス主義理論には、再構築のための努力にも拘らず、多分に不完全性を残している。レーニンは植民地主義と帝国主義を区別し、後者を資本主義の独占段階を特徴ずけるもので、既存の植民地的諸関係（colonial relations）が後者に重ねられ、しかも後者を利用すると理解していた。しかしレーニンですらこれらの植民地的諸関係自体の性格や、資本の再生産過程でそれらが果たす役割を詳細に検討しなかった。資本主義と植民地主義との間の相互関係はマルクス主義理論にとって「沈黙の領域」のままである。ここでの問題点は歴史に何が起こったかにあるのではなくて、とりわけ第三世界からのマルクス主義歴史家がこの問題の解明に貴重な活動をしてきた点にある。問題はそれをマルクス主義理論の核心にどのように組み入れるかにあり、その核心には『共産党宣言』がある。

こうした発言から、マルクス主義思想には核心と非核心との二重構造から成るという理解が生まれるかもしれない。しかし、そもそもすべての再構築は特定の基本的な諸カテゴリーとそれらの間の関連認識を基礎にして着手されるものである。これらの諸カテゴリーは『宣言』に最初の姿を見せ、それらが引き続く再構築の試みの核心を提供する。いかなる時であっても、マルクス主義の力量はさまざまに提起されてきた再構築過程の有効性自体によって判定されるものである。

ここで現存の不完全性を克服し、歴史研究を含む、マルクス主義の持続的な再構築は必要であるばかりでなく、事実不断に行なわれてきた。そうでない限りマルクス主義は当の昔に死滅している筈である。例えばインドにおいて地域的な条件に即した経済計画化という形での共産主義運動や、パンチャーヤット制度により導入された著しく革新的な事態はマルクス主義の再構築に等しいものである。確かにこうした再構築はしばしば偽装されている。それはマルクス主義を再構築するためにマルクスの権威を援用する形をとる場合もあるが、それでもなお、それは真理に反しない。人はマルクス主義を再構築することによって現実を理解するとともに、結果としてマルクスの諸著作にこの再構築の根源を求めることになる。このパトナーヤクの指摘は一方で一九七七年以来インドの西ベンガル州で一貫して政権の座にある左翼戦線州政府の活動と実績に関わるものであり、他方では一九九二年の憲法改正（第七三次、第七四次）を契機とする、従来の中央集権型から分権型・民衆参加型への開発計画の全インド的な規模での導入に関連している。そこでの県、郡と村落の諸レベルにまたがる三層パンチャーヤット下では議員定員の三分の一が女性議席として留保されている。[6]

(d) 終りに現段階における民主主義の危機的な状況についてのパトナーヤクの所論を要約しておこう。まずインドの場合、大統領への一層の権力集中構想や総選挙の日常化に伴う連邦議会議員の任期制の導入などが挙げられる。さらに社会民主主義的な政党スローガンを打ち出しながら、ひとたび権力を掌握するや否や、反民主的・反労働者的な政策を公然と提起するカルロス・メネムのアルゼンチンやフジモリのペルーの事例がある。第三に自由化経済のもとで、とりわけ第三世界では、分離主義、宗教対立やエスニックな排他主義が経済の停滞や失業の急増を促進させている。

（1）　かつて訳語を戦争種族起用論としたことがある（中村『現代インド政治史研究』［東京大学出版会、一九八一］、二二一―二二三ページ）。しかしここでは別記のように変えた。

（2）　Barbara Harlow & Mia Carter (eds.), *Imperialism & Orientalism: A Documentary Sourcebook* (London, 1999), pp. 361-363. 近年、こうした類の書物が西欧世界では数多く出されている。例えば、B. Ashcroft & P. Ahluwalia, *Edward Said* (London & New York), 1999; Ziauddin Sardar, *Orientalism* (Buckingham, 1999); W. D. Hart, *Edward Said and the Religious Effects of Culture* (Cambridge, 2000); V. Kennedy, *Edward Said, A Critical Introduction* (Cambridge, 2000) などを参照。その事実はE・W・サイードによる『オリエンタリズム』（一九七八）が彼の地の知的風土に定着している不動の証明でもあろう。

（3）　中村「インドにおける反帝国主義思想の形成」（前掲『現代インド政治史研究』所収、一九一―二〇四ページ）。ここでは論議の必要上、既発表論文（一九六六）の要旨を再録した。

（4）　秋田茂「植民地エリートの帝国意識とその克服――ナオロジとガンディーの場合――」木畑洋一編『大英帝国と帝国意識――支配の深層を探る――』（ミネルヴァ書房、一九九八）所収。秋田氏の理解とは異なり、私見ではダーダーバーイーの思想と行動は「穏健派」的立場の否定の上に提起・展開された。

（5）　Prabhat Patnaik, "The Communist Manifesto After 150 Years," in *A World to Win: Essays on THE COMMUNIST MANIFESTO*, edited by Prakash Karat (New Delhi, 1999), pp. 74-85.

（6）　古賀正則「転機に立つインド経済」古賀、内藤雅雄、中村平治編『現代インドの展望』（岩波書店、一九九八）所収、一一四―一一七ページ。

シンポジウムによせて

# 7　グローバリゼーション、米国帝国主義、アジア

入江　昭

私はしばらくのあいだ、帝国主義研究から離れているので、数か月前に西川正雄教授から原稿執筆を依頼された時も、はたして何を貢献しうるか、自信はなかった。しかし比較史・比較歴史教育研究会の発足が、一九九三年に開かれた日米歴史学会議と深く結びついているとのことで、この会議の米国側での窓口となったアメリカ歴史学会では、私も歴史研究の国際化を唱えた経験があり、そのような国際化が今日ほど必要とされる時代もないと思われるので、学問的なモノグラフではないが、帝国主義研究について私なりに考えていることを、エッセーのようにして書いてみた。多少なりとも東アジア歴史教育シンポジウムに参加された方々の参考になれば幸いである。

## 一　メトロポールとペリフェリー

帝国主義が、ある政治集団による他の社会や民族の支配を意味するものである以上、その研究も一国中心的なものではなく、あるいはまた帝国主義国家間の関係だけに焦点をあてたものでもなく、被支配国・民族・社会をも含めたものでなければならないのは、今や当然のこととされている。いわゆる帝国主義母国（メトロポール）と、その支配下の辺境地（ペリフェリー）の両者を合わせて研究して、はじめて帝国主義の全体像を把握することが可能になるという見方は、一九六〇年代にロビンソンとギャラガーが『アフリカとヴィクトリア時代の人々』において提唱して以来、しだいに影響力を増してきたようで、少なくとも理想としてはほとんどの歴史家が認めるようになっている。(1)

私の見聞きした最近の例としては、エール大学でポール・ケネディ教授主催の下に二〇〇一年の二月に開かれる帝国主義研究会を挙げることができる。メトロポールとペリフェリーとの歴史がインテグレートされてきた結果、帝国主義研究（インペリアル・ヒストリー）も新しい形で復活しつつある、とケネディ教授は見ており、この会議でも、英・米・独・露その他の植民地支配の形態が、どのようにしてアジア、中近東、ラテンアメリカなどの政治、経済、文化によって影響を受けたか、そしてそれぞれの地で、社会や民族がどのように変化をとげていったのか、などについて、若手の研究者から興味深い発表がされる予定である。私も是非出席して、最近の研究の成果を見届けたいと思っている。

このように、帝国主義研究が被支配地域を含め、多角的になってきたということは、世界強大国だけではなく、それ以外の国や民族も研究の対象にしなければならないということに他ならず、それは取りも直さず、世界史という枠組みの中で、一九世紀末期から二〇世紀初頭へかけての帝国主義という現象を理解しようとするもに他ならない。それは一国中心主義、大国中心主義を越えて、いわばグローバルな視野で歴史をとらえようとする姿勢とも重なるものであり、歴史研究の国際化にも貢献しうるであろう。

もっとも世界史の枠組みといっても、ただ一つの方法があるだけではない。米国でも従来世界史の教科書というと、古代エジプトからインド、さらには中国、ギリシアといった文明を別個に描写し、それに中世以降のヨーロッパを加えて近・現代に至るといった、羅列的なものが一般で、人類共通の動きとか生活態度とかを探るという視点に欠けたものが多かった。そのような並列的世界史への反省から、文明間、地域間のかかり合いを中心とした、いわば交流史的な世界史も提唱されてきた。最近では、全世界が技術や経済の発達によって一つに結びついている、いわばグローバル化されつつある、という視点から、グローバル・ヒストリーという分野を開拓する歴史家も出てきた。ただ彼ら、特にこの分野の第一人者であるブルース・マズリッシュなどがグローバル・ヒストリーという場合、比較的最近、すなわち二〇世紀の末期を指すことが多いようで、その点では現代史といってもよく、一〇〇年前の帝国主義研究そのもののためにどれほど有効なアプローチを提供しているかは、断言できない。(2)

## 二　グローバリゼーション

帝国主義時代の歴史を世界史的に理解するのが重要だとすれば、グローバル・ヒストリーにもう少し幅を持たせて、グローバリゼーションの概念を導入し、グローバリゼーションの歴史という枠組みの中で、帝国主義をとらえることが可能ではなかろうか。帝国主義をグローバルな範囲でとらえるという点からも、そして一九世紀末期からの帝国主義の時代が世界のグローバル化の始まりと重なりあったものであったという点でも、グローバリゼーションの歴史という枠組みは意味を持っているのではないか。

グローバリゼーションの概念は、この数年、人類学者や社会学者、さらには経済史の専門家によって使われてきたが、歴史家はその点遅れている。(3) あまりにも最近出てきたコンセプトであるだけに、そしてそれが冷戦後の国際関係とか、世界経済のグローバル化とか、通信技術の飛躍的発達とかいった、極めて現代的な現象を指す場合が多いだけに、その概念を数十年、ましてや数百年も前の歴史にあてはめることには、ためらいを感ずるのかもしれない。しかしながら、グローバリゼーションを広く定義し、「世界各地のあいだの政治的、経済的、技術的、文化的なつながり及び相互浸透」と考えれば、このプロセスは決して最近になって始まったものではなく、古今東西を通して見られる現象だといえるのである。

もっともそうはいっても、実際に世界中に通商上のつながりができあがっていくのは近世に入ってからで、経済史家のアンドレ・フランクが指摘するように、米大陸の発見以後のことだというべきかもしれない。(4) ましてや政治面や文化面でつながりとなると、一九世紀後半になってからのことである。しかしいずれにせよ、一九世紀後半の帝国主義体制が出現する頃には、グローバリゼーションの進展も明らかになっており、したがってこの両者の相互関係をたずねることは、歴史研究上の大きなテーマの一つだといえるのではないか。

当時のグローバリゼーションは、特に電信電話の発明による距離と空間の縮小や、ヨーロッパ諸国による海外投資額の急増などによってもたらされたもので、世界各地間のつながりが従来よりも一層緊密になっていたことは疑いない。同時にまた、モノとカネだけではなく、ヒトも今まで以上の規模で国境を越えて往来するようになった。外国（特に米国）への移民のみならず、海外旅行者や留学生の数も一九〇〇年前後には目に見えて増えていったし、国際会議も頻繁に開かれるようになった。私は最近国際機構、特に国際非政府組織（ＩＮＧＯ）の歴史を調べているが、そのような国際的な団体の数が飛躍的に増大するのもこの時代である。そしてその多くが、国際理解の促進を目標とし、国境を越えたつながりを強めようとしていたのである。国際主義、インタナショナリズムという言葉が一般化したのもこの頃で、モノ、カネ、ヒトおよび文化の交流を通して、さらには国際組織を媒介として、より平和で相互依存的な国際社会が形成されていくのではないか、という期待感があった(5)。

そのような動きと、やはり同じ時期に頂点に達した帝国主義とは、どのような関連があったのか。これは帝国主義研究の一大テーマではなかろうか。グローバリゼーションも帝国主義も、一九世紀後半に顕著になった現象だとすれば、両者のあいだには、当然何らかの関係が会ったはずである。

もちろん、グローバリゼーションと帝国主義とは同じものだった、ということも不可能ではない。両者とも近代資本主義の表われないし産物だったのだという見方には、それなりの説得性がある。グローバリゼーションにしても帝国主義にしても、それを熱心に推進したのは欧米（そして日本）の資本主義諸国であり、一方では経済のグローバル化は海外進出を容易にし、また植民地や勢力範囲の拡大もモノ・カネ・ヒトの流動を可能にした。その結果資本主義国家は一層強化されていったのだともいえる。そのような視点でいえば、グローバリゼーションも帝国主義も、資本主義の二つの形態にすぎない、ということになる。

しかしながら、そのような解釈には問題点も少なくない。まず第一に、最初に触れたように、母国（メトロポール）と被支配国（辺境）とをインテグレートするのが最近の帝国主義研究の行き方であるはずだが、すべてを近代資本主義に結びつけてしまうのでは、いわゆる辺境の役割を軽視ないし無視することになりかねない。グローバル化の波は世界各地を覆っていたのであり、その結果各地でさまざまな変化が生じていた。この変化に目をつけることが、帝国主義制度の形態を理解する上で重要なことは、すでに三〇年前にロビンソンとギャラガーが指摘している。

第二に、いわゆる帝国主義の時代は比較的短かった、極端な例では、ドイツの帝国主義は一八八〇年代から世界大戦終了までの、約三〇年しか続かなかったのに対し、グローバリゼーションは今日でも強く流れる現象である。したがって、この両者が同じものだったとはいえず、グローバル化の歴史上、たまたま一時期にそれが帝国主義と重なったのだということになる。それがどうしてそうなったのか、については後に私なりの解釈をのべてみたい。

第三に、グローバリゼーションの時代は、帝国主義のみならず、反帝国主義の運動をも呼び起こしたことに注目すべきである。技術面や資本面でのグローバル化は、先進諸国による海外支配を容易にすると同時に、被支配地における民族解放運動の促進にも貢献したといえる。それのみならず、強国間の植民地支配が列国の対立をもたらし、その点ではグローバリゼーションとは逆な傾向を生んだのに対し、各地の反帝国主義運動のあいだには思想的、政治的な連帯が生まれていったという点で、反帝国主義は帝国主義よりも遥かに強くグローバリゼーションの流れを促進する動きだったとすらいえるのである。

## 三　米国帝国主義

このように見てくると、グローバリゼーションの枠組みの中で帝国主義の歴史を理解するのは簡単なことではない。こういった視角から帝国主義の時代を理解する仕事はまだ緒に就いたばかりで、これからの研究に待たなければならない問題点はたくさんある。

米国帝国主義の歴史の研究についても、同じことがいえるのではないか。一八九〇年代から二〇世紀初頭にかけての米国の対外進出についての研究は、一九六〇年代のラフィーバーやメイなどの歴史学者の業績を抜きにして語ることはできない。(6) 今日でも、海外市場開放と帝国主義を結びつけて考えるラフィーバーの見方や、国内世論の動向に注目するメイの解釈は、説得力を失っていない。しかしこの両者とも、米国国内の経済や政治に関心を向けているのであり、その点では「辺境」も視野に入れるようになった最近の学界の風潮とは必ずしも合致するものではない。

最近の学界の風潮としては、文化研究（カルチャー・スタディ）や特にジェンダー・スタディの影響で、米国帝国主義をアメリカ社会や文化の動向と結びつけて考える研究書が出ていることがいえる。クリスティン・ホーガンソンの『男らしさのための戦い』はその中でも特筆すべきもので、一九世紀末期の米国において、女性の各分野での進出に恐怖感を抱いたり、近代文明の発達が社会を「女性的」にしてしまったと慨嘆したりする人たち（大多数は男性）が、男らしさを取戻すために、戦争や植民地経営の意義を唱え出したこと、そしてこの動きが米西戦争やフィリピン植民地経営などとつながっていったこと、などを詳細に記述している。[7]今までの帝国主義研究が、全くといってよいほど女性の地位や役割との関わりを無視していただけに、そのような視点は斬新である。しかしながら、ホーガンソンの研究もまた、一国中心的である。米国内の男女関係が対外政策と密接なかかわりを持っていたことは明らかだとしても、その現象と、実際にフィリピンその他の地で起こっていることとどうつながっていたのかは深く掘下げられていない。

その点については、二〇年近く前に出版された、ジェーン・ハンターの『やさしさの福音』が参考になる。[8]この本は、帝国主義の時代に中国（当時の清国）へ宣教師として出かけていったアメリカの女性が、中国でどのような活動をし、中国人、特に中国の女性とどのように交流したかを研究したもので、本国では男性上位の社会の仕組みに違和感を覚えていた女性が、中国に出かけて人生の意義を見出すと同時に、帝国主義と、その支配下にある清国の関係に、男女の上下の関係を投影して、中国に対して同情的になっていく様子が描かれている。そして中国の女性も、米国の女性宣教師を通して、しだいに自分たちの存在についての自覚を持つようになる。このような研究書がもっと発表されれば、米国帝国主義についての学術的理解も一層深まるであろう。

何れにせよ、グローバリゼーションと帝国主義の関係を米国の場合について調べる上で、役に立つ研究書はまだ非常に限られている。上記したものや、他のいくつかの著作を参考にしながら、若干の考察を試みてみたい。

根本的には、近代文明の世界各地への普及、つまりグローバル化の現象について、米国の指導者も世論も、きわめて敏感で、それが海外発展や帝国主義へとつながっていったのだといえる。この点については、特にフランク・ニンコヴィッチの研究がすぐれているが、上記したホーガンソンの著作の中でも出てくるテーマの一つである。[9]つまり技術の進展や経済の発達によって、文明の近代化の現象が起こっていること、そしてこの現象は世界的なものだ、という認識が欧米諸国にあったのである。もっとも、世界的といっても、国や地域によって格差があり、いわゆる文明国のあいだでは、近代化のスピードが速いが、「未開国」と呼ばれる地方においては、遅々として進まない。しかしそれにもかかわらず、近代化はどの国も民族も等しく影響を受けていくことは間違いない、と考えられていた。

そのような考えは、もちろん米国だけのものではなく、ヨーロッパ諸国やさらには日本やオスマン帝国でも抱かれていた。しかし特に米国では、自分たちこそ近代文明の先端を行くものだという自負感が強く、したがって近代化のプロセスをもっとも明らかにした国だというイメージがあった。ヨーロッパにおいても、すでにアメリカ化、アメリカニゼーションという表現が一般化していたことからもうかがわれるように、近代文明の進展、すなわちグローバリゼーションの勢いをもっとも明確に具現していたのが米国だ、という認識があった。

米国から見たグローバリゼーションというイメージがもたらすのは、一方では世界各地の近代化を促進するのは米国の任務ないし使命だという考えであり、同時に世界中が大きな変化をとげた場合、それが国際社会に混乱状態をもたらさないように、一つの秩序を保っていくのも、米国のなすべき仕事だという気持ちであった。この二つの見方は両方とも帝国主義思想へとつながりうるものである。未開地や後進国に対して文明を広める、あるいは秩序を乱さないようにコントロール、すなわち支配する、という考えは、当時米国の帝国主義を支える思想だったといえよう。

## 四　米国のアジア観

帝国主義時代の米国のアジア観も、そのような角度から見るとわかりやすいのではないか。すなわち、日本、清国、韓国、その他は何れも近代化の流れを受けている、という認識が出発点となっている。そして日本のように比較的近代化に成功しつつあると思われた国が、より遅れている土地を「文明化」するために何らかの支配をすることに対して理解を示すと同時に、この支配が近代化の促進に反していると見られた場合には、反対に批判的になるのである。

二〇世紀初頭の日米関係が、日露戦争と前後して悪化していく過程については、すでに多くの研究書があるが、本稿の文脈でいえば、やはりグローバリゼーションの中での米国と東アジア、といった枠組みが重要ではなかろうか[10]。すなわち、米国はこの地方がよりグローバル化していくように図り、そしてその過程でできるだけ国際秩序が乱されないようにしようとした。日本の韓国支配を米国が黙認したのに対し、満州（東三省）への日本の進出に関しては抵抗しようとしたのは、朝鮮半島においては日本の支配は、フィリッピンにおける米国支配と同様、近代化やグローバル化の方向と矛盾しないが、中国大陸ではそうではない、と判断されたためだったといえるのではないか。実際に韓国や清国、すなわちペリフェリーの立場からすれば、そのような区別はなかったといえるかもしれない。しかし米国のアジア観の中では、この差別が非常に重大な意味を持っていたのである。グローバリゼーション、つまりモノ、カネ、ヒト、技術、思想などの国際化を米国が推進する過程で、日本は朝鮮半島においては米国のパートナーとなりうるように見られたが、大陸では米国の仕事を邪魔するものだというイメージができあがっていく。辛亥革命から世界大戦にかけて、中国をめぐる日米関係が悪化するのは、周知の通りであるが、この現象も、日米帝国主義間の相克というよりは、帝国主義とグローバル化との関連についての対照的な対応に起因していた、と見ることができよう。（もっともグローバリゼーションの一面であるヒトの移動という点については、米国の排日移民政策は明らかに矛盾しており、それが日米関係を一層複雑にしていったのは周知の通りである。）

日米両国のグローバリゼーションについての対照的な立場は、大戦直後に一層明確となる。米国のウッドロー・ウィルソン大統領は、それまでの帝国主義がグローバリゼーションとは矛盾したものであると判断、グローバル化の推進のためには帝国主義は打破されなければならない、と考えるようになる。帝国主義にしがみついた日本との摩擦が高まったのは当然である。この時には、日本の退却で日米関係は改善されたが、それも一時的で、グローバリゼーションについての対立は、ゆくゆくは戦争にすら導いていくのである。太平洋戦争は、ある意味では米国の推進するグローバル化と、日本の唱える地域的特殊性との争いだった。戦争は終わり、そして帝国主義の時代も遠い昔のこととなったが、グローバリゼーションの動きは止まることを知らないようである。そうである限り、米国とアジアの関係も、グローバル化されつつある世界の中で、進展していくことであろう。

（1） Ronald Robinson and John Gallagher, *Africa and the Victorians*（London, 1963）.
（2） Bruce Mazlish, ed., *Conceptualizing Global History*（New York, 1995）.
（3） グローバリゼーションについての最近の著作としては、以下の例をあげることができる。何れも読みごたえがあるが、歴史家によるものではない。Roland Robertson, *Globalization*（London, 1992）；James H. Mittelman, ed., *Globalization*（Noulder, 1997）；Ulrich Beck, *What Is Globalization?*（Cambridge, 2000）.
（4） Andre Frank, *ReOrient*（Berkeley, 1998）.
（5） 二〇世紀初頭の国際主義の概念については、拙著『権力政治を超えて』篠原初枝訳（岩波書店、一九八八）参照。
（6） Walter LaFeber, *The New Empire*（New York, 1963）；Ernest R. May, *American Imperialism*（New York, 1968）.
（7） Kristin Hoganson, *Fighting for American Manhood*（New Haven, 1998）.
（8） Jane Hunter, *The Gospel of Gentility*（New Haven, 1984）.
（9） Frank Ninkovich, *Modernity and Power*（Chicago, 1994）；*The United States and Imperialism*（New York, 2001）.
（10） 当時の日米関係については、拙著 *Pacific Estrangement*（Cambridge, MA, 1972）を参照。

参加記

# 8　帝国主義世界体制と植民地支配

## ——歪められた「近代化」についての断想——

鄭《チョン》　在《ジェ》　貞《ジョン》
（横田安司訳）

今回、比較史・比較歴史教育研究会が主催したシンポジウムに参加して、二日間の充実した報告と鋭い討論を聞きながら、学んだことは多かった。特に最近、日本・中国・台湾・ヴェトナム・韓国などでおこなわれている「帝国主義世界体制と植民地支配」に関する歴史研究と歴史教育の実態を多様な視角をとおして把握することができ、まことに幸せであった。平素からこの分野に関心をもっていた私としては、シンポジウム期間中、ずっと好奇心をもってみなさんの発する格調の高い知的メッセージを吸収することができた。当時のノートを参考にして、いささか所感を披瀝して参加記に代えようと思う。

今回の第四回東アジア歴史教育シンポジウムのテーマは、「帝国主義時代の理解をめぐって—自国史と世界史—」だった。五年前に、同研究会が主催した第三回東アジア歴史教育シンポジウムのテーマが「黒船と日清戦争—歴史認識をめぐる対話—」だったことを考えると、今回のシンポジウムはさしずめその続編に当たるのであろう。最近、日本・米国・台湾・韓国などの歴史学界では、「日本帝国主義の植民地支配」をどう見るかをめぐって、ちょっとした論争がおこなわれている。そのうえ、今回のシンポジウムの発表者・討論者のなかにはその論争に参加した当事者も入っていて、最初から今回のシンポジウムにかける期待はまことに大きかったといえよう。

「帝国主義の世界体制と植民地支配」は論議の視角と方法によって、大変多様な意見の出るテーマである。特に「植民地支配をおこなった帝国主義側の視角」からする見解と「植民地支配を受けた植民地側の視角」からの見解が同じ場所で開陳される場合には、その隔たりが大きすぎて一つの方向にうまく整理することの難しさは容易に想像のつくことである。それにもかかわらず、今回のシンポジウムは発表者と討論者の間に大きな衝突もなく、円滑に論点が整理されていたのはまことに幸いであった。これは数次にわたって国際会議を企画し、実行した経験のある比較史・比較歴史教育研究会のような学術団体でなければ得ることができないよい結果であったとおもう。

およそ「帝国主義世界体制と植民地支配」というテーマ

に接近する方法には二つあると思う。一つは東アジアにおいて「帝国主義の世界体制と植民地支配」が貫徹されていた時期におこった社会的・経済的変動に注目することである。もう一つは、同じ時期に東アジアの各民族が展開した自由と独立のための闘争を浮き彫りにすることである。今回のシンポジウムは前者の側面を重点的に論議したのではないかと思う。結果的にシンポジウムがよくまとまったのも、この重いテーマに対する接近方法の選択がすぐれていたからだという点も否めないところであろう。

「帝国主義世界体制と植民地支配」に対する社会的・経済的接近は二つのタイプから成っていた。一つは支配した側の問題提起として、世界体制としての帝国主義が、東アジアでは清日戦争以後、日本の積極的な活躍で形成されたということである。そしてもう一つは、支配された側の問題提起として、台湾・韓国などの植民地で近代的な変化が相当な程度に進捗したということである。従来の歴史研究と歴史教育では、前者については西欧帝国主義に追随する日本の消極的活動を、後者については帝国主義の抑圧と搾取に対する批判が主潮をなしていたということができる。こうした点で、今回のシンポジウムは、歴史研究と歴史教育でおこっている新しい動向を紹介してくれた意味深い場だったということができる。

ところで、発表と討論の全体的な雰囲気は「帝国主義世界体制と植民地支配」に関するこのような新しい理解が「新鮮な視角」だという以上に、「正確で正当な観点」だと確信しているような印象だった。だから、「植民地支配を受けた側の視点」から台湾と韓国の植民地時代史に関する従来の研究と教育に対する批判が辛辣に加えられ、またその盲点を補完する「新しい」代案として、社会・経済の近代的変化に注目しなければならないという提議に大きな拍手が起こったのだと思う。

私も日本帝国主義の支配下にあった台湾と韓国で大きな社会的・経済的変化が起こったという事実を否定しはしない。またそれが、大体に近代化の方向に進んでいったという点についても同意する。しかしながら、「帝国主義の世界体制と植民地支配」に関する歴史研究と歴史教育を論議するとき、こうした変化が、支配する民族と支配される民族の間の対立と葛藤、民族主義と同化主義の錯綜などの民族矛盾といかなる関連をもっているのかについても十分に注意しなければならないと思う。遺憾ながら、今回発表された論文はこの点をほとんど無視している。逆に、植民地時代に関する歴史研究者は、社会・経済の変化を「近代化」の概念だけで捉え、歴史教育者はこうした「近代的」変化を詳しく教えることが、日本についての正しい理解を促進する道だと主張した。

私は植民地で起こった社会・経済の変化を「近代化」という概念だけで捉えたり、植民地でおこなわれた抑圧と収奪を教えることを「反日的」と定義することに対して疑問をもっている。かえって、もう古くなってしまって知的好奇心をそそるには不十分かも知れないが、「帝国主義世界体制と植民地支配」についての理解を深めるためには、前に指摘したような民族矛盾の多様な側面についても、ともに言及しなければならないと考える。そのためには、これまで蓄積された研究成果と授業実践が志向していた問題意識を再び振り返ってみなければならないであろう。

日本帝国主義の植民地支配下で、韓国は日本の影響を受けて「近代化」を経験した。「近代化」は物質的進歩という側面では寄与した点もあったが、人間の進歩という側面では否定的な面も多かった。またこの「近代化」は帝国主義の効果的な支配のためには合理的であったろうが、韓国の伝統社会の内部から盛り上がってきた改革の要求を抑圧したという点では、韓国史の進展を妨げたのである。そうはいっても、この「近代化」は結局植民地時代の韓国社会を左右した秩序であり、韓国人はその枠のなかで生活しながら、自分なりに自前の「近代化」を模索しなければならなかった。その結果、韓国の「近代化」は知らず知らずに日本の「近代化」と瓜二つのものになってしまった。「近代化」の否定的側面では特にそうだった。韓国のこうした事情は、自らの力と意志によって主体的に「近代化」の道を切り開くことのできなかった韓国史の業報といわざるを得ない。

したがって、「帝国主義世界体制と植民地支配」について論議するときは、できるならば、上のように支配を受けた者の苦悩まで含めて、多様な側面を視野に入れなければならないと思う。そうでなく、社会・経済の変化や教育・医療の普及などだけを浮き彫りにすることになると、植民地体制に対する総体的理解をかえって妨げる可能性も出てくる。

私は今回のシンポジウムを傍聴している間、極力抑えてはいたのだが、あの有名な『国民の歴史』（西尾幹二、七〇八ページ）の一節がしきりに思い出されてどうにもならなかった。

日本総督府は、併合後、真っ先に近代化の基礎として最低限必要な人口調査や土地調査、治山、治水、潅漑、農業改良、小作制度の改善、さらに教育の普及と公平な司法の導入等々をやってのけた。それ以前の朝鮮半島は小作人が虐げられ、貴族階級が恣意専断による司法の乱用をほしいままにしていた哀れな国土だった。……日本総督府時代が初めてハングルを普及させ、小学校教育に導入したものであることを、今の韓国人はどれくらい知っているのであろう。……総督府時代になって、医療の改善と鉄道の施設、港湾の建設や各種工場の設営整備など、工業化社会への前進を少しずつ可能にするあらゆる手が打たれていた。……しかし日本人が今、韓国人ないし在日韓国朝鮮人に以上のようなことをいくら言っても、彼らは「妄言」だと言いたててまったく聞く耳を持たない。

こうした彼の言説は歴史的事実を正しく指摘したものでもなく、研究成果を忠実に反映したものでもない。そうかといって、「新しい」ものでもない。朝鮮総督府の日本人官僚が植民地支配当時から口癖のように言っていたことを「新しい」装いの下で繰り返したにすぎない。それにもかかわらず、こうした歴史観に基づいて執筆された中学校『新しい歴史教科書』が、文部科学省の検定に合格した。ほんのわずかしか採択されなかったことは幸いであったが、日本の中に中学校『新しい歴史教科書』のような認識が広まっていくことに対し、危惧の念を禁じえない。

参加記

## 9　歴史認識と現実認識
### ——シンポジウムで考えたこと——

久保田　慎一

内外の研究者の刺激的な発表を聞きながら会場の片隅で考えていたのは、歴史研究と現実とのかかわりについてであった。歴史研究のことばや歴史教育のことばと私たちの現実や現実把握とのかかわりについてであった。

日本の高校の現場からは米山宏史の世界史の実践報告があった。報告のなかで最も興味深かったのは、「生徒の帝国主義認識について」の部分であった。

米山は、日本の帝国主義化に鋭い批判の目を向ける生徒と同時に、帝国主義肯定論に傾く生徒がいることも述べていた。後者に対しては、「それを誤りだと指摘するのではなく、正確な事実認識を積み上げながら、生徒の歴史観に揺さぶりをかけ、自分の歴史認識と向き合い、その問い直しをはかること」と「反帝国主義・アジア友好的な思想と行動を紹介し、日本国内に実在した帝国主義批判・アジア友好論の意義について考えさせること」の二つが述べられていた。「アジア友好論」と述べられている考え方の評価にはむずかしい点もあると思うが、報告のこの部分が提起している問題を、私自身の授業の反省を踏まえながら考えてみたい。

## 現在とのかかわり

帝国主義について十分に時間をとって教えても、生徒たちの帝国主義理解が他の時代の認識との関連を持たずに終わることが少なくない。植民地主義・帝国主義を批判する一方で、古代・中世では「帝国」や「英雄」を無意識のうちに称揚したり、現在のグローバリゼーションを手放しで肯定するというような授業を、私などはやってきたように思う。こういう場合、生徒が帝国主義に批判を持つとしても、実際には脆弱なものであることが多い。

姜玉楚が報告のなかで述べていたように、近代がもたらした諸矛盾を階級・人種・民族・性の差別を含むものとしてとらえるならば、グローバリゼーション下の諸矛盾の継続を見すえねばならないし、またそのような観点は古代や中世のとらえ直しへとつながっていくはずである。当然のことではあるが、生徒たちの帝国主義認識は、それのみで成り立っているわけではない。少なくとも、帝国主義にいたるまでの時代の学習のなかで（とりわけ近代の理解全体のなかで）、帝国主義をもとらえる目が養われていなければならないだろうし、帝国主義理解が帝国主義時代の理解で終わらずに現代の認識へとつながっていなければならないだろう。そういうなかでこそ、生徒の帝国主義肯定論も変化し得るのではないだろうか。

高校の教科・科目の編成の現状についても簡単に触れておきたい。

一つは教科「地理歴史」のなかの世界史・日本史と地理との関連であり、もう一つは教科「公民」の「地理歴史」との関連である。

社会科の時代から地理と歴史はそれぞれ独立性が強かったが、互いの授業内容の関係がいっそう考えられなければならないだろう。また、「公民」（近年の「公共性」論議はこの教科にかなりの影響を及ぼすように思われる）の中には現代社会、政治・経済、倫理という三つの科目がおかれている。この三科目は、全体としては、現代世界の認識にかかわると言っていいと思う。（思想史的な内容を含む倫理は、文化総体の批判的とらえ返しとして位置づける必要がある。）歴史認識が私たちの生きている現在に深くかかわっていることを考えるならば、この「公民」の三科目の位置は非常に重要なものである。たとえば、この三科目や地理において国民国家の現在や多文化主義の現状を問うことが歴史の授業での帝国主義理解につながるような、教科・科目どうしの相互関係がもっと考えられなければならない。（このような観点からは、韓国の植民地近代化論争についての趙錫坤報告が、たいへん興味深かった。）

## 私たちの場・位置

歴史認識と現実認識とが深く結びついていなければ、私たちの帝国主義批判の足元は簡単に揺らぐことになる。歴史研究や歴史教育も、自らの認識と発話の場に無自覚ならば、また私たちが生きている現実をとらえ返すことがなければ、知らず知らずのうちに特権化してしまうに違いない。認識・発話の場とは、たとえば私の職場であり、授業であり、生徒たちとのかかわりである。私たちの生きている現実とは、国民国家のほころびやグローバリゼーションの波から、学校や家庭や男女関係の変容までの、錯綜した日々の現実のことである。歴史教育は、学校教育という歴史的制度のひび割れのなかで（私が勤めている高校では、入学した生徒の約一五パーセントが一年目で学校を去った）、ひび割れに問い返されながら、自らの授業をとらえ直し実践しなければならないという、かなり困難な状況におかれている。

私たちの、現実をとらえることば、歴史をとらえることばが、正しい認識として特権化されずに他へと受けとられていく道は、どのように可能なのだろうか？　少なからぬ生徒たちが学びへの意欲を失っているのは、教員が特権的に所有しているように見える知識を集団的に受容させられることへの拒否と考えるべきだろうか？　六〇年代末の制度化した知への学生たちの批判は、さらに深く身体的レベルで引き継がれてきたと言ってもいいのだろうか？

G・C・スピヴァクは「アメリカ合州国と西ヨーロッパの人文科学界を席巻しているラディカリズムの大部分にみられる猛烈なばかりの標準化志向的な善意」を取り上げながら、サバルタンの女性にかかわる人類学、政治学、歴史学、社会学の分野での活動が、「学問や文明の進歩に認識の暴力を混ぜ合わせながら、帝国主義的な主体構成の作業に合体していくことにならざるをえない」現状を批判している。（『サバルタンは語ることができるか』）

スピヴァクは、「第三世界」やサバルタン（歴史のなかで沈黙させられてきた人々）を主体として想定しながら、しかし現実の行為としてはその「領有」と自らの認識地図への「書き込み直し」をはかる知識人の位置を鋭く問うている。「第一世界」の帝国主義認識がこのようにとらえ返されたとき、アジアの「第一世界」の私たちの位置もまた厳しく問われることになる。歴史を研究する者や歴史を教える者の「認識の暴力」は、ほとんど避けがたいようにさえ見える。スピヴァクが、絶えず自分の位置を問いながら、サバルタンとの「認識の暴力」をともなわない応答の可能性を追求していることを、私たちは自分の身に引きつけて考えねばならないと思う。

「第三世界」認識をめぐるこのような視点は（シンポジウムでは姜玉楚の報告に感じとることができた）、「第三世界」の歴史研究者にもまた必要とされるに違いない。そうであれば、たとえばズオン・チュン・クオックの心打たれる報告のなかで、ヴェトナムのカンボジア侵攻の問題が言及されないということはなかったのではないだろうか？

## 歴史へのまなざし・問い

歴史認識のあり方にかかわって、会場の私の脳裏から離れなかったものに、スピヴァクの指摘とともに、李静和の文章があった。

李は、制度化された知から最も遠いことばで、歴史へとかかわっていた。たとえば、『つぶやきの政治思想』のなかの「匂いや、空気やあるいは非常に個別的なある種の固まりみたいな生身の言語……そのようなものも言葉として扱えるまなざし」という一節。かつて森崎和江の文章に感じたような肌ざわりを持つことばは、スピヴァクとは違ったかたちで、特権化されない知のありようをさぐっていた。歴史にかかわって、そのようなまなざしを私たちが持つこと、そしてそれが「徹底した個として生きていく上でどうしても避けて通ることのできない共同性を、ひとが自分なりに意味づけしていく道を具体的にたどる試み」へとつなげていくことが、静かに、そして痛切に述べられていた。

シンポジウムでの議論を引き受けようとする時、あるいは朝鮮半島の変化を見つめようとする時、私はこの「政治思想」を避けて通ることができないように思う。

帝国主義は、何よりも、人間の痛みを知ろうとすることのない暴力であった。歴史の暴力というものが幾多の人々のかけがえのない人生を粉々に打ち砕いてきた事実を、私たちは知っている。近代とそれを基礎づけてきた啓蒙的理性のなかで、「何故に人類は、真に人間的な状態に踏み入っていく代りに、一種の新しい野蛮状態へと落ち込んで」いったのか？（ホルクハイマー／アドルノ）

この問いかけは続いている。一見何気ない日常生活のただなかにあっても。この問いかけが生徒たちにとっても切実なのは、日常のさまざまなかたちの暴力にさらされてこざるをえなかったからだ。授業で私が暴力ということばを使った時の、沈黙のうちに生徒たちに走った波のようなものを、忘れることができない。歴史と今の現実を安易に結びつけることはできないだろう。けれども、帝国主義の授業の可能性の少なくとも一つは、歴史の暴力への問いかけの共有にあるような気がしてならないのである。

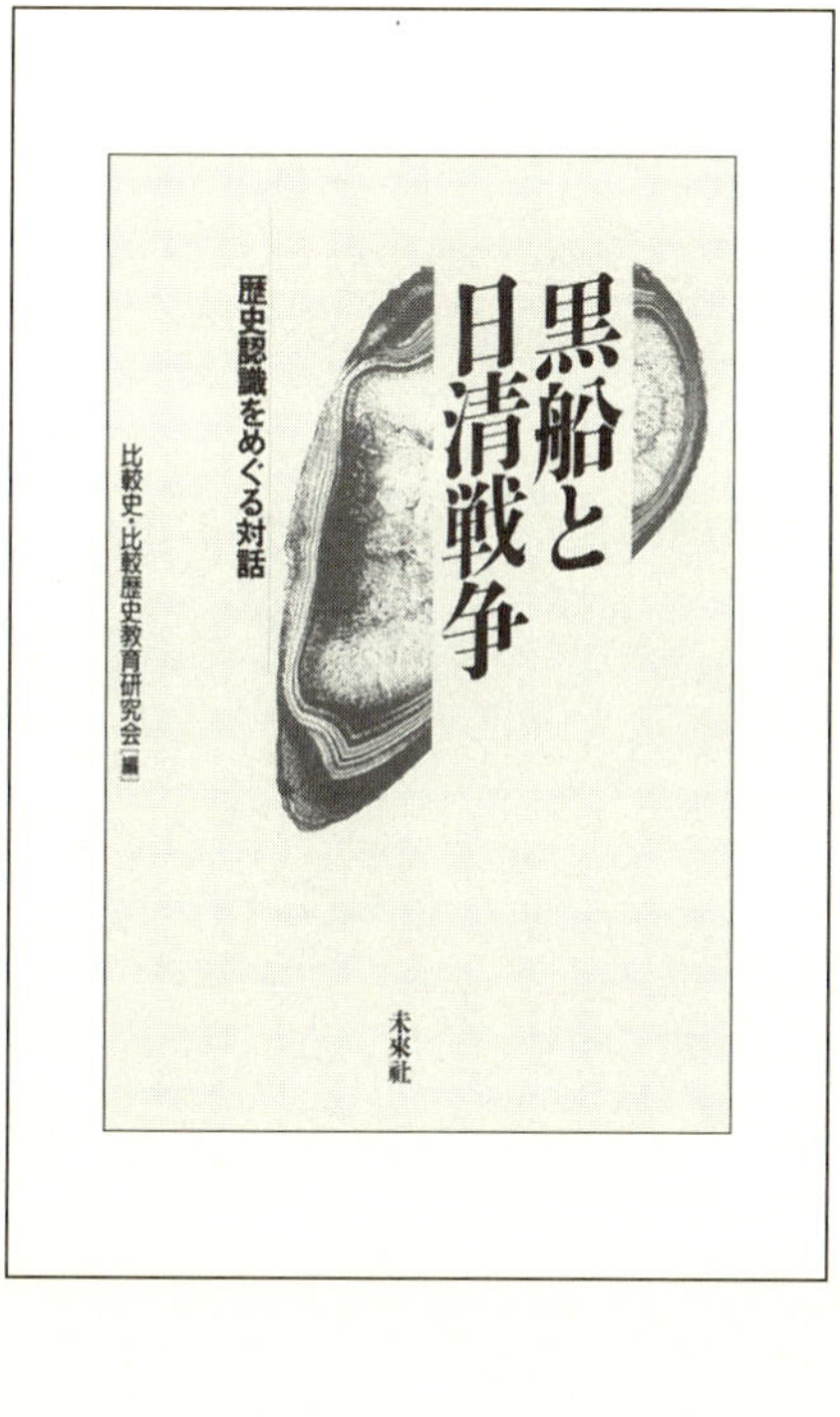

# 第Ⅴ章
# シンポジウムの成果と課題

# 1　シンポジウムでは何が語られたのか
## ――報告と討論の内容――

二村美朝子

一二月上旬の東京は、澄み切った冬空が高い。今回のシンポジウムは、今までと違って、その寒い季節に神田駿河台の明治大学、大学会館を会場にしている。八階の受付は定刻前からにぎわっていた。

このシンポジウムも今回で四回目となった。最初、一九八四年に初めて中国と韓国の報告者を迎えたときは、そのことだけで会が成功したかのように気持ちが高ぶった。第二回の時も、ヴィザ一つ取るのも大変だという困難を一つずつ乗り越えて北朝鮮からの報告者を迎えることが出来、天安門事件直後の中国からも参加者を得たことを皆で喜び合った。歴史教育という分野で国境を越えて民間交流が出来ること自体に、私たちは感動していた。

シンポジウムの報告・討論が充実したのは、次の第三回である。特に「日清戦争」の歴史像をめぐる具体的な問題提起は、暑い夏の二日間だけでなく、事後にも影響をひろげた。「自国史と世界史」とは、私たちの会の思考スタイルであると同時に作業仮題でもあるのだが、その一つを具体化させた、という手応えを得た。

そしてまた五年が過ぎた。次の積み重ねを期待して、「帝国主義の時代」を主題に選んだ。このテーマは「日清戦争」に比べて時期も地域も範囲が広い。つまり漠然としている。一九〇〇年前後を一応の焦点としたものの、取り上げる事象は報告者に一任されている。異なる歴史像を出し合うとしても、そこで報告や討論がかみあうかどうか、しかも支配・被支配の立場の違いを議論の活性化につなげることができるかどうか、前回よりも難しそうである。果たしてどのような二日間になるのだろうか。

会の代表の吉田悟郎は開会の挨拶の中で、会場である明治大学・駿河台近辺が、中国革命同盟会など、二〇世紀初頭のアジアにゆかりの深い土地であることを説明した。当時の地図や清からの留学生の日記抜粋をのせた「参考資料」も配られた。口頭でも韓国の文学者・李光洙の、在日中の当時を描いた小品にも触れた。それは伊藤博文射殺事件とその国葬で日本国内が揺れた時期、中国は辛亥革命胎動の時期にあたる。百年前を一つの地域から切り取っても、歴史は実感できる。五つの地域からの報告とそれをめぐる討論で何が語られたのか。以下、シンポジウムの経過を追いながらまとめてみよう。

## 第一日目

### 帝国主義体制・帝国主義国の姿

一日目午前の「世界体制としての帝国主義」は、全体の基調報告ともいうべき部だが、一連のシンポジウムに中国から歴史研究者が参加するのは今回が最初である。その楊天石《ヤンティエンシー》（中国社会科学院近代史研究所）は、辛亥革命時のイギリスの政策が当初の清朝支持から立憲君主制への変革支持に変わり、やがて共和政支持へと変化した問題を、一人のイギリスビジネスマンの関与とあわせて取り上げた。これはまさしく「帝国主義時代の外交政策は経済的利害を代表する」具体例で、華中華南に重要な利害関係を持つ大英帝国の姿であるが、次の木畑の「義和団蜂起から日の浅い時期、あのような事態を回避したい判断が働いたのではないか」という示唆とあわせ考えると、帝国主義国自体が民衆の力への対応を模索しつつ歩んでいた例とも見ることが出来よう。清皇帝の退位後袁世凱政権へ立て続けに借款を供与し、孫文の革命政府への経済的圧迫を強めるイギリスの政策は、現代にも通じる方向性を持っている。その時日本は天皇制への衝撃を懸念して同盟国イギリスの政策転換に反対した。イギリスが同盟国日本のこの意向を切り捨てたことは、この同盟の本質を表していた。

その日英同盟を画期とする帝国主義国日本の成立を、世界体制の一環として示したのが木畑洋一（東京大学）の報告である。東アジアが帝国主義世界体制の焦点となって体制完結の契機となった日清戦争と、その道筋で帝国主義国となった日本の特質については、前回の第三回シンポジウムで宮地正人が鮮やかに論じた。では帝国主義国日本の世界的な位置はいかなるものであったのか。木畑報告はそれを、先発帝国主義国（主として大英帝国圏）の日本評価の変化を通じて描き出した。そこで浮かび上がるのは、日本帝国主義の参入が「支配—被支配」の重層性を深化させ、同時に「ねじれ」や体制そのものを揺るがす芽もはらんでいたことである。いわゆる「自由主義史観」グループはこの「芽」を「アジア解放の道」に単純に拡大させる。しかし、木畑は帝国主義体制のもつ人種差別を軸とし文明化を競う心性や、「文明」によって支配を正当化する「帝国意識」をも視野に入れる。義和団・日英同盟・日露戦争・韓国併合の経過は、近隣の他民族抑圧者としての帝国主義国日本の位置が確立してゆく道であった。こうして近接の地と人々を支配した日本は、欧米帝国主義国以上に自らの支配の正当化を強めざるを得ない。これが後の「大東亜共栄圏」の建設とそのための戦争へ帰結する、と木畑は説いた。

二人の報告は期せずして激動の東アジアと帝国主義国日本の姿を世界的な視野から描くものとなった。また「支配—被支配」が単純な構造でないことも示唆した。一つの時代構造がこうして作られていったことを、歴史教育の場ではいかなる切り口で示すのか。次のセッションが注目された。

## 教育の場ではどう扱うのか

言うまでもないことだが、公教育での歴史の扱いはどの国も多くの問題をはらんでいる。限られた授業時間に何をどのように取り上げるか、教師の課題は大きい。今回のテーマでは三人の中高教師が、現在あるいは以前に行った授業体験を踏まえて帝国主義の時代に迫った。三人三様の切り口であった。

最初の朴鍾天《パクチョンチョン》（韓国・慶南科学高校）の報告「朝鮮が日本の植民地にされた原因は何なのか」は、題名のように、授業内容も直截で分析的である。資本主義列強の侵略の世界的な拡大を背景として、朝鮮も日本も開国の圧力を受ける一九世紀後半以後、二国の共通点と相違点を生徒に考えさせていく。国内経済の発展の度合い、それにともなう社会変革の状況、などが語られていた。そして両者の決定的な違いを、自国資本主義経済の保護育成政策を実行できたかどうか、つまり、その時点での外圧の有無と強弱に求めた。朴鍾天はこのような授業のねらいを、「韓国の生徒が歴史を通じて日本に感情的に反応するよりは、冷静に、客観的に理解する方向」がこれからは望ましい、そのためには植民地支配を「民族の優劣とか日本帝国主義の侵略性などの感情的レベルの認識だけでなく、当時の国際環境や資本主義体制が持つ本質性から客観的に認識するべきだ」と考えたからだ、と述べた。植民地支配国日本の姿を踏まえつつ、その背景とも言うべき状況を歴史事実や統計から読みとる姿勢であるが、それ以上に、歴史教育が反日感情だけを生んでいるという韓国の現状認識と、それに対する明確な批判の姿勢が会場の注目を集めた。

北京からの馬執斌《マジビン》（中国歴史教学研究会）は、現在は人民教育出版社で教科書編集・執筆を担当しているが、その前に十数年間の中・高教師としての経験がある。報告では「現代世界史」で帝国主義諸国の侵略の状況を、「近現代中国史」で東アジアの状況を帝国主義形成期として取り上げていることが説明された。後者は日清戦争以後辛丑条約（北京議定書）までの歴史、つまり中国の半植民地半封建社会化のテーマである。いずれもその背後に歴史発展の法則として生産力と生産関係の矛盾を見、独占資本主義—科学技術の発展—社会主義の脈絡を見る。しかし同時に、と報告は続ける。各国民衆の中国民衆に対する友誼と援助も忘れることは出来ない、と。その一例として宮崎寅蔵（滔天）の孫文に対する支援があげられた。口頭の補足発言でも、学生から日清戦争で負けたのになぜ中国から多くの留学生が日本に行ったのか、という疑問が出され、「明治維新以後日本が西欧の先進的なところを学んで清国に勝ったのだから、清国留学生はそれを吸収して自国を強くしようとしたのだ」と答えたと語った。この「日本を通じて西欧を学ぶ」問題は、後述のように、シンポジウムの中でさまざまに語られるテーマであった。

日本からは米山宏史（山梨英和中学高校）が報告に立った。日本の歴史教育は文部省の強い統制下にあって「日本史」と「世界史」に二分されているために、帝国主義世界体制確立期の百年前の歴史も、二つの科目・授業時間に二分されてしまう。米山はそれを批判して、「東アジア地域を世界史と日本史が切り結ぶ結節点・媒介的世界として」捉え、授業を通じて「近代東アジアの歴史展開を統一的・構造的に」捉える視点を養うことを目ざした。そのために彼は一八七〇年代以後、日本の明治新政府が国境確定作業を強行して伝統的な東アジアの国際秩序を打ち壊したところから授業を組み立てる。そして一八八〇年代—日清戦争—義和団事件—日露戦争—韓国併合と続き、それぞれに関連する世界史的状況、日本国内の批判的見解、各地の民族運動などに言及するので、内容は膨大である。だが、生徒の反応では「帝国主義日本の侵略を直視する必要がある」とする意見と並んで、一部ではあるがこの歴史の流れを「必然だ」とする帝国主義肯定論もあったという。それに対しては米山は「日本の帝国主義化が当時の唯一不可避の道ではなかったのではないか」と問いかけるという。「東アジア世界における帝国主義の歴史を事実に即して正確に理解」する歴史教育を通じて、今後の共生の道を見いだすのは容易なことではない。

第二セッションの全体について、ドイツから一橋大学大学院に留学しているフォルカー・フールト（ハレ大学・当時）がコメントをした。フールトは、知識よりも「市民としての常識や良心に訴えるような問題提起」に言及した。彼自身は教えている学生に「自国・自国民の利益のために他国・他国民に自らの支配とルールを押しつけて良いのだろうか」と問いかけるという。東アジアの歴史教育が知識重視の傾向をもつことへの批判であろう。またフールトは、第二次世界大戦以後、フランスとドイツでは両国政府が学生交流に力を入れた結果、相互の敵対視という問題が解決した例を語った。東アジアではどうだろうか。

## 一日目の討論

諸報告の論点は、案の定、多岐にわたっていたが、一日目の午後の部後半から始まった討論のテーマは、自ずからいくつかに絞られた。注目を集めたのが韓国・朴報告であったことは先にも述べたが、フールトのコメントとも関係して、最初に、今実行している日韓学生交流の体験が、茨城大学の糟谷政和と東京学芸大学の君島和彦から語られた。遅れて、米沢女子短大の例も荻生茂博から出された。いずれもホームステイなど生活を共にする中で人としての交流が実感されてゆくという。フールトはコメントの中で日韓・日中の学生交流の例を知りたい、と言ったのだが、日中についての発言はなかった。事例が皆無であるはずはないと思うのだが、参加者の関心は日韓に集中していたということだろうか。

朴報告への関心の一つは、多くの韓国の生徒が抱いているという反日感情についてであった。朴鍾天は質問に答える形で、生徒の多くは日本を自分たちを害する存在として見ているし、朴鍾天の授業は周囲の教師から親日的だと非難されたとも述べて、現在の韓国の一面を率直に語った。その朴鍾天自身も、東京の歴史教師との交流を重ねるようになって初めて日本の教師を信頼し、生徒が日本を理解する方向で授業に取り組むようになったという。ここには前述の日韓学生交流の体験とも響きあう問題が見える。歴史を語りあうためには人間的な信頼関係が必要なのだ。朴が非難を受けながら日本理解のための授業に取り組むのは、長年の地味で小さな民間の歴史教育交流の成果である。このような積み重ねがあってこそアジアの平和と共生の未来も創り出せる、と私は感じた。

朴報告のもつもう一つの意味は、歴史授業を感情的な結論に導くのではなく、事実を客観的に分析しようとしていることである。歴史のどのような事実をどのような観点から論じて生徒に投げかけるのか、という歴史教育の根幹に迫る問題が提示された。こうして初めて、授業の内容やその考え方が議論の対象となり、鋭い質問と発言が出た。

朴鍾天は報告の中で、授業の後で「考えるべき問題」として、「日本が朝鮮を植民地とせずには資本主義列強への参入に成功しなかったかどうか」と高校生に問うたと、補足発言していた。それに対して多くの高校生は「朝鮮という文化程度の高い、ないしは対等な所を植民地にしたのは日本の大きな失策だ、相互友好の関係を築きあげたならば良かっただろう」と答えたという。これに対して高校教師の真木康彦（城北高校）は、「植民地支配は対象が文化程度の低いところなら成功し、許される」という意見が生徒から出されたらどうするのか、と質問した。朴鍾天はいかなる場合も植民地支配は正当化されないという大前提で授業をしている、生徒の発言は日本の植民地支配が容易ではなかったということの表現だと答えた。

朝鮮史研究者の中塚明からは朴報告の土台となる歴史像について質問が出された。朴鍾天は日朝の比較を政治や社会経済現象のさまざまな側面で行っているが、開国以前では両国に決定的な差異はないとして、その後の両国の相違を、前述のように外圧の問題として描いている。中塚は明治維新と甲申政変の相違に関して、「外圧論も重要な論点だが、変革の主体的なあり方の違い……例えば開化派と下級武士のあり方の違いなど……も大きな問題ではないか。開化派と王朝権力の関係を生徒に説明するべきではないか」と鋭い指摘を行った。朴との議論にならなかったのは残念であったが、これは非常に重要な指摘であったと思う。

歴史教育では授業方法論も大きな位置を占めているが、いかに巧みな方法を使っても歴史像の不十分さを克服することはできない。朴報告は、何度も繰り返すように、生徒にも客観的な分析を通じて考えさせる授業についての報告であるが、題目のためもあって教材は経済史的な史料が多い。そのような社会基盤の中で人はどう考えどう行動したのか、という歴史像、経済活動だけでなく社会的なつながりや政治活動の側面が見えてこないのである。朴鍾天は後述のピーター・ケイヴの質問に答える形で、歴史教育を通じて生徒に「その時代時代の主体勢力が自分たちの課題をどのように克服してきたのかを示したい」と述べたが、その目標のためにもこの問題は避けて通ることはできないであろう。しかし、隣国の歴史授業に対してこのような議論を（入り口だけにしても）することが出来たのは、このシンポジウムではこれが初めてであった。歴史教育の国際交流はそんなに安易にできることではない。相互に歴史学の土俵に立つことで初めて真の議論・対話も可能になった、と考えて、私は感慨を覚えた。

今回のシンポジウムには何人かの欧米系参加者が見られた。準備の段階でインターネットを通じて国際的に発信したためである。これは前回までと大きく異なることであった。

その一人、ケイヴ（香港大学）は歴史教育に的を絞って意味深い質問をした。米山と朴鍾天への質問として、二人の報告には「教師が何を教えるかという要素はたくさんあった」が、生徒が「どのようにどのプロセスを通じてどう学んでいくのかと疑問を持った」と答えを求めた。ケイヴは達者な日本語で発言したが、会場のこの発言だけでは、彼が生徒の学習活動（討論方式や論文作成など）について質問しているのか、学習目標（何を身につけさせるのか）について問うているのか、あまり明確ではなかった。米山は前者の意味で日本の受験体制の中の困難について回答し、朴鍾天は後者の観点から、前述のように、「時代の課題」を克服することを通じて「私たちの祖先の人間的成熟」を示し、「生徒が価値判断基準を持つ」ことをめざす、と答えた。朴の言う「私たちの祖先」の理解とは、彼の発言からすると、「民族史」の主体的・発展的・構造的把握の意味を持つもののようである。歴史教育とナショナリズムの関係もはらむ重要な問題だったが、シンポジウム会場では議論する時間がなかった。

最初の帝国主義体制の理解をめぐる報告に関しては、帝国主義諸国間の相違（英仏の先発帝国主義国と日独の後発帝国主義国）・「民族自決」の理解をめぐる問題（強大国の欺瞞的な方針かどうか）などが会場から出されていた。木畑は終了間際にそれらをまとめて、日本の帝国主義国化は先導的な帝国主義国をモデルとしつつも、英仏とは異なるという独自性を主張しがちで、それを植民地支配の正当化の論理にしてゆくこと、しかもその拡大はまさに「民族自決」が、欺瞞的な側面もあるが植民地の人々を勇気づけていた時期であったこと、を指摘した。

## 第二日目

### 植民地支配を受けた側の歴史観

二日目は支配された歴史を持つ国・地域の報告から始まった。

最初はヴェトナムのズオン・チュン・クオック（ヴェトナム国立歴史研究所）である。大きくよく響く声の持ち主であるクオックは、昨日の諸報告を聞いて考えたことを語りたい、と日本語で発言した。その内容は会場配布の報告集にあるものと同一ではなかったが、紙上の報告をいっそうわかりやすくするものであった。

彼は、漢字を使い、儒教を取り入れ、箸を使う文化のヴェトナムという表現で、ヴェトナムが東アジアの一員であることを示した。フランスへの抵抗運動を繰り広げる中で東アジアは同盟者であった、とも述べた。しかしその東アジアがヴェトナムに対しては帝国主義的な存在になったことも言及する。東遊運動の人々を国外退去させた日本は、第二次世界大戦中ヴェトナムを支配し、ヴェトナム戦争では米軍の発進基地の役を務めた。中国は中華膨張主義の側面を持つとされ、韓国のヴェトナム出兵も忘れない。西欧の帝国主義と東アジア地域の帝国主義のさまざまな抑圧の対象となったヴェトナムの歴史学界は、過去の重い遺産にいかに立ち向かうのか。彼の率直な語り方に会場はシンとして耳を傾けた。

クオックの発言は続く。「過去において我々諸民族諸国民の間には、そのあいだを隔てる深い穴が存在した」と。「その穴を更に深く掘り下げて敵対関係をまた持ち出す偏狭な民族主義」と、「穴を完全に埋めてしまって過去を忘れてしまおうとする態度」を並べて、しかし「歴史を研究する者、歴史を教える者の責任はそれらの穴に橋を架けて乗り越えること」であると所信を述べた。「歴史を教える者というのは、平和を教える使者でもある」という締めくくりの言葉が耳に残った。

クオックのこの考え方は、報告集の文章によると、帝国主義国フランスに内在する「文明」と「植民地主義」を区別して把握するとするホー・チ・ミンの思想に基づいている。ここでいう「文明」とは民主主義の精神をさすとされる。だがはたしてこのように区分することが可能なのだろうか。問題は参加者に投げかけられた。

日本の植民地であった台湾からの呉文星《ウウェンシン》（国立台湾師範大学）も、ある意味では、クオックと同じく帝国主義支配の二面性を前提にしている。台湾は日本統治期において伝統的社会から近代的植民地社会に変貌を遂げたと見る彼は、話題になった教科書『認識台湾　歴史編』の編集者でもある。その編集方針は、日本統治期の重大な変化について「歴史的事実を尊重し、かつ実証的・理性的な態度で」叙述し、「歴史的意義を簡潔に述べる」ことを試みたとする。日本統治は、日本語普及運動や時間を守る観念・遵法観念・衛生観念などの普及確立をともなっていたが、内実は台湾がそれを主体的に選択したのだという主張である。例えば日本語普及運動は日本への同化政策の要だが、台湾人は日本語を「近代的知識を吸収するための主な道具」として受け入れたのであり、「日本語を通して近代的な西洋の基本的科学技術と文化を吸収し」たのだ、とする。つまり日本語は近代化の道具として普及したが、台湾の生活言語として定着せず、台湾は二言語併用社会になったと説明された。この事実は「台湾人の適応能力の高さと選択の主体性」を明らかにするものであって、日本統治を肯定するような「日本に媚びる」態度ではない、と述べた。

三番目の趙錫坤《チョソクコン》（韓国尚志大学）の報告も刺激的であった。彼は韓国で最近起こっている、植民地時代の歴史的性格をめぐる論争を紹介した。多様な意見を含むこの論争は、大別すれば植民地近代化論と内在的発展論との論争で（「植民地近代化論争」とよぶ）、それが生産的に機能するためには認識方法の転換が必要だと論じた。

韓国は解放後、周知のように、強い民族意識をもった歴史学を発展させてきた。第一日目の朴報告にも出されたように、日帝時代を糾弾する民族意識は抗日的性格が強い。植民地時代を体験した社会としては当然のことだと思われるが、その韓国で八〇年代以後経済が急成長したとき、その発展を日帝時代の開発の遺産だとする議論（開発論）が出た。しかし日帝糾弾の観点の「収奪論」か「開発論」かの単純な二分法で植民地時代を論じることは、韓国史における帝国主義の両面的な意味を把握できなくなる、と趙錫坤は考えた。その問題を彼の専門分野である経済史に関して、史料発掘をしながら理論的な検討を加えているのが趙の立場である。彼の主張は「植民地期の経済を扱うときには、開発の量的大きさばかりでなく、質的性格的変化にも焦点を置」いて、「植民地経済制度が持つ特質を十分に分析」することを重要視する中に表れている。その質的変容についての具体例の紹介もあった。

歴史認識の土台を形成するような理論的枠組みの論争はなかなか難しい。しかし、その論点の違いは帝国主義時代の本質に迫るものを持っている。同時にその時代の持つ多様な意味合いを、単純化させずにいかに捉えるかという点で、先のヴェトナムや台湾の報告にも共通する問題提起であった。とかく私たちが陥りやすい二分法に基づく思考の限界を示した点でも、興味深かった。隣国の歴史学界の息吹きに触れたように感じた。

午前の部の最後に、当時京大人文研に留学中であったクリスティン・デネヒー（UCLA）がコメントを述べた。日本と植民地問題を研究している彼女は、ヴェトナムではフランス文明とフランス植民地主義を区別しているというクオック報告に関連して、日本に関して朝鮮ではこの区別ができるかどうかと問いたい、また呉報告に関して、同化政策は近代化への道かどうかと問いたいと言った。

**総合討論一　問題提起**

午後の部は、姜玉楚《カンオクチョ》（ソウル大学・当時）と宮地正人（東京大学、当時）の「問題提起」から始まった。実は準備の初期には、このお二人にはコメンテーターの役をお願いすることにしていた。しかし諸報告をセッションに分けるに従って、その全体に共通する問題を提供することが必要となり、その意味での「問題提起」の役を引き受けていただいたのである。

姜玉楚は前述の趙錫坤報告に触れつつ、「植民地近代化論」は制度の整備・工業化の量的拡大という指標で「近代化」を論じていて、植民地近代の本質である「民族的人種的搾取とその遺制」の究明がおろそかになっている、と鋭く指摘した。帝国主義時代では民族と人種が階級と共に搾取の核心的枠組みであったという認識、韓国の歴史的体験こそがその西欧の近代を正しく理解する鍵になるという思考、それらは単に韓国の立場を語るのではなく、外からの衝撃で近代化した日本にも当てはまる問題である。

その視点から姜玉楚は呉報告に対して、報告は「我が民族の底力」という一国史的議論に陥りやすく、日本の植民地統治でなく西欧の植民地統治だったらどのように批判できるのかと問うた。クオック報告に対しても、民主主義の源のフランス革命とフランス植民地主義の区別が成り立たないことを、ナポレオン軍のハイチ侵攻の例などを挙げて論じた。さらに韓国の帝国主義批判の根拠が反日民族主義であることについても鋭い批判を述べた。まさに西欧「近代」の根本に迫る思考の世界史的・根元的な問題提起であった。

姜玉楚の問題提起が世界史認識の広がりをもつものであったのに対して、次の宮地の問題提起は、その時代を「日本」に引きつけて、「歴史学」の手堅い手法に則ったものであったと言えよう。世界体制としての帝国主義が他ならぬ東アジアで、何人も予想し得ないほどの速さで確立したという歴史は、「日本」を抜きに語ることはできない。世界的な欧米の圧力の狭間で、時には主導者として、時には追随者として、帝国主義国になった日本の、国家機構の特質や社会としての特質が簡潔に語られた。植民地支配国になるということは単なる「外」に対する侵略だけではないのである。一九二〇年代、帝国主義国における民主主義運動が対外強硬論に傾いてゆく例は、現在にも続く重い問題である。

また宮地は趙報告を「解釈にとどまっていて、歴史の論理として提起されていない」と指摘して批判した。経済的事象は「あくまでも政治の局面、運動の局面に転化して」こそ歴史になるのであって、転化することが歴史学の本領だとする宮地の考え方の中に、歴史学の基本が見えた。

諸報告が刺激的であったと同時に、二本の問題提起は参加者の視野と思考を広げ活性化するものであった。しかし問題は大きく複雑である。果たして討論が有効に進むのだろうか。

**総合討論二　会場の諸発言**

続く総合討論は、まず午前中の三人の報告者への質問から始まった。

質問と各氏の発言が交錯したのは台湾の呉文星に対してである。田港朝昭（琉球大学）が呉文星の報告中に使った「皇民化」と「同化」の違いを問うたのに対して、呉文星は、後者は一般的な表現だが、前者はファシズム思想に基づく極端な日本化であって、一九三〇年代末からそれまでの同化政策の下地の上に強行された、と答えた。この問題から発して呉文星はデネヒーのコメントや姜玉楚の発言、宮地の指摘にも応えて、自分は植民地近代化論者ではないと断った上で、台湾でも被植民地側の自由と要求は無視され、武力で抵抗した例もあったが、台湾全体の歴史を見ると、戦前日本の台湾統治が戦後台湾に影響を与えていることを無視できない、と重ねて説明した。また日本統治の前の、清末洋務運動の政策は、いくつかの近代的施設を作ったのみで、全般的近代的制度を導入していないと指摘した。

日本統治下台湾の社会変化を肯定する呉文星の報告に対しては、他にも質問があった。総合討論の最後に近いころ、上野隆生（敬愛大学）は、このように「現在の台湾にとってポジティヴな影響を与えている部分のみを拾って評価する」ことは「藤尾・西岡グループに利用されるのではないか」と危惧の念を表した。そして「ここから脱落した部分もあるはずで、その両方を案配して提示」しないと、「日本統治を美化したい人々を利する」ことになり、呉文星の言うように、台湾の主体性を強調することとの間にねじれが生じる結果となる、と指摘した。呉文星はそれに対して、「そのような右翼的な人の存在を前提にした論文ではない」と断った上で、今後「近代化と同時に同化の問題も全面的に」入れて書き直したい、と答えた。しかし、西川正雄（専修大学）は「閉会の辞」の中でこの問題に触れ、我々は一部の勢力を利するからといって、「自分の都合の悪いことに目をつぶってはいけない」、「日本の右翼がこれを利用」するなら、それに「反論していかなければならないのは我々の責任」であると述べた。

呉文星に対する質問から波及して、趙錫坤に、台湾の呉報告のような捉え方をどう見るか、と質問が向けられた。趙錫坤は、台湾に伝えられ台湾が主体的に受け入れたのは西欧文明だと肯定する立場を批判して、西欧近代文明を構成している他の側面、民主主義的な制度や議会制度などが植民地には伝えられなかったことに注意を促した。

クオックに対しても、韓国の朴鍾天はフランス史をヴェトナムではどのように教えているのか、と質問した。植民地であった地域がかつての支配国を歴史としてどのように描くのか、議論は熟さなかったが、共通の課題であろう。クオックはフランス革命・パリコミューン・フランス植民主義と項目をあげたが、彼の言う「深い穴に橋を架ける」営みとどのように関わるのか、聞きたかったところである。

冬の日は短い。わずかな休憩の後に最後の討論が始まったときは、もう窓の外は薄暗かった。残された時間は少ない。総合討論後半は、今まで論じられなかった観点をさまざまに出し合うものとなった。

口火を切ったのは、井口和起（京都府立大学）である。実は私は第一日目の控え室で、井口に、「この企画は帝国主義克服の展望を持って立てられたものなのか」との質問を受けている。企画立案の時には意識しなかった問題を突かれて口ごもったことを思い出しながら、耳を傾けた。

井口は鋭い指摘を二点行った。一つは、楊報告・木畑報告および宮地の問題提起と関わらせながら、「世界体制としての帝国主義」が百年前、東アジアで確立したというならば、「アメリカ合衆国というヨーロッパ以外の大国が登場したことの持つ意味は何なのか、そのことは当時の植民政策にも影響を与えたのではないのか」と重要な指摘をした。二〇世紀はアメリカの世紀だという総括が世紀転換期によくなされるが、それは確立し変容してきた帝国主義の時代と関わらせて論じなければならないテーマなのだ。井口は、楊天石が取り上げた辛亥革命に対するイギリスの対応もアメリカとの関係が深いと言及した。今一つの指摘として、この百年間を植民体制の確立から崩壊の時期と捉えることもできる、と発言した宮地の見解に関わらせつつ、では帝国主義の確立はそれを崩壊させる要因をどのように含んでいたのか、と問題を広げた。井口はここで、一九世紀末に開かれた「第一回万国平和会議」やその後のハーグ条約などが平和の思想や運動、さらに戦争放棄の思想にもつながったと見る意見を述べた。帝国主義を、それの克服の道筋も含めて考えるべきだとする問題提起であった。

前日井口から質問を受けた私は、その時、克服する道筋は曖昧模糊としている、と答えたことを思い出していた。同時に井口が提起した問題を教育の場で取り上げていくことは簡単なことではないとも感じていた。また、前日の討論でケイヴが出した問題が、米山と朴鍾天からの位相の違う回答だけで終わっていることも気がかりだった。正面から帝国主義を論じることも、克服の道を考えることも、生徒の心情や意識と切り結ばなければ歴史教育としては不十分である。私は、現在まだ世界は帝国主義的状況が続いていると認識していることを前提として、日本の歴史教育では、「生徒に自己の存在や考え方そのものの中に帝国主義的なものがいっぱいあり、周囲の社会にも帝国主義の現象がたくさんあることを自覚・発見できる視点を身につけさせることがまず必要」だと思う、と発言した。木畑報告の「帝国意識」や、宮地の「日本が帝国主義になったことの負の遺産」に関わる。帝国主義を単なる過去のこと、「日本」以外の地での加害の問題と狭く捉えて、自らが受け継いでしまった意識を振り返らないと、アジア各地域からの戦争責任の追及をイヤだと反発し、自由主義史観グループをはぐくむ下地になったりするのである。

歴史教育を根本においた発言を、と司会者から促されて、前回の報告者であった鄭在貞《チョンジェジョン》（ソウル市立大学）が、今回のシンポジウムの特徴を次のようにまとめた。帝国主義時代を見る視角は多様だが今回は「一つは地域における社会経済変化に注目し、もう一つは支配される地域や国家、つまり植民地における近代の問題を議論した」と。続けて鄭在貞は、この主題では、「社会経済的な変動が民族間の対立葛藤、民族主義の高潮と民族運動の展開という、いわゆる民族矛盾の側面を持っていることをもっと重視するべきだ」と、批判的に述べた。

鄭在貞の発言は、今までの研究の継承という問題も含む。その点に関連し、さらに今回の諸報告の中に「日本の植民地支配を感情的にではなく客観的に分析する」姿勢が共通していたことも関わらせて、今泉裕美子（法政大学）は、客観的な学問・分析だと主張する業績が従来の業績を単純に民族主義的感情論だと批判することに対して、「その地域のおかれている国際関係の中で」なぜその研究がなされたかを考えなければならない、と、史学史的な観点の重要性を説いた。

鄭在貞に続いてアメリカ合衆国の問題にも関連して発言した笠原十九司（都留文化大学）は、南京事件をめぐる最近の動向（在米中国人の出版物など）と、敵対心を増幅するようなナショナリズムの方向を懸念して、「現在の歴史教育の問題は民族主義だ」と主張し、各地域の共通の過去の帝国主義時代をどのように未来の教訓として残すか、考えたいと述べた。クオックが「深い穴」のたとえで言うように、偏狭な民族主義は対立感情を煽るだけだが、アジア各地の反日・抗日の記憶に目をつぶることも許されないことである。しかし、各地域とも民族主義感情を踏まえながらも、時代は単なる反日・抗日だけではすまないところにさしかかっていることが、シンポジウムの議論でもはっきりと表れた。これからがこのテーマを、鄭在貞の主張や笠原のめざすような方向に深めてゆく正念場ではないだろうか。

「帝国意識」に関わる発言も会場から出された。高校教師として毎回鋭角的な発言をしている小川幸司（松本深志高校）は、米山報告には他の諸報告に見られる主体的歴史認識形成の意欲が薄い、と批判して、「事件相互の位置づけにだけ重点が置かれている。民衆の視点を大事にしたいとも言っていたが、民衆の視点とは〈友好論もあった〉というだけでよいのか」と迫った。小川はここで日本人の帝国意識を高校生と徹底的に考えることが大事だと主張する。その切り口として特に留意したいことは、中国（旧帝国）批判がアジア侵略に転化してくる問題、欧米の持つ帝国意識を必然論として受け入れた問題（歴史の多様な選択肢から選択したことも含めて）、しかも日本人の帝国意識が、前回の宮地報告にもあったように、国民文化と結合してねじれを伴って出やすいという問題だと整理し、そのような諸側面で「帝国意識を徹底的に検証し、苦みをかみしめることで、それを乗り越えようとする精神を育てなければならない」と論じた。

歴史教育は歴史研究を土台にするべきだというのは当然のことである、と長年私は考えている。ところが昨今はそれを問題視する見解や、教育は研究と別だ、とか、教育は研究の下請けではないなどの発言も出ていた。しかし歴史研究の成果を深く読みとることから歴史教育の課題もその切り口も、生き生きと浮かび上がるのである。小川の発言は、今の日本の歴史教育で不十分になりやすい問題を自覚し、意欲的に課題に取り組む中から生まれたものと言えよう。帝国主義の時代が遠い過去のことではないからこそ、私たちが克服するべき対象だからこそ、真剣に検討したい課題である。

最後に会の代表である吉田悟郎が、帝国主義の時代はまだ終わっていないと発言し、後半討論の冒頭に井口が述べた克服の問題に関して、「虚を突かれ私たちの弱点だと思ったが、指摘された事柄は第一世界のことではないか。第三世界にまで視野を広げて考えたい」と抱負を述べた。

今回のシンポジウムは、この文章の冒頭にも記したように、難しいテーマであった。案の定、討論自体も活気はあったが難解な問題が多く、会場で即座に理解しがたいところもあった。しかし、じっくりと考えると、多岐にわたる重要な課題が見えてくるのである。冬晴れの東京の二日間に蒔かれた種は、これからどのように結実してゆくのだろうか。

# 開会の挨拶

吉田　悟郎

東アジア各地から、ハノイ・ホンコン・タイペイ・ベイジン・ソウルから、またドイツとアメリカ合衆国からたまたま日本に来て勉強されている方、そして日本各地から、私たちの会のシンポジウムへようこそいらっしゃいました。アジアの自立と共生を願い、アジアの歴史に興味を持たれる歴史研究者・歴史教育者そして市民の方々がこのシンポジウムにお集まりいただいたことを心から喜びお互いに祝いたいと思います。会を代表して一言ご挨拶申し上げます。

さてここ神田駿河台は、日本と東アジア諸国民の友好関係にとってはいろいろゆかりの深い場所です。「参考資料」に載せたものをご覧下さい。一九一〇年前後の清国人の留学生で明治大学法学部に在籍した黄尊三さんの日記の抜粋と、当時の神田界隈と、東京都心部で中国革命同盟会の関係するゆかりの場所の略図を入れてあります。

私たちの会の歴史を申します。今から四七年前、戦前から続いている「日本史・東洋史・西洋史」という三本立ての歴史認識の枠組み、そして従来の「国史」、すなわち自国自民族中心の日本史の考え方とそれと裏腹の根強い西欧近代中心のいわゆる人類史的・普遍史的世界史の考え方、それらに行き詰まりを痛感しまして、自国の歴史つまり日本史と、未定型の世界史との同時的統一的とらえ方を作っていくことを心がけました。そのためにも「アジア歴史教育者会議」を実現したいという夢を持ちました。一九五二年のことでした。それから二八年たった一九八〇年、ルーマニアのブカレストで第一五回国際歴史学会議が開かれて、東西両陣営がぶつかり合う歴史教育の討論がありました。この歴史教育討論の刺激と、一九八三年に東京で開かれました第一回日米歴史学会議の歴史教育討論を準備している過程で、八二年、私ども、「比較史・比較歴史教育研究会」というささやかな研究会を作りました。今から一七年前のことです。念願でありました東アジア歴史教育シンポジウムを八四年に初めて実現して以来、八九年、九四年、そしてこの九九年と都合四回、五年おきに開催してきました。一九八四年の会議で初めて中国と韓国の歴史家・歴史教育者が一堂に会し話し合いました。二回目の八九年には北朝鮮と韓国の歴史家・歴史教育者が同席しました。三回目の九四年にはヴェトナムと台湾から歴史家・歴史教育者を招くことが出来まして、日清戦争をめぐって、ヴェトナム・中国・台湾・韓国・在日朝鮮人・日本など、異なれる立場の歴史像を交換しあうことに成功しました。

私どもの会は未だに会則もない小さな存在です。年齢・学歴・地位・性別・国籍・民族籍など誰も気にしない、参加自由の集まりです。四回のシンポジウムも主に有志のささやかなカンパと手弁当でまかなってきております。会の名前が示すように、歴史研究と歴史教育の関係を上下関係とか従属関係にあるとは考えず、それぞれ自立しあい独自な任務を持ちながら、相互に刺激しあい相互に批判しあう親密な友好提携の関係にあると考えて、会の活動を続けてきました。

二〇年たらずの討議の中で試行錯誤を経ながら自ずと形をなした会の考えがあります。次の五箇条です。(1)教科書の文言に事柄を矮小化すべきではなく、むしろ、(2)国民もしくは民族によって異なる歴史解釈を組上にのぼせて討論し、お互いの歴史認識を深めることが大切である。(3)従ってアジア共通の歴史教科書の作成など急いでめざすべきではない。この(2)・(3)あわせまして、各国民、各民族の歴史認識の違いを寛容に認め会い、見解の一致を急ぐよりは相互の理解を深めることこそ重要だという考えであります。(4)対話はあくまでも民間で行うべきである。いかなる政府であれ、歴史教育は政治権力から自由であるべきだからです。歴史は国家や政権の御用物ではありません。(5)こうした問題意識を示す標語が「自国史と世界史」であります。会の名義および西川正雄の名で出版されている五冊の記録が「自国史と世界史」を追究した軌跡です。ぜひご検討下さい。

報告集の「開会の挨拶」では落ちていますが特に申し上げておきたいことがあります。私どものシンポジウムでお招きしたアジアの歴史家・歴史教育者の方々は決して国家政府の代表というわけではありません。アジアの異なれるさまざまな地域から来られた、それぞれ異なれる見解をもたれる個人としての歴史家・歴史教育者の方々であります。今回も台湾から歴史教育者をお招きしていますが、これは日本の帝国主義の問題を組上にのぼせるときその植民地支配を受けた台湾の人々の側からの歴史認識・歴史像を語っていただくことはきわめて重要であり、欠かすことのできない私どもの学習重点であるからであります。なお北朝鮮から歴史家・歴史教育者の参加を得ることもきわめて重要なことでありますが、前回も今回も努力しましたが、参加できないとのことなので、見送りました。

今回の主題につきまして簡単に申します。前回のシンポジウムでは、西欧列強による強圧的な開国の主役であるアメリカ合衆国史像と、近代日本国家の構造と特質を形成する契機となった日清戦争とを主題として、このような共通の歴史体験に関わった日本・韓国・中国・台湾・ヴェトナムなどの歴史家・歴史教育者から異なれる歴史認識・歴史像をそれぞれ出していただいて交換し、貴重な相互理解を深めることにいくらか成功したと思います。今回はさらに進んで、二〇世紀の世界・東アジアの問題構造の基本が形成されたと思われる一九〇〇年前後の世界、東アジア地域に焦点を絞って「帝国主義の時代の理解をめぐって―自国史と世界史」という主題でお互いの歴史認識・歴史像を討論したいと思います。一九〇〇年前後と申しますと、いろいろなことがありました。ちょうどこのシンポジウムを準備しておりましたとき、一九〇九年にここ明治大学の法学部に留学した清国人留学生の日記があることに気がつきました。伊藤博文の安重根による射殺を知った時の感慨など、大いに考えさせられる内容です。参考資料には間に合いませんでしたが、もう一つ発見しました。これは韓国の方には余りにも知られた文学者李光洙が一七歳の時本名で、美しい日本語で書いた「愛か」という作品です。これは一九〇九年の暮れ、彼が大韓帝国の国費学生として、東京白金の明治学院の五年生に在籍していたころ、寮の雑誌『白金学報』に発表したもので、短編です。韓国で出ている全一〇巻の彼の全集には入っていません。明治学院でも明治大学と同じく、伊藤博文の事件をめぐる学長の修身講座があり、国葬による臨時休校がなされています。李光洙もその中で焦燥と悲痛、亡国の民としての孤独と屈辱を感じていたに違いありません。「愛か」という小品には、無垢なる魂のいらだちと傷が隠れていまして、黄尊三の日記と違った意味で九〇年の時を越えて今に生きるものの心を打つものがあります。

さて、二〇世紀に日本が帝国主義国の仲間入りをしたこと、日本がアジアの加害者であった歴史事実を抹消したり忘却することは許されないと思います。しかし、問題点は多様であります。今日私どもは、ただただ加害者対被害者という二項対立的な黒白論議や道徳論だけでは解決できない相互関係・有機的構造的重層的で複雑多岐な東アジア地域の世界史像に対しても、深くつっこんだ考究を試みることが至急の時点に到達しています。今回、歴史の中で植民地支配を受けざるを得なかった諸国・諸民族・諸地域の歴史家・歴史教育者の方々が持ち寄られた貴重な報告の数々には、そういう時点に到達していることを示唆するものが共通ににじみ出ているのを拝見しますと、感慨深いものがあります。しかしこれは始まりでしかありません。アジアの自立と共生への突破口を模索して、アジアの歴史家・歴史教育者と、アジアを愛しアジアの歴史を尊重する市民の皆様が、それぞれの自国史と世界史についての異なれる歴史認識を創りあい、創造しあい、交換しあい、討論しあえる時代が今や始まろうとしています。

その二日間の集会の成功を皆様と共に期待したいと思います。

最後にカンパを頂戴した方々、助成金をいただいた日中平和友好交流計画日中歴史研究センター、日韓文化交流基金、本集会のために会場その他の点で多大の後援を賜った明治大学当局者及び文学部の方々、そして本集会の為に裏方を務められるボランティアの方々、皆々様への心からの感謝いたします。

(報告集の「開会の挨拶」の内容の一部を時間の関係で省いてある)

# 閉会の言葉

西川　正雄

西川でございます。昨日と今日にわたりまして、我々の本当に小さな研究会の呼びかけに応えて下さって、東アジアの各地域から、このシンポジウムに、わざわざ海を越えて参加し下さいました方々に、まず御礼申し上げたく存じます。すでに指摘されていますが、北朝鮮からの賓客がついに姿を現すことが出来なかった、我々は出来るだけのことを致しましたけれども、今回もその願いはかないませんでした。もし我々がもう一回このようなシンポジウムを開くことが出来ましたら、その時には是非、と思っています。

今回は、箸と漢字を共通にする文化圏以外からも参加して頂きました。それは前回に比べていっそうこのシンポジウムを豊かにしてくれたと思います。しかしその参加してくださった方々は、箸の使い方が実に上手かったのであります。やはり同じような文化圏に、もしかすると属しておられるのかもしれません。

それからまた、師走・一二月の忙しい慌ただしいときに、わざわざ休みの日までつぶして参加してくださった方々にも厚く御礼申し上げます。

これまで三回にわたって経験を積んできました結果、今回のテーマは、この会場でくりかえし言われておりますように「帝国主義の時代の理解をめぐって」に致しました。その点に関連してすぐ思い起こされることは、マカオのことです。帝国主義時代以前の植民地と帝国主義時代とどう違うのかという問題提起がされていましたけれど、マカオにポルトガル人が居留地建設を許されたのが一五五七年、それをいわば割譲させたのは一八八七年です。そこにどういう違いがあるのか、これはそれ自体として興味深いことであります。ともあれ、あと十日足らずでマカオが中国に返還されます。これで帝国主義の時代が終わったのであれば、我々は祝杯を挙げたいと思いますが、三日間の討論を通じて分かったことは、そうは簡単ではないということです。

朴鍾天さんが、「加害か被害か」という二項対立ではなく日本のことを韓国の生徒たちに教えたいという発想にもとづく授業実践について具体的な報告をしてくださいました。主催者の側も、加害と被害というこの二項対立、あるいは二国関係だけを扱っていてはなかなか議論が進まない、と考えておりました。お互い対話をすることによって友人になってゆくかもしれませんけれど、歴史認識を深める点では或る限界があるのではないか。そう思ったところから、今回「帝国主義」という一つの世界体制をテーマとした次第です。

楊天石さんと木畑洋一さんの帝国主義に関するご報告は、いずれも期せずしてイギリスを問題にいたしました。やはり帝国主義体制を論じるにはイギリスの存在、この体制の頂点にあったイギリスを問題にせざるを得ません。そしてイギリスといえばすぐインドが思い浮かびますけれども、イギリス人はインド支配を行なったことについて特に加害意識を持っているとは思えません。アメリカ合衆国もヴェトナム侵略を行なったことについて、少なくとも政府筋は加害意識を持っていないように感じられます。

そのことが日本のリヴィジョニスト、現在のナショナリストたちにとっては非常に都合の良いことでして、イギリスもアメリカも日本よりもっとひどいことを長いことしてきたではないか、と申します。しかしだからといって、帝国主義全体を我々が取り上げなくていいということにはなりません。

先ほど呉文星さんのご報告に関して、日本の右翼に利用されるのではないかという発言がありました。そうかもしれません。しかしあえて私個人として申しあげれば、もっとイデオロギー的な対立が激しかった時代、私なども別に確信があったわけではありませんけれども、社会主義良かれという心情を持っておりました。そしてスターリン時代に行なわれたさまざまな不都合なことに関して、それを指摘すると敵を利するからという風潮に侵されていたと思います。しかし、ソ連邦が崩壊してみると、社会主義を支持する人々にとって不都合と思われていた事柄がほぼ九〇％事実だとわかってしまった。ですから私としては、自分の都合の悪いことに目をつぶってはいけないという立場に立つに至りました。従って呉文星さんには、ご自分の立場から学問的に植民地時代の台湾についてこうだと思われることを、日本の右翼が利用するかもしれないからといって、曲げたり黙ったりしないで頂きたいと思います。もし日本の右翼が利用するとしたら、それに反論していかなければならないのは我々の責任だと思います。

趙錫坤さん、呉文星さん、そしてクオックさんのご報告は、いずれも我々主催者の期待に添う、今まで以上に多面的なご報告だったと思っております。

そうしたさまざまな報告についての評価とか問題点については、姜玉楚さんと宮地さんが見事にまとめてくださいましたので、時間の関係もありますから、私が改めてまとめることは省かせていただきます。ただ一つ気がついたことを申せば、帝国主義が、邪悪な一握りの人々によって行なわれたとか、本質邪悪な一国民によって行なわれたとかいう立場をとらない限り、そこにある、いわゆる下部構造に目を向けなければならないだろうと思います。その点は、趙錫坤さんの報告に一番よく表れていました。どうしても資本主義経済の浸透を考えざるを得ない。この現象に関連して、かつてでしたら資本主義の発展の次に社会主義を想定できた。ところが現在新たに問題となってきているのは、これまで考えられていたような、あるいは現実に建設されてきたような社会主義そのままでは、資本主義に取って代わることは出来ないのではないか、ということではないでしょうか。この問題を、新たに我々は抱えているのではないかと思います。

同時に、現在依然として一世紀前の帝国主義の時代の刻印が残っている、もしかするとますますそれが強くなっているという判断が示されました。その点は馬執斌さんが質問に答えて、例えばアメリカ合衆国においては独占資本が非常に強いではないかとおっしゃいました。まさにその通りだと思います。しかし、アメリカ合衆国もまた多様な社会であります。アメリカにおけるアメリカ史研究の第一人者の一人に、ヘンリ・コマジャーという人がいます。彼がある講演で述べているのですが、「アメリカ合衆国は革命と民主主義の国である。もちろん不十分な点はたくさんあるけれども、革命と民主主義で少しずつ変えてきた。ところが第二次世界大戦後、軍産複合体が生じ、冷戦心理に侵されてしまった。未だにそこから抜け出ていない。アメリカ人は自分の国が何から何まで、あらゆる点でナンバーワンでなければならないと思いこんでいるけれども、その発想を捨てなければアメリカ人は生き残っていくことは出来ない」。特に「軍事力においてナンバーワンであることをある国の評価基準にするというのは、大学の評価基準にその大学のフットボールチームの強さを置くのと同じである」とも言っています。

次に選択肢の問題です。米山さんが教育実践の中での選択肢の問題をあげておられました。私は、選択肢は未来との関係で提起されるべきではないかと思います。もちろん過去にもいくつもの選択肢がありましたけれど、どなたかが指摘されましたように、他の選択肢ではなくてなぜ現実はこうなってきたのか、これをつぶさに明らかにすることの方が歴史学本来の仕事ではないかと思います。未来に向かっての選択肢としては、ささやかですけれどもこのシンポジウムが、最近にわかに強くなってきた日本のナショナリズムに対する別の選択肢を示しているつもりであります。

これは一九九七年ソウルにおけるシンポジウムでも述べましたので二番煎じで恐縮なのですが、カール・マルクスが『ブリュメール一八日』の中で、「偉大な出来事、偉大な人物は歴史の中で二度現れる。一度は悲劇として、二番目は茶番として」と言っています。

帝国主義の時代の加害者としての日本の歴史、これは悲劇でした。現在、藤岡さんを始めとする非常にナショナリスティックなグループが主張しているのは、日本の過去を美化するということであります。大日本帝国が結局崩壊するに至った歴史を彼らは美化しようとている。もし彼らの主張に従った末、同様な事態が再び起きたならば、これは悲劇でなくて茶番ではないでしょうか。それだけは我々は防ぎたいと思います。そのためには、現在の日本国がはっきりと大日本帝国と違うのだということを身をもって示していくことが肝要だ、そう考えております。

李敏鎬さんがつい最近、二〇世紀を展望する本を出されました。私もその問題には大いに関心があります。二〇世紀は本当に殺戮と加害の世紀でした、残念ながら。もちろんその間に良き要素も発展しましたけれども、総括すると人類の歴史の中でこれほど人が殺された世紀はなかったと思います。それだけに、これから我々にとって何よりも大事なのは世界の平和であり、なかんずく東アジアの平和だと思います。そのことを若い世代の市民たちに、何としても分からしてゆくのが我々の歴史教育の課題ではないかと思います。あえて私はここで「国民」とは言わずに「市民」と言いました。

この間、通訳として大変な努力をしてくださった方々、そしてまた、縁の下の力持ちをして下さった院生の方々に、私の口からも御礼いたしたく思います。どうもありがとうございました。

参加記

# 2 歴史理解の交換を超えて

近藤　孝弘

## 三〇年の空白

第一回東アジア歴史教育シンポジウムが一九八四年に開催されて以来、二〇年近い時間が経過しようとしている。この間に、歴史教育、とりわけ教科書を国際的な視野から捉えることの重要性についての認識は、日本でも大いに高まったと見てよいだろう。いまだに「外国からの干渉」という議論をもって、これまでに達せられた成果を廃棄しようと試みる人びとも存在するが、彼らもまた、いわば逆の方向から、歴史教育を国内の観点でだけ論じることの限界を理解している。

こうした状況は、これまでの四度にわたるシンポジウムの功績を間接的に証明するものであり、ほのかな希望を抱かせてもくれる。しかし、同時に、この希望がわずか十数年の間に生じたものにすぎず、いつまた消滅してしまうとも限らないという不安を払拭できないのが、現在の真実ではないだろうか。

それに対して、地域的な活動という点で共通するヨーロッパの同様なシンポジウムの例は、大きく異なる印象を与える。

ポーランドとの教科書対話を導いたことで有名なドイツの歴史家ゲオルク・エッカートは、設立間もない欧州評議会に働きかけて、一九五三年にすでに、黒い森の小さな町カルフで、第一回ヨーロッパ歴史教育セミナーを実現している。この時に始まる一連のセミナーは、評議会加盟各国の学校に、ナショナルな視点から解放されたヨーロッパ史の授業を行なうよう促すための数々の勧告を作成した。

この活動は、今日も形を変えて続けられている。感嘆と批判、両方の反応を呼んだドルーシュの『ヨーロッパの歴史』(一九九二)も、こうした基礎があって初めて可能だったと言えるだろう。もっとも、一九五〇年代のセミナーは、同書のような試みに対しては、「歴史理解の多様性を損ないかねない」として、むしろ批判的な立場を示していたのだが。

先に、日本については感じざるを得ないと述べた不安をヨーロッパが免れているのは、そこには欧州連合という強力な統合機構が存在しているという事実もさることながら、東アジアよりも教科書対話が三〇年ほど早く開始され、今日まで発展を遂げてきた事実によるところが大きいだろう。

ヨーロッパの理想化は、筆者の意図するものではない。いまでも右翼急進主義者は再生産されており、またイギリスの学校に通うドイツ人の子どもが、ドイツ人であるというだけの理由でいじめられるといった事件も報じられている。国民国家の並立という現実がある以上、ナショナルな性格の敵愾心を除去するのは容易ではない。

さらに、国民国家の原理を超える可能性を追求してきた欧州評議会の活動については、それが現在にいたるまで基本的に、ヨーロッパとは何か？　ヨーロッパ史とはどういうものなのか？　という問いをめぐって進められてきたところに、ヨーロッパ中心主義とも評される側面を見ることができる。確かにヨーロッパを賛美する見解には多くの批判が加えられてきたものの、そうした批判を含む議論の全体が、ヨーロッパの内と外の間にボーダーを引く姿勢を反映しているのである。

それに対して、今回のシンポジウムが、地域的には東アジアに焦点をしぼりながらも、そのテーマに帝国主義時代という世界史的な視点を設定したことは、ヨーロッパの先行する活動とは異なる基本理念が、その基礎に置かれている様子を示唆している。

その理念は妥当であろう。大切なのは、まず既存の歴史理解に開放への方向性を与えることであって、新たに「学校教育用東アジア史」をうちたてて、東アジア・アイデンティティを称揚することではない。しかし、そのためには、何をすれば良いのだろうか。

### 対話に潜む自国中心性

ヨーロッパは追従すべき完璧なモデルではないと述べたが、それを参照することに意義があるのは間違いない。むしろ、東アジアとヨーロッパにおける活動のあいだには、すでに一つの共通点が生じているようにも思われる。

それは、二つの地域において、近い過去の重荷を担う国、つまりドイツと日本が議論の中心に位置しているということである。確かに、ヨーロッパではドイツの歴史家が自国政府の支援を受けて積極的に教科書対話のイニシアチブを取ってきたのに対し、東アジアでは、近隣諸国からのアプローチが日本政府により拒否され、日本の歴史家はむしろ政府との緊張関係の中で活動を展開してきたという相違点は重要である。さらに、対話が歴史教科書に及ぼした影響力はもちろん、有力政治家の発言などに反映された国民的な歴史認識の状況を考慮するとき、両国の違いは無視できない。それでも、日独両国が東アジアおよびヨーロッパで議論の中心を形成していることは、やはり確かなのである。

ここから発生する問題は、国際的な対話の場において日本やドイツの教育のナショナリズムだけが批判されて、近隣諸国のそれが問題視されることはないというダブルスタンダードにあるのではない。歴史とその教育に対する認識の深化において、この二国の人びとが有利な位置を独占している点が、指摘されなければならないのである。その恩恵をどの程度まで生かすことができたのかについては、両国間に距離が存在しているが。

近隣諸国の人びととの和解を目指すことで、私たちは国際対話から、専ら自国の歴史教育を向上させるための刺激を受け取ってきた。こうした姿勢は、実は、歴史に対する誠実さを我がものにしているという点で自国中心的なのではないか、それはパートナーに対する無関心・無責任を意味しないのか？　こういう不安に、どう対処すれば良いのであろう。隣国でも、自分たちの歴史教育におけるナショナリズムへの批判が広まりつつあるいま、これは現実的な問題である。

確かに、対話プロセスを始動するにあたっては、隣人から自らの正当性を認められる必要があり、右のような枠組みが形成されたのは、やむを得ない面がある。さらにヨーロッパからの三〇年の遅れも、現状を説明する上で重要だろう。あるいは、ある国のナショナリズムとそれに起因する諸問題を解決できるのは、結局のところ、その国民自身をおいて他にはない、と開き直ることもできるかもしれない。

しかし、この種のプラグマティズムは、それがプラグマティズムであることを言明される必要があるのではないだろうか。

## 歴史教育の政治的側面をめぐる交流

東アジアにおいて、閉塞的な地域主義に陥ることなく、善意の自国中心的思考を越えようとするとき、一つの可能性として立ち上がってくるのは、歴史教育の政治教育的な役割に、より積極的に目を向けることである。つまり、従来の歴史理解の内容をめぐる意見交換から、歴史教育の目的論へと、議論の範囲を拡張するのである。

望むと望まないとにかかわらず、歴史教育は政治的な機能を持っている。過去について語ること自体、現在に生きる人間がその問題意識と価値観の表明を通して、同時代人に何らかの反応を呼び起こそうとする行為に他ならない。とりわけ学校における歴史教育は、政治教育としての側面を強く持たざるを得ず、そのことが海を越えて認識されているからこそ、いわゆる教科書問題のような事件も起こるのである。

こうした認識に立つとき、東アジアの歴史教育のあるべき姿を検討するためには、その前提として、この地域における国際関係についての考察が必要になる。もちろん、これは、歴史教育や歴史研究を国際政治に従属させようとするものではない。むしろ歴史、そしてその教育を語る際には、これまでも意識的あるいは無意識のうちに政治的な思考が行なわれていたのであり、いま必要なのは、歴史教育のあり方を検討する場において、その思考を明確な言語で表現することである。

また、当然のことながら、各国が同一の政治思想に基づいて歴史教育を構成しなければならないのでもないだろう。まず求められるのは調和であって、統一ではない。各国・各地域でどのような歴史教育のあり方が実現するのが望ましいかについて、東アジア全体をイメージしながら検討することが必要なのである。

東アジア歴史教育シンポジウムは、過去十数年にわたり、各国のさまざまな歴史理解の交流を促してきた。この基礎の上で、今後は、教育の側面をより一層積極的に取り上げていくことが望まれているのは間違いない。その際、シンポジウム参加者の一人ひとりは、こうした期待の中から、どのような東アジアの将来像をあなたは持っているのか？という問いを聞き取らなければならないであろう。この問いを明確に意識し続けることが、国家の枠組みから解放されようと努力する私たちを、儒教文化圏や漢字文化圏のような東アジア中心主義とも言うべき集団的アイデンティティ論の陥穽に落ち込む危険から救ってくれるのではないだろうか。

## 参加記

## 3　共生への確かな道を

藤沢　法暎

「東アジア歴史教育シンポジウム」に私が始めて参加したのは、一九八九年八月の第二回。その折、海外からは中国・韓国・北朝鮮の歴史家たちが参加しており、このシンポジウムが朝鮮半島の南北対話の橋渡しにもなっていることを嬉しく思った。会議ではとりわけ、韓国の李元淳ソウル大学教授（当時）が烈しい口調で日本帝国主義批判を展開されたのが印象的だった。フロアーからは油井大三郎氏（だったと思う）が、日本人と他のアジア諸国民との友好・連帯の歴史にももっと目を向けるべきではないか、と問題提起され、世話人の西川正雄氏が侵略・植民地支配に関わる「民衆の側の責任」の扱いをめぐって議論の収拾に苦労しておられたのが、今も記憶に残っている。このテーマは、その後もこのシンポジウム（概していえば、他のアジア諸国との歴史研究・歴史教育の分野での交流）が、顕在的であれ潜在的であれ、一貫して抱え続けているといえよう。

当時は翌一九九〇年から三年近く、日韓歴史教科書の近代史記述の改善をめぐる両国歴史家の共同研究の世話人を私自身が勤めることになろうなどとは、思ってもいなかった。（この共同研究の過程で李元淳氏とも親しくなり、九五年三月には大学公開講座の講師として、愛弟子の鄭在員ソウル市立大学教授ともども、金沢にお招きしたこともある）。

私の自宅の本棚には以前から二葉の写真が飾ってある。一枚は第二回東アジア歴史教育シンポジウムの関係者の記念撮影。もう一枚は家永教科書裁判（第三次訴訟）で九〇年十二月、私が東京高等裁判所の証言台に立った折のものだ。（報告集会の写真で、私の隣に家永先生がおられる）。

思えば「東アジア歴史教育シンポジウム」の一五年は、日本の歴史教科書にとって（あるいは日本人の歴史認識にとって）貴重な一五年だった。

六五年に始まる家永訴訟（九七年に最終的に結審）を軸にした国内からの教科書行政批判の高まりに加えて、八二年にはアジア各地で日本の教科書に対する（あるいは日本人の歴史認識に対する）批判が噴出し、紆余曲折はあったが、政府も次第に従来の歴史観の見直しを余儀なくされ、この新しい流れがまず九二・九三年の教科書検定に反映され、さらに九五・九六年の検定で定着していく。

これに対する「偏狭なナショナリズム」史観の側からの反発が、九〇年代後半の歴史教科書批判や、「新しい歴史教科書」をめざす活動の底流にあることは、いうまでもない。

それに伴う近現代史論争は、もう少しお互いにとって意味のある形を工夫していく必要があろうが、ともあれ、東アジア各国に共通する「偏狭なナショナリズム」からお互いに抜け出し、自国を相対化しつつ、近現代史認識を深め合う方法を絶えず提起し続けてきたのが「東アジア歴史教育シンポジウム」といえるだろう。

一九世紀半ば以降、欧米列強が相次いで押し寄せてくる中で、否応なしに「近代化」の課題に直面した東アジア各国が、これにどう対応しようとしたか、その苦闘の歴史（光の部分もあれば影の部分もある）を、「自国史」と「世界史」の両面から解明することが、このシンポジウムの当初からの課題だったはずだが、回を重ねる中で、議論もずいぶん落ち着いてきたというのが今回の感想だ。（自己相対化が依然として困難な国情をうかがわせる報告もあったが。）

一つには、この十年余りで、日本の歴史教科書の近代史記述がかなり改善されたことが、無用の摩擦を回避させる力になっていると思う。

このシンポジウムに参加する楽しみのひとつは、日本の歴史家たちの充実した報告が聞けることだ。報告を通じて、日本の第一線の歴史家たちの関心の所在や研究の水準を垣間見ることができるのは、私のような教育学者にとっては得難い機会で、「耳学問」ながら刺激的だ。（今回は、木畑洋一氏、宮地正人氏）。

ところで、私たちが日韓共同の歴史教科書研究に取り組んでいる折、第一回合同研究会（九一年三月、東京）の閉会の挨拶で、韓国側の名誉代表格の李奎浩氏（延世大学教授・文相・駐日大使などを歴任）は、「過去は未来の一部」との把握を前提に、「私たちが共同の未来を展望するようになれば、私たちは過去の歴史に対して共同の、あるいは少なくとも相互理解を可能にする解釈をすることができる」と指摘されたことがある。

九八年一〇月の金大中大統領の来日を直接の機に、日韓関係もようやく落ち着きを取り戻し、さらに朝鮮半島も南北対談の公式の窓が開けるなど、東アジアも共生に向けた新たな動きが進みつつある。

相互理解を可能にする方向で、お互いの歴史認識を深め合う努力をゆるがせにすることなく、共生への確かな道を踏み固めていきたいものだ。

村山内閣が公約した「アジア歴史資料センター」も、ようやく二〇〇一年度中に「国立公文書館」に併設されることが決まった（ごくささやかな形だが）。とりあえずは小規模でも、何とか九五年六月の「有識者会議」（官房長官の諮問機関）の答申にあるような形に一歩ずつでも近づけていく方向で、あらためて知恵や力を持ち寄りたいものだ。

シンポジウムによせて

# 4　韓日の共存関係の模索

朴《パク》鍾《チョン》天《チョン》
（三橋広夫訳）

## 一　望ましい歴史教育とはどのようなものか

私は一九七七年から中・高校で歴史を教えてきたので、歴史の教師になって二三年になった。初めの一三年は中学校で、最近の一〇年間は高校で歴史を教えてきた。そして、歴史教師の会に参加して一〇年を超えた。これから停年が六〇歳になるとすると、あと一〇年ほど歴史を教えれば、このうんざりした歴史教師の生活も終わると思う。

私がうんざりした歴史教師の生活と表現したのは、二〇年以上も教室現場で歴史を教えてきても、いまだに歴史を教えるのに自信がないからである。最近は自信がさらになくなり、私自身が歴史教師をかさに着て報酬を受けとる詐欺師のような気分がふっと出るときがある。

学校現場で子どもに進路指導をする時、一番の優先順位が子ども自身の適性と能力を重視すべきだと考える。たぶん私にはこの歴史教師という職業が私の適性や能力に合わないのではないかと、いつも気にしている。

歴史の教師は歴史的事実を教えながら、この歴史的事実によって人間を育てる職業だと思う。歴史的事実は本を読んで教えれば別に問題はない。実際に歴史的事実を教えるには、歴史の教師は必ずしも必要ではない。子ども自らが歴史学者が研究し、整理した本を読めば解決される。

しかし、この歴史的事実によってどのような人間を（よくこれを歴史意識という）育てなければならないのか。そして、どのような方法（授業方法）で育ててこそ最も効果的なのかについては、歴史的事実や、歴史の教師によって多様に展開される。中・高校の教科の中で歴史ほど子どもへの教師の関与の比重が大きい教科はないというのも、こうした理由からのようだ。

では、歴史の教師があたえられた歴史的事実によって歴史の授業を展開するにあたって、指向すべき標準の人間をどのように設定するのか。ここには倫理的な問題、価値判断の問題、人間的な問題、その時代が直面した矛盾が何なのかを認知する問題、その矛盾が克服されるべき方向設定の問題、その矛盾克服に努力する問題など、さまざまな問題の解答があってこそ可能なのである。

その次には、設定された標準の人間に育てるためには、あたえられた歴史的事実をどのような順序で配列し、どのような方法で展開するのが最も効果的かが理解されなければならない。このために歴史の教師は多様な教育理論を学んできた。認知構造の変化、心理的構造の発達順序などは、まさにこうしたものと言えるだろう。

したがって、歴史の教師は次のような問題が解決された後に、歴史の授業を展開しなければならないと考える。

第一に、自分が教えようとする歴史的事実は正確なものか。

第二に、その歴史的事実によって指向しようとする標準的な人間がその時代にふさわしい人間なのか。

第三に、そうした目的を達成するために自分が展開しようとした歴史の授業方法が最も効果的なものか。

こうした問題を解決するために全国の歴史教師が年毎二回ずつ集ってきた。こうした問題は、教師一人の力では解決が不可能なことは、少なくとも今回の冬の研修に参加された教師たちはわかるだろう。今回の冬の研修を通して、多くのことを得ていこう。

私は歴史の教師が歴史の授業を計画し、展開するにあたって最も難しい部分が「韓日関係の歴史の授業」ではないかと考える。日本という存在をどのように教えるべきなのか。韓日関係の歴史の授業で追求すべき望ましい方向は、日本を理解し、互いに共存できる関係を摸索することでなければならないだろう。そのためには、韓日関係の歴史の授業をどのように計画し、展開すべきなのか。

少し前から韓国では、日本の学校と縁を結び、子どもが互いに往来しながら互いがもっと理解しようとすることが流行のように広がっている。何年か前に、私が住んでいる近くの初等学校でも日本にある小学校と縁を結び、日本の子どもを招待したことがあった。日本の子どもが書いた書道の作品とこの学校の子どもの作品をいっしょに展示し、互いの腕前を自慢するためなのかは知らないが、とにかく日本の子どもがこの学校を訪問した。日本の子どもが校門に入ると、ほとんどの子どもが手を振りながら歓迎をしているのに、その中に何人かの子どもが「倭奴《ウェノム》！」と叫んで石を投げた事件がおきた。日本の子どもも非常に驚いたが、主催側の韓国の学校側もどれほどうろたえ、驚いただろうか。

友だちとして訪問した日本の子どもたちに石を投げた子どもはどのような子だったのか。その子どもたちは、その前日の授業で「三・一運動と柳寛順《ユグァンスン》」という内容を学んだというのである。石を投げなかったクラスの子どもたちはまだその内容まで進んでいなかったから、「三・一運動と柳寛順」を習わなかったというのである。この教師の歴史の授業は正しくなされたと言えるだろうか。まちがっていたとすれば、何がまちがっていたのだろうか。「柳寛順と三・一運動」をどのように教えてこそ正しく教えたと言えるのだろうか。「柳寛順と三・一運動」をどのように教えてこそ、子どもたちが日本との共存関係を摸索する方向に意識の転換がなされるのだろうか。

## 二　東アジア歴史教育シンポジウム

一九九九年一二月一一日から一二日まで東京の明治大学で東アジアの歴史専攻者や歴史教育者のシンポジウムがあった。テーマは「日本帝国主義をどのように教えるか」だった。この問題を解決するにはまず、日本帝国主義とは何か、日本帝国主義を通して子どもたちに何を教えるのか、このためにはどのような授業形態が望ましいのか、についてのシンポジウムであるという期待から参加した。

私自身が歴史の教師であるからか、「帝国主義支配」をそれぞれの国、特に支配された国の中・高校生にどのような内容を、どのように教えているのかに強く関心を持っていた。もちろん、日本側の意図されたシンポジウムではあったが、各国の報告者の発表内容がわが韓国の歴史の教師に帝国主義に対する授業を実践するにあたって眼目を広めるのに役立つと考え、今回の「全国歴史教師冬の研修」で紹介するのである。

各国の報告者が発表した内容は、日本帝国主義の支配が自分の国にどのような影響を及ぼしたのかに集中していた。しかし、今日の韓日関係史の授業が指向すべき方向は過去の日本帝国主義の支配が自国の発展に否定的だったにせよ、肯定的だったにせよ、その結果とは関係なく子どもたちにとって「これからの韓日関係は敵対関係ではない、共存関係への認識の転換」の教育にならなければならないと考える。

各国の報告者の発表内容の一部を紹介する。彼らの発表内容が現在彼らの国家で一般的に認識されている内容なのかどうかはわからないが、わが歴史の教師に韓日関係史の教育を実践するにあたって新しい眼目を広める機会になるだろうと確信している。

まず主催側日本の開会あいさつを聞くと、このシンポジウムの性格と目的をよく把握できるであろう。

「植民地支配をした側と植民地支配を受けた側とのそれぞれ相対応したり相反発する、またそれだけでは言い尽せない多様で多面的で重層的な相互関係を報告しあい、ぶつけあい、忌憚ない討議を始めてみたいと思います。……こうした作業こそが、加害と被害、植民地支配と反発・抵抗という「二項対立」の状況を克服し、「帝国意識」や「ナショナリズム」などの「一面的な」対立・摩擦を脱却していく方向を摸索し打開していく努力であり、東アジア諸地域・諸国・諸民族の「自立と共生」の達成への精神的基盤を試行し発見していく作業に通じるのではないかと、愚考いたします。」

中国歴史教学研究会の馬執斌《マジビン》は「近代中国の民衆は、帝国主義列強による侮辱をいやというほど受けてきた。……世紀の転換期に立って歴史を顧みると、私たちは、今世紀初頭の独占資本主義―帝国主義がもたらした三つの基本的な矛盾が、形を変えつつも、その基本的性質を変えることなく、今日まで引き継がれていることに気づく。帝国主義の植民地・半植民地獲得の矛盾は、今日の先進国と発展途上国との矛盾へと展開し、帝国主義国家間の矛盾は先進国相互間の矛盾へと移行し、資産階級と無産階級との矛盾は、国際的な社会主義国家と資本主義覇権国家との矛盾へと引き継がれている。一世紀にわたる資本主義発展の歴史の新たな段階の基本的性格とその基礎は、依然として独占資本主義なのである。

二〇世紀における世界の一体化の仕組みは、独占資本主義勢力がともに全世界に向かって、植民地争奪戦を繰り広げ、植民地・半植民地国家や地域の民衆を搾取し、奴隷化していったという事実である。このような一体化は、不公平・不正常である。このような不公平・不正常な現象を改め、公正で美しい世界を打ち立てるためには、全世界民衆の努力と闘争に頼る他はない。全世界の民衆に期待を寄せるしかないのである。」と述べた。

国立台湾師範大の呉文星《ウウエンシン》は「日本による台湾統治は、功罪両面を有している。日本の台湾統治の目的は、台湾を開発して日本帝国の富を増やし、かつ南方への拡張の基地とするということであった。官民が全力を尽くしてこの政策を貫徹しようとした結果、新たに生みだされた富は付随的に台湾人にも分け与えられるようになり、台湾人の生活水準は中国大陸の民衆よりも著しく高いものとなった。……総督府が日本語普及を強制した結果……台湾人は、日本語を外国語と見なし、決してこれに対してアイデンティティをもつことはなかったのであり、このことは、日本語ができるようになることと同化されることとは無関係であることを意味していた。他方、日本語は、逆に台湾人が近代的知識を吸収するための主な道具となった。台湾人は日本語を通して近代的な西洋の基本的な科学技術と文化を吸収し、近代的な衛生観念を受け入れたのであり、新たな観念と制度は次第に日常生活の一部分となり、ついに台湾を近代化の潮流を受け入れた植民地社会へと変えていったのである。……台湾人は総督府が企図したように、日本語を学ぶことで、日本国民としての精神や性格を身につけるようなことはなかったのである。

台湾人に即していえば、彼らは強制的に新たな規範や新たな制度の中に組み込まれたが故に、適応と選択の過程を経て、彼ら自身がこれらの新たな規範や制度を受け入れ、「近代性」を持った観念や風俗を生みだしてきたのであった。この意味では、この過程は決して同化ではなく、近代化そのものであった。そしてそれが故に、戦後「脱日本化」の過程で、纏足・弁髪の廃止といった新たな風俗や時間の厳守・法律の遵守・近代的な衛生などの新たな観念は、決して否定されるべきものとして扱われたのではなく、逆に続けて強調されてきたのである。」とした。

呉文星の発表はさまざまな外国人からだけではなく、日本人からもたいへん批判された。ここから、シンポジウムの雰囲気を察することができるだろう。

ソウル大姜玉楚《カンオクチョ》は「資本主義を人類史の目標として想定しないとすれば、また資本主義の発展の程度をそのままその社会の文明度と見ないとすれば、資本主義の世界秩序に遅れて適応した民族を劣等だと見る必要もない。それとともに、これを素早く採用した民族の邪悪な「民族性」を云々することも同じく無意味であろう。……日本の帝国主義を全世界的な「帝国主義時代」の問題として把握しなければならないという江口朴郎の問題提起に一応賛成である。また「日本が加害者であった事実にいささかも変更はないが、問題点は多様である」と指摘しながら、帝国主義時代の歴史において、「加害者―被害者」の黒白論理や道徳論で解決できない問題に対する深く突っ込んだ検討を要請した西川正雄氏の問題意識も、これと関連したものではないだろうか。」と述べた。

ヴェトナム国立歴史研究所のズオン・チュン・クオックは「ホー主席はフランスのもつ二つの側面を区別していた。つまり、フランスの植民主義と、フランスの文明的な面である。……ヴェトナム人はフランスの植民地主義以外の全てのものを必要としている。……完全なる独立を目指していたにもかかわらずこの時期のヴェトナムは、必要のない戦争を避け、同時に西洋先進国の一つであるフランスから知的資源を開発しヴェトナムの国家建設に役立てるため、フランスとの連合を容認していた。……ヴェトナムでもある時期、西洋諸国の文明と発展レヴェルの問題と植民地主義統治勢力のような存在を同一視したために、西洋のあらゆる価値を完全否定する極端で偏狭な民族主義の傾向が現れたことがあった。現在、ヴェトナムでは西洋とフランスの文化的価値は、ヴェトナム社会の生活の中に根ざしており、特にヴェトナムの文化遺産のような分野では十分な評価を受けている。西洋の文化価値が継承されているのは、植民地主義の文明開化のおかげではなく、西洋的価値観とヴェトナムの伝統的価値観の交流と混合の過程があったからである。……このような考え方は過去の植民地主義について評価するときに、研究上だけでなく、若い世代にはっきりと講義で伝えていく必要がある。それが、人類共通の遺産でもある植民時代の遺産を、偏狭な民族主義でのみとらえないことにもつながるだろう。」とした。

ズオン・チュン・クオックの発表は、私には、現在の韓日関係史を教えるのに新しく、重要な眼目を広げたと考える。

私の発表は、一九九八年夏休みに私が勤務する慶南科学高校で「日本人」の歴史の教師三〇名、慶南の歴史教師六〇余名が参加した中で直接授業を実践した内容だった。

授業の主要内容は概ねこういうものだった。

わが韓国人や子どもたちは日本を過度に意識している。こうした子どもたちが日本という実体から抜け出すことはできないか。こうした役割で歴史教育はどのような方向に展開されるべきなのか。

ここに次のような原則を設定した。日本という実体を認識するのに感情的な偏見から抜け出そう。すなわち、客観的に見つめることができる認識の枠組みをつくってみよう。したがって、日本帝国主義の支配を当時のアメリカ、イギリスなどの帝国主義と同じ資本主義の構造で理解しようとした。日本帝国主義の支配の特徴を、日本人の民族性、残忍性に客体化する姿勢を止揚しようとした。内容は配布した資料を参考にしてほしい。

## 三　結　び

終わりに、東アジア歴史教育シンポジウムに参加した私の所見を述べ、「韓日関係」の歴史教育において歴史の教師としていくつかの提案をしようと思う。

まず、一九九七年八月一五日に明治大学で開催されたシンポジウムに参加した時も感じたが、シンポジウム参加者の態度がたいへん積極的な姿勢だという点である。入場料を払っても参加者が多いという事実に驚いたし、非常にうらやましかった。日本が先進国だということを実感させられた。

シンポジウムのテーマの方向は、前も指摘したように日本帝国主義の支配が自国にどのような影響を及ぼしたのかに集中していた。しかし、日本帝国主義の被害を蒙った国々は日本帝国主義に対する認識と植民時代の遺産を偏狭な民族主義でのみとらえないことにつなげようとした。そして、日本帝国主義を全世界的の帝国主義時代の問題として把握し、日本が加害者だったことは変わることがないとしても問題点を多様に把握しようとした。

したがって、今回のシンポジウムの発表を参考に、韓日関係史の授業で次のようないくつかの提案をしてみようと思う。

第一に、近代韓日関係の歴史教育において、韓国は日本に侵略されるばかりの被害者に過ぎない、侵略だけが強調された日本の既存の韓国関係史のイメージを変えなければならない。近代韓日関係史教育で私たち自らが韓国を客体としか認識せず、その主体性が無視されている。韓国という歴史的主体を認識することとつなげなければならない。韓日の歴史や韓国人としてのアイデンティティを徹底的に自らの実践の中でともに解いていくべきだと考える。

第二に、韓日関係史の教育で韓国史について過度に誇大評価する姿勢から抜け出すべきである。歴史的にみると、日本はさまざまな国家と国際的関係を結んできた。日本の歴史や文化を韓日関係史的視角だけではとうてい理解できないほど複雑で多様。韓国史と関連した部分が日本史に占める比重は、至極微々たるものだ。したがって、韓国史と関連した部分の視角だけから日本を把握する「井戸の中のカエル」の視野から抜け出し、日本の歴史や文化を客観的に、多様な視角で「ありのままに」見つめる態度を持たなければならないと考える。

第三に、歴史教育の目的は互いに異なる歴史や文化をもった社会と人々を一つの調和された体系に編まれなければならない。そうして、互いの出会いが一方への同化ではなく、自主性に根ざした賛同と協力で互いが共生する社会をつくることに寄与することでなければならない。

第四に、私は今回のシンポジウムを通して「望ましい歴史の授業の実践」のためには、歴史の教師の個人的、集団的交流が必ず活性化されなければならないと考える。例えば、地域歴史教師の会、韓日歴史教師の会などがそれである。特に、韓日歴史教師の会は、韓国の歴史教師に日本人の多様な姿を自ら体験できる機会を持たせるのに役立っていると確信している。

終わりに、韓日関係の歴史教育において望ましい方向の摸索には、必然的に韓国人に日本を認識するにあたって新しい転換を要求している。もちろん、韓国人だけの転換の努力では可能ではない。韓日両国が両国の相互友好認識を深化させる方法を絶えず摸索すべきだろう。こうしたことは、韓日両国の歴史教師の役割なしには期待できないと考えられる。

(発表後に韓日関係史教育についての全国の歴史教師の多様な意見が示された。ほとんどの教師たちは韓日関係史教育の基本方向については、すなわち「韓日の共存関係摸索」という私の意見に共感した。しかし、それをどのように実践するかについての代案は出てこなかった。もちろん、この代案はすぐに出てくるような性質ではないからである。これから全国の歴史教師の間に韓日関係史の授業実践について、多くの意見交換と討論の機会を持つことが合意された。）

＊この報告は、二〇〇〇年一月に行われた「全国歴史教師冬の研修」での報告を加筆・修正したものである。

参加記

## 5 漢字文化圏における歴史学通訳・翻訳のこころえ

李《リ》 恩《エン》民《ミン》

通訳（interpretation）・翻訳（translation）とは、異なる言語・文化を疎通させる重要な手段のひとつであり、それを通して全く違う文化圏の知識・学問・思想・科学などははじめて交流・理解・融和することができるのである。通訳・翻訳事業の勃興は、往々にしてその社会的ニーズに応じていると考えられる。近年、グローバリゼーションと情報技術（ＩＴ）革命によって、国々と社会と個人の地球規模でのネットワークが広げられ、各種の国際会議、シンポジウム、フォーラム、セミナー、プレゼンテーション、プレスカンファレンス、講演会などが急速に増加されている。そのために地球共通の共用語ができていない限り、政治・経済・歴史・社会・科学・通信・金融・財務・医学・時事全般・スポーツ・文化・芸能・マーケティング及び国際関係等の各分野に精通した通訳者・翻訳者が必要とされている。

それでは、国際化・情報化時代の二一世紀において、通訳者・翻訳者に求める資質とは何だろうか。簡単に言えばまず語学力であるが、実は「語学ができること」＝「通訳・翻訳ができる」ことにはならない。外国語の運用能力のほかに、母国語の力と通訳者・翻訳者としての専門知識が必要になる。すなわち、より高度な専門的知識と実践的な語学運用能力が新しい時代の通訳者・翻訳者に求められている。これは「第四回東アジア歴史教育シンポジウム」の通訳を担当した際に実感させられたことである。

一九九九年一二月一一日から一二日に至るまで、左記シンポジウムは比較史・比較歴史教育研究会の主催によって明治大学で行われた。シンポジウムで使われる言語は、主に日本語・中国語・ハングル・ヴェトナム語で、会場の発言は同時に通訳することになっている。しかし日本語以外のネイティヴ・スピーチの場合は、どの言語もいったん日本語に訳され、それから各国語に訳すことになっている。言うまでもなくどの場合でも、必要な情報を正しく伝えることを最優先させ、間違いを許容するといった発想は会場の現場では考えられない。

私はこれまでにスピーチなどを段落ごとに日本語または中国語で通訳したり、歴史関係の著作を翻訳する経験はあったが、同時通訳に近い形で行ったのは初めての経験であった。ほんの少しであるが、同時通訳を通じて今まで以上に考えさせられたことを漢字文化圏固有名詞の訳方に絞ってこの「感想文」を展開したい。

## 人名・地名の読み方と教育

第四回東アジア歴史教育シンポジウムの主な報告者は日本、中国の大陸と台湾、韓国、ヴェトナムからの研究者で構成されている。

これらの国々は、言語文化から区別して言うと、すべて漢字文化圏に属する。日本や韓国、ヴェトナムでは歴史上、大量の漢語を取り入れており、かつて公式文書も漢文であった。しかしながら同じ漢字を使っていると言っても、その読み方はもちろん、意味相違のところもある。人名で使われる漢字は特にそうである。したがって、公に相手の名前をどのように呼ぶか、教育現場で歴史人名の読み方をどのように教えるかという問題は、東アジアでは未だ統一されていない。これは東アジア歴史教育者が直面する課題の一つである。

これに対し今回のシンポジウムは参加者全員の名前を「現地ヨミ」（民族ヨミとも言う）の原則を取っており、楊天石《ヤンティエンシー》、馬執斌《マジビン》、呉文星《ウウェンシン》、朴鍾天《パクチョンチョン》、趙錫坤《チョソクコン》、姜玉楚《カンオクチョ》、ズオン・チュン・クオック（Duong Trng Quoc、漢字：楊中国）のように報告者名のふりがなを付けた。教育と文化の国際交流という視点から見れば、これは互いに文化尊重に向けて進んだ大きな一歩である。

これまでに中国は日本人名（歴史人物も含む）をすべて中国読みにしてきた。これに対して日本も中国人名を日本語読み（和ヨミとも言う）にしている。そうした慣習が身につけられたせいか、通訳、特に同時通訳の時に、正しい人名の漢字がすぐ頭に浮かんでこない。

例えば、中国語で「Gongqi Taotian」を言うと、即座に「みやざき　とうてん」を訳すことができず、「宮崎滔天」（一八七一－一九二二）という漢字を浮かべてからその漢字を日本語で読むのが、中→日通訳のパターンである。同様、日本語で「こうこう」を言うと、まず「黄興」（一八七四－一九一六）を思い出してから「Huang Xing ホワン・シン」に訳すのが日→中通訳のパターンになっている。このような通訳の中間段階（漢字を浮かべる）を無くして直接訳すことを可能にするためには、またお互いの文化と意思を尊重するためには、歴史研究と歴史教育の現場では、人名についてすべて「現地ヨミ」の原則を取るべく、ふりがなを付けるべきだと考えている。

例えば、日本の場合は中国近代の歴史人物を紹介する時に次のようになる。

張　謇（Zhang Jian　一八五三－一九二六）　チャン・チェン

康有為（Kang Youwei　一八五八―一九二七）　カン・ヨウウェイ

袁世凱（Yuan Shikai　一八五九―一九一六）　ユワン・シーカイ

孫　文（Sun Wen　一八六六―一九二五）　スン・ウェン

梁啓超（Liang Qichao　一八七三―一九二九）　リアン・チーチャオ

中国の場合は、日本近代の歴史人物を紹介する時に次のようになる。

大久保利通（Okubo Toshimichi　一八三〇―一八七八）　Ao-ku-bao Tao-xi-mi-qi

福沢諭吉（Fukuzawa Yukichi　一八三五―一九〇一）　Fu-ku-za-wa You-ken-qi

伊藤博文（Ito Hirobumi　一八四一―一九〇九）　Yi-tao Hi-lao-bu-mi

夏目漱石（Natsume Soseki　一八六七―一九一六）　Na-ci-mai Sao-sai-ken

与謝野晶子（Yosano Akiko　一八七八―一九四二）　Yao-sa-nao A-ken-kao

外国人名の現地ヨミを普及させるには、教育の現場でその習慣を身につけさせることが重要である。最初の段階で読みづらく覚えにくいかもしれないが、そのあとは必ず慣れることになる。日本におけるコリア（朝鮮・韓国）人名読み方の変化は一つの良き事例である。

一九八〇年代初頭までに日本はコリアの人名を、安重根《あんじゅうこん》（一八七九―一九一〇）、金日成《きんにっせい》（一九一二―一九九四）、朴正熙《ぼくせいき》（一九一七―一九七九）のように日本語で読んできたが、在日コリアの抗議を受けたことをきっかけに、中曽根康弘内閣時代の日韓首脳会談を経てコリア人名をハングル読みにすることを約束した。以来、マスコミも教育の現場も、安重根《アンジュングン》（An Chung-gun）、金日成《キムイルソン》（Kim Il-song）、朴正熙《パクチョンヒ》（Pak Chong-hui）のように読むことになった。

中日両国の間にこのような約束がないが、最近、日本では中国人名の民族ヨミが使用されるケースが増えており、こうした傾向も加速している。この傾向が強くなればなるほど、近い将来には歴史教育の主流になるだろう。

人名の現地読み原則に沿って地名の読み方もそうすべきである。この面において日本はすでに進んでおり、コリアとヴェトナムの地名について釜山（プサン）、仁川（インチョン）、ディエン・ビエン・フー（Dien Bien Phu）、ハイフォン（Hai Phong）、クイニョン（Qui Nhon）のように現地読みにしている。

中国の一部地名に対しても伝統的に中国語あるいは旧英

語読み（現代の英語ヨミは中国語ヨミと全く同じ）にしている。チンタオ（青島 Qingdao）、ペキン（北京 Peking）、シャンハイ（上海 Shanghai）、アモイ（厦門 Amoy）などは知られている実例である。

こうした方法にしたがって現代中国語でほかの地名をも読めば無難であろう。すべての地名を元々の漢字で表すことが漢字文化圏の始祖である中国の得意なところであり翻訳には問題はないが、肝心の読み方は中国でも次の通りに現地ヨミにすべきである。釜山（Bu-san）、仁川（Yin-qiao）、奠邊府（Dian-bian-fu）、海防（Hai-fao）、帰仁（Kui-niao）、江戸（Ai-dao）がその例である。

同じ地名に二つの言語で名前が付けられた場合は、樺太（からふと　日本語）またはサハリン（Sakhalin　ロシア語）、日本海（日本語）または東海（ハングル）、黒龍江（ヘイロンチアン　中国語）またはアムール（Amur　ロシア語）のようにすれば良いだろう。

## 専用人名・機関名の中国語訳について

漢字文化圏の国々は非漢字圏の人名を訳す時にそのローマ字読みをとることが共通の原則である。

例えば、アメリカ第三二代大統領Franklin Delano Roosevelt（一八八二－一九四五）について、日本では「ルーズヴェルト」と訳すのに対し中国は「羅斯福」と訳す。ところが、中国歴史上で活躍した一部の西洋人の場合は、この原則に適用できないことを通訳者・翻訳者として知っておかなければならない。

例えば、楊天石報告（「イギリスと辛亥革命」）のなかで、当時の英国駐清国公使Sir John Newell Jordan（一八五二－一九二五）の活動を紹介されたが、その名前を日本語訳として「サー・ジョン・ニューウェル・ジョーダン」にすることは問題ないが、中国語に訳す時には、「約翰・紐厄爾・喬丹」に訳せず、「朱爾典」に訳さなければならなかった。なぜならば、辛亥革命の時代からこの訳方は広く一般的に認められ（いわゆる「約定俗成」）、中国対イギリスの外交文書にも使われていたのである。

そのほかに、中国史上、一部の西洋人は漢字文化を好み、自ら中国名を持っていた。こうした例として中国近代史に名を残した英米の外交官は朱爾典以外に、蒲安臣（Anson Burlingame　バーリンゲーム、一八二〇－一八七〇）、李仙得（Charles William Legendre　リジャンドル、一八三〇－一八九九）などが二〇名ほどある。

西洋宣教師の大部分は中国名を持っていた。歴史上特に有名なのは次の通りである。

利瑪竇（Matteo Ricci　マテオ・リッチ、一五五二－一六一〇）

羅孝全（Issachar Jacob Roberts　ロバーツ、一八〇二－一八七一）

丁韙良（William Alexander Parsons Martin　マーティン、一八二七―一九一六）
林楽知（Young J. Allen　ヤング・J・アレン、一八三六―一九〇七）
狄考文（Alvin Pierson Parker　パーカー、一八三六―一九〇八）
傅蘭雅（John Fryer　ジョン・フライア、一八三九―一九二八）
李佳白（Gilbert Reid　ギルバート・リード、一八五七―一九二七）
李提摩太（Timothy Richard　ティモシー・リチャード、一八四五―一九一九）

このような伝統は現在の欧米社会にも影響を与えている。例えば、次の通りに多くの政治家・外交官・中国研究者は自ら中国名を付けている。

彭定康（The Rt. Christopher Patten　クリストファー・パッテン）
尚慕傑（Jim Sasser　ジム・サッサー）
費正清（John K. Fairbank　フェアバンク）
施堅雅（G. William Skinner　スキナー）
李約瑟（Joseph Needham　ジョゼフ・ニーダム）
周錫瑞（Joseph Esherick　エシェルック）
費維愷（Albert Feuerwerker　フォイエルワーカー）
顧　琳（Linda Grove　リンダ・グローブ）

彼らの中国名は中国の学者が熟知しているから、中国語に訳す時に現地ヨミの原則をとって訳したら、中国の読者はかえって誰のことかが分からなくなるし、本人もその訳方を望んでいない。「中国語で紹介する時にはちゃんとした中国名で紹介してもらわないと納得できない」と中国近代経済史家のリンダ・グローブ氏は筆者に語っている。

だいたい同じ性質の問題であるが、専用機関名を外国語、特に英語から中国語に訳し戻すときには、文字通りに訳せず、元の漢字に訳さなければならないのである。

Hongkong & Shanghai Banking Corporation（匯豊銀行）、The Society for the Diffusion of Christian and General Knowledge among the Chinese（広学会）、University of Nanking（金陵大学）、University of Shanghai（滬江大学）、Shantung Christian University（斉魯大学）、Hangchow University（之江大学）などはその例である。

前記のような通訳・翻訳ができるようになるには、歴史研究と教育現場で訓練する方法以外はないだろう。したがって歴史研究のなかで培った知識と経験を積み重ねるこそ、クオリティーの高い通訳・翻訳がはじめてできると言えよう。普段、訓練が少なく、急に会議等の通訳に依頼される場合は、事前会議の資料だけに頼らず、関連の図書・論文を読んだりして、二日間の会議のために丸一週間もの間、念入りに調べ勉強に励むことは重要であるだろう。

通訳・翻訳には語学力プラスさまざまな専門知識と理解力が要求されると言われるが、通訳の場合はまた集中力が必要である。

実は通訳、特に同時通訳の仕事は緊張（集中力）の連続であって、その人がもっている力を最大限に発揮しなければならない場である。専門家が話していることを過不足なく一〇〇パーセント伝わっているかどうかは、常に会場の反応でキャッチしなければならない。だが、「通じた」と感じた時のその感動は言葉で表れない。私は今回の「第四回東アジア歴史教育シンポジウム」の通訳を担当したことによってその仕事の醍醐味を味わうことができた。その醍醐味とは、一言でいえば〝通じた時の感動〟だといえる。

参加記

# 6　シンポジウムに参加していない当時の教師と今のモンゴルから考える

茨木智志

今回の東アジア・シンポジウムの発表と討議を聞いているときに二つのことが頭に浮かんだ。一つは、ここで問題にしている一九〇〇年前後の時期の歴史教師が当時このようなシンポジウムを開催したならば何を主張したかということであり、もう一つは、ここにモンゴル人が参加していないことは何を意味しているのかということである。

## 一九〇〇年頃の歴史教師の目

一九〇〇年前後の日本は世界の歴史を日本史・東洋史・西洋史の三つに分けて見る認識方法が歴史教育で始められ、これに応じた教科書が使われだした時期にあたる。当時の東洋史・西洋史教科書から同時代をどのように捉えていたかを見てみたい。

棚橋一郎・辻安弥・置塩隆親著『西洋歴史教科書』（一九〇三年四月検定）の最後の部分では、優勢を占めている「西洋列強の白人種」に対して「拮抗し得るものは独り我が日本人種あるのみ」であるとして、日英同盟までの日本の進歩を述べ、「東洋の先進国」である日本の「国民たるもの宜しく世界の趨勢を看破し、列国競争の跡に鑑み、軍事外交を始め、経済其の他百般の事に於て大に計画する処あるべき」と主張している。

同様に「世界の趨勢」や「東西の形勢」を根拠に、国民の覚悟を説く教科書が多い。帝国主義の時代のただなかにおいて「列国の勢力競争場裡」となった世界で日本が列強と伍して進み始めたことを誇り、またこれを担うべきことが主張されている。仮に一九〇〇年前後に歴史教育シンポジウムが行なわれていた場合には、第一の主張はこの点に置かれることになろう。

多くの教師は当時の風潮や国是に合致したこの主張に積極的に賛同するものと思われる。ただ次のように日記に記した中等学校の若い歴史教師がいる。「世界の大勢といふ文字熾んに行はれ来りて、而して所謂大勢に応ずるの計画に至つては杳として遂に聞くところあらず、……独り軍備の拡張と政商の跋扈とが幾分か場面を賑はしたるに過ぎず、(一八九九年は)年としてはまことに不幸の年なりき」(津田左右吉の日記、一八九九年一二月三一日、『津田左右吉全集』第二五巻)。言葉の一人歩きを危惧する心情がうかがえる。「世界の大勢」という言葉のみで歴史教育の方向を決めるメンタリティーの持ち主ばかりが歴史教育を担っていたのではない。

また同人はこの数年前に中国について次のように日記に記している。「今日邦人の支那を見ること甚だ軽蔑に過ぎ、(日清)戦争以来特に甚だしきが如し、これ実に支那人民の勢力を誤認するものにして、又た東洋政策上極めて好ましからざる影響を来たすの虞れありとす、中学校の教育なんどに於いては頗る注意を要することならずや」(津田左右吉の日記、一八九七年二月一一日、同上書)。この記述中の「東洋政策」の中身ははっきりしないが、歴史教師として抱いた当時の日本人の中国観への問題意識は論議を進めてほしかった内容である。実際に一九〇四年前後に中国史中心の東洋史は歴史教育上不要であるという議論が行なわれた。この主張の根底には当時の中国に対する軽視があったが、世界もしくは世界史の認識をめぐる議論が行なわれたことは注目したい。この主張は後に東洋史・西洋史を廃して世界史という教科にすべしという主張に行き着く。

一九〇〇年前後の西洋史教科書からはもう一つのテーマが見出せる。それは「最近世の文明」を述べている部分である。ここでは一九世紀の科学技術について「驚くべき進歩」(前掲『西洋歴史教科書』)であり、「有益なる発明枚挙に遑あらず」(小川銀次郎『中学西洋史』一九〇三年三月検定)として一様に蒸気力や電力の応用、兵器の発達が社会を一変させたことを大きく取り上げている。この点も歴史教育シンポジウムのテーマとなりうるが、特に注目したいのはその次に記述される部分である。多くの教科書では各国の「共同事業」として万国博覧会、赤十字社、一八九九年のハーグ国際平和会議などについて取り上げている。ここでは「博愛」がキーワードとなっている。一九〇〇年前後の歴史教科書では対立や競争の側面だけではなく、「博愛」の精神に基づく国家間の共同事業を同時代の歴史教材として取り上げていた。仮に一九〇〇年前後に歴史教育シンポジウムが開催されたならば、このことも重要なテーマに位置づけられたであろう。もちろん、ここでいう「国家」が事実上欧米と日本を中心としたものであり、侵略と同居できる博愛に過ぎなかったと現在の観点からは指摘できるかもしれない。日清戦争後に大陸政策に大きく一歩を踏み出した日本ではあったが、当時の東洋史・西洋史教育が学問としての歴史学の立場を第一としたものであり、教科書執筆に多くの中等学校教師がかかわっていた一九〇〇年前後といういうさまざまな可能性を持った時期であったことを考えるならば、力の論理に終始しがちな当時の歴史教科書に影響を与えることは出来たであろう。

テーマとした時代の歴史教師の立場からのシンポジウムの感想を述べた。一九〇〇年前後の歴史教師たちはその後の百年を知らない。その後の一〇〇年を知っている我々が彼らとは違う何をシンポジウムの話し合いから得たのであろうか。

### モンゴルを見る内外の目

さらにもう一つ、モンゴルから考えてみたい。モンゴルがアジアの一員であることは疑う余地はない。ところが日本ではモンゴルが「ない」ことが多い。例えばモンゴルについて何か調べたり、探したりする場合、まずアジアを見る。そこから次の項目である韓国・朝鮮、中国・台湾、東南アジア、南アジアさらには極東ロシアと見ていくとしても、どこにもモンゴルがないことが多い。このことは書籍の分類、事典のテーマなどあらゆるところで目にする。以前は(極東)ロシア・東欧、近年は中国に分類されてしまっていることが多い。

日本の歴史教育におけるモンゴルは、一三世紀のチンギス＝ハンとモンゴル帝国に偏っている。もちろん一三世紀の世界を理解するためにはモンゴルは欠かせない。しかし二〇世紀世界はモンゴル抜きでもさほど支障なく語られてきた。世界史教科書ではモンゴル帝国・元の後は「明代のモンゴル」・「清朝の藩部」であり、二〇世紀の大部分は「ソ連の衛星国」であった。

当のモンゴルでは社会主義時代には唯物史観に基づいたモンゴル史が教育された。そこでは世界の歴史は一九一七年のロシア革命以前と以後に分けられ、モンゴル史も一九二一年のモンゴル人民革命を画期として以後は社会主義建設の時代と述べられてきた。モンゴルで民主化が始まった一九八〇年代末から歴史教科書の見直しが徐々に進んでいる。その中で一九二一年が画期という視点が崩れて中国からの独立を宣言した一九一一年を画期として歴史を見る方法がモンゴルで進められている。これは一九一一年－一九二一年ごろのモンゴル人の活動に対する見方の変化であり、中見立夫氏がモンゴル人は「真の意味での独立とはなにかという問題に直面している」(『アジアの歴史と文化　7　北アジア史』一九九九年)と指摘したように、ソ連崩壊後「独立」を果たしたモンゴルが民族、独立、国家などを考え直す過程にあることを示している。

歴史の見直しはこの時期のみに限らず、チンギス＝ハンの復権をはじめ古代の匈奴にまで及ぶ。一方で、歴史教科書では、社会主義の時代を「発展の時代」と捉える枠組みは変えられておらず、清朝治下の時代を「清朝の残虐な統治」が行なわれていた時代として描かれている点も変えられてはいない。極論すればモンゴル人の主体的な活動のみをモンゴル史の中心とする歴史叙述が進んでいる傾向にある。社会主義の対極は民族主義では決してない。

一九〇〇年前後ひいては二〇世紀を大国の視点のみで見る歴史認識には問題があることは、これまでのシンポジウムですでに明らかであり、侵略をする側と侵略を受ける側との対立のみでも不十分であることも指摘されてきた。このような帝国主義時代への洞察が進む中で、モンゴル史をどう位置づけていくかがシンポジウムに参加した我々にも参加していないモンゴル人にも求められている。

## さらに理解を深めるために

歴史学研究会（編）『講座世界史』第一二巻「強者の論理―帝国主義の時代」（東京大学出版会、一九九五）
江口朴郎『現代史の起点』〈「著作集」2〉（青木書店、一九七五）
――『帝国主義の時代』（岩波書店、一九六九）
西川正雄／南塚信吾『帝国主義の時代』（講談社、一九八六）
G・W・F・ハルガルテン『帝国主義と現代』西川ほか編訳（未來社、新装版、一九八五）
エリック・J・ホブズボーム『帝国の時代』全二巻、野口建彦ほか訳（みすず書房、一九九三、九八）
都留重人「現代帝国主義の分析のために」『経済』一九九八年一二月号、八八－九八ページ。
武田幸夫／宮嶋博史／馬渕貞夫『朝鮮』〈「地域からの世界史」1〉（朝日新聞社、一九九三）
中塚　明『近代日本の朝鮮認識』（研文出版、一九九三）
今井駿ほか『中国現代史』〈「世界現代史」3〉（山川出版社、一九八四）
姫田光義ほか『中国近現代史』上・下（東京大学出版会、一九八六）
呉　密　察「台湾史の成立とその課題」溝口雄三ほか（編）『周辺からの世界史』〈「アジアから考える」3〉（東京大学出版会、一九九四）
戴　国　煇『台湾という名のヤヌス』（三省堂、一九九六）
古田元夫『ベトナムの世界史』（東京大学出版会、一九九五）
『岩波講座　日本通史』第一七・一八巻「近代二・三」（岩波書店、一九九四）
『岩波講座　近代日本と植民地』全八巻（岩波書店、第三次刊行、二〇〇一）
柳沢遊／岡部牧夫（編）『帝国主義と植民地』〈「展望　日本歴史」二〇〉（東京堂出版、二〇〇一）
駒込　武『植民地帝国日本の文化統合』（岩波書店、一九九六）

木畑洋一『支配の代償　英帝国の崩壊と「帝国意識」』（東京大学出版会、一九八七）
――（編著）『大英帝国と帝国意識』（ミネルヴァ書房、一九九八）
東田雅博『大英帝国のアジア・イメージ』（ミネルヴァ書房、一九九六）
平田雅博『イギリス帝国と世界システム』（晃洋書房、二〇〇〇）
入江　昭『権力政治を超えて―文化国際主義と世界秩序―』篠原初枝訳（岩波書店、一九九八）
細谷千博ほか『ワシントン体制と日米関係』東京大学出版会、一九七八）
近藤孝弘『国際歴史教科書対話』（中央公論社、一九九八）
歴史教育者協議会（編）『あたらしい歴史教育』第五巻「世界の教科書を読む」（大月書店、一九九四）
鄭　在　貞『韓国と日本―歴史教育の思想』（すずさわ書店、一九九八）
ジャン＝F・フォルジュ『二一世紀の子供たちにアウシュヴィッツをいかに教えるか？』高橋武智訳（作品社、二〇〇〇）

高橋哲哉『歴史／修正主義』（岩波書店、二〇〇一）
歴史学研究会（編）『戦後五〇年をどう見るか』（青木書店、一九九五）
――（編）『国民国家を問う』（青木書店、一九九四）

比較史・比較歴史教育研究会（編）『自国史と世界史―歴史教育の国際化を求めて―』（未來社、一九八五）
――『共同討議　日本・中国・韓国―自国史と世界史―』（ほるぷ出版、一九八五）
――『アジアの「近代」と歴史教育―続・自国史と世界史―』（未來社、一九九一）
――『黒船と日清戦争』（未來社、一九九六）
西川正雄（編著）『自国史を越えた歴史教育』（三省堂、一九九二）
歴史学研究会（編）『歴史学と歴史教育のあいだ』（三省堂、一九九三）

# あとがき

本書は「はしがき」で書いたように、一九九九年一二月一一・一二日の両日にわたって開催された第四回東アジア歴史教育シンポジウムの記録である。

シンポジウムでの一般参加者は一日目が一四五人、二日目が一〇五人で、会場となった明治大学の広い会議室を埋め尽くす盛況であった。参加者は首都圏だけでなく、北海道、沖縄、九州をふくむ全国各地から集まり、海外からはインターネットで知って参加したという香港大学の先生もおられた。このシンポジウムが回を重ねる中で、全国各地から期待を寄せられていることを知り、その責任の重大さを実感させられた。

参加者の大多数を占めるのが大学の研究者（六六人）と中・高校の教員（四三人）であった。専門分野での国際的な対話の舞台では、どうしても大学の研究者が主役になりがちである。歴史教育についての催しに中・高校の教員が参加するのは当然とはいえ、これだけ多数の教員が参加し、討論にも加わっているところに、このシンポジウムの特色が表われている。

国際的なシンポジウムが成功するかどうかは通訳のできばえに負うところが大きい。今回のように中国語・韓国語・ヴェトナム語・日本語と四種類の言語を用いての対話を円滑に進めるためには、通訳の苦労も並大抵ではない。今回は合計一六人の方々のお世話になった。また、当日に会場で配布するために、報告者の原稿をまとめた報告集を四種類の言語で用意した。この翻訳に当たっても、多くの方々のご協力をいただいた。

二日間の会場整理や受付などでも多くの大学院生の協力によって無事に進めることができた。そして、神田駿河台の明治大学を会場として利用させていただくにあたっても、三上昭彦、山田朗、吉村武彦の三氏にご尽力をいただいた。また、有志の方々によるカンパのほか、日中平和友好交流計画および日韓文化交流基金から助成金をいただいた。

このシンポジウムの成功はこのほか多くの方々の蔭の力の賜であり、この場をかりて御礼申し上げたい。

本書では、シンポジウムの中での報告がその内容に応じて第一章から第三章に分散している。第一章は木畑洋一、楊天石の二本の報告と、それに関連する二〇世紀初頭の帝国主義について広い視野から多面的に検討するための論文からなる。第二章はズオン・チュン・クオック、呉文星、趙錫坤の報告と、それらの報告の背景にあるそれぞれの国の歴史研究の現状についての紹介からなる。第三章は朴鍾天、米山宏史、馬執斌の報告と韓国・中国の歴史教育の現状の紹介および、シンポジウムの中での歴史教育に関する論議を発展させたものである。第四章はシンポジウムの中での帝国主義をめぐる発言に加えて、問題点を深めるための多様な角度からの問題提起からなっている。第五章はシンポジウムの討議の内容のまとめと、国際的な対話としてのシンポジウムの今後の進め方についての意見である。

今回のテーマとして「帝国主義の時代」をとりあげたねらいは、一〇〇年前の東アジアをめぐる歴史の捉え方の再検討をしたいというところにあった。しかし、会場での発言の中から、「現在まだ帝国主義的状況はかわっていない」、「帝国主義克服の展望はどこにあるのか」といった現在にかかわる問題が出されてきた。そこでは、現在の日本の社会と経済を築き上げてきた歴史的背景としての帝国主義、植民地支配というだけにとどまらず、アジア諸国と日本との現在の構造的関係が問われている。それだけではなく、問題点は世界中に広がっていく。「東アジア」を越えて、多様なテーマの論文を収録したいと願い、それが実現したのは大きな喜びである。

このような状況を誠実にうけとめて今後の歴史教育と歴史研究のあり方を考えていこうとするとき、自国の中だけで通用する議論に陥らないためにはアジア諸国との国際的な対話を広げていく必要性がますます高まっていると言えるだろう。

本書の編集には、伊集院立、茨木智志、鳥山孟郎、西川正雄、二村美朝子、目良誠二郎、吉田悟郎があたった。シンポジウムの報告者のほか、依頼に応じて原稿をお寄せ下さった方々に御礼申し上げるとともに、本書の出版のために一方ならぬご尽力をいただいた未來社編集部の本間トシ氏に感謝したい。

二〇〇一年一〇月

鳥山孟郎

＊本書の刊行にあたっては、日中平和友好交流計画による二〇〇一年度出版助成のお世話になったことを記して謝意を表したい。

# 「第四回東アジア歴史教育シンポジウム」プログラム

**◇12月11日**（第１日）　総合司会：石田勇治

9:30 ～　開会の挨拶　吉田　悟郎（比較史・比較歴史教育研究会代表）

10:00 ～ 12:00　世界体制としての帝国主義　司会：伊集院立・二村美朝子

「イギリスと辛亥革命」　楊 天 石《ヤンティエンシー》（中国社会科学院近代史研究所）

「1900 年前後の帝国主義世界体制と日本」　木畑洋一（東京大学）

12:00 ～ 13:30　昼　食

13:30 ～ 15:00　教育の場で　司会：鳥山孟郎・皆川みずゑ

「朝鮮が日本の植民地にされた原因は何なのか」　朴 鍾 天《パクジョンチョン》（慶南科学高校）

「法則・脈絡・典型・特徴－私たちは如何に帝国主義形成期の歴史を叙述しているのか」　馬執斌《マジビン》（中国歴史教学研究会）

「東アジアにおける帝国主義の成立をどう教えているか」

米山宏史（山梨英和中学高校）

コメント　フォルカー・フールト（ハレ大学）

15:00 ～ 17:30　質疑・討論

**◇12月12日**（第２日）

9:30 ～ 12:00　植民地支配を受けた側の視点から　司会：黒田多美子・古田元夫

「植民地主義についての記憶とその歴史における痕跡」

ズオン・チュン・クオック（ヴェトナム国立歴史研究所）

「日本植民地統治下における台湾社会の変容とその歴史的意義」

呉 文 星《ウウエンシン》（国立台湾師範大学）

「〈開発と収奪〉を超えた植民地認識パラダイム」　趙 錫 坤《チョーソッコン》（尚志大学校）

コメント　クリスティン・デネヒー（カリフォルニア大学ロサンゼルス校）

12:00 ～ 13:30　昼　食

13:30 ～ 17:30　総合討論　司会：永原陽子・目良誠二郎

問題提起　姜玉楚《カンオクチョ》（ソウル大学）

宮地正人（東京大学）

17:30　閉会の辞　西川正雄（専修大学）

レセプション

18:00 ～ 20:00（リバティータワー２３階）　進行：岡百合子・佐藤伸雄

## 第4回東アジア歴史教育シンポジウム

帝国主義の時代の理解をめぐって一自国史と世界史

## 第四屆東亜歴史教育検討会

一本国史和世界史一

## 제 4 회 동아시아 역사교육 심포지움

－－자국사와 세계사－－

## Hội thảo lần thứ tư Giáo dục Lịch sử Đông á

Tìm hiểu về thời đại chủ nghĩa đế quốc

-Lịch sử nước mình và Lịch sử thế giới-

◇日時：1999年12月11日(土)～12月12日(日)

◇会場：明治大学大学会館8階会議室

主催：比較史・比較歴史教育研究会

〒153-8902 東京都目黒区駒場3-8-1 東京大学教養学部8号館316 B 木畑洋一気付

TEL 03-5454-6305

＊**報告者一覧**＊（五十音順）

呉《ウ》 文《ウェン》星《シン》（国立台湾師範大学　一九四八年生）
姜《カン》 玉《オク》楚《チョ》（仁荷大学　一九六〇年生）
木畑《キバタ》 洋一《ヨウイチ》（東京大学　一九四六年生）
Duong《ズオン》 Trung《チュン》 Quoc《クオック》（ヴェトナム国立歴史研究所　一九四七年生）
趙《チョ》 錫《ソク》坤《コン》（尚志大学　一九六〇年生）
朴《パク》 鍾《チョン》天《チョン》（慶南科学高校　一九五四年生）
馬《マ》 執《ジ》斌《ビン》（中国歴史教学研究会　一九四六年生）
宮地《ミヤチ》 正人《マサト》（歴史民俗博物館　一九四四年生）
楊《ヤン》 天《ティエン》石《シー》（中国社会科学院近代史研究所　一九三六年生）
米山《ヨネヤマ》 宏史《ヒロシ》（山梨英和中学高校　一九六〇年生）

＊**執筆者一覧**＊（五十音順）

井口《イグチ》 和起《カズキ》（京都府立大学）
伊集院《イジュウイン》 立《リツ》（法政大学）
茨木《イバラキ》 智志《サトシ》（上越教育大学）
入江《イリエ》 昭《アキラ》（ハーヴァード大学）
小川《オガワ》 幸司《コウジ》（長野県立松本深志高校）
川島《カワシマ》 真《シン》（北海道大学）
川鍋《カワナベ》 光弘《ミツヒロ》（元・千葉県立検見川高校）
久保田《クボタ》慎一《シンイチ》（福島県立福島北高校）
Kristine《クリスティン》 Denneby《デネヒー》（カリフォルニア州立大学博士課程）
栗原《クリハラ》 純《ジュン》（東京女子大学）
近藤《コンドウ》 孝弘《タカヒロ》（名古屋大学）
佐藤《サトウ》 伸雄《ノブオ》（歴史教育者協議会）
高橋《タカハシ》 哲哉《テツヤ》（東京大学）
鄭《チョン》 在《ジェ》貞《ジョン》（ソウル市立大学）
寺田《テラダ》 光雄《ミツオ》（埼玉大学）
鳥山《トリヤマ》 孟郎《タケオ》（元・都立新宿高校）
永原《ナガハラ》 陽子《ヨウコ》（東京外国語大学）
中村《ナカムラ》 平治《ヘイジ》（専修大学）
並木《ナミキ》 頼寿《ヨリヒサ》（東京大学）
西川《ニシカワ》 正雄《マサオ》（専修大学）
二村《ニムラ》美朝子《ミサコ》（元・大成高校）
Volker《フォルカー》 Fuhrt《フールト》（弘前大学）
藤沢《フジサワ》 法暎《ホウエイ》（早稲田大学）
古田《フルタ》 元夫《モトオ》（東京大学）
三橋《ミツハシ》 広夫《ヒロオ》（千葉市立花園中学）
目良《メラ》誠二郎《セイジロウ》（海城中学高校）
横田《ヨコタ》 安司《ヤスジ》（元・津田塾大学）
吉田《ヨシダ》 悟郎《ゴロウ》（比較史・比較歴史教育研究会）
李《リ》 恩《エン》民《ミン》（宇都宮大学）

帝国主義の時代と現在——東アジアの対話——

2002年３月31日　第１刷発行

**定価**（本体3500円＋税）

編　者　比較史・比較歴史教育研究会

発行者　西　谷　能　英

発行所　株式会社　未　來　社

〒112-0002　東京都文京区小石川３－７－２
電　話　代表03(3814)5521/営業部048(450)0681
振　替　00170-3-87385
http://www.miraisha.co.jp/ E-mail:info@miraisha.co.jp

ISBN4-624-11186-9 C0020　印刷・製本＝図書印刷

（税別価）

比較史・比較歴史教育研究会編　自国史と世界史　歴史教育の国際化をもとめて　二四〇〇円

歴史教育者協議会編　歴史教育五〇年のあゆみと課題　七五〇〇円

ハルガルテン著　西川・富永・鹿毛訳　帝国主義と現代　二八〇〇円

油井・木畑・伊藤・高田・松野著　世紀転換期の世界　帝国主義支配の重層構造　三〇〇〇円

ジロー著　濱口・渡邊他訳　国際関係史一八七一―一九一四年　四八〇〇円

ヴェーラー著　大野・肥前訳　ドイツ帝国 1871―1918年　五八〇〇円

ヴィッパーマン著　増谷英樹他訳　ドイツ戦争責任論争　ドイツ「再」統一とナチズムの「過去」　一八〇〇円

クレスマン著　石田・木戸訳　戦後ドイツ史 1945―1955　二重の建国　三〇〇〇円

宮田節子著　朝鮮民衆と「皇民化」政策　二〇〇〇円

金英達著　創氏改名の研究　二〇〇〇円

コリア研究所編訳　消された言論　政治編　五八〇〇円　社会編　六五〇〇円

浅田喬二著　日本植民地研究史論　七八〇〇円

プレスリー著　富永智津子訳　アフリカの女性史　ケニア独立闘争とキクユ社会　二八〇〇円

富永智津子著　ザンジバルの笛　東アフリカ、スワヒリ世界の歴史と文化　二二〇〇円